日本古代の武具

『国家珍宝帳』と正倉院の器仗

近藤好和

思文閣出版

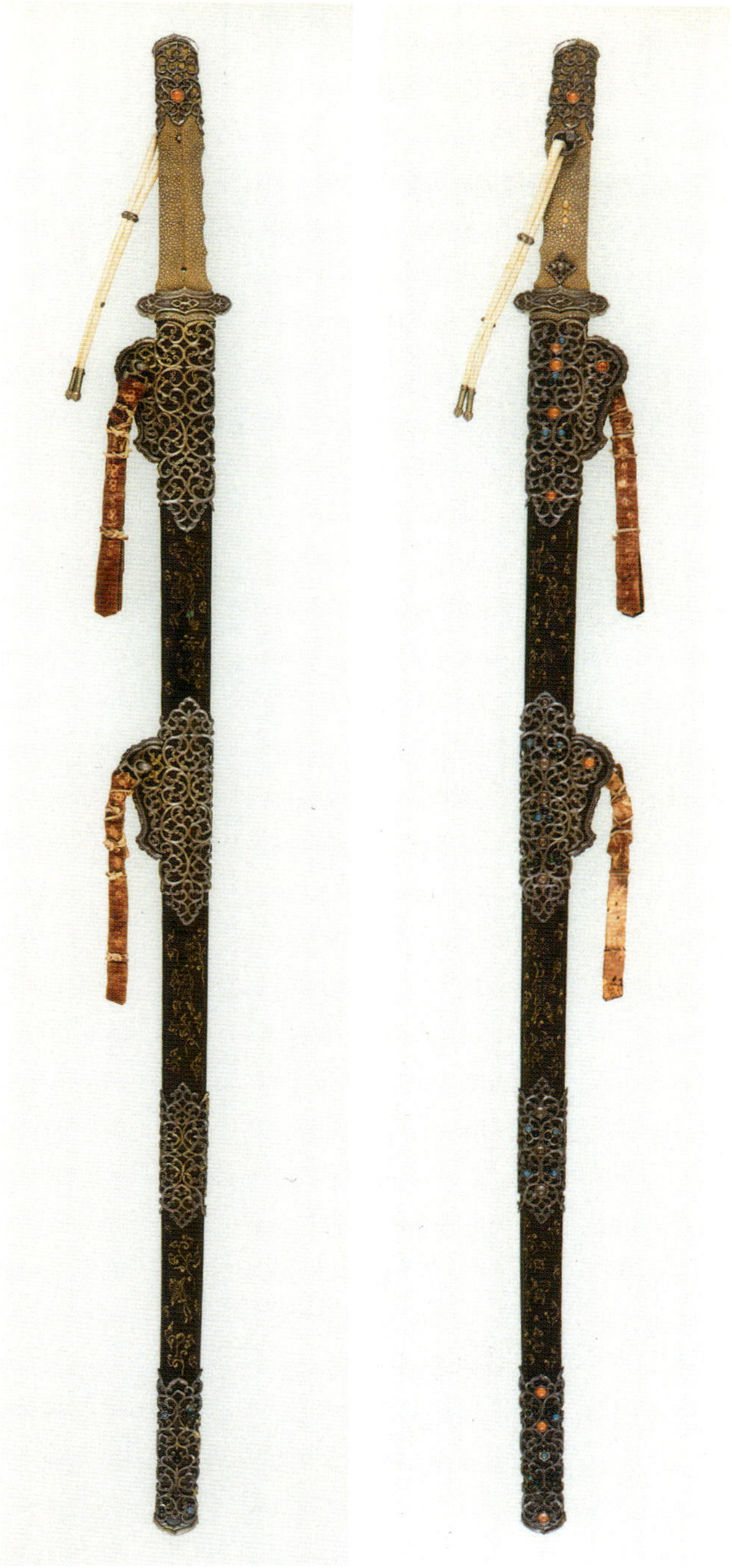

口絵1　金銀鈿荘唐大刀（北倉38）外装（表裏）〈四二頁〉

口絵2　金銀荘横刀（中倉8-4）外装・刀身〈一〇二頁〉

口絵3　銅漆作大刀（中倉8-9）外装〈一〇九頁〉

口絵4　青石把漆鞘金銀鈿荘刀子（中倉131-1）外装〈一五三頁〉

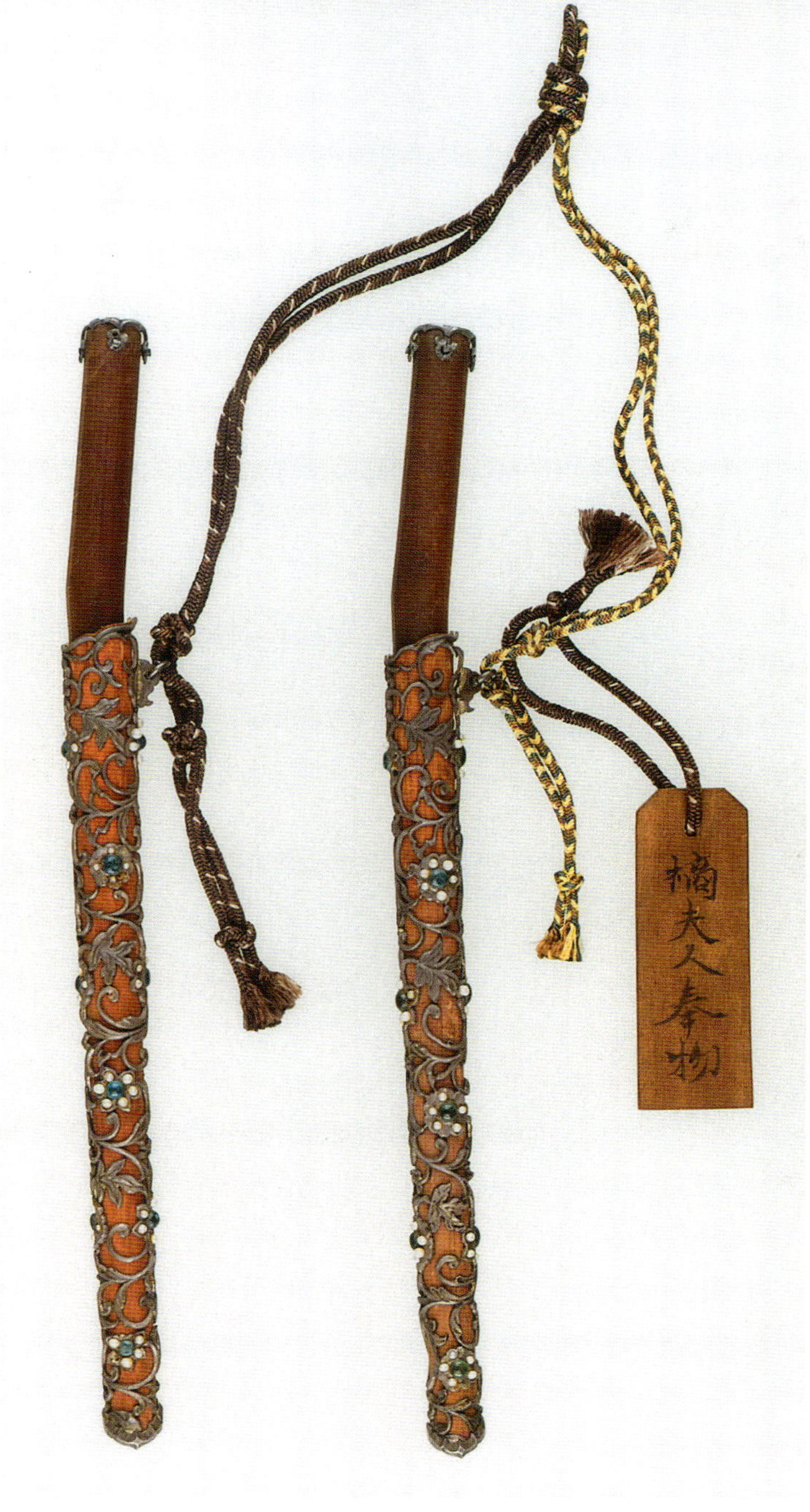

口絵5　犀角把白銀葛形鞘珠玉荘刀子（中倉131-7）外装〈一五九頁〉

①蟇口　赤漆葛胡禄（中倉４－９）収納箭

②小爪懸　漆葛胡禄（中倉４－11）収納箭

③三陵小爪懸　赤漆葛胡禄（中倉４－17）収納箭

④偏鋭　雉尾箭（中倉６－18）

⑤斧箭　白葛平胡禄（中倉５－33）収納箭

⑥上野乎比多祢　赤漆葛胡禄（中倉４－27）収納箭

⑦加理麻多　白葛胡禄（中倉４－28）収納箭

⑧伊多都伎　白葛平胡禄（中倉５－33）収納箭

口絵６　正倉院器仗の鏃各種〈258頁〉

口絵7　赤漆葛胡禄（中倉4－19）・矢収納〈二九七頁〉

口絵8　鵰雌雄染羽・玉虫錺箭（中倉6-43）三隻　〈三二七頁〉

日本古代の武具――『国家珍宝帳』と正倉院の器仗――◆目次

日本古代の武具——『国家珍宝帳』と正倉院の器仗——

序章　本書の視点

はじめに

正倉院宝物の歴史的価値や工芸的評価はここで改めていうまでもない。その正倉院宝物には多くの武具（器仗《きじょう》）が含まれ、毎年秋に開催される「正倉院展」でも、時折武具の一部が出品されることがあり、かつて武具の特集が組まれたこともある（第一一回〈一九五七年〉）。

以下、本書で「正倉院宝物」といえば宝物全体、「正倉院器仗」といえば正倉院宝物中の武具（器仗）のこととする。

また、正倉院は北倉《ほくそう》・中倉《ちゅうそう》・南倉《なんそう》の三倉から成り立ち（後述）、正倉院宝物は、三倉ごとに通し番号を付けて管理されている。本書でも正倉院宝物（正倉院器仗）の引用時には、この通し番号（倉番号）を提示する。

武具と器仗

ところで、「武具」とは、甲冑等の防御具と弓箭《ゆみや》・刀剣等の攻撃具を総称した歴史用語（文献史料に現れる用語）である。武具と同義でより頻出する用語に「兵具《ひょうぐ》」があり、ともに中世の用語である。一方、本書が扱う古代で「武具」に相当する、文献にみえる頻度の高い歴史用語に「器仗」「兵器」「軍器《ぐんき》」等がある。

これに対し、現在一般的には、攻撃具を「武器」、防御具を「武具」とする理解が浸透し、その総称として

「武器・武具」などという。しかし、これはまったくの現在的解釈で、少なくとも中世までにおいてはそうした理解はない。

そもそも「武器」も中世の歴史用語であるが、「兵具」「武具」に比較すれば、文献に出てくる頻度ははるかに少ない。そのうえ、中世では「武器」も防御具と攻撃具の総称であり、攻撃具だけを表す用語ではない。

以上のような理由から筆者は、防御具や攻撃具の総称として、一般に使用されている「武器・武具」という用語の使い分けを用いず、もっぱら「武具」という用語を使用する。その意味で本書の題名を『日本古代の武具――『国家珍宝帳』と正倉院の器仗――』とした。

しかし、本書が扱う時代はもっぱら古代――特に律令制下の奈良時代である。そこで、以下では、防御具と攻撃具の総称として、古代の用語である「器仗」を用いることにする。ただし、古代に限らず中世を含めていう場合は、「武具」の用語を使用する場合もある。なお、武具の用語は中世を基本とし、その多くは近世にも継承される。

用語の重要性

「武器・武具」という用語が、専門の学術書や学術論文でも当たり前のように使用されているように、こうした用語の問題は軽視される傾向にある。しかし、武具等のモノ（伝世品・発掘品）を歴史的に考察するためには用語の問題は重要である。用語と実態つまりモノの名称と構造の対応関係は時代に応じて変化し、同じ名称でも構造が異なったり、逆に同じ構造でも名称が異なる場合があるからである。

また、文献史料では用語（名称）は漢字表記されることがほとんどである。しかし、日本では漢字はあくまで中国からの借り物で、それに対して和訓《わくん》（やまと言葉）がある。漢字本来の意味と和訓の意味が必ずしも一致しないままで使用される場合もあるし、漢字表記と和訓の対応関係、つまりはひとつの漢字表記に対応する和訓が、時代によって変化する場合もある。同じ漢字表記でもそれに対応する和訓が異なれば、その実態（構造）が異なる場合が多い。逆に漢字表記が異なっても和訓が同じであれば実態は同じと考えるべきである。

つまり漢字表記・和訓・実態（構造）の対応関係と、それが時代によって変化していることに常に留意し、極力その時代に応じた漢字表記（用語）と和訓を文献史料から探し出して使用することが、文献史料とモノを正しく結び付け、モノを歴史的に考えるためには必須の条件であると筆者は常々考えている。

本書でもこの視点を重視し、用語（名称）の問題には勉めて注意を払いたい。特に上記のような点にまったく留意していない考古学用語は代替名称がない場合以外は使用しない。

奈良時代器仗の基本資料

さて、正倉院器仗は、正倉院というひとつの場所に一括で所蔵されていることと相俟って、律令制下、特に奈良時代の器仗を考えるための貴重な伝世品であり、基礎資料である。したがって、正倉院器仗については、江戸時代以来の多くの研究の蓄積がある。本書もそうした研究の蓄積のもとで、その末尾を汚すものである。

一方、奈良時代の器仗を考えるための基本史料（文献）としては、『国家珍宝帳《こっかちんぽうちょう》』という文献の器仗に関する記載がある。『国家珍宝帳』とは、光明皇太后（譲位した天皇の皇后）が夫であった故聖武太上天皇（譲位した天皇）の遺愛品、つまり正倉院宝物の根幹となった宝物を東大寺に献納した際の目録である。それ自体も正倉院宝物の一部である（北倉158）。

じつは『国家珍宝帳』の多くの部分が器仗の記載で占められている。つまりそれだけ光明皇太后は器仗を東大寺に献納した（以下、『国家珍宝帳』は『珍宝帳』と略記する）。

さて、『珍宝帳』についてもやはり多くの研究蓄積がある。しかし、そのうちの多くの部分を占める器仗記載になると、その個別分析はあっても、器仗記載全体を取り上げて総合的に分析した研究はかつては多かったが(後述)、近年では少ない。そうした現状を示す一例として、つぎの事例があげられよう。

金銀荘大刀は「陽宝剱」「陰宝剱」か?

「東大寺金堂鎮壇具《ちんだんぐ》」として一括で国宝指定されている発掘品(東大寺蔵)のなかに、金銀荘大刀《きんぎんそうたち》と命名された大刀二口がある。平成二二年(二〇一〇)九月、修理途中であったその二口の刀身にそれぞれ「陽剱」「陰剱」の象眼銘《ぞうがんめい》があることがX線ラジオグラフィ調査で判明した。そして、翌一〇月、それが『珍宝帳』に記載されながら、天平宝字三年(七五九)に出蔵された「陽宝剱《ようのほうけん》」「陰《いんの》宝剱」に該当することが公表され、大々的に新聞報道された。それがその後は大きな批判もなく受け入れられている。

また、本書執筆途中の平成二五年(二〇一三)三月からは、修理を終えた東大寺金堂鎮壇具の特別展が、東大寺境内にある東大寺ミュージアムで開催され、当該の金銀荘大刀二口と陽・陰宝剱との関係が盛んに強調されている。

しかし、金銀荘大刀二口と『珍宝帳』の「陽宝剱」「陰宝剱」の註記を突き合わせると、たとえば判明した銘は「陽剱」「陰剱」だが、『珍宝帳』によれば、「陽宝剱」「陰宝剱」の銘はともに「宝剱」である。「陽剱」「陰剱」と「宝剱」では明らかに文字が相違する。また、他にも外装金物の材質等、両者は一致しない点が多い。つまり筆者の見解では、金銀荘大刀二口を『珍宝帳』記載の「陽宝剱」「陰宝剱」とみることはできない(四一頁)。『珍宝帳』の器仗記載が十分に顧みられていない実例といえよう。

気をつけなければならないのは、『珍宝帳』記載器仗と正倉院器仗との関係には複雑なものがあり、正倉院器仗はごく一部を除いて『珍宝帳』記載器仗とは相違する点である（第一章参照）。しかし、『珍宝帳』の器仗記載は、奈良時代の器仗を考えるための重要な史料であることに変わりはなく、奈良時代の器仗を考える場合の不可欠の史料なのである。

本書の目的

たとえ正倉院器仗が『珍宝帳』記載の器仗でないとしても、正倉院器仗と『珍宝帳』の器仗記載は、同時代の器仗に関する重要な資・史料として、相関的に取り扱う必要がある。その点、両者がほとんど一致しないためか、近年は両者は相関的に考えられていないきらいがある。

こうした現状を受け、本書の目的は、奈良時代の器仗を考えるための基礎作業として、正倉院器仗と『珍宝帳』記載器仗を詳細に解説することにある。本書一冊で正倉院器仗と『珍宝帳』記載器仗の基本がすべて理解でき、正倉院器仗と『珍宝帳』記載器仗の専門辞書としても活用できる内容にするつもりである。

ただし、本書の内容は、これまで膨大な数が刊行・公表されてきた諸文献（著書・論文等）の掲載写真や論考・解説・記述等に基づくもので、実際に正倉院器仗を熟覧・調査したうえでのものではない。毎年開催されている正倉院展で、たまたま観察する機会を得ることはできても、正倉院器仗をこちらの意志で直接手に取って熟覧・調査することは難しい。また、諸文献に記されていても熟覧・調査しなければ確認できない場合は割愛する場合もある。以上の点を予めご了承いただきたい。

本書使用の基本参考文献

そうしたなかで、本書で参照した文献のうち『珍宝帳』記載器仗や正倉院器仗全般に関わる基本参考文献と、同じく筆者の著書・論文（拙著・拙稿）をここで提示しておく。なお、副題は割愛する（以下、同じ）。

○『珍宝帳』原本

・和田軍一監修『奈良資料集第一輯　東大寺献物帳　国家珍宝帳』（奈良人文協会、一九五一年謄写）。

・正倉院事務所編『正倉院宝物』第三巻（後掲）。

○『珍宝帳』全体の内容検討

・黒川真頼「東大寺献物帳考証」（『黒川真頼全集』五、国書刊行会、一九一一年）。

※『珍宝帳』記載の一字一句におよぶ詳細な註解。ただし、「金銀鈿荘唐《きんぎんでんそうから》大刀《たち》」まで。以下の『珍宝帳』記載器仗部分は不記載。本書の『珍宝帳』記載器仗の解説はこの業績を継承する意もある。以下、「献物帳考証」と略記。

・米田雄介「覚書　東大寺献物帳（一）〜（二〇）」（『古代文化』六〇―一〜六五―二、二〇〇八年〜二〇一三年）。

※『珍宝帳』とその記載内容研究の現在の到着点。本書で参照すべき文献の多くはここから知った。そのうち（八）（六一―四、二〇一〇年）に刀子《かたな》。（一四）（一五）（六三―三・四、二〇一一・一二年）に器仗記載がある。

○『珍宝帳』記載器仗と正倉院器仗関係

・奈良帝室博物館正倉院掛編『正倉院御物目録』（一二頁）。

・帝室博物館編『正倉院御物図録』全一七輯（一〜一五輯〈一九二八〜一九四四年〉、一六輯〈国立博物館編、一九五一年〉、一七編〈東京国立博物館編、一九五三年〉）。

※第一輯（一九二八年）に刀子（北倉）。
第四輯（一九三二年）に唐大刀・杖刀《じょうとう》・挂甲《けいこう》残欠（北倉）・大刀・無荘刀《むそうとう》（中倉）。
第六輯（一九三二年）に刀子（中倉）。

第一〇輯（一九三七年）に弓・胡禄《ころく》・箭《や》・鞆《とも》・鉾《ほこ》・手鉾《てぼこ》（中倉）。

第一六輯（一九五一年）に大刀（南倉）。

※正倉院宝物ごとに解説を加えた大型図録集。特に原寸大の部分写真を多数掲載して個々を解説。写真から正倉院器仗の細部が理解できる。以下、個別に提示しないが、本書では正倉院器仗の細部は原則としてこれに依拠。ただし、正倉院器仗すべてを完全に網羅しておらず、ごく一部に割愛がある。以下、『図録』と略記。

・正倉院事務所編『正倉院宝物』全一〇巻（毎日新聞社、一九九四〜一九九七年）。

※第一巻（北倉Ⅰ、一九九四年）に唐大刀・杖刀・甲《よろい》残欠・刀子（北倉）。

第三巻（北倉Ⅲ、一九九五年）に『珍宝帳』（全文カラー写真）。

第四巻（中倉Ⅰ、一九九四年）に大刀・無荘刀・弓・胡禄・箭・鞆・鉾・手鉾（中倉）。

第五巻（中倉Ⅱ、一九九五年）に刀子（中倉）。

第八巻（南倉Ⅱ、一九九六年）に大刀（南倉）。

※正倉院宝物すべての写真（一部カラー）と寸法・材質等の基本データを掲載した大型図録集。以下、個別に提示しないが、本書では正倉院器仗の寸法等の基本データは原則としてこれに依拠。以下、『宝物』と略記。

・大賀一郎ほか一二名「昭和二十八・二十九・三十年度正倉院御物材質調査」（『書陵部紀要』八、一九五七年）。

・松田権六ほか四名「正倉院髹漆品調査報告(上)」（『書陵部紀要』九、一九五八年）。

・松田権六ほか四名「正倉院髹漆品調査報告(下)」（『書陵部紀要』一一、一九五九年）。

・貴島恒夫ほか二名「正倉院宝物の木材材質調査報告」（『正倉院紀要』三、一九八一年）。

・小清水卓二・岡村はた「正倉院宝物の竹材材質調査報告」・飯塚小玕斎「正倉院の竹工芸について」（『正倉院紀要』六、一九八四年）。

・嶋倉巳三郎・村田源「正倉院の植物材質調査報告」・飯塚小玕斎「正倉院の植物繊維にかかわる工芸品について」（『正倉院紀要』九、一九八七年）。
・柿澤亮三ほか三名「〈宝物特別調査〉鳥の羽毛と文様」（『正倉院紀要』二二、二〇〇〇年）。
・出口公長ほか三名「正倉院宝物特別調査報告　皮革製宝物材質調査」・出口公長「正倉院宝物に見る皮革の利用と技術」（『正倉院紀要』二八、二〇〇六年）。
※以上は正倉院宝物の材質調査報告。以下、個別に提示しないが、本書では正倉院器仗の材質は原則として以上に依拠。ただし、調査対象とした正倉院器仗は一部に過ぎない。
・松島順正『正倉院宝物銘文集成』（吉川弘文館、一九七八年）。
※正倉院宝物記載の銘文集成。その前提として同「正倉院御物銘文集」（『書陵部紀要』七、一九五六年）もある。以下、個別に提示しないが、本書では正倉院宝物の銘文はこれらと『図録』解説に依拠。
・末永雅雄『増補日本上代の甲冑』『増補日本上代の武器』（木耳社、一九八一年〈一括で刊行〉）。
※考古学からの日本上代甲冑・武器（古代の攻撃具）研究の大著『日本古代の甲冑』（岡書院、一九三四年）および『日本上代の武器』（弘文堂書房、一九四一年）の増補版。ともに本文篇と図版篇からなる。そのうち本文篇の増補以外の本来の部分は「復刻分」とする。『珍宝帳』記載器仗や正倉院器仗の専論ではないが、甲冑・大刀・鉾・手鉾・弓箭（弓・箭・靫・胡禄・鞆）すべてにわたって『珍宝帳』器仗記載や正倉院器仗について言及する。また、増補分には「正倉院大刀外装」（『日本上代の武器』増補分第一章第三節八）も収録。
・西川明彦『日本の美術五二三　正倉院の武器・武具・馬具』（ぎょうせい、二〇〇九年）
※正倉院器仗と馬具についての近年では唯一の概説書。正倉院器仗の基本データは、刀剣（大刀・鉾・手鉾）刀身の重量を筆頭にこれに依拠する場合もある。以下、ここからの引用は西川説とする。

以上、基本参考文献のほかは、毎年開催される「正倉院展」図録をはじめ、本書で参照した参考文献は、各章・各節で必要に応じて個別に提示する。

○拙著・拙稿

・『中世的武具の成立と武士』（吉川弘文館、二〇〇〇年）。うち第一章「大鎧の成立」、第三章「長刀源流試考」、第六章「公家の弓箭」。

・「武具の中世化と武士の成立」（元木泰雄編『院政の展開と内乱』吉川弘文館、二〇〇二年）。

・「律令制下の武具」（國學院大学日本文化研究所編『律令法とその周辺』汲古書院、二〇〇四年）。

・『武具の日本史』（平凡社新書、二〇一〇年）。うち第四章「律令制下の武具」。

※本書の母体。また、第二章「中世の防御具」、第三章「中世の攻撃具」は本書各章の武具概説の母体。なお、一部にここで述べた見解を本書で改めた場合もある。

では、つぎに正倉院器仗と『珍宝帳』記載器仗の概要を解説する。併せて、本書で用いる基本的な器仗用語の問題にもふれたい。

第一章　『珍宝帳』記載器仗と正倉院器仗の概要

第一節　『珍宝帳』記載器仗の概要

『珍宝帳』と『東大寺献物帳』

天平勝宝八歳（七五六）六月二一日、同年五月二日に崩御した聖武太上天皇の七七日忌（四十九日忌）に当たるその日、光明皇太后は、六百数十点におよぶ聖武太上天皇の遺愛品（宝物）を、それを列挙した目録とともに東大寺大仏（盧遮那仏《るしゃなぶつ》）に献納した。その目録が『珍宝帳』である（図1・2）。

じつは、光明皇太后が東大寺大仏に物品を献納した目録は『珍宝帳』だけではない。『珍宝帳』以外に『種々《しゅじゅ》薬帳《やくちょう》』『屏風花氈等帳《びょうぶかせんとうちょう》』『大小王真跡帳《だいしょうおうしんせきちょう》』『藤原公真跡屏風帳』があり、いずれも正倉院宝物である（それぞれ北倉158・159・160・161。いずれも『宝物』第三巻に全文カラー写真掲載）。

『国家珍宝帳』という名称を含めて右記の各名称は、各目録に記された内容をもとに、現在の正倉院宝物の台帳ともいうべき『正倉院御物目録』（後述）で確定した通称である。

ただし、『珍宝帳』と『屏風花氈等帳』には「東大寺献物帳《とうだいじけんもつちょう》」の外題《げだい》（標題）が記されている。また『種々薬帳』の外題はほとんど磨滅しているが残画から「種々薬□□帳□」と読める。しかし、『大小王真跡帳』『藤原公真跡屏風帳』には外題は不記載である。

つまり、『珍宝帳』は厳密には『東大寺献物帳』という。一方で、『屏風花氈等帳』にも同名の外題があるために、『東大寺献物帳』はこの五種類の目録の総称でもある。そして、五種類の目録のうちで器仗記載があるのは『珍宝帳』だけである。

そこで本書ではほかとの差別化を図り、『東大寺献物帳』ではなく、『正倉院御物目録』に従って、『国家珍宝帳』（『珍宝帳』）の名称を用い、五種類の目録の総称として『東大寺献物帳』を用いることとする。

なお、『国家珍宝帳』の名称は、その冒頭（図1）に「奉㆓為太上天皇㆒捨㆓国家珍宝等㆒入㆓東大寺㆒願文」（太上天皇の奉為《おんため》に国家の珍宝等を捨てて東大寺に入る願文）とあるのによる。

『珍宝帳』以外の目録の内容

『珍宝帳』以外の目録の内容はつぎのようである。

『種々薬帳』は、『珍宝帳』と同日に薬六〇種を献納した目録。『屏風花氈等帳』は、『珍宝帳』と同年の七月二六日に、中国古代の書家欧陽詢《おうようじゅん》（五五七～六四一）筆の屏風や花氈等を奉納した目録。『大小王真跡帳』は、天平宝字二年（七五八）六月一日に、やはり中国古代の書家王羲之《おうぎし》（三〇七～三六五）・王献之《おうけんし》（三四四～三八八）父子（その父子を「大小王」という）の真跡書（肉筆書）一巻を献納した目録。『藤原公真跡屏風帳』は、天平宝字二年一〇月一日に、光明皇太后の父藤原不比等《ふひと》の真跡屏風を献納した目録である。

ちなみに、光明皇太后は東大寺とは別に法隆寺等の一七ヵ寺にも物品を献納。その目録のうち天平勝宝八歳七月八日の『法隆寺献物帳』が、明治一一年（一八七八）に法隆寺より皇室に献納された法隆寺献納宝物（東京国立博物館蔵）として現存。その記載品は、帯一条・刀子《かたな》三口・青木香二〇節である。

なお、法隆寺献納宝物のなかに古代の弓箭《ゆみや》（梓弓《あずさゆみ》一張・箭《や》七隻・彩絵胡禄《さいえころく》一具）が現存。数は少数ながら正倉院器仗と同時代の貴重な器仗の伝世品である。

『珍宝帳』記載器仗

さて、改めていうと、『東大寺献物帳』のうち器仗記載があるのは『珍宝帳』のみ。しかも『珍宝帳』記載の六百数十点の宝物のほぼ三分の二に当たる四〇三点が器仗（大刀《たち》・弓箭・甲《よろい》）である。具体的には、記載順に「御大刀壹佰口《おんたちいっぴゃくこう》」「御弓壹佰張《おんゆみいっぴゃくはり》」「御箭壹佰具《おんやいっぴゃくぐ》」「御甲壹佰領《おんよろいいっぴゃくりょう》」。いずれも「御」が付くのは聖武太上天皇を敬ってのこと。「壹佰」とは「一百（一〇〇）」である。

「御大刀壹佰口」

まず「御大刀壹佰口」の内訳は、「宝剱《ほうけん》」二口・「唐大刀《からたち》」一三口・「唐様《からよう》大刀」六口・「高麗様《こまよう》大刀」二口・「剱《つるぎ》」一口・「大刀」二三口・「黒作《くろつくり》大刀」四一口・「横刀《たち》」一口・「懸佩刀《かけはきのたち》」九口・「杖刀《じょうとう》」二口である。このうち「宝剱」二口は、序章で取り上げた「陽宝剱」「陰宝剱」である（六頁）。

これらは同一の文献内で列挙されたなかで名称や漢字表記が異なっているのだから、それぞれの構造様式等が相違すると考えるのが文献理解の基本である。「御大刀壹佰口」と一括されても内容は多彩である。

各名称の読み方

ところで、右記の各名称の読み方（振り仮名）は筆者の見識によった。しかし、音読・訓読の問題を中心として右記以外の読み方もあり得る。『珍宝帳』には振り仮名を振っていない。ほかの文献からもすべてがわかるわけではない。そこで、もっとも適切な読み方の選択はじつは悩ましい問題である。

本書では、便宜的に右記の読み方を原則とし、その読み方の根拠やほかの読み方については、第二章で個別にふれることとする。

「たち」の漢字表記

ところで、「たち」の漢字表記は、右記でみるように、古代の文献では「大刀」のほかに「刀」「横刀」があり、さらに「劔」も「たち」と読み、多彩である。古代の「たち」はいずれも原則として刀身に反りのない直刀《ちょくとう》であるが、そのなかで漢字表記によって構造様式が異なる場合と、同じ構造様式ながら文献によって漢字表記が異なる場合の両様がある。したがって、古代の文献にみえる「たち」の漢字表記と構造様式との対応関係は慎重に取り扱わなければならない。

また、その延長として、古代の「たち」の総称はどの漢字表記を用いるかが問題となる。本書では、『珍宝帳』で「御大刀壹佰口」と多彩な様式を「御大刀」で一括していることに倣い、古代の「たち」の総称としては「大刀」の表記を用いる。「大刀」を数える単位も「御大刀壹佰口」に倣って「口」を用いる。

ちなみに中世になると、武具は儀仗《ぎじょう》（儀式用・威儀用武具）と兵仗《ひょうじょう》（実戦用武具）に実態分化する。「たち」は兵仗では刀身に反りが生じて彎刀《わんとう》化し、儀仗・兵仗ともにほぼ一様式に淘汰される。

また、「たち」に対する漢字表記も、儀仗では「劔」が一般化。兵仗では「大刀」が残る一方で「太刀」が一般化する。本書で「太刀」と表記すれば、それは中世の兵仗の「たち」のことである。

「御弓壹佰張」と「御箭壹佰具」

ついで「御弓壹佰張」の内訳は、「梓弓《あずさゆみ》」八四張・「槻弓《つきゆみ》」六張・「檀弓《まゆみゆみ》」八張・「阿恵弓《あえゆみ》」一張・「肥美弓《ひみゆみ》」一張の一〇〇張のほかに、「別色弓《べつしきのゆみ》」として「蘇芳弓《すおうゆみ》」「水牛《すいぎゅう》純《じゅん》角弓《つのゆみ》」「小檀弓《こまゆみゆみ》」各一張である（いずれも「弓」のまえに「御」が付くが割愛）。

つまり「御弓壹佰張」は実際には一〇三張。このうち「水牛純角弓」を除く各弓はいずれも木製弓。各弓の相違は基本的には材質（材料木の種類）の相違に過ぎない。なお、「水牛純角弓」（特に「純角」部分）の読み方は実際のところは不明で暫定的なものである。

ついで「御箭壹佰具」の内訳は、「靫《ゆき》」四具・「胡禄《ころく》」（「やなぐい」とも）九六具である。「箭」は「矢」。「靫」「胡禄」はともに箭の容器。それぞれ構造が異なり、容器それぞれに複数の箭を収納して一具である。『珍宝帳』では「御弓壹佰張」と「御箭壹佰具」は別個に記載される。しかし、弓・箭・容器は弓箭として一体で、両者は一対のものである。

なお、以下、『珍宝帳』の「御弓壹佰張」「御箭壹佰具」という記載に倣い、矢は「箭」と表記。それぞれの単位は、弓は「張」、箭は「隻《せき》」、容器は箭の収納・未収納に関わらず「具」とする。さらに「ころく」（「やなぐい」）には「胡簶」「胡籙」等の表記もあるが、「胡禄」を使用する。

「御甲壹佰領」

ついで「御甲壹佰領」の内訳は、「短甲《たんこう》」一〇具・「挂甲《けいこう》」九〇領である。それぞれ「具」「領」と単位が相違するのは、「短甲」は甲だけでなく「冑《かぶと》」「行縢《むかばき》」「覆臂《たおおい》」（行縢・覆臂は三五〇～三五一頁）が付属するのに対し、「挂甲」は甲のみだからである。

なお、「御甲壹佰領」では「短甲」も甲単独では「領」の単位を使用。そこで、短甲・挂甲ともに甲を数える単位は「領」とする。

「よろい」「かぶと」の漢字表記

ところで、「よろい」と「かぶと」の漢字表記にも問題が多い。漢字本来の意味は「甲」が胴部の防御具、「冑」が頭部の防御具である。これに対し、和訓では「よろい」が胴部の防御具、「かぶと」が頭部の防御具である。したがって、「甲」が「よろい」、「冑」が「かぶと」の対応関係が、漢字表記と和訓の正しい対応関係となる。この対応関係は古代の文献では、一部に例外もあるが原則的に守られている。「御甲壹佰領」でも同様である。

しかし、摂関期以降の古記録（公家男子等による漢文日記）には逆転した対応も出現する。その一方で、正しい対応関係も残ったために、中世の文献では「甲」と「冑」のどちらが「よろい」で「かぶと」なのかは、文献の文脈で理解する必要が生じた。この状況が現在のパソコンでの漢字変換にも残っている。

そこで、「よろい」「かぶと」の漢字表記として、「甲」と「冑」のどちらを用いるかも時代によって難しい問題となる。本書では、「御甲壹佰領」にも示されている本来の対応関係を尊重。「甲」を「よろい」、「冑」を「かぶと」とし、「甲冑」は「よろい」「かぶと」の総称とする。

『珍宝帳』記載の小刀・刀子

以上の「御大刀壹佰口」「御弓壹佰張」「御箭壹佰具」「御甲壹佰領」に加え、『珍宝帳』では、「小刀《こだち》」一口と「刀子《かたな》」一四口（実際の記載は一六口。うち二口は重複記載）もみえる。このうち「刀子」の内訳は「刀子」一二口と「唐刀子《からがたな》」二口である。小刀・刀子を数える単位も『珍宝帳』に倣って「口」とする。

「小刀」「刀子」のうち「小刀」「唐刀子」を除く「刀子」は、『珍宝帳』によれば、帯の付属具。佩飾具《はいしょくぐ》（腰飾り）や工具・文房具の類である（第三章参照）。また、正倉院宝物でも器仗の可能性が考えられる刀子は少ない。そこで刀子は、正倉院器仗ではなく正倉院宝物とする。

とはいえ、本書では刀子も刀剣の一種と考え、『珍宝帳』記載品と正倉院宝物のすべて（南倉蔵品を除く）を解説する。

「かなた」の漢字表記

ところで、「かたな」の漢字表記も問題である。中世では「かたな」の漢字表記は「刀」が一般的。小刀は「こがたな」、刀子は「とうす」と読む。しかし、古代では「刀」は「たち」、小刀・刀子はともに「かたな」と読む。本書でも、「刀子」は「かたな」と読む。ただし、『珍宝帳』記載の「小刀」は本書では「刀子」との差別化を図り、あえて「こだち」と読む（一四一頁）。

『珍宝帳』の記載方法

以上が、「小刀」「刀子」を含めた『珍宝帳』記載器仗の概要である。かかる『珍宝帳』の記載方法は、器仗に限らずまずは各宝物の個別名称が記され、それに対して寸法や各部分の材質等をはじめとする詳細な註記が施される。註記から構造が判断できる場合もある。また、その器仗の由緒が記されることもある。松尾良樹「『献物帳』試読」（『古代文化』五一―八、一九九九年）によれば、『珍宝帳』の「用字法」は極めて厳密という。しかし、『珍宝帳』の記載態度は必ずしも厳密なものではない。

たとえば重複記載や脱字、または寸法や個数等の間違いがみられ、それが『珍宝帳』各所に貼られた付箋・付紙《つけがみ》（以下、付箋に統一）で指摘や訂正がなされる。この指摘や訂正は『珍宝帳』の記載と正倉院宝物を突き合わせて点検した結果の現れである。

付箋が貼られた時期は、天平宝字八年（七六四）九月一一日に『珍宝帳』記載器仗のほとんどが出蔵され（後述）、その後返納されていない点から、下限はその時となる。

また、上限は、関根真隆「正倉院刀剣史料考」（『天平美術への招待』吉川弘文館、一九八八年、初出一九七七年）によれば、「御大刀壹佰口」記載の大刀五口が出蔵された天平宝字三年（七五九）一二月二六日（後述）という一応の見解が示されている。

いずれにしろ、『珍宝帳』の各宝物に対する註記は詳細であり、奈良時代の工芸品を考えるための重要な史料となる。特に器仗は記載量が豊富であり、奈良時代の器仗考察の基本史料となる。

つぎに正倉院器仗を概観しよう。

第二節　正倉院器仗の概要

正倉院とはなにか？

まずは正倉院の概要を述べる。参照すべき文献は膨大だが、本書では主に杉本一樹『正倉院』（中公新書、二〇〇八年）を参照した。

まず現在の正倉院とは、東大寺金堂（大仏殿）北西に位置する一宝庫を指す固有名詞で、宮内庁正倉院事務所が管轄する。

しかし、「正倉」とは、本来は奈良時代の中央・地方官衙や大寺院等が所有する主要倉庫の総称。一つの機関に複数存在し、そこには税物・什器等を保管した。一方、「正倉院」とはその機関の正倉群のある一郭をいう。官衙・大寺院等それぞれに存在した。

つまり現在の正倉院は、東大寺境内にありながら宗教法人東大寺とは別組織・別管轄だが、本来は東大寺正倉院にあった正倉の一つにすぎない。それが固有名詞化したのである。

正倉院の構造は、床下約二・七メートルの高床式。東側を正面とする東面の建物。正面（東面）九間（柱一〇本・約三三・〇メートル）、側面（南北面）三間（柱四本・約九・四メートル）、総高約一四・〇メートルの規模。外観は瓦葺寄棟造《かわらぶきよせむねづくり》の屋根が一体で一宇にみえる。しかし、内部は三倉に分かれた三倉一体の建物。北三間を北倉、中央三間を中倉、南三間を南倉という。両端の北倉・南倉は著名な校倉造《あぜくらづくり》、その間の中倉は板倉造《いたくらづくり》（羽目板壁）。各倉正面に観音開きの扉がある。

創建・建造の時期は不明。遅くとも天平宝字三年（七五九）三月以前には完成していたという。創建については、天平勝宝四年（七五二）四月の大仏開眼供養会《かいげんくようえ》、あるいは天平勝宝八歳（七五六）の光明皇太后による宝物献納が契機という。

所蔵宝物

正倉院宝物の内容は、調度品・文房具・楽器楽舞具・遊戯具・仏具・宮中行事関係品・服飾類・飲食器・香薬類・工匠具・書籍図面・古文書・容器、そして器仗（刀剣・弓箭・甲）と馬具等の八九三五点（そのうち舶来品は五％未満という）。

こうした膨大な宝物の系統を分類すると、視点によって分類方法はひとつではないが、由来からすれば、[A]大仏への献納品、[B]東大寺の資財、[C]造東大寺司《ぞうとうだいじし》関係品、[D]聖語蔵経巻の四群に分類できる。

[A]は、『珍宝帳』を中心とする『東大寺献物帳』記載品。「帳内宝物」と呼称。

[B]は、①天平勝宝四年四月の大仏開眼供養会を筆頭とした奈良時代に東大寺で行われた大法会関係品。②宮中行事関連品で東大寺に献納された品。③東大寺諸堂塔やほかの蔵庫からの流入品等である。

[C]は、造東大寺司（東大寺造営のための役所）とその管轄下にあった写経所関連品。膨大な数の正倉院文書もこ

こに含まれる。[A]・[B]（③を除く）がもっぱら聖武太上天皇・光明皇太后・孝謙天皇（聖武親子三人）に関わる宝物（高級品）なのに対し、当時の下級官人や庶民の仕事ぶりや日常生活が垣間見られる品々である。

[D]は、東大寺子院の尊勝院経蔵《そんしょういんきょうぞう》伝来の仏教経典約五〇〇〇巻。本来は正倉院とは無関係だが、明治二六年（一八九三）に皇室に献上されて正倉院管理となった。

こうしたなかで、正倉院器仗は、唐大刀《からたち》一口（北倉38）・杖刀《じょうとう》二口（北倉39）と刀子五口（北倉5・7・8・9）が[A]、大刀四口（南倉119・123）が[B]－①である以外は、正倉院所蔵となった時期をはじめとしてその由来の不明のものが多い。ただし、弓と胡禄に「東大寺」の銘を有するものがあり（第四章・第五章参照）、それらは[B]－③に属すると考えられる。

宝物の分類所蔵

現在、右記の正倉院宝物は、北倉に[A]および『東大寺献物帳』・出蔵点検記録類。南倉に[B]－①②。中倉に、そのどちらにも属さない[B]－③や[C]が分類所蔵されている。なお、[D]は、上記とは別に正倉院敷地内に校倉造の経蔵を建てて保管されている。

正倉院宝物は、明治一七年（一八八四）に宮内省管轄となり、明治二五年（一八九二）に設置された御物整理掛によって、大々的な調査と修理が行われた。

現在の分類所蔵はその際に行われたものである。ただし、それは本来（奈良時代）のそれに倣ったもので、つまり正倉院創建当初から、『東大寺献物帳』記載品は北倉に収納され、また、法会・仏事関連品等の東大寺の什宝類は南倉に収納されていたらしい。また、中倉は当初は北倉・南倉からの出蔵品を一時的に保管する仮収蔵庫的役割であったという。

勅封と綱封

さて、三倉各正面の扉には鍵と封が掛かる。北倉では当初から勅封《ちょくふう》が掛けられ、開封には勅許《ちょっきょ》（天皇の許可）を必要とした。開封・閉封は、東大寺と僧綱《そうごう》（寺院・僧侶の監督機関）の代表者、および勅使（天皇の使者）の立ち会いのもとで行われた。勅封は本来は勅使の封であったが、のちに天皇自身の封と解されて現在に及ぶ。また、中倉も永久五年（一一一七）以前には勅封となったらしく、現在に及ぶ。

一方、南倉は当初は僧綱管理で綱封《ごうふう》が掛けられた。綱封は本来は僧綱の封。のちに南倉は東大寺別当（長官）と三綱《さんごう》（別当のもとで東大寺を管理する役僧である上座《じょうざ》・寺主《じしゅ》・都維那《ついな》）の管理となり、別当の封が綱封となった。この南倉も明治八年（一八七五）には勅封となった。

『正倉院御物目録』

さて、明治の調査と修理の成果として、奈良帝室博物館正倉院掛編『正倉院御物目録』三巻（明治四一年〈一九〇八〉以前に完成）が製作された。これが現在の正倉院宝物の基本台帳である。

また、各宝物の名称も『珍宝帳』の記載等をもとにそこで命名されて確定。本書でも、正倉院器仗の名称は原則として『正倉院御物目録』記載の名称を用いる。ただし、個別には名称に疑義を呈する場合もある。以下、『正倉院御物目録』は**『目録』**と略記する。

ちなみに『目録』とは別に明治一八年（一八八五）の奥書を持つ目録一七冊が正倉院に現存する。関根真隆「正倉院刀剣史料考」（一九頁）にその大刀の部分が抜粋掲載されている。ここからは明治の修理以前の正倉院宝物（正倉院器仗）の状態がわかるが、本書では割愛する。

正倉院器仗の分類

つぎに正倉院器仗を分類し、『珍宝帳』記載器仗との関係も記すとつぎのようになる。

○北倉蔵

[刀剣]唐大刀一口・杖刀二口・刀子五口。以上、『珍宝帳』記載品。

[甲]甲残欠。『珍宝帳』記載品でない可能性が高い。

○中倉蔵

[刀剣]唐大刀二口・横刀三口・大刀二一口・無荘刀《むそうとう》（刀身のみ）二三口・鉾《ほこ》三三口・手鉾《てぼこ》五口・刀子六二口・大刀外装残欠二口。刀子外装残欠三口。以上、『珍宝帳』記載品ではない。

[弓箭]弓二七張・弦《つる》残欠一口・鞆《とも》一五口・胡禄三三具（箭収納）・箭八〇具（胡禄未収納）・胡禄残欠四口・緒残欠四口・箭残欠一具・矢竹二束（一四〇〇余本）。以上、『珍宝帳』記載品ではない。

○南倉蔵。

[刀剣]大刀三口・木造大刀一口・刀子二口。以上、『珍宝帳』記載品ではない。大刀三口と木造大刀一口は東大寺大仏開眼会の舞楽用。ほかに鉇《かんな》五口・錯《やすり》三口・鑽《きり》一口もある。

つまり刀剣は三倉いずれにもある。これに対し、甲は北倉のみ。弓箭は中倉のみ。

器仗類似の正倉院宝物と出蔵品

なお、中倉に弾弓《だんきゅう》二張（中倉169）と投壺矢《とうこや》二三隻（中倉171）もある。これは器仗ではなく遊戯具。また、南倉に楽鉾《がくぼこ》二口（南倉117）と絁《あしぎぬ》製鳥兜《とりかぶと》三口・布製虎兜《とらかぶと》一口（南倉3・4）もある。これは舞楽具。楽鉾は構造が器仗の鉾とは相違するし、鳥兜・虎兜はともに布帛製である。本書では原則として割愛する。

さらに、本来は正倉院器仗であったが、明治五年（一八七二）に明治天皇が手許に取り寄せたという大刀刀身一口がある。翌年、金工の帝室技芸員であった加納夏雄《かのうなつお》（一八二八～一八九八）に水龍金物の外装を作らせたことから、「水龍剣《すいりゆうけん》」と通称される遺品（東京国立博物館蔵）である。

これは『目録』作成以前に出蔵したので、『目録』には不記載である。現在、正倉院事務所では、『目録』記載品だけを正倉院宝物と認め、それ以外は正倉院宝物とは認めていない。本書でも割愛する。

第三節　『珍宝帳』記載器仗の出蔵

つぎに『珍宝帳』記載器仗の出蔵について基礎事項を抑えておきたい。これは『珍宝帳』記載器仗と正倉院器仗との関係を考える前提となる。

北倉蔵正倉院器仗

正倉院宝物のうち『珍宝帳』記載品は北倉蔵。器仗に限れば、唐大刀一口（北倉38）・杖刀二口（北倉39）、さらに刀子五口（北倉5・7・8・9）だけである。このうち、『目録』では、唐大刀は、金銀鈿荘《きんぎんでんそう》唐大刀、杖刀二口は、それぞれ漆鞘《うるしざや》御杖刀・呉竹鞘《くれたけざや》御杖刀と命名されている。また、御甲残欠（北倉40）も北倉蔵品（以下、いずれも「御」は割愛）。ただし、甲残欠は『珍宝帳』記載品でない可能性が高い（三八一頁）。

いずれにしろ『珍宝帳』記載器仗はほとんど現存しない。この理由は刀子については不明だが、大刀・弓箭・甲については出蔵されたため。その事情は正倉院文書からわかる。

この問題については、すでに柳雄太郎「東大寺献物帳と検珍材帳」（『南都仏教』三一、一九七三年）・関根真隆「正倉院刀剣史料考」（一九頁）・米田雄介「『国家珍宝帳』の付箋について」（『正倉院文書研究』一一、二〇〇九年）等の詳細な考証がある。それらによれば、出蔵の事情はつぎのようになる。

天平宝字三年の出蔵

『出蔵帳《しゅつぞうちょう》』（北倉169）という正倉院宝物の出蔵記録によれば、天平宝字三年（七五九）一二月二六日、それぞれ「次田《すきた》」「大小咋《だいしょうぐい》」と号する「金鏤《きんる》宝剱」（二口）と「陽宝剱」「陰宝剱」「銀荘《ぎんそう》御大刀」の計五口が正倉院から出蔵された。

このうち「陽宝剱」「陰宝剱」は、『珍宝帳』記載品であることは間違いない。東大寺金堂鎮壇具のうちの金銀荘大刀二口は、この時に出蔵されたに「陽宝剱」「陰宝剱」に該当するという新説が出されていることは既述した（六頁）。

また、二口の「金鏤宝剱」は、『珍宝帳』記載の「横刀」と「黒作懸佩刀《くろつくりかけはきのたち》」に該当し、「銀荘御大刀」も記載大刀のいずれかと考えられている。

「除物」

『珍宝帳』によれば、「御大刀壹佰口」記載大刀のうち「陽宝剱」「陰宝剱」「横刀」「黒作懸佩刀」には「除物《じょぶつ》」（「のけもの」とも）の付箋が付く。『珍宝帳』ではほかに、「厨子《ずし》」の「納物《おさめもの》」（収納品）で、聖武太上天皇が婚礼の際に光明皇太后に贈った「信幣《しんぺい》」（私信）を納めた「一箱〈封〉」（封をした箱）、「犀角奩《さくかくはこ》」とその念珠等の「納物」、さらに「挂甲」一領が「除物」である。

なお、「厨子」は、北倉に現存（北倉2）。『珍宝帳』によれば「赤漆文欟木古様作」（赤漆文欟木《せきしつもんかんぼく》にて古様に作る）と註記がある。そこで、『目録』では「赤漆文欟木御厨子」と命名。本書でもこの名称を使用する。

さて、「除物」とは除外された物という意。『珍宝帳』で献納されながら、のちにそれが撤回された宝物と解釈されている。献納の撤回を行ったのは、献納した本人である光明皇太后以外は無理なことである。そこで、「除物」の付箋が貼られた時期は正確には不明ながら、少なくとも皇太后崩御の天平宝字四年（七六〇）六月七日以前と考えられている。

『出蔵帳』（北倉169）によれば、天平宝字三年（七五九）に出蔵された大刀五口のうち「陽宝劔」「陰宝劔」が『珍宝帳』記載の「陽宝劔」「陰宝劔」に該当するというのは、個別名称の一致と同時に「除物」であるからで、同じく「金鏤宝劔」二口が『珍宝帳』記載の「横刀」「黒作懸佩刀」に該当するというのは、その二口がともに「除物」だからである。しかし、「黒作懸佩刀」を「金鏤宝劔」二口のうちの一口に該当させることに筆者は反対である（八三頁）。

天平宝字八年の出蔵

ついで同じく正倉院宝物の出蔵記録である『出入帳《しゅつにゅうちょう》』（北倉170）によれば、天平宝字八年（七六四）九月一一日、「御大刀」四八口、「黒作大刀」四〇口、「御弓」一〇三枝（「梓」八四枝・「槻」六枝・「阿恵」一枝・「檀」九枝・「肥美」一枝・「蘇芳」一枝・「水牛角弓」一枝）、「甲」一〇〇領（「挂甲」九〇領・「短甲」一〇領）、「靫」三具（「納㆓矢二百四十隻㆒」〈矢二百四十隻を納む〉。なお、「二」は「一」の誤記）、「背琴漆《せごとぬり》靫」一具（「納㆓矢五十隻㆒」〈矢五十隻を納む〉）、「胡禄」九六具（「各納㆑矢」〈各矢を納む〉）が、正倉院から出蔵されて内裏に献上された。

これは一部の大刀を除けば、『珍宝帳』記載器仗のすべてである。天平宝字八年九月一一日とは恵美押勝《えみおしかつ》（藤原仲麻呂）の乱が勃発した当日。つまり『珍宝帳』記載器仗の内裏への出蔵は、乱に対処するためと考えるのがもっとも蓋然性が高く、出蔵されて実戦使用されたと考えられる。

そして、正倉院宝物の点検記録である『延暦六年（七八七）曝涼使解《ばくりょうしげ》』（北倉162）によれば、宝亀七年（七七六）九月二一日の「勘定《かんじょう》」（点検）時に、『珍宝帳』記載器仗で正倉院に残っていたのは、「杖刀」二口のみ。天平宝字八年に出蔵された器仗はいずれも乱後に返納されていない。

なお、『延暦六年曝涼使解』（北倉162）によれば、「除物」四口を除いた大刀九六口の内訳のなかに「黒作大刀」は四一口とある。これは『出入帳』（北倉170）の四〇口とは齟齬する。しかし、『出入帳』によれば、大刀は全体で八八口。『珍宝帳』によれば、「黒作大刀」は全体で四一口。一口のみ独立して記載され、四〇口は一括記載である（七七頁）。したがって、『出入帳』では、『珍宝帳』で独立記載された「黒作大刀」一口を「御大刀」四八口のなかに含めた、と解釈すれば矛盾は解消する。

出蔵されずに残った大刀

このように『延暦六年曝涼使解』（北倉162）によれば、宝亀七年（七七六）の段階で、『珍宝帳』記載器仗は、杖刀二口以外はすべて出蔵されていた。しかし、その大刀の数は、その杖刀二口と天平宝字三年（七五九）出蔵の五口、そして天平宝字八年（七六四）の恵美押勝の乱で出蔵された八八口を合わせても九五口。「御大刀壹佰口」のうち残る五口が不明となる。この五口に関してはその動向がわかる史料がない。

そこで、①天平宝字八年以前にすでに散逸した。②天平宝字八年には出蔵されず、その後宝亀七年までの間に散逸した。③「御大刀壹佰口」とあるが実際に献納されたのは九五口であった。④天平宝字八年の出蔵は八八口ではなく、実際には九三口（杖刀二口と天平宝字三年出蔵の五口を除いた数）であったが数え間違い等の事務的ミスがあった、といった諸説がすでに出されている。

いずれも史料不足のなかでの推測で結論は出ない。しかし、筆者は、そのことを示唆する史料はないが、①または②がもっとも自然な解釈と考える。

また、北倉に唐大刀一口が残っている理由も不明である。これに対し、『目録』では乱後に返納されたと解釈する。しかし、やはり正倉院宝物の点検記録である『斉衡《さいこう》三年雑財物実録《ざつざいもつじつろく》』（北倉165）によれば、斉衡三年（八五六）の時点で、『珍宝帳』記載器仗で残るのはやはり杖刀二口のみ。唐大刀が返納されたとしても斉衡三年以降となる。乱からあまりにも時が隔たりすぎていないだろうか。

これについては、これまで提示した記録類はいずれも北倉蔵品についての記録。中倉や南倉のものはないので、唐大刀一口は中倉・南倉をはじめ北倉以外に返納。斉衡三年以降に北倉に移されたという解釈もできよう。

挂甲の出蔵数

また、天平宝字八年（七六四）の出蔵数としては甲も問題である。つまり甲の出蔵は、『出入帳』（北倉170）によれば全一〇〇領（「挂甲」九〇領・「短甲」一〇領）。これに対し、『延暦六年曝涼使解』（北倉162）によれば九九領（「挂甲」八九領・「短甲」一〇領）で、『出入帳』よりも「挂甲」一領少ない。この点は「除物」の挂甲一領との関係からすればつぎのように考えられる。

つまり「除物」の挂甲の出蔵時期は不明だが、「除物」の付箋が貼られた時期が天平宝字四年（七六〇）以前であれば、それまでに出蔵されていなければならない。とすれば、天平宝字八年での挂甲出蔵数は、『出入帳』の全九〇領は間違い。すでに出蔵された「除物」一領をのぞいた八九領（『延暦六年曝涼使解』）が正しいことになる。

ここで問題となるのが、北倉蔵の甲残欠（北倉40）である。この甲残欠が『珍宝帳』記載器仗であれば、それは乱後に返納されたことになる。また、「除物」の挂甲一領との関係も議論される。この問題については第六章で改めて考察する。

以上、史料不足のなかで、大刀や甲の出蔵数については解決できない問題を残す。しかし、正倉院器仗として『珍宝帳』記載器仗がほとんど現存しないのは、天平宝字三年（七五九）の出蔵とともに、天平宝字八年の恵美押勝の乱で出蔵され、その後返納されなかったのが大きな原因であることは確かである。

儀仗と兵仗

本章の最後に、『珍宝帳』記載器仗と正倉院器仗全体の性格に関わる問題として、儀仗と兵仗の問題にふれたい。儀仗は威儀用・儀式用武具、兵仗は実戦用武具である。ただし、儀仗は、①兵仗をそのまま用いる場合と、②実戦使用できないまったくの儀仗がある。

このうち②のような儀仗は、王権（天皇・朝廷）を警護（警固）すべき武官の儀仗官化と相俟って、摂関期以降の平安貴族社会で成立した。大刀・弓箭（弓・箭・容器）を中心に甲や鉾にも儀仗が成立。大刀での餝剱《かざりたち》（飾剱とも）や、箭の容器の平胡籙《ひらやなぐい》や壺胡籙《つぼやなぐい》等である。いずれも『珍宝帳』記載器仗や正倉院器仗等の奈良時代の器仗を基礎とした様式変化である。

たとえば餝剱のうちでもっとも正式な如法《じょほう》餝剱は、北倉蔵の唐大刀（金銀鈿荘唐大刀〈北倉38〉）の様式変化であることは明白。こうした儀仗が武官を中心に束帯《そくたい》等の装束で佩帯され、また神宝《じんぽう》として伊勢神宮を筆頭とする諸社に奉納された。

筆者は、②のような儀仗の成立や武官儀仗官化の背景は、摂関期になって天皇権威が頂点に達し、王権が安定したためと考える。つまり天皇・朝廷が武力で打倒される危険性がなくなったのである。一方で兵仗は中世化。彎刀《わんとう》等の中世様式が成立する。兵仗と儀仗の分化である。

奈良時代の儀仗と兵仗

これに対し、奈良時代の儀仗は基本的に①である。言い換えれば、奈良時代は兵仗・儀仗未分化の時代である。

そのことは、天平宝字元年（七五七）施行の『養老令《ようろうりょう》』職員令《しきいんりょう》兵《ひょう》部《ぶ》省《しょう》条（以下、『養老令』はただ「〜令」とする）の「兵器・儀仗」の義解《ぎげ》（令の公的註釈）に、「用二之征伐一曰二兵器一、用二之礼容一曰二儀仗一也」（これを征伐に用ふれば兵器と曰《い》ひ、これを礼容に用ふれば儀仗と曰ふなり）とある。また、同じく宮衛令《くえいりょう》儀仗軍器条の「儀仗・軍器」の義解に「用二之礼容一為二儀仗一、用二之征伐一為二軍器一、即同レ実而殊レ号者」（これを礼容に用ふれば儀仗と為《な》し、これを征伐に用ふれば軍器と為す、即ち実を同じうして号を殊《こと》にする者）とあることから明らかである。つまり兵器・軍器（兵仗）と儀仗は「同実而殊号」、つまり同実異号。使用目的による区別にすぎなかった。

奈良時代はわずかに七〇年余。しかし、その間に恵美押勝の乱をはじめ中央・地方で武力による大きな反乱行為がたびたび起こる。つまり王権がいまだ不安定であった。そうしたなかで、王権を警護する武官が実質的に儀仗官であったり、その佩帯器仗が実戦使用できない②の儀仗であるはずがない。摂関期以降とは状況が大きく相違するのである。

身分と装飾

ところが、『珍宝帳』記載器仗と正倉院器仗のどちらにしろ、高級材質を使用して装飾的であると、一般的には短絡的に儀仗（儀礼用）と考える傾向にある。つまり安易に儀仗と言い過ぎる。しかもその儀仗は①と②が区別されていない。むしろ儀仗に対してあえて「実戦用」という言葉が使用されることもあるから、②が想定されていることになる。また、中央の武官さえ儀仗官と捉えられることがある。

しかし、装飾的であることと実戦使用できるできないは別問題。少なくとも奈良時代では装飾的であるから実戦使用できないわけではない。当時は位階制を基礎とする身分制社会である。装飾の問題は、実戦使用云々ではなく、身分制と結び付けて考えるべき問題である。

たとえば衣服令《いぶくりょう》朝服条《ちょうふく》によれば、武官最高位の督《かみ》・佐《すけ》は「金銀装横刀《たち》」、それの下の尉《じょう》・志《さかん》・主帥《しゅそち》・兵衛《ひょうえ》は「烏装《くろつくり》横刀」である。前者は金製・銀製金物を使用し、後者は黒漆塗である。つまり単純化すれば高位者の器仗ほど装飾的になる。

したがって、本書では、『珍宝帳』記載器仗や正倉院器仗を基本的に兵仗と捉え、安易に儀仗という用語を使用しない。

では、以上を前提事項として本題に入ろう。まずは大刀からである。

第二章　大刀

第一節　「御大刀壹佰口」

本節の概要

本章では、『珍宝帳』記載の「御大刀《おんたち》壹佰口《いつぴやくこう》」および正倉院器仗の大刀を解説する。そのうち本節では「御大刀壹佰口」を解説する。「御大刀壹佰口」を大刀の様式名称により、①宝剱《ほうけん》二口・②唐大刀《からたち》一三口・③唐様大刀《からようたち》六口・④高麗様大刀《こまようたち》二口・⑤剱《つるぎ》一口・⑥大刀二三口・⑦黒作大刀《こくさくたち》四一口・⑧横刀《たち》一口・⑨懸佩刀《かけはきのたち》九口・⑩杖刀《じようとう》二口の一〇群に分類。各群ごとに註記全文を掲げて解説する。

「御大刀壹佰口」を正倉院器仗に先行して解説する理由は、大刀関係の用語は、「御大刀壹佰口」の記載を基礎とする必要があるからである。つまり個別用語はまず本節で解説する。

参考文献

最初に本章全体で参照した「御大刀壹佰口」と正倉院器仗の大刀全体に関わる参考文献を提示する。なお、序章で提示したものは原則として割愛した。

○大型図録集

・正倉院事務所編『正倉院の刀剣』（日本経済新聞社、一九七四年）。

※正倉院器仗の全刀身（大刀・無荘刀・鉾・手鉾・刀子）の宝物調査記録。

内容は、宝物調査記録として、図版と本間順治・佐藤貫一・加島進「個別解説」のほか、「本篇」として、本間順治「正倉院の刀剣」。「付篇」として、岩崎航介・岩崎重義「正倉院の刀身の金属顕微鏡による調査」を掲載。

・正倉院事務所編『正倉院の大刀外装』（小学館、一九七七年）。

※正倉院器仗の全大刀外装の宝物調査記録。

内容は、宝物調査記録として、図版と尾崎元春「個別解説」のほか、「本篇」として、末永雅雄「正倉院の大刀外装総説」・松田権六「正倉院大刀外装にみる漆芸の特色」・内藤四郎「正倉院大刀外装の金工について」。「附篇」として、末永雅雄「正倉院大刀の意義」・関根真隆「正倉院刀剣史料考」・木村法光「正倉院の大刀鞘の素地と木取りについて」を掲載。以下、尾崎元春「個別解説」を**尾崎説**とする。

○個別論考

・関保之助「奈良朝時代の外装」（『新版日本刀講座八外装編』雄山閣出版、一九六八年、初出一九三六年）。以下、**関説**。

・鈴木敬三「萬葉刀剣考」（『國學院雑誌』五七―六、一九五六年）。以下、**鈴木説①**。

・同「儀仗と兵仗の太刀」（『國學院高等学校紀要』三、一九六一年）。以下、**鈴木説②**。

・末永雅雄「正倉院大刀外装」（『増補日本上代の武器』〈一〇頁〉増補分第一章第三節八）。以下、**末永説**。

・関根真隆「正倉院刀剣史料考」（『天平美術への招待』〈一九頁〉）。

※『正倉院の大刀外装』「附篇」収録。右記に再録されたために個別に扱う。以下、**関根説**。

大刀の部分名称

さて、「御大刀壹佰口」によれば、古代の大刀には中世の太刀《たち》とは異なる部分名称（名所《などころ》）がある。個別解説のためには、まずは「御大刀壹佰口」によりその大刀の名所を押えておく必要がある。

中世の太刀外装（図1）は柄《つか》と鞘《さや》に大別され、その間に鐔《つば》が入る。柄の先端を柄頭《つかがしら》。そこに嵌入する金物を冑《かぶと》金《がね》。柄の鐔に接する側の金物を縁金《ふちがね》という。また、柄と茎《なかご》を固定する具を目釘《めくぎ》（目貫《めぬき》とも）という。

鞘は、刀身を挿入する鞘口から鞘尻《さやじり》にあたる石突《いしづき》までの間に、順に口金《くちがね》・足金物《あしがなもの》（一の足・二の足の一対）・責《せめ》金《がね》・石突金物が入る。ただし、口金は必備ではない。また、足金物には革製や兵具鎖《ひょうぐぐさり》（兵庫鎖《ひょうごぐさり》とも）製の帯執《おびとり》を取り付け、帯執に通した佩緒《はきお》で太刀を佩帯した。

以上に対応する大刀の名所は、「御大刀壹佰口」によれば、つぎのようになる（図2）。

柄は「把《つか》」（「たかみ」とも読む）、柄頭は「把頭」と表記。冑金は「扼《くびがね》」や「頭《かしら》」。目釘は「目約《めぜめ》」。口金は「鞘《さや》口《ぐち》」。ただし、中世の口金とは性格が相違する（一〇〇頁）。足金物・帯執はともに「帯執」。責金は「約《せめ》」。石突金物は「鞘尾《さやじり》」。佩緒は「帯」である。

ただし、本書では、帯執のうち足金物は「帯執金《おびとりがね》」、帯執は「帯執緒《おびとりお》」と便宜的に区別する。さらに「鞘尾」は金物のこととし、金物そのものではなく鞘の石突部分は「鞘尻《さやじり》」と表記する。

鞘は「鞘」（太刀と同じ）。縁金は対応語がみえず、「御大刀壹佰口」に鐔の記載はない。また、大刀特有の名所として「眼《め》」や「懸《かけ》」がみえる。

なお、関説によれば、扼は「にぎり」と読み、把の把握部分とする。尾崎説も「やく」と音読して継承。しかし、鈴木説②によれば、「くびがね」と読み、冑金のこととする。

これからみていくように、「扼」は把の把握部分では意味が通じない。おおむね金属製で青金と解した方が適切である。本書では鈴木説②に従う。ちなみにこれも『珍宝帳』の器仗記載の分析が十分になされていない例といえる。

一方、太刀の刀身は刀身本体と茎《なかご》からなる。これは太刀に限らない。中世の刀剣すべて、また古代の大刀でも同様である。このうち茎は柄・把に入る部分。また、刀身の先端部分を鋒《きつさき》。茎の先端を茎尻《なかごじり》という。さらに刀身本体と茎の境目を区《まち》という。このうち「御大刀壹佰口」にみえる刀身用語は「鋒」のみである。

以上のように、本書では「御大刀壹佰口」等により古代の名所がわかる限りはそれを使用し、不明の場合は中世の名所を援用する。以下、本書ではすべての器仗で同様の方針をとる。

凡例

註記には適宜読点を付け、正字（旧漢字）や異体字は原則として当用漢字に改めた。読点を施した位置は、「御大刀壹佰口」では原則として一字空けの部分。しかし、筆者の見識で一字空け部分以外にも読点を入れた。（　）は付箋部分である。返点や振り仮名は読み方（音読・訓読）が一様でない場合もあるので原則として本文には付けず、註解のなかで個別に示した。なお、用語解説は原則として初出時のみとする。

各個別名称の下に通し番号を付けた。この通し番号は「御大刀壹佰口」での実際の記載順を示す。「御大刀壹佰口」の記載は必ずしも様式名称ごとにまとまっていない。本節では様式名称ごとの構成とするため順番を入れ替えた。各大刀の「御大刀壹佰口」での記載順は、この番号で判断していただきたい。

では、個別解説に移ろう。

①宝剱二口

▼（除物）陽宝剱一口…1

▼（除物）陰宝剱一口…2

並、刃長二尺六寸九分、鋒者偏刃、各銘宝剱字、紫檀把頭、鮫皮裏把、眼幷鞘口・帯執及鞘尾・把押縫皆用純金荘、但帯執・鞘尾以金漆塗金上、紫組懸、紫皮帯執、黒紫綾帯、紅地錦袋、緋綾裏、

○除物《じょぶつ》　付箋。本例が、『出蔵帳』（北倉169）によれば、天平宝字三年（七五九）に出蔵された「陽宝剱《ようのほうけん》」「陰宝剱《いんのほうけん》」であることは間違いない（二五頁）。

○陽宝剱一口　「宝剱」は「たからたち」とも読める。「陰宝剱一口」と合わせ、「陽」「陰」は二口一対であることを示す。「宝剱」は高級材質を用いた装飾性の高い大刀に対する美称。本例の場合は、金物が純金製のため。ただし、構造様式は不明。また、由緒も不記載。しかし、美称を用いる点にこの大刀の特殊性が示される。だからこそ除物となったのであろう。

○並　「ならびに」と読む。註記は二口一括。つまり二口の特徴・装飾は同様。「御大刀壹佰口」での複数口一括註記は、ほかに金銅荘《こんどうそう》唐大刀八口と黒作大刀四〇口がある。

○刃長二尺六寸九分　「刃長《はちょう》」は鋒から棟区《むねまち》までの直線距離。寸法は当時は唐尺《とうじゃく》使用。一尺は二九・六七センチ。これで換算すると「二尺六寸九分」は七九・八センチ。以下、刃長はすべてこの換算により、小数点第二位以下は四捨五入する。

○鋒者偏刃　「鋒は偏刃《かたば》」と読む。「偏刃」は片刃。「御大刀壹佰口」では、金銅荘剱（19）を除き、刀身の構造はすべて鋒が偏刃か両刃《もろは》で示す。

正倉院器仗によれば、大刀刀身の構造は無荘刀《むそうとう》を含めて四種類に大別される。鋒両刃造《きっさきもろはづくり》六口・平造《ひらづくり》一九口（うち先切刃造《さききりはづくり》三口）・切刃造《きりはづくり》二六口・鎬造《しのぎづくり》四口である（図3―①②③④⑤）。このうち「鋒偏刃」に相当するのは平造・切刃造・鎬造の三種類。最多は切刃造である。

「御大刀壹佰口」でも「鋒偏刃」は切刃造が多いと考えられる。しかし、註記からは判断できない。細かく区別する意識があったかどうかも不明である。

○各銘宝剱字　「各宝剱の字を銘《しる》す」と読む。「銘」は「きざむ」とも読める。また、「各の銘《めい》は宝剱の字」とも読める。刀身に「宝剱」の文字を記したの意。記し方には、彫り入れる場合と書き込む場合がある。刀身の場合は彫り入れたのであろう。

東大寺金堂鎮壇具《ちんだんぐ》の金銀荘大刀二口（六頁／図4）は、それぞれ「陽剱」「陰剱」の銘を刀身佩裏《はきうら》の腰（刀身本体の区に近い部分）に入れる。しかし、中世では銘（作者名・年紀等）は茎に入れる。本例は、註記からは刀身・茎のどちらに銘を入れたかは不明。

○紫檀《したん》把頭　「紫檀」はマメ科の常緑樹。インド原産の高級輸入材。木地が淡紫褐色または濃紫色を呈す。その紫檀を把頭に嵌入《がんにゅう》した。

○鮫皮裹把　「裏」は「裹」の誤字。「裹」は「包」同義。「裹」に正して「さめがわづつみづか」と読む。「鮫皮にて把を裹《つつ》む」とも読める。「鮫皮」は日本近海の泥鮫《どろざめ》（鱏《えい》）の表皮。舶来の高級品。表面に独特の小突起（ブツブツ）がある。その皮で把を包み、把握の滑り止めとした。鮫皮で柄を包むことは中世で一般化。

正倉院器仗では、金銀鈿荘唐大刀（北倉38／図5）・漆塗鞘《うるしぬりざや》杖刀（北倉39／図6）、黄金荘《おうごんそう》大刀（中倉8―1／図7）・金銀鈿荘唐大刀二口（中倉8―2・3／図8・9）の五口が鮫皮裹把。

○眼幷鞘口・帯執及鞘尾・把押縫皆用純金荘　「眼幷《なら》びに鞘口・帯執及び鞘尾・把押縫《つかのおしぬい》はみな純金を用ひて荘《かざ》る」

と読む。金物の材質の註記。材質の註記があるのは、個別名称に材質名が入っていないため。純金製金物はまさに高級品の証。正倉院器仗では、黄金荘大刀（中倉8―1／図7）が純金製金物。

「眼」は、把頭の懸を通す孔に差し込んだ管金物《くだがなもの》（懸は次頁）。正倉院器仗によれば、通常は眼が目約ともなる。茎尻の大きな孔が目約を兼ねた眼孔（図3―②〜④）。

ただし、把頭の様式はさまざま。眼の入れ方もこれに対応する。まず把頭は扼がなく木地のままのものと扼があるものがある。その扼も把頭を覆う様式と覆輪《ふくりん》式がある（覆輪は金属や布帛等による縁取）。

これに対応する眼は、把頭を覆う扼では扼に、木地のままや覆輪式扼では木地に入れる。本例は扼の記載がないため扼はないようで、眼は把頭の紫檀に入れたと考えられる。

「鞘口」は中世の口金とは性格が相違（一〇〇頁）。「帯執」はここは帯執金。正倉院器仗では帯執金の様式はさまざま（九九頁）。註記からは様式は不明。

「把押縫」は鮫皮の継ぎ目を押さえる金物。鮫皮の継ぎ目は把の裏側中央にある。正倉院器仗では、五口の鮫皮裏把のうち押縫付設は、漆塗鞘杖刀（北倉39／図6）・黄金荘大刀（中倉8―1／図7）の二口。ほか三口つまり唐大刀には押縫がない。

両者の相違点は把頭。つまり前者の把頭はそれぞれ象牙付設（図6）と斑犀裏《はんさいづつみ》（図7）。鮫皮が把頭までを覆わない。これに対し、唐大刀（図5・8・9）は鮫皮が把頭までを覆う。つまり鮫皮が把頭まで覆わない場合は押縫で留める必要があるが、覆う場合は留める必要がない。本例も把頭が紫檀裏であるから押縫の記載がある。

「御大刀壹佰口」では、「押縫」の記載はほかに漆塗鞘杖刀（北倉39／図6）に該当する杖刀（53）のみ。しかし、鮫皮裏把のうち、把頭が別材質であったり、把頭や扼に関する記載がある場合は押縫があり、把頭に関する記載のない場合は鮫皮が把頭までを覆う様式と考えられる。

○但帯執・鞘尾以金漆塗金上　「但し帯執・鞘尾は金漆《こしあぶら》をもって金の上を塗る」と読む。金物のうち帯執金と鞘尾は「金漆」を塗布した。

金漆については諸説ある。「献物帳考証」によれば透漆《すきうるし》。透漆は生漆《きうるし》を攪拌《かくはん》（かき混ぜること）と天日干しで精製した透明漆。生漆は漆の木から採取した樹液を濾過したもの。鈴木敬三「木弓と伏竹の弓」（『武器と武具の有識故実』吉川弘文館、二〇一四年、初出一九五七年）に継承。ただし、松井悦造「いわゆる金漆と黄漆及びその原料植物」（『古文化財の科学』二一、一九七八年）によれば、和仮漆《わにす》（日本製ニス）か。カクレミノ（ウコギ科の常緑樹）の樹液である黄漆《きうるし》を溶剤に溶かしたもの。

○紫組懸　「紫組」は紫根《しこん》染の絹糸による組紐。紫根は紫草《むらさきぐさ》（ムラサキ科の多年草）の根。紫の染料。紫は、衣服《いふく》令《りょう》　礼服《らいふく》条・朝服《ちょうふく》条によれば、皇族（親王・王・内親王・女王）・男女諸臣三位以上の位色《いしき》。位色は律令官人の公服である礼服や朝服の上着の色。懸・帯執緒・帯等の皮革・染織品でも高貴の色であったか。

「懸」は、中世では手貫緒《てぬきのお》（腕貫緒《うでぬきのお》とも）と言い、把頭に付設。大刀使用時に手首に通して把を握り、大刀の落下を防ぐための緒紐。懸は太刀では退化。儀仗《ぎじょう》では伝統を残す。

正倉院器仗では懸は通常は眼に通す。ただし、金銀鈿荘唐大刀三口（北倉38・中倉8-2・3／図5・8・9）に眼はない。把表に懸を通す鐶《かん》（金属製リング）を付設。この鐶を「懸付鐶《かけつけのかん》」とよぶことにするが、懸付鐶を付設する場合は、眼の代わりに目約が入る。その場合、茎には鐶付設のための孔（鐶用孔）と目約孔の二孔が開く（図3-①）。

○紫皮帯執　紫根染鞣革《なめしがわ》製の帯執緒。鞣革は、小林行雄『古代の技術』（塙書房、一九六二年）・永瀬康博『皮革産業史の研究』（名著出版、一九九二年）第二章「もう一つの革・鹿皮の鞣と加工」・鈴木敬三「洗韋」（『有識故実大辞典』吉川弘文館、一九九六年）・出口公長「正倉院宝物に見る皮革の利用と技術」（一〇頁）等によれば、生革《なまがわ》を鞣し剤で軟化させ、同時に保存性と耐久性を高めた革。生革は体毛を除去して乾燥させた革。

鹿を筆頭に牛・馬の鞣革が代表的。鞣し剤には腐敗した牛の脳漿（脳みそ）・塩・菜種油等があり、藁等の煙で燻《いぶ》すことも含まれる。特に染色前や後に燻すことで色が鮮やかになり、保存性が増加するなどの効果がある。なお、無染色の鞣革はいずれの獣皮も白革。

こうした鞣革のうち鹿の鞣革は、生革の表面（銀面《ぎんめん》という）を削り、鞣し剤に腐敗した牛の脳漿を使用。この鹿の鞣革（白革）を特に洗革《あらいがわ》（揉革《もみがわ》とも）という。また、燻した洗革を熏革《ふすべがわ》という。

無染色の鹿の鞣革を洗革、鹿以外を白革とする理解は、『目録』からもわかる。出口公長ほか三名「正倉院宝物特別調査報告　皮革製宝物材質調査」（一〇頁）によれば、金銀鈿荘唐大刀（中倉8-3／図9）の懸は牛革（子牛革）製。黒作大刀（中倉8-13）の帯執緒は鹿革製。これに対し、『目録』によれば、前者を「白皮」、後者を「洗皮」と区別しているからである。以下、本書でも無染色の鞣革は、鹿は洗皮、鹿以外は白皮とする。

正倉院器仗では金銀鈿荘唐大刀（北倉38／図5）をはじめ革製帯執緒の材質はすべて鹿革。つまり洗革かその染革。本例も洗革の染革と考えられる。

ところで、革緒（鞣革の緒）には丸絎緒《まるぐけお》・平絎緒《ひらぐけお》・畳緒《たたみお》・裁緒《たちお》がある。丸絎緒は、和紙を撚った紙捻《こびねり》等の芯を鞣革で包んで合わせ目を縫って断面円形とした緒。平絎緒は、裁断した鞣革の左右両端を折りたたんで合わせ目を縫った平たい緒。畳緒は鞣革を畳んで紐状にした緒。裁緒は同じく細く裁断しただけの緒。このうち帯執緒には丸絎緒以外を使用。本例がいずれであるかは不明。宝剱には入念な平絎緒が相応しいか。

なお、「かわ」の表記は「皮」「革」「韋」とさまざま。本来的には表記によって意味が微妙に相違。また、文献によって使い分けがあるが、『珍宝帳』ではすべて「皮」の表記。そこで、本書では『珍宝帳』からの引用は「皮」とし、一般論としては「鮫皮」を除いて「革」を使用する。
○黒紫綾帯　「黒紫」は濃紫か。『続日本紀』大宝元年（七〇一）三月甲午（二一日）条によれば、親王と諸王・諸臣一位の位色（『大宝令』衣服令の規定）。つまり天皇・皇太子をのぞく当時の男子最高色。それに継ぐのが赤紫。「綾《あや》」は文様を織りだした有文《うもん》の高級絹地。
○紅地錦袋　「錦《にしき》」は三色以上の色糸で文様を織りだした有文の高級絹地。「袋」は大刀を収納する袋。
○緋綾裏　袋の裏地。「御大刀壹佰口」にはすべて袋と裏地を記載。各大刀は袋に入れて献納された。しかし、袋は大刀そのものには直接関係がない。以後の解説は割愛する。

宝剱の特徴

宝剱の特徴は装飾性の高さにある。それは、紫檀裏把頭・鮫皮裏把・純金製金物等に顕著。しかし、註記からは構造様式の特徴は見いだせない。装飾性の高さを除けば、後述の⑥大刀に分類すべき、特記すべき特徴のない構造様式ではなかったかと考えられる。

金銀荘大刀二口との関係

この宝剱二口が東大寺金堂鎮壇具の金銀荘大刀二口（図4）に該当するという（六頁）。たしかに金銀荘大刀二口の刀身は「鋒者偏刃」（切刃造）。把は「鮫皮裏把」（鮫皮の痕跡と一口に押縫の残欠）で一致。また、金物は眼と押縫が金製で一致。刃長も八〇・六センチと八〇・四センチで、「二尺六寸九分」（七九・八センチ）よりもやや長寸だが、金銀荘大刀二口が完全な錆身の発掘品であることを考慮すれば、誤差の範囲といえそうである。

しかし、判明した金銀荘大刀二口の銘は「陽劔」「陰劔」に対し、宝劔二口は註記に「各銘二宝劔字一」（各宝劔の字を銘す）とあるように「宝劔」で不一致。また、金銀荘大刀二口の扼は鉄地金象眼《ぞうがん》なのに対し、宝劔二口は「紫檀把頭」で不一致。金銀荘大刀二口の鞘口・帯執金は銀製、鞘尾は鉄地金象眼なのに対し、宝劔二口は鞘口・帯執金・鞘尾いずれも「用二純金一荘」（純金を用ひて荘る）とあって、やはり不一致。

このように「御大刀壹佰口」の註記と突き合わせると、宝劔二口と金銀荘大刀二口は一致する点よりも不一致点のほうが多い。特に銘の相違は決定的な相違点である。筆者には「銘宝劔字」とある註記が、どうして「陽劔」「陰劔」の銘に一致するのかが理解できない。

以上の点から、金銀荘大刀二口は宝劔二口に該当しないと筆者は考える。むしろ宝劔二口の註記内容は、黄金荘大刀（中倉8-1／図7）の特長（九八頁）に近い。また、金銀荘大刀二口の帯執金は小型の鉸具《かこ》（バックル）を付設する特殊様式（図4）。一説ではこうした帯執金に鉸具付設した大刀が懸佩刀という（九〇頁）。

なお、東大寺金堂鎮壇具の金銀荘大刀二口と「陽宝劔」「陰宝劔」との関係について、詳細は拙稿「『国家珍宝帳』と「東大寺金堂鎮壇具」の器仗」（『古文書研究』七八、二〇一四年）参照。

②唐大刀一三口

▼金銀鈿荘唐大刀一口…4

刃長二尺六寸四分、鋒者両刃、鮫皮把、作山形、葛形裁文、鞘上末金鏤作、白皮懸、紫皮帯執、黒紫羅帯、緋地高麗錦袋、浅緑綾裏、

○金銀鈿荘唐大刀一口　本例は正倉院器仗の金銀鈿荘唐大刀（北倉38／図3-①・5）に該当。以下、「**北倉蔵品①**」とする。そこで唐大刀一三口の最初に本例を掲げ、北倉蔵品①に基づいて解説する。

ところで、「御大刀壹佰口」では、陽宝剱・陰宝剱（1・2）・横刀（42）・杖刀（53・54）を除き、個別名称は、金物材質＋「荘」か「作」＋大刀様式名称という構成が原則。金物によって材質が個別名称と異なる場合は註記に記載。

つまり本例の「金銀」は金物の材質が銀地金鍍金の意。「鈿荘」は金物に玉等を嵌入するの意。「荘」は「かざり」とも読む。

北倉蔵品①によれば、金物には赤色に伏彩色《ふせざいしき》した水晶玉や青・濃緑に彩色したガラス玉を嵌入。伏彩色は、玉を嵌入する器物面を彩色し、その色を玉に透かせる装飾技法。

○刃長二尺六寸四分　七八・三センチ。北倉蔵品①によれば、刃長七八・二センチ。反り〇・一センチ。刃長の相違は誤差の範囲。

ちなみに北倉蔵品①によれば、総長（把頭から鞘尻までの寸法）は九九・九センチ。刀身の重量は五三一・八グラム。刃長と重量の比率（以下、「比率」）は六・八〇。

刀剣の兵仗性の判断には刀身の厚みや重量も重要。しかし、重量は刃長にもよる。短寸であれば軽量になる。そこで比率を示した。比率が高いほど兵仗性も高くなる。しかし、明確な基準はなく、あくまで目安にすぎない。

○鋒者両刃　「鋒は両刃」と読む。北倉蔵品①によれば鋒両刃造（図3―①）。全体は偏刃で鋒のみを両刃とした刀身。正倉院器仗では、北倉蔵品①を含めて黒作横刀（中倉8―8／図10）・銅漆作《どううるしさく》大刀・黒作大刀（中倉8―11・20／図2・11〉）の刀身と無荘刀二口（9―48・49）の六口が鋒両刃造。

なお、鈴木説①によれば、『万葉集』（巻二「柿本朝臣人麻呂献二泊瀬部皇女・忍坂部皇子一歌一首」〈柿本《かきのもとの》朝臣《あそん》人麻《ひとま》呂《ろ》が泊瀬部《はつせべの》皇女《ひめみこ》・忍坂部《おさかべの》皇子《みこ》に献《たてまつ》りし歌一首〉をはじめ二一例）にみえる「つるぎたち」（「剱刀」等と表記はさまざま）

は、刀身が鋒両刃造の大刀ではないかという。

鋒両刃造は唐大刀ともに舶来した刀身。北倉蔵品①の様式が儀仗の餝劒《かざりたち》に変化するが、外装様式だけでなく、鋒両刃造の刀身も継承したことは、奈良・春日大社蔵の黒漆平文餝劒一〇口（本宮御料古神宝類）のうち、柄欠損の一口が儀仗化した鋒両刃造であることから確認できる。

○鮫皮把　「皮」の後に「裹」が脱字か。北倉蔵品①によれば、押縫のない白鮫皮裹。また、把下辺に四本の指型を抉る。これは把握を考慮。鈴木説②によれば、この指型のある鮫皮裹把には押縫がない。

ちなみに北倉蔵品①によれば、鐔は唐鐔《からつば》。分銅型の細長い鐔。「御大刀壹佰口」には、金銀作懸佩刀（46）を除いて（それも不確実）、鐔の註記はない（八六頁）。しかし、鐔を入れないはずはない。正倉院器仗によれば、金銀鈿荘唐大刀二口（中倉8-2・3／図8・9）にも唐鐔が入る。「御大刀壹佰口」の唐大刀一三口もすべて唐鐔であろう。

○作山形　「山形《やまがた》を作る」と読むべきか。「山形」は帯執金上部の山状突起。帯執緒を付設。増田精一「山形足金物の源流」（『MUSEUM』一二六、一九六一年）によれば、山形の源流は、遠くササン朝ペルシャ（二二六〜六五二）に求められる。正倉院器仗では、北倉蔵品①を含め金銀鈿荘唐大刀二口・金銅鈿荘大刀・金銅荘横刀（中倉8-2・3・5・6／図8・9・12・13）の五口が山形付設。

その五口によれば、木製山形と金属製山形がある。木製山形には、（a）木製山形に帯執金と一体となった山形状金物を被せる様式と、（b）木製山形に金属製の覆輪を施して帯執金を付設しない様式がある。（a）は北倉蔵品①。（b）は金銀鈿荘唐大刀二口（中倉8-2・3／図8・9）。一方、金属製山形は山形と帯執金が一体となった様式である。金銅鈿荘大刀・金銅荘横刀（中倉8-5・6／図12・13）がこれに該当。なお、奈良・高松塚古墳（七世紀末〜八世紀初）からは、銀製唐草文様透彫《すかしぼり》の山形状金物一個と同じく山形の覆輪一対が出土。

「御大刀壹佰口」では、木製山形の場合は本例のように「作山形」の前に材質名が付かない。これに対し、金属製山形の場合は「作山形」の前に材質名が付く（多くは個別名称の材質と同じ）。この場合、原則的に帯執金も同材質である。

ただし、木製山形の場合、註記からは(a)(b)どちらの様式かは不明。なお、「御大刀壹佰口」では、木製山形は唐大刀だけにみえる。

○葛形裁文《かづらがたさいもん》「葛形に文を裁《た》つ」「葛形に裁文す」とも読める。北倉蔵品①によれば、金物（扼・帯執金・山形・約・鞘尾）すべてが唐草文様透彫の長金物《ながかなもの》（長寸の金物）。ただし、扼・鞘尾は新補。「葛」は蔓草《つるくさ》系植物の総称。「葛形裁文」は唐草文様透彫のことである。

なお、『珍宝帳』では「葛形裁文」は「作山形」に連続して記載される。この「葛形裁文」は「山形」の註記ともとれるが、筆者は読点を入れ、山形を含むすべての金物の註記と考える。

また、「葛形裁文」の註記がある唐大刀はすべて「作山形」の前に材質名が付かない。つまりすべて木製山形である。

○鞘上末金鏤作　通説では「鞘の上は末金鏤《まっきんる》に作る」と読む。「末金鏤」は後世の研出蒔絵《とぎだしまきえ》の原型となる装飾技法。研出蒔絵は、漆面に漆で文様を描き、鑢《やすり》で削った金粉・銀粉等を蒔いて（散らして）付着させ、さらに透漆を塗って木炭で研ぎ出す装飾技法。その点は、室瀬和美「金銀鈿荘唐大刀の鞘上装飾技法について」（『正倉院紀要』三三、二〇一一年）によっても再確認されている。

北倉蔵品①によれば、金鑢粉《きんやすりこ》で鳥・獣・唐草文様を表す。ただし、鞘は薄革裏黒漆塗。革の上にこの装飾を施す。ちなみに小林行雄『古代の技術』（三九頁）によれば、黒漆は透漆に荏胡麻油《えごまあぶら》や菜種油《なたねあぶら》の油煙（掃墨《はいずみ》）を混ぜるのが本来。

正倉院器仗では、大刀の鞘は薄革裏黒漆塗が通常。「御大刀壹佰口」では、金銅作懸佩刀（45）を除き、革裏鞘の註記はない。しかし、多くは薄革裏黒漆塗であったと考えられる。

ところで、「末金鏤」という技法名（固有名詞）は本例以外は『珍宝帳』にかぎらずほかに一例もみない。そこで、田川真千子「『東大寺献物帳』の記載にみる工芸技術について」（『人間文化研究科年報』一八、二〇〇二年）によれば、「末金鏤作」は「末金を鏤《ちりば》めて作る」と読むべきという。つまり「末金鏤」という技法名（固有名詞）はないという。なお、「末金」とは鑢で削った金粉のことである。

確かに「御大刀壹佰口」に限らず『珍宝帳』の註記全体として、「葛形裁文」をはじめこれまでは名詞として読んでいたが、文章として読むことも可能な箇所も多い。また、音読・訓読どちらでも読める場合も多い。その意味で傾聴すべき説である。

しかもこの問題は単に読み方の問題にとどまらない。「末金鏤」という技法名がなかったとすれば、註記記載者は北倉蔵品①の鞘に施された装飾の技法名を知らず、観察したままを記載したことになる。それはその技法がまだ名称も知られていない新たな技法である可能性を示唆する。

しかも、小林行雄『古代の技術』（前出）によれば、榧本亀生「漢代の蒔絵」（『学海』三—六、一九四六年）を引用して中国漢代の蒔絵の存在を指摘。日本独自の技法と考えられてきた蒔絵も舶来の技法である可能性がある。蒔絵も舶来の技法とすれば、その技法を鞘に施した北倉蔵品①も舶来品である可能性がでてくる。

もっとも法隆寺献納宝物（東京国立博物館蔵）の征箭《そや》五隻（第五章図27〈右側五隻〉）の口纏《くちまき》・末矧《うらはぎ》は糸纏・黒漆塗（口纏は残存二隻のみ）で金鑢粉を蒔く（「征箭」「口纏」「末矧」は第五章参照）。これは北倉蔵品①と同技法。法隆寺献納宝物の器仗は正倉院器仗と同時代の国産品と考えられる。

法隆寺献納宝物の箭二隻が国産品ならば、私見の反証になり得る。一方で、正倉院器仗と法隆寺献納宝物の器仗の詳しい時代的前後関係は不明。法隆寺献納宝物の箭二隻が北倉蔵品①とほぼ同時代で、かつより時代が下がるとすれば、前者は、北倉蔵品①とともに舶来した新技法の普及を示唆する事例という解釈もできよう。

○白皮懸　「白皮」は鹿以外の無染色の鞣革（四〇頁）。金銀鈿荘唐大刀（中倉8-3／図9）の懸によれば、牛（仔牛）の鞣革か。

　ただし、『延喜式』内蔵寮によれば、「諸国年料供進」の「雑染革一百六十張」の内訳に「紫革」「緋革」等とともに「白革」がみえる。これによれば、白革も無染色ではなく染革となるか。その染料は不明。

　北倉蔵品①によれば、白革（牛革か）丸絎緒の懸。ただし、新補。それを二つ折りにして鋲留。途中に約、先端に露金物《つゆがなもの》を付設。

　把頭に眼はなく、懸通鐶を付設し、目約が入る。茎には鐶用孔と目約孔の二孔が開く（図3-①）。

○紫皮帯執　北倉蔵品①によれば、有文（白小花小鳥文）紫革の平絎緒。

▼金銅荘唐大刀八口…3

　並、刃長二尺六寸、鋒者偏刃、鮫皮裹把、作山形、葛形裁文、白皮懸、四口、赤紫組帯執、赤紫羅帯、三口、黒紫組帯執、黒紫羅帯、一口、黒紫組帯執、赤紫羅帯、並、緑地高麗錦袋、緋綾裏、

○金銅荘唐大刀八口　「金銅」は銅地金鍍金。

○並　八口一括注記。

○刃長二尺六寸　七七・一センチ。

○鋒者偏刃　「御大刀壹佰口」では、唐大刀の鋒偏刃は本例八口のみ。「偏」は「両」の誤記とも考えられる。

○赤紫組帯執　赤紫組紐製の帯執緒。本例八口の帯執緒はすべて組紐製。組紐製の帯執緒は、「御大刀壹佰口」・正倉院器仗で本例八口のみ。

○赤紫羅《ら》帯　「羅」は薄物（シースルー地）の高級絹地。

▼金銅鈿荘唐大刀一口…5

刃長二尺四寸三分、鋒者両刃、偃尾、鮫皮裹把、作山形、葛形裁文、白皮懸、紫皮帯執、赤紫羅帯、緋地錦袋、緋綾裹、

○刃長二尺四寸三分　七二・一センチ。

○偃尾《えんび》　刀身に反りがあるの意。「御大刀壹佰口」では、ほかに金銅荘唐大刀（11）に「偃尾」の註記。同じく「鋒者両刃」。

正倉院器仗によれば、総体的に刀身は直刀。しかし、無反りのものは少ない。○・一〜○・五センチの範囲でわずかに反りがある。または刃側にわずかに反る内反《うちぞ》りも多い。北倉蔵品①の刀身（図3-①）にも○・一センチの反りがある。また、無荘刀のうち鋒両刃造二口（中倉9-48・49）はそれぞれ○・五センチと○・八センチの反り。このような反りが偃尾であろう。

▼金銀鈿作唐大刀一口…9

刃長二尺九寸五寸、鋒者両刃、銀鏤龍・星形、鮫皮裹把、金銀作山形、葛獣形平文、白皮懸、白皮帯執、黒紫綾帯、白地高麗錦袋、緋綾裹、

○金銀鈿作唐大刀一口　「作」は「さく」または「つくり」と読む。「荘」と同義。ただし、「黒作大刀」のように、「荘」よりも装飾性が劣る場合に使用されることもある。

○刃長二尺九寸五寸　八七・五センチ。

○銀鏤龍・星形　「銀にて龍・星形を鏤む」と読む。刀身に龍や星形の銀象眼があるの意。象眼は金属に金属を嵌め込む装飾技法。正倉院器仗では、呉竹鞘《くれたけざや》杖刀（北倉39／図14）の刀身に雲形・星形（北斗七星・三星《みつぼし》）の金

象眼がある。

○金銀作山形　「金銀にて山形を作る」と読む。銀地金鍍金製山形。

○葛獣形平文《かづらけものがたひょうもん》　「葛獣形を平文す」とも読める。鞘の装飾。葛形（唐草文様）に獣形（動物文様）を配した平文。平文は、様々な意匠に切り抜いた金・銀の薄板を木地に嵌入。塗漆して意匠部分を木炭で研ぎ出した装飾技法。「御大刀壹佰口」ではほかに金銀荘唐大刀（10）と金銅荘唐大刀（11）に「平文」の註記がみえる。

　上記の技法が平文であることは、正倉院宝物の金銀平文琴《きん》（北倉26／図15）からわかる。正倉院宝物の出蔵記録である『雑物出入帳《ざつぶつしゅつにゅうちょう》』（北倉172）によれば、『珍宝帳』記載の「銀平文琴」と「漆琴《うるしのきん》」が弘仁五年（八一四）一〇月一九日に出蔵された後、同八年五月二七日に返納されたが、それらは代替品で、そのうち「銀平文琴」の代替品が金銀平文琴という。

「正倉院髹漆品調査報告（下）」（九頁。以下、「調査報告」）によれば、この琴の装飾がまさに右記の技法。それを『雑物出入帳』では「以二金銀一平二文之一」（金銀をもってこれを平文す）」と記載。両者を合わせれば、右記技法が当時は「平文」とよばれていたことになる。

　ところで、この平文と同類か否かで議論がある技法に平脱《へいだつ》がある。『珍宝帳』では「銀平脱箱」「銀平脱合《ごう》子《す》」（「合子」は蓋付き容器）がある。また、同じく「円鏡」「八角鏡」「漆胡瓶《こびょう》」の註記に「金銀平脱」「銀平脱」等がみえる。このうち銀平脱合子四口（北倉25-1～4／図16）・円鏡・八角鏡（北倉42-6・12）・漆胡瓶（北倉43）が現存。「調査報告」によれば、これらは意匠部分の塗漆を剝ぎ取る装飾技法。

　そこで、意匠部分の塗漆を研ぎ出すのが平文、剝ぎ取るのが平脱と一応の区別ができる。しかし、「調査報告」では『珍宝帳』に「平文」と註記される宝物が一例も現存しないことから結論を保留。小林行雄『古代の技術』（三九頁）も別視点から結論を保留。

これに対し、木村法光「奈良時代の平脱・平文」（『漆工史』一三、一九九〇年）は、『珍宝帳』に「平脱」「平文」が並記されていることに注目。そのうえで正倉院宝物を分析。右記の区別が有効とした。これに加えて、従来注目されていない『雑物出入帳』（北倉172）の「以金銀平文之」の記載に注目すれば、「調査報告」が保留とした結論（つまり木村氏の結論）の有効性はさらに高まると筆者は考える。

ちなみに上記の平文と平脱の区別に則ると、正倉院器仗では、金銀鈿荘唐大刀二口（中倉8-2・3／図8・9）の木製山形の装飾が金平文。金銀荘横刀（中倉8-4／図17）の鞘装飾も金銀平文となる。後者は葛形に疾走する獅子等の動物の意匠。このような文様が、『目録』にもみえるように、「葛獣形」であろう。

なお、東大寺金堂鎮壇具の大刀のうち金鈿荘大刀三口の鞘の装飾も二口は葛形。一口は葛形に鳥の意匠。ただし、塗漆が剝がれて平文か平脱かは不明。

なお、「御大刀壹佰口」の唐大刀では、「平文」の註記があれば、いずれも「作山形」の前に「金銀」が付き、「葛形裁文」の註記はない。金属製山形付設の唐大刀は、「葛形裁文」の長金物の代わりに平文で文様を施したものと考えられる。

▼金銀荘唐大刀一口…10

刃長二尺七寸二分、鋒者両刃、鮫皮裹把、金銀作山形、龍鱗葛形平文、（白皮懸）、白皮帯執、黒紫綾帯、緑地高麗錦袋、緋綾裏、

○刃長二尺七寸二分　八〇・七センチ。

○龍鱗葛形平文《りゅうりんかづらがたひょうもん》「龍鱗葛形を平文す」とも読める。「龍鱗」（龍の鱗状文様）と「葛形」が、平文の意匠としてどのように組み合わさるのかは不明。

○（白皮懸）付箋。ただし、付箋の位置は個別名称の上。他の唐大刀の註記順に倣い、「帯執」の前に移した。

本来は修正位置に貼られていたのが移動したか。

▼金銅荘唐大刀一口…11

刃長二尺八寸五分、鋒者両刃、偃尾、鮫皮裹把、金銀作山形、龍鱗葛形平文、白皮懸、白皮帯執、黒紫綾帯、白地高麗錦袋、緋綾裹、

○刃長二尺八寸五分　八四・六センチ。

○金銀作山形　銀地金鍍金製山形。個別名称の「金銅」とは相違。金属製山形と帯執金の材質が相違するとは考えにくい。帯執金も銀地金鍍金か。

唐大刀一三口の註記総括

○個別名称にみる金物材質

金銀鈿荘（作）二口・金銅荘八口・金銅鈿荘一口・金銀荘一口・金銅荘一口。

○刀身

[刃長]二尺四寸三分（七二・一センチ）〜二尺九寸五分（八七・五センチ）。七〇センチ台一〇口（うち七〇センチ台後半九口）・八〇センチ台三口。

[鋒]両刃五口（うち偃尾二口）・偏刃八口。

[装飾]銀象眼一口。

○外装

[把]すべて鮫皮裹（押縫がなく鮫皮が把頭を覆う様式）。

[鞘]すべて山形付設。木製一〇口・金属（金銀）製三口。

[金物]葛形裁文一〇口（木製山形）。
[装飾]「鞘上末金鏤作」一口・平文三口。
[懸]すべて白皮製。
[帯執緒]革製五口（白皮三口・紫皮二口）・組紐製八口（黒紫四口・赤紫四口）。
[帯]羅製一〇口（赤紫六口・黒紫四口）・黒紫綾製三口。

唐大刀の特徴

唐大刀の特徴は、刀身は鋒両刃・偃尾。外装は鮫皮裹把・山形・葛形裁文・平文・白皮懸・組紐製帯執等となる。これに唐鐔が加わり、さらに眼がなく、懸通鐶と目約があるのも特徴となろう。

このうち鋒両刃・鮫皮裹把・山形・唐鐔等は舶来の要素と考えられる。そのうえに「末金鏤」が加われば、唐大刀は舶来品である可能性が高くなろう。

ただし、山形は金属製もあるが、木製が多い。木製山形にはすべて「葛形裁文」の註記があるが、金属製山形にはなく、「平文」の註記がある。つまり同じ唐大刀でも、山形の材質で長金物と通常の金物の二種類があったらしい。

③唐様大刀六口

▼金銀鈿作唐様大刀一口…7

刃長二尺九寸四分、鋒者両刃、銀鏤雲・龍・星形、鮫皮裹把、銀作山形、葛形獣草形平文、白皮懸、吉膜帯執、黒紫綾帯、緑地高麗錦袋、緋綾裏、

○刃長二尺九寸四分　八七・二センチ。

○銀作山形　唐様大刀は、六口いずれも「作山形」の前にすべて材質名が入る金属製山形。

○吉膜《きちまく》帯執　「吉膜」は鞊韄・鞊膜等とも。「献物帳考証」によれば、老木の身と樹皮の間に発生する菌の一種。獣皮の代わりに使用される珍材という。吉膜製の帯執緒は、「御大刀壹佰口」・正倉院器仗で本例のみ。

▼銀荘鈿作唐様大刀一口…8

刃長二尺五寸七分、鋒者両刃、銀鏤龍・星形、鮫皮裹把、銀作山形、葛形獣形平文、白皮懸、臈油皮帯執、黒紫綾帯、白地高麗錦袋、緋綾裏、

○銀荘鈿作唐様大刀一口　「銀荘鈿作」は「銀鈿荘」「銀鈿作」と同義。表記の不統一。

本例は、個別名称の「銀荘」から、「鈿作」は付くが、天平宝字三年（七五九）出蔵の「銀荘御大刀」（二五頁）の候補のひとつ。

ほかに個別名称に「銀荘」「銀作」とある点から、銀荘唐様大刀(14)・銀荘高麗様大刀二口(15・18)・銀荘鈿作大刀(6)・銀作大刀(24)・銀作懸佩刀二口(47・48)の七口に、銅地銀鍍金金物の銀銅作大刀(22)を加えた八口も候補。

なお、銀銅作大刀二口(23・25)・金漆銀銅作大刀(29)は銀製・銅製混成の金物（六六・六七頁）。そこで候補から除外。

○刃長二尺五寸七分　七六・三センチ。

○臈油皮帯執　「臈油皮」は不明。

▼金銀荘唐様大刀一口…12

刃長二尺三寸、鋒者両刃、鮫皮裹把、金銀作山形、葛形裁文、白皮懸、紫皮帯執、黒紫綾帯、白地高麗錦袋、

浅緑綾纐裏、
○刃長二尺三寸　六八・二センチ。
○葛形裁文「御大刀壹佰口」の唐大刀は、金属製山形の場合には「葛形裁文」の註記はなかった。これに対し、唐様大刀の場合は、本例を含めて金銀荘唐様大刀・銀荘唐様大刀・金銅荘唐様大刀（13・14・16）の四口に金属製山形ながら「葛形裁文」の註記がある。唐草文様透彫の長金物と一体となった金属製山形であろう。
▼金銀荘唐様大刀一口…13
刃長二尺二寸九分、鋒者両刃、鮫皮裹把、金銀作山形、葛形裁文、白皮懸、紫皮帯執、黒紫綾帯、緋地秘錦袋、緋綾裏、
○刃長二尺二寸九分　六七・九センチ。
▼銀荘唐様大刀一口…14
刃長二尺四寸、鋒者偏刃、鮫皮裹把、銀作山形、葛形裁文、白皮懸、黒皮帯執、黒紫綾帯、緋地秘錦袋、緋綾裏、
○銀荘唐様大刀一口　天平宝字三年（七五九）出蔵の「銀荘大刀」（二五頁）の候補のひとつ。
○刃長二尺四寸　七一・二センチ。
○鋒者偏刃「御大刀壹佰口」では、唐様大刀の鋒偏刃は本例のみ。
▼金銅荘唐様大刀一口…16
刃長二尺六寸、鋒者両刃、鮫皮裹把、金作山形、葛形裁文、但鞘尾及約以金漆塗銅、白皮懸、黒皮帯執、黒紫綾帯、白地高麗錦袋、緋綾裏、新乙治四、
○刃長二尺六寸　七七・一センチ。

○但鞘尾及約以金漆塗銅　「但し鞘尾及び約は金漆をもって銅を塗る」と読む。鞘尾・約は銅製金漆塗。山形は金製。つまり個別名称の「金銅荘」は銅地金鍍金ではなく、金製・銅製混成となる。ただし、扼や鞘口の材質は不記載。それらが銅地金鍍金の可能性もある。

○新乙治四　不明。なお、銀銅作大刀（23）・銀銅作大刀（25）・金漆銀銅作大刀（29）・金漆銅作大刀（35）・金漆銅作懸佩刀（49）にそれぞれ同じく「新乙治」の「十二」「七」「二」「三」「八」の註記がある。その共通点は、それぞれの大刀のいずれかの金物が銅製である点である。

唐様大刀六口の註記総括

○個別名称にみる金物材質

金銀荘二口・金銀鈿作一口・銀荘鈿作一口・銀荘一口・金銅荘一口。

○刀身

[刃長]二尺二寸九分（六七・九センチ）〜二尺九寸四分（八七・二センチ）。六〇センチ台二口・七〇センチ台三口・八〇センチ台一口。

[鋒]両刃五口・偏刃一口。

[装飾]銀象眼二口。

○外装

[把]すべて鮫皮裹（押縫がなく鮫皮が把頭を覆う様式）。

[鞘]すべて金属製山形付設。

[金物]葛形裁文四口。

［装飾］平文二口。

［懸］すべて白皮製。

［帯執緒］革製五口（紫皮二口・黒皮二口・臈油皮一口）・吉膜一口。

［帯］はすべて黒紫綾製。

唐様大刀の特徴

唐様大刀の特徴は、刀身は鋒両刃。外装は鮫皮裹把・山形・葛形裁文・平文・白皮懸等である。つまり唐大刀と差異はない。とすれば、唐鐔も特徴に加えられよう。さらに眼がなく、懸通鐶と目約があったか。

相違点として、唐大刀は木製山形が多く、木製山形には「葛形裁文」の註記があるが、金属製山形にはない。しかし、唐様大刀には木製山形はなく、すべて金属製山形でありながら、「葛形裁文」の註記が多い点があげられる。

唐大刀と唐様大刀

唐大刀と唐様大刀の異同についてはさまざまな議論がある。しかし、註記による限り両者に差異はない。右記の山形に関する相違点程度である。ただし、この相違点については、これまで指摘がなく、あるいは両者の相違点を考えるための鍵になるかもしれないが、唐大刀・唐様大刀ともに「御大刀壹佰口」以外にその名称がみえない。それでは推定以外の結論は出しようがない。

通し番号からわかるように、「御大刀壹佰口」では唐大刀と唐様大刀は区別されずに混成記載。『珍宝帳』の記載は脱字や表記の不統一な面が多々みられる。そこで、唐大刀と唐様大刀は、単に表記の不統一にすぎないという考え方もできよう。

④高麗様大刀二口

▼銀荘高麗様大刀一口…15

刃長二尺五分、鋒者偏刃、銀作環頭、玳瑇裹把、銀作葛形纏把、又作山形、龍鱗荘鞘、白皮帯執、黒紫綾帯、緑地高麗錦袋、緋綾裏、

○銀荘高麗様大刀一口　本例は銀荘高麗様大刀（18）とともに、天平宝字三年（七五九）出蔵の「銀荘御大刀」（二五頁）の候補のひとつ。また、ともに註記に「環頭《かんとう》」がみえる。「環頭」は把頭にある円環。そこから考古学用語でいう環頭大刀に該当する。

環頭大刀は三葉《さんよう》・単鳳《たんぽう》・単龍《たんりゅう》・双龍《そうりゅう》・獣面《じゅうめん》等の透文様のある円環金物を把頭に付設。円環にはC字形を三個重ねた三累《さんるい》環頭もある。円環金物は扼一体型と扼に差し込み型がある。

一方、環頭大刀の前身にやはり考古学用語でいう素《そ》環頭《がんとう》大刀がある。平造片刃の鉄製刀身の茎尻《なかごじり》に鉄製円環を接合。円環内部に透文様等がないために素環頭という。岡村秀典「漢帝国の世界戦略と武器輸出」（福井勝義・春成秀爾編『人類にとって戦いとは1戦いの進化と国家の生成』東洋書林、一九九九年）によれば、これは紀元前一世紀後半に中国前漢で成立。これが漢帝国からの下賜というかたちで、紀元後一世紀後半には日本に伝来。この素環頭大刀こそ日本の大刀の祖型となった。

環頭大刀は、素環頭大刀が中国や朝鮮半島で様式変化し、特に朝鮮半島で様式が整い、日本へは四世紀後半に朝鮮半島から伝来。六世紀後半には国産化されたという。

こうした環頭大刀を高麗様大刀とよぶのも朝鮮半島経由の由来を示す。鈴木説①によれば、『万葉集』（巻二

「高市皇子尊城上殯宮之時柿本朝臣人麻呂作歌一首」〈高市皇子尊《たけちのみこのみこと》の城上《きのえ》の殯宮《あらきのみや》の時に柿本朝臣人麻呂の作りし歌一首〉はじめ二例）にみえる「狛劔《こまつるぎ》（高麗剣）」は高麗様大刀で、『万葉集』では「わ」の枕詞である。

なお、刀身・外装が揃った素環頭大刀・環頭大刀の伝世品は、前者は長崎・亀岡神社（神島神社旧蔵）、後者は高知・小村神社に現存（図18・19）。後者は神社のご神体。

前者の把は鹿角を円環部分を出して左右から当てて目釘と銅線纏で固定。素環頭大刀の把様式の一端がわかる。後者は把・鞘ともに金銅製板金裏（多くの発掘品と共通）。双龍透の円環は扼一体型。

ちなみに「御大刀壹佰口」に「高麗大刀」はない。唐大刀と唐様大刀の関係同様に、高麗大刀と高麗様大刀の関係も考える必要があろう。

○刃長二尺五分　六〇・八センチ。

○銀作環頭《ぎんさくかんとう》「銀にて環頭を作る」とも読める。銀製円環金物。ただし、註記からは、円環内の透文様の有無や種類、円環が扼一体型か差し込み型か等の詳細は不明。

○玳珻《たいまい》裏把「玳珻にて把を裹む」とも読める。「玳珻」は玳瑁・瑇瑁等とも。以下、「玳瑁」と表記。海亀あるいはその甲羅（鼈甲《べっこう》）。ここは鼈甲。舶来の高級品。把木表面を玳瑁で貼り包んだ。正倉院器仗に玳瑁裏把はない。

○銀作葛形纏把《ぎんさくかづらがたまきづか》「銀にて葛形を作りて把を纏く」とも読める。玳瑁裏把を葛形裁文の銀製金物で覆った。あるいは銀製針金纏としたか。いずれにしろ装飾性の高い把。

なお、関説・鈴木説①によれば、本例を亀岡神社の遺品のように、玳瑁の厚板二枚を合わせて銀製針金で固定した把を持つ素環頭大刀と想定。そうであれば、「銀作環頭」は茎尻の鉄製円環に銀象眼を施したことになる。ただし、「銀鏤環頭」ならばともかく、「銀作環頭」を鉄地銀象眼と解釈できるかどうかは疑問。

○又作山形　「又」は前句の「銀」を受ける。銀製山形。山形付設の環頭大刀は朝鮮半島で形式変化した環頭大刀の特徴。古墳時代にはなく、舶来の新様式。
○龍鱗《りゅうりん》荘鞘　龍鱗状文様を打出や彫で表した銀製板金裹鞘。小村神社の遺品も把・鞘ともに金銅製板金裹。
▼銀荘高麗様大刀一口…18
　刃長二尺七分、鋒者両刃、鮫皮裹把、環頭、銀作山形、葛形平文、洗皮帯執、黒紫綾帯、紫糸絡結袋、
○刃長二尺七分　六一・四センチ。
○鮫皮裹把　環頭大刀で拒付設のために押縫付設。

高麗様大刀二口の註記総括
○個別名称にみる金物材質
　ともに銀荘。
○刀身
［刃長］二尺五分（六〇・八センチ）と二寸七分（六一・四センチ）。
［鋒］偏刃と両刃。
○外装
［把］ともに環頭付設。玳瑁・銀製葛形裁文裹と鮫皮裹。鮫皮裹は押縫付設。
［鞘］ともに金属製山形付設。
［装飾］龍鱗荘と葛形平文。
［懸］ともに不記載。

［帯執緒］白皮製と洗皮製。

［帯］ともに黒紫綾製。

高麗様大刀の特徴

高麗様大刀の特徴は環頭大刀。ただし、本例の生産地（舶来品か国産品か）や製作時期は不明。古墳時代に盛行した環頭大刀は奈良時代にはすでに衰退。銀荘高麗様大刀（15）の板金裏鞘に注目すれば、それは古墳時代の環頭大刀に多い様式であるから、旧様式の伝世ということになる。しかし、金属製山形・玳瑁・葛形裁文裏把・鮫皮裏把・平文等は、古墳時代にはない舶来の新様式。

高麗大刀と高麗様大刀の関係も考えなければならないが、こうした特徴を考慮すれば、高麗様大刀は舶来の新様式なのであろう。ちなみに環頭大刀は、中国唐代では「儀刀《ぎとう》」（儀仗大刀）である（『唐六典《とうりくてん》』武庫令《ぶこれい》）。

なお、中世に鳥頸《とりくび》太刀（鳥頸劔）がある。これは青金を瑞鳥《ずいちょう》頭部の意匠とする。鳥頸太刀は環頭大刀の円環内部の瑞鳥の透彫が青金の意匠に変化。儀仗・兵仗ともにあり、本来は公家の鷹飼《たかがい》装束に付属。

中世では、儀仗は和歌山・熊野速玉大社、兵仗は同・丹生神社等に遺品がある。このうち熊野速玉大社の遺品は銀地金鍍金製山形付設。柄は銀打鮫《うちざめ》包。打鮫包柄は、鮫皮のブツブツを打ち出した金属板（鮫皮の代用）で包んだ柄。つまり儀仗の鳥頸太刀は、高麗様大刀（特に銀荘高麗様大刀〈18〉）の様式を継承したと考えられる。

⑤劔一口

▼金銅荘劔一口…19

刃長二尺八寸二分、両刃、刃中両溝、銀線纏把、但頭及帯執・鞘尾並以金漆塗、紫皮懸、紫皮帯執、黒紫綾

帯、緑地高麗錦袋、緋綾裏、
○金銅荘剱一口　「剱」は「つるぎ」「たち」とも読める。
○刃長二尺八寸二分　八三・七センチ。
○両刃　「鋒者」の表現がなく、刀身全体が両刃であることを示す。つまり個別名称の「剱」は訓読ならば「つるぎ」が適切か。

「剱」の表記は、日本古代では両刃の刀剣を表す本来の意味を越え、陽宝剱・陰宝剱（1・2）がそうであったように大刀の美称となり、「たち」とも読む。それが中世の儀仗へと継承された。

本例は文字通りの両刃の刀身。正倉院器仗に両刃の刀身はない。
○刃中両溝《はちゆうりようみぞ》　刀身彫。「溝」は刀剣鑑定用語でいう「棒樋《ぼうび》」（刀身に彫り入れた直線状の溝）か。「両溝」は、棒樋が刀身の片面または表裏両面に二筋。あるいは刀身の表裏両面に各一筋の意か。二筋ならば、やはり刀剣鑑定用語でいう「護摩箸《ごまばし》」（箸状に二本平行に彫り入れた細く短い棒樋）類似の可能性も。正倉院器仗に刀身彫のある刀身はない。
○銀線纏把《ぎんせんまきづか》　「銀線にて把を纏く」とも読める。「銀線」は銀製針金。
○但頭及帯執・鞘尾並以金漆塗　「但し頭及び帯執・鞘尾は並びに金漆をもって塗る」と読む。「頭」は扼と同義。
頭（扼）・帯執金・鞘尾が銅地金鍍金金漆塗。

剱の特徴

剱の特徴は刀身が両刃である点である。これに対し、外装は註記からは剱特有の特徴は見出せない。金銅作大刀（20）とまったく同文である。太刀は彎刀であるから、剱との外装的差異は明瞭だが、大刀は原則的に直刀であるから、剱との外装的差異はなかったか。
両刃の剱が日本で実戦使用されたのは五世紀まで。五世紀後半には偏刃に収斂されて両刃の実戦使用はなくなり、両刃の剱は中世ではもっぱら密教法具となる。本例の生産地や製作時期は不明。しかし、旧様式の伝世と考えるべきか。

⑥大刀二三口

広義の大刀と狭義の「大刀」

ここでいう大刀は、特定のカテゴリーに属さない構造様式の総称。本書では、特定のカテゴリーに属する唐大刀や高麗様大刀等すべてを含めた総称として「大刀」の用語を使用。これはいわば広義の大刀。これに対し、ここで扱う大刀は、特定のカテゴリーに属するものを除いたいわば狭義の大刀。以下、両者を区別するために、狭義の大刀は、個別名称を除いて「大刀」と「　」付で表記する。

また、ここでは「大刀」二三口を、個別名称にみえる金物の材質で[A]銀荘鈿作大刀一口、[B]金銅作大刀一口、[C]銀作大刀一口、[D]銀銅作大刀四口、[E]銅漆作大刀一口、[F]金漆銅作大刀一五口の六群に分けて解説する。

[A]銀荘鈿作大刀一口

▼銀荘鈿作大刀一口…6
　上、刃長二尺六寸二分、金漆塗刃、鋒者両刃、鮫皮裹把、白皮懸、籐纏鞘、銀作山形、葛形文、紫皮帯執、
　黒紫綾帯、白地高麗錦袋、緋綾裏、

○銀荘鈿作大刀一口　本例は、天平宝字三年（七五九）出蔵の「銀荘御大刀」（二五頁）の候補のひとつ。
ただし、本例は、通し番号からわかるように、金銅鈿荘唐大刀（5）と金銀鈿作唐様大刀（7）の間に記載。

これに銀荘鈿作唐様大刀（8）が続く。註記内容も「銀作山形」がみえるなど唐大刀・唐様大刀と共通する点が多い。そこで、付箋はないが本例は、「作」の後に「唐」や「唐様」が脱字。つまり唐大刀や唐様大刀の可能性が残る。しかしその一方、「籐纏鞘《とうまきざや》」のように唐大刀・唐様大刀にみえない註記もある。ひとまず「大刀」と解釈しておく。

○上　不明。

○刃長二尺六寸二分　七七・七センチ。

○金漆塗刃《こしあぶらぬりば》　「金漆にて刃を塗る」とも読める。「御大刀壹佰口」と正倉院器仗のなかで、金漆塗刀身は本例のみ。

○白皮懸　「葛形文」まで註記の記載順がほかとは相違。記載の不統一。

○籐纏鞘《とうまきざや》　「籐にて鞘を纏く」とも読める。「籐」はヤシ科の蔓系植物。正倉院器仗に籐纏鞘はない。中世では、広島・厳島神社に錦包籐巻太刀・錦包籐巻腰刀、奈良・春日大社に錦包籐巻鞘三鈷柄剣《さんこづかけん》がある。中世では籐巻は錦包とセットとなる。

厳島の太刀は、柄の籐巻と鐔は欠損。鞘は鞘口から二の足の先まで籐を粗く螺旋状に巻く（この部分の巻を渡《わたり》巻《まき》という）。さらに金物はなく、金物であるべき部分を籐で代用。一方、腰刀の方は鞘に金物が残り、柄・鞘全体に籐を菱巻《ひしまき》（襷《たすき》状に巻くこと）とする。春日の剣は籐を粗く螺旋状に巻いて金物はない。

本例も籐を粗く巻いたと考えられる。しかし、註記からは錦包はうかがえない。また個別名称の「銀荘鈿作」や「銀作山形」の註記から、金物はあったと考えられる。

○葛形文《かづらがたもん》　鞘の装飾か。付箋はないが「文」の前に「裁」や「平」が脱字か。

○解説

金漆塗刀身・籐纏鞘が初出。ほかの註記は唐大刀・唐様大刀と共通。

B金銅作大刀一口

▼金銅作大刀一口…20

刃長二尺三寸八分、鋒者偏刃、銀線纏把、但頭及帯執・鞘尾並以金漆塗、紫皮懸、紫皮帯執、黒紫綾帯、緑地高麗錦袋、緋綾裏、

○金銅作大刀一口　本例以降の「大刀」の個別名称は、すべて金物材質名＋「作」となる。

○刃長二尺三寸八分　七〇・六センチ。

○銀線纏把　以下、「緋綾裏」まで金銅荘劔（19）の註記と同文。

○解説

本例は外装註記が金銅荘劔（19）と同文。

C銀作大刀一口

▼銀作大刀一口…24

刃長二尺二寸五分、鋒者偏刃、有溝、木根把、樺纏、鞘纏籐、紫皮懸、紫皮帯執、黒紫綾帯、緑地高麗錦袋、緋綾裏、

○銀作大刀一口　本例は、天平宝字三年（七五九）出蔵の「銀荘御大刀」（二五頁）の最有力候補。

○刃長二尺二寸五分　六六・八センチ。

○有溝　「溝有り」と読む。棒樋が刀身片面または表裏両面に一筋の意か。

○木根把《きねづか》　木の根部を利用した把か。

○樺纏《かばまき》　「樺を纏く」とも読める。「樺」は白樺（カバノキ科）や桜（バラ科）の樹皮。樺で木根把を巻いた。目的は把握の滑り止め。

正倉院器仗では、呉竹鞘杖刀（北倉39／図14）・黒作横刀・黒作大刀（中倉8－8・12／図10・20）の三口が樺纏把。呉竹鞘杖刀は鞘も樺纏。この三口によれば樺は密に巻く。籐は粗く巻き、樺は密に巻いたか。なお、樺は補強や接着のために弓や箭にも巻いた（二〇九頁・二八〇頁）。

○鞘纏籐　「鞘に籐を纏く」と読む。銀荘鈿作大刀（6）の「籐纏鞘」と同義。記載の不統一。

○解説

樺纏把が初出。

Ⓓ銀銅作大刀四口

▼銀銅作大刀一口…22

刃長二尺三寸一分、鋒者両刃、紫檀把、銀銅作山形、紫組懸、紫皮帯執、赤紫綾帯、緋地錦袋、緋綾裏、

○銀銅《ぎんどう》作大刀一口　「銀銅」は銅地銀鍍金。「銀銅」は表面的には銀にみえる。そこで、本例も天平宝字三年（七五九）出蔵の「銀荘御大刀」（二五頁）の候補のひとつ。

○刃長二尺三寸一分　六八・五センチ。

○紫檀把　紫檀製素地把《そじづか》。正倉院器仗では、金銅鈿荘大刀・金銅荘横刀（中倉8－5・6／図12・13）の二口が紫檀製素地把。

なお、正倉院器仗ではほかに、金銀荘横刀（沈香《じんこう》）・黒作大刀（椋《むくのき》透漆塗）の二口（中倉8－4・25／図17・21）、武王《ぶおう》大刀（黒柿）・破陣楽《はじんがく》大刀（黒柿）・破陣楽大刀（把は新補）・婆理《ばり》大刀（木造大刀）の四口（南倉119－1〈図22〉・5－1・2・123－2〈図23〉）が素地把。

○銀銅作山形　正倉院器仗では、右記の紫檀製素地把の二口が金属製山形付設。

▼銀銅作大刀一口…23

刃長二尺五寸二分、鋒者偏刃、牟久木柄、眼及目約・扼下約並用銅金漆塗、余並用銀、洗皮懸、洗皮帯執、黒紫綾帯、白地高麗錦袋、緋綾裏、新乙治十二、

○銀銅作大刀一口　「銀銅」は、註記によれば、銅地銀鍍金ではなく銀製・銅製混成。銅製金具は金漆塗。銀銅作大刀（25）・金漆銀銅作大刀（29）も同様。本例を含むこの三口は、一口ごとに銀製部分が減り、銅製金漆塗部分が増加。

○刃長二尺五寸二分　七四・八センチ。

○牟久木柄《むくぎづか》　「牟久木」は椋《むくのき》。ニレ科の落葉樹。椋による素地把。正倉院器仗では、黒作大刀（中倉8-25／図21）が椋製素地把（透漆塗）。

○眼及目約・扼下約並用銅金漆塗　「眼及び目約・扼下約《くびがねしたのせめ》は並びに銅を用いて金漆を塗る」と読む。「銅」の後に「以」が脱字か。眼・目約・扼下約（つまり把金物）は銅製金漆塗。

眼と目約が並記。本例は眼とは別に目約がある。正倉院器仗では、金銅荘大刀（中倉8-7／図24）・黒作大刀四口（中倉8-12・15・22・23／図20・25・26・27）が眼とは別に目約がある様式。いずれも茎尻に眼孔はなく、眼は目約を兼ねない。

「扼下約」は把頭に入れた責金。正倉院器仗では、右記の素地把九口すべてで扼の代わりに扼下約が入る（図12・13・17・21・22・23）。ただし、眼のみ。本例のように目約はない。

○余並用銀　「余《あまり》は並びに銀を用ふ」と読む。「余」は右記の把金物以外の金物で、鞘口・帯執金・約・鞘尾等（つまり鞘金物）。それらが銀製。

▼銀銅作大刀一口…25

刃長二尺一寸六分、鋒者偏刃、有二溝、牟久木柄、眼及目約・扼下約・鞘尾並用銅以金漆塗、余並用銀、紫

組懸、紫皮帯執、黒紫綾帯、緑地高麗錦袋、緋綾裏、新乙治七、
○刃長二尺一寸六分　六四・一センチ。
○有二溝　「二溝有り」と読む。棒樋が刀身片面また表裏両面に二筋。あるいは表裏両面に各一筋か。
○眼及目約・扼下約・鞘尾並用銅以金漆塗　「眼及び目約・扼下約・鞘尾は並びに銅を用ひて金漆をもって塗る」と読む。銅製金漆塗部分は、銀銅作大刀（23）の金物に鞘尾が追加。
○余並用銀　読みは割愛。「余」は鞘口・帯執金・約等。それらが銀製。
▼金漆銀銅作大刀一口…29
刃長二尺六寸七分、鋒者偏刃、黒柿把、銀眼及約、余並用銅以金漆塗、紫組懸、洗皮帯執、区斑織帯、白地高麗錦袋、緋綾裏、新乙治二、（金漆塗者）、
○金漆銀銅作大刀一口　註記によれば、眼と約以外の金物は銅製金漆塗。そこで個別名称に「金漆」が追加。
○刃長二尺六寸七分　七九・二センチ。
○黒柿把　黒柿製素地把。黒柿はカキノキ科の常緑樹。台湾等に生息。舶来品。正倉院器仗では、武王大刀・破陣楽大刀（南倉119－1〈図22〉・5－1）が黒柿製素地把。破陣楽大刀（南倉119－5－2）の新補の把も黒柿製。
○銀眼及約　「銀の眼及び約」と読むか。眼と約が銀製。
○余並用銅以金漆塗　「余は並びに銅を用ひて金漆をもって塗る」と読む。「余」は眼と約以外の金物。鞘口・帯執金・鞘尾。さらに素地把であるから扼下約を含み、また銀銅作大刀二口（23・25）の例からすれば、目約も含むか。
○区斑織帯　「まちまだらおりのおび」と読むか。「区斑」は、関根説によれば格子文様か。
○金漆塗者　付箋。ここに付箋を貼る理由は不明。別の箇所に貼った付箋が移動したか。

銀銅作大刀四口の註記総括

○刀身

[刃長]二尺一寸六分（六四・一センチ）〜二尺六寸七分（七九・二センチ）。六〇センチ台二口・七〇センチ台二口。

[鋒]両刃一口・偏刃三口。

[装飾]刀身彫（棒樋）一口。

○外装

[把]すべて素地把（椋製二口・紫檀製一口・黒柿製一口）。

[鞘]金属製山形付設一口。

[懸]紫組紐製三口・洗皮製一口。

[帯執緒]すべて革製（紫皮二口・洗皮二口）。

[帯]綾製三口（黒紫二口・赤紫一口）・区斑織一口。

○解説

素地把・扼下約が初出。また、「大刀」でも註記に鋒両刃と山形がみえる。

[E]銅漆作大刀一口

▼銅漆作大刀一口…26

刃長二尺六寸三分、鋒者偏刃、鮫皮裹把、銀目、但以金漆塗扼、洗皮懸、洗皮帯執、黒紫綾帯、緑地高麗錦袋、緋綾裹、

○銅漆作大刀一口　「銅漆」は銅製黒漆塗。『目録』の理解によれば、『珍宝帳』記載の「漆」は黒漆（黒漆塗）。正倉院器仗では、三口が銅漆作大刀（中倉8-9〈図28〉・10・11）。

ただし、『延暦六年曝涼使解《ばくりょうしげ》』（北倉162）によれば、天平宝字八年（七六四）に出蔵した大刀の内訳のなかに「十八口〈金漆銅作〉」とある。「御大刀壹佰口」では、個別名称に「金漆銅作」の材質名が付くのは「銅金漆作」を含めて一七口。本例を加えないと一八口にならない。

そこで、関根説によれば、本例の個別名称は「銅」の後に「金」が脱字の可能性もある。ただし、個別名称が「銅金漆作大刀」であれば、金物材質が銅製金漆塗となる。ところが、註記に「但以二金漆一塗レ扼」（但し金漆をもって扼を塗る）とあり、扼のみ金漆塗とする内容と矛盾する。あるいは扼が金漆塗であるから、『延暦六年曝涼使解』では「金漆銅作」に含めたか。

○刃長二尺六寸三分　七八・〇センチ。

○銀目《ぎんのめ》　「目」は「眼」。眼が銀製。

○但以金漆塗扼　「但し金漆をもって扼を塗る」と読む。扼は銅製黒漆塗ではなく、銅製金漆塗。「但」とあり、前句の「銀目」に掛かる。つまり扼は把頭を覆う様式で銅製金漆塗。そこに銀製眼を入れた。扼があるために、本例の「鮫皮裏把」は押縫付設。

正倉院器仗では、扼は把頭を覆う様式が一般的。これは考古学用語でいう方頭大刀《ほうとうたち》からの継承。銅漆作大刀三口（中倉8-9〈図28〉・10・11）も同じ。ただし、三口の把は麻糸を巻き締めた糸纏把《いとまきづか》。鮫皮裏把ではない。

○解説

宝剱二口と唐大刀または唐様大刀の可能性がある銀荘鈿作大刀（6）の三口を除き、「大刀」でも鮫皮裏把（押縫付設）がみえる。正倉院器仗では、黄金荘大刀（中倉8-1／図7）が鮫皮裏把・押縫付設。

F金漆銅作大刀一五口

▼銅金漆作大刀一口…27

刃長二尺六寸一分、有双溝、鋒者偏刃、赤檀把、洗皮懸、洗皮帯執、黒紫綾帯、緑地高麗錦袋、緋綾裏、
○銅金漆作大刀一口　「金漆銅作大刀」と同義。金物が銅製金漆塗。表記の不統一。銅金漆作大刀（28）も同様。
○刃長二尺六寸一分　七七・四センチ。
○有双溝　「双溝有り」と読む。「双溝」は「ならびみぞ」か。棒樋が刀身片面あるいは表裏両面に二筋か。刀身彫と鋒の註記順が本例のみ逆。
○赤檀把　赤檀製素地把。「赤檀」は赤みの強い紫檀か。正倉院器仗に赤檀製把はない。

▼銅金漆作大刀一口…28

刃長二尺三寸七分、鋒者偏刃、金鏤日・月・星・龍・雲形、牟久木柄、洗皮懸、洗皮帯執、黒紫綾帯、白地高麗錦袋、緋綾裏、
○刃長二尺三寸七分　七〇・三センチ。

▼金漆銅作大刀一口…17

刃長二尺二寸六分、鋒者偏刃、有溝、鮫皮裏把、扼闊有窓、洗皮懸、洗皮帯執、黒紫綾帯、緑地高麗錦（袋）、緋綾裏、
○刃長二尺二寸六分　六七・一センチ。
○有溝　「溝有り」と読む。棒樋が刀身片面あるいは表裏両面に一筋か。
○鮫皮裏把　扼があるため押縫付設。
○扼闊有窓　「扼は闊《ひろ》く窓有り」と読む。覆輪式扼。覆輪式扼は、正倉院器仗では約を加えた様式（加約覆輪式《かやくふくりんしき》）と加えない様式（無約覆輪式《むやくふくりんしき》）がある。前者は黄金荘大刀（中倉8-1／図7）。本例同様に鮫皮裏把・押縫付設。さらに黒作大刀三口（中倉8-15〈図25〉・21・26）。後者は金銀鈿荘唐大刀二口（中倉8-2・3／図8・9）。

▼金漆銅作大刀一口…21

刃長三尺二寸二分、鋒者偏刃、線纏漆把、金漆塗銅作山形、洗皮懸、洗皮帯執、黒紫綾帯、緑地高麗錦袋、緋綾裏、

○刃長三尺二寸二分　九五・五センチ。「御大刀壹佰口」で最長。極端に長寸。三尺以上の刃長は本例のみ。付箋はないが「三」は「二」の誤記の可能性もあろう。ただし、正倉院器仗では、無荘刀（鋒両刃造・中倉9-49）が刃長一〇六・〇センチ（三尺五寸七分）で最長。

○線纏《せんまき》漆把《うるしづか》　糸纏黒漆塗把。正倉院器仗では一般的。

○金漆塗銅作山形　「金漆塗銅にて山形を作る」と読む。「金漆にて銅を塗りて山形を作る」とも読める。

▼金漆銅作大刀一口…30

刃長二尺二寸六分、鋒者両刃、赤木把、纏樺、鞘纏籐、洗皮懸、洗皮帯執、黒紫綾帯、緑地高麗錦袋、緋綾裏、

○刃長二尺二寸六分　六七・一センチ。

○赤木把《あかぎづか》　赤木製把。「赤木」はコミカンソウ科（従来の分類ではトウダイグサ科）の常緑樹か。熱帯アジア・オセアニア・沖縄等に生息。木地が赤褐色を呈する。舶来品。あるいは赤樫《あかがし》（ブナ科の常緑樹）等の木地が赤色を呈する樹木の総称か。

いずれにしろ正倉院器仗に赤木製把はない。中世では、岩手・中尊寺に赤木柄螺鈿《らでん》横刀（打刀）・赤木柄短刀（腰刀）が、神奈川・箱根神社に赤木柄短刀（腰刀）が現存。

○纏樺　「樺を纏く」と読む。樺を赤木把に巻いた。

▼金漆銅作大刀一口…31

刃長二尺三寸七分、鋒者偏刃、牟久木柄、撥鏤把、洗皮懸、洗皮帯執、黒紫綾帯、緑地高麗錦袋、緋綾裏、

○刃長二尺三寸七分　七〇・三センチ。
○撥鏤《ばちる》抦《のくびがね》「撥鏤」は象牙を色染めして文様を彫り入れる装飾技法。抦を撥鏤の象牙製とした。象牙は舶来の高級品。正倉院器仗に撥鏤抦はない。
▼金漆銅作大刀一口…32
刃長二尺四寸三分、鋒者偏刃、赤木把、樺纏、鞘纏篠・樺、洗皮懸、洗皮帯執、黒紫綾帯、白地高麗錦袋、緋綾裏、
○刃長二尺四寸三分　七二・一センチ。
○鞘纏篠・樺「鞘に篠・樺を纏く」と読む。正倉院器仗では、呉竹鞘杖刀（北倉39／図14）が樺纏鞘。篠纏はない。
▼金漆銅作大刀一口…33
刃長二尺三寸一分、鋒者両刃、赤木把、纏篠、撥鏤抦、鞘纏篠、洗皮懸、洗皮帯執、黒紫綾帯、緑地高麗錦袋、緋綾裏、
○刃長二尺三寸一分　六八・五センチ。
○纏篠「篠を纏く」と読む。篠を赤木把に巻いた。
○鞘纏篠「鞘に篠を纏く」と読む。
▼金漆銅作大刀一口…34
刃長二尺一寸六分、鋒者偏刃、有一溝、赤木把、撥鏤抦、鞘纏篠、但以銀裏鞘尾、又以銅作葛形裏之、洗皮懸、洗皮帯執、黒紫綾帯、緋地錦袋、緋綾裏、
○刃長二尺一寸六分　六四・一センチ。

○有一溝　「一溝有り」と読む。棒樋が刀身片面あるいは表裏両面に一筋。刀身彫の註記は表記不統一。
○鞘纏簾　読みは割愛。「又以銅作葛形裹之」まで鞘の註記。
○但以銀裹鞘尾　「但し銀をもって鞘尾を裹む」と読む。鞘尾が銀製。正倉院器仗では、鞘尾も鞘尻を覆う様式と覆輪式があり、覆輪式は加約覆輪式と無約覆輪式がある。本例は鞘尻を覆う様式。
○又以銅作葛形裹之　「また銅をもって葛形を作りてこれを裹む」と読む。「之」は銀製鞘尾。銀製鞘尾のうえに葛形裁文の銅製金具を被せた。装飾性の高い鞘尾。以上の鞘の註記は、金漆銅作大刀三口（36・38・39）も同文。
▼金漆銅作大刀一口…35
刃長二尺一寸六分、鋒者偏刃、牟久木把、紫組懸、洗皮帯執、黒紫綾帯、緑地高麗錦袋、緋綾裏、新乙治三、
○刃長二尺一寸六分　六四・一センチ。
▼金漆銅作大刀一口…36
刃長二尺一寸八分、鋒者偏刃、木根把、鞘纏簾、但以銀裹鞘尾、又以銅作葛形裹之、洗皮懸、洗皮帯執、黒紫綾帯、緑地高麗錦袋、緋綾裏、
○刃長二尺一寸八分　六四・七センチ。
▼金漆銅作大刀一口…37
刃長二尺一寸八分、鋒者偏刃、木根把、樺纏、撥鏤扼、鞘纏簾、洗皮懸、洗皮帯執、黒紫綾帯、白地高麗錦袋、緋綾裏、
○刃長二尺一寸八分　六四・七センチ。
▼金漆銅作大刀一口…38
刃長二尺一寸七分、鋒者偏刃、赤木把、樺纏、鞘纏簾、但以銀裹鞘尾、又以銅作葛形裹之、洗皮懸、洗皮帯

執、黒紫綾帯、白地高麗錦袋、緋綾裏、
○刃長二尺一寸七分　六四・四センチ。
▼金漆銅作大刀一口…39
刃長二尺一寸七分、鋒者偏刃、赤木把、樺纏、撥鏤𢪸、鞘纏籐、但以銀裹鞘尾、又以銅作葛形裹之、洗皮懸、洗皮帯執、黒紫綾帯、緋地錦袋、緋綾裏、
○刃長二尺一寸七分　六四・四センチ。
▼金漆銅作大刀一口…41
刃長二尺二寸二分、鋒者偏刃、有溝、金銀鏤作日・月・星・雲形符、赤檀把、洗皮懸、洗皮帯執、黒紫綾帯、緑地高麗錦袋、緋綾裏、
○刃長二尺二寸二分　六五・九センチ。
○金銀鏤作日・月・星・雲形符　「金銀を鏤めて日・月・星・雲形の符を作る」と読むか。刀身に日・月・星・雲形の金銀象眼を入れた。「御大刀壹佰口」で「符」（印・記号の意）とある刀身象眼の註記は本例のみ。

金漆銅作大刀一五口の註記総括

○個別名称にみる金物材質
A～Fの六群の分類がそのまま該当。
○刀身
［刃長］二尺一寸六分（六四・一センチ）～三尺二寸二分（九五・五センチ）。六〇センチ台一〇口・七〇センチ台四口・九〇センチ台一口。

［鋒］両刃二口・偏刃一三口。

［装飾］刀身彫（棒樋）四口・象眼二口（両者重複一口）。

○外装
［把］素地把七口（椋三口・赤檀二口・赤木一口・木根一口）・樺纏五口・籐纏一口・糸纏黒漆塗一口・鮫皮裏一口（押縫付設）。撥鏤把五口。覆輪式把一口。

［鞘］籐纏七口（うち四口は装飾的鞘尾）・籐樺纏一口。金属製山形一口。

［懸］洗皮製一四口・紫組紐製一口。

［帯執緒］すべて洗皮製。

［帯］すべて黒紫綾製。

○解説
籐纏把・糸纏黒漆塗把・撥鏤把・覆輪式把・籐樺纏鞘等が初出。多彩ななかにも素地把・樺纏把・撥鏤把・籐纏鞘が多い。また、鮫皮裏把や金属製山形付設もある。

「大刀」二三口の註記総括

○刀身
［刃長］二尺一寸六分（六四・一センチ）〜三尺二寸二分（九五・五センチ）。六〇センチ台一三口・七〇センチ台九口。九〇センチ台一口。

［鋒］両刃四口・偏刃一九口。

［装飾］刀身彫（棒樋）六口・象眼二口（両者重複一口）・金漆塗一口。

○外装

［把］素地把一一口（椋五口・赤檀二口・紫檀一口・黒柿一口・赤木一口・木根一口）・樺纏六口・鮫皮裹三口・銀線纏一口・籐纏一口・糸纏黒漆塗一口。撥鏤弝五口。覆輪式弝一口。

［鞘］金属製山形付設三口。籐纏九口。籐樺纏一口。

［装飾］葛形文一口

［懸］革製一九口（洗皮一六口・紫皮二口・白皮一口）・紫組紐製四口。

［帯執緒］革製二三口（洗皮一八口・紫皮五口）。

［帯］綾製二二口（黒紫二一口・赤紫一口）・区斑織製一口。

「大刀」二三口の特徴

刀身は刃長六〇センチ台〜七〇センチ台が多い。また、刀身彫は棒樋が多い。中世の太刀が七〇センチ台〜八〇センチ台を通常とするのに比較すれば総体的に短寸。正倉院器仗では刃長七〇センチ以上は、金銀鈿荘唐大刀（北倉38）刀身（図3–①）・銅漆作大刀（中倉8–10）刀身（図3–②）・無荘刀六口（中倉9–27〈図29〉・28・29・30・48・49）の八口。刀身彫は正倉院器仗にない。

金物材質は、銅製金漆塗が最多。これは正倉院器仗にない。ほかに銀製・銅製混成・銅地銀鍍金・銀製も正倉院器仗にない。

把は素地把・樺纏・撥鏤弝が多く、糸纏黒漆塗は一口のみ。正倉院器仗では素地把・樺纏は少なく、糸纏黒漆塗が多い。撥鏤弝はない。

鞘は籐纏が多い。籐纏鞘は正倉院器仗にない。懸・帯執緒は洗皮、帯は黒紫綾が圧倒的。この懸・帯執緒・帯の材質は、「御大刀壹佰口」ではほぼ同様の傾向を示す。色は紫系統（紫・黒紫・赤紫）が圧倒的。白もある。正倉院器仗では緒紐類は欠損や新補が多く、正確に比較できない。

以上を総括すると、「御大刀壹佰口」の「大刀」一三口は正倉院器仗にない（あるいは少ない）様式が多い。

⑦黒作大刀四一口

黒作《こくさく》大刀も「大刀」の範疇。ただし、四一口は「御大刀壹佰口」で最多なので別個に扱う。なお、黒作大刀は、正倉院器仗でも一九口で最多。

▼黒作大刀一口…40

刃長二尺七寸、鋒者偏刃、牟久木柄、但眼及目約幷扼並用銅以金漆塗之、洗皮懸、洗皮帯執、黒紫綾帯、白地高麗錦袋、緋綾裏、

○黒作大刀　「黒作」は「くろつくり」とも読める。鉄製黒漆塗。

○刃長二尺七寸　八〇・一センチ。

○但眼及目約幷扼並用銅以金漆塗之　「但し眼及び目約幷びに扼は並びに銅を用ひて金漆をもってこれを塗る」と読む。眼・目約・扼（つまり把金物）が銅製金漆塗。鞘金物は鉄製黒漆塗。眼と目約が並記。椋製素地把に扼。正倉院器仗には扼のある素地把はない。

▼（見无袋）黒作大刀四〇口…52

並、牟久木柄、洗皮懸、洗皮帯執、赤紫綾帯、白橡臈纈袋、

○見无袋　付箋。「見るに袋无《な》し」と読む。註記に袋がみえる。点検時には欠損の意。

○並　本例は四〇口一括註記。

○解説

本例は刀身（刃長・鋒）に関する註記がない。これによれば、婆理大刀（南倉123-2／図23）と同じく木造大刀とも考えられる。しかし、『出入帳』（北倉170）によれば、本例四〇口も天平宝字八年（七六四）の恵美押勝の乱の際に出蔵（二六頁）。刀身のある通常の大刀なのであろう。刀身註記がない理由は不明。

「御大刀壹佰口」の「大刀」と正倉院器仗の把

以上の黒作大刀を含めた「大刀」の特徴のうち特に注目したいのは素地把の多さである。つまり黒作大刀を含めた「大刀」六四口のうち五二口が素地把。これは黒作大刀四〇口（52）の「牟久木把」のためだが、それにしてもこの数は「御大刀壹佰口」全体の半数を超える。

これに対し、正倉院器仗では、唐大刀三口・杖刀二口・婆理大刀を除いた大刀は中倉・南倉合わせて二七口。うち把欠損一口と新補把一口を除外した二五口は、糸纏黒漆塗一六口・素地把六口・樺纏二口・鮫皮裹一口。このうち糸纏・樺纏合わせて一八口。ほぼ七割が纏把である。

素地把と糸纏把

この「御大刀壹佰口」の「大刀」と正倉院器仗の把の状態の相違は、それぞれの大刀の性格を考えるためには重要な要素となる。つまり『続日本紀』霊亀元年（七一五）九月己卯朔（一日）条によれば、元明天皇の詔として「凡横刀鋏者、以レ絲纏造、勿下用二素木一令上レ脆焉」（凡《おお》よそ横刀の鋏《つか》は、絲をもって纏き造れ、素木を用ひて脆《もろ》かしむること勿《なか》れ）とみえる。

これを意訳をすれば、「横刀」の把は素地では脆いので糸纏にせよの意。裏を返せば当時の素地把の流行がわかる。それが禁止されて糸纏が奨励された。なお、鈴木説①によれば、古代の文献にみえる「横刀」は、大刀と区別される場合（次頁）と、表記の相違だけで大刀と同義の場合がある。本例は後者。

この詔は六位以下の律令官人が鞍具や横刀（大刀）の帯の端に虎・豹等の毛皮や金・銀を使用することを禁止する詔に続いてみえる。したがって、この詔で対象とするのは六位以下佩帯の横刀（大刀）である可能性がある。衣服令朝服条によれば、武官三等官以下（位階でいえば六位以下）の大刀は「烏装横刀《くろつくり》」（この「横刀」も大刀と同義）。「御大刀壹佰口」の黒作大刀はこれに該当。この六位以下佩帯と考えられる黒作大刀四一口すべてが素地把なのである。

「御大刀壹佰口」の素地把

右記の詔がどこまで実効性をもって遵守されたかは不明。遵守されなかったとみて、素地把が新様式、纏把が旧様式とも考えられる。しかし、もし遵守されたとすれば、それとは逆の解釈も成り立つ。つまり「御大刀壹佰口」の素地把の多さは詔以前の状況の反映。素地把は詔以前に製作された。正倉院器仗の糸纏把の多さは詔以後の状況の反映。糸纏把は詔以後に製作された。こうした可能性も出てこよう。

なお、素地把の脆弱性の問題や、大刀を含む器仗製作に関わる問題は本章第二節に譲る。

⑧横刀一口

▼（除物）横刀一口…42

刃長一尺四寸七分、鋒者偏刃、紫檀把、以犀角裹頭、又以鉄約其上以金鏤鉄上、眼及扼・鞘尾以鉄裹金鏤之、但帯執用銀作以金鏤之、鞘纏籐、紫組懸、紫皮帯執、黒紫羅帯、黒紫紬袋、緋綾裏、右一口者、太政太臣《（ママ）》之家設新室宴之日、天皇親臨、皇太子奉舞、太臣《（ママ）》寿贈＜彼曰、皇太子者即平城宮御宇後太上天皇也＞、

※＜　＞内は細字割書（小文字二行の補足説明）部分。

○除物　付箋。関根説によれば、本例が天平宝字三年（七五九）に出蔵した大刀五口のうち「次田《すきた》」「大小咋《だいしょうぐい》」と号する「金鏤《きんる》宝剱」二口（二五頁）のうちの一口に該当。

○横刀一口　関説によれば、大刀との相違は不明という。しかし、既述のように、鈴木説①によれば、古代の文献にみえる「横刀」と大刀は、区別される場合と同義の場合とがある。本例は前者。同じく「御大刀壹佰口」のなかで、「横刀」と「大刀」とが並記されているからである。

同一文献での「横刀」と「大刀」の並記は、たとえば天平一九年（七四七）二月一一日『大安寺伽藍縁起《だいあんじがらんえんぎ》幷流記資財帳《ならびにるきしざいちょう》』に「合大刀幷横刀陸拾柄《あわせてたちならびにたちろくじゅうえ》」とある。これによれば、大刀と横刀が別個に認識されていることは明らか。そこで、鈴木説①によれば、本例は「刃長一尺四寸七分」と短寸のため、横刀と大刀を区別する場合、大刀のうちで短寸のものが横刀とした。

鈴木説①より前、『目録』でも横刀は短寸の大刀と理解し、正倉院器仗のうち刃長五〇・〇センチ以下の三口を横刀とした。金銀荘横刀（刃長三四・六センチ）・金銅荘横刀（刃長四三・七センチ）・黒作横刀（刃長四七・八センチ）の三口（中倉8-4・6・8／図17・13・10）である。

○刃長一尺四寸七分　四三・六センチ。

○以犀角裏頭　「犀角《さいかく》をもって頭を裹む」と読む。紫檀製素地把の把頭を犀角裹とした。「犀角」は文字通りサイの角。舶来の高級品。工芸材料や薬としても使用。斑文様の斑犀《はんさい》や黒い烏犀《うさい》等の種類がある。正倉院器仗では、黄金荘大刀（中倉8-1／図7）の把頭が斑犀裹。

なお、『種々薬帳《しゅじゅやくちょう》』（北倉158）によれば、薬としての斑犀がみえる。正倉院宝物には斑犀自体は現存しないが、

『種々薬帳』記載の犀角器《さいかくのうつわ》（北倉50）や、『珍宝帳』記載の斑犀偃鼠皮《えんそひ》御帯残欠（北倉4／第三章図1）が現存。また、『珍宝帳』では除物の「犀角奩《ばこ》」があり、『珍宝帳』・正倉院宝物ともに刀子《かたな》の把・鞘には犀角が目立つ（第三章参照）。正倉院器仗では、箭の付属具である「哮《こう》」にも犀角製がある（第五章参照）。

○又以鉄約其上以金鏤鉄上　「また鉄をもってその上を約《せ》めて金をもって鉄の上を鏤《ちりば》む」と読む。「其上」は犀角裏の上。犀角裏の把頭に鉄地金象眼の約を加えた。

○眼及扼・鞘尾以鉄裹金鏤之　「眼及び扼・鞘尾は鉄をもって裹みて金これを鏤む」と読む。「裹」の後に「以」が脱字か。眼・扼・鞘尾の註記。鉄地金象眼。「御大刀壹佰口」では象眼入の金物は本例のみ。

本例は扼があり、前句と合わせて考えると、その扼は加約覆輪式となるか。つまり註記としては金漆銅作大刀（17）の「扼闊有ㇾ窓」（扼は闊く窓有り）（七〇頁）の別表現。扼の様式としては黄金荘大刀（中倉8-1／図7）と同様か。ただし、本例の鞘尾の様式は不明。

○但帯執用銀作以金鏤之　「但し帯執は銀を用ひて作りて金をもってこれを鏤む」と読む。帯執金の註記。銀地金象眼。

○鞘纏籐　読みは割愛。註記によれば、鞘の「約」がない。籐纏鞘は約不要か。

○右一口者　本例の由緒。「御大刀壹佰口」で由緒記載があるのは、本例と黒作懸佩刀（43）のみ。ともに除物の付箋。由緒は横刀自体の註記ではない。そこで訓読と大意のみを記す。

・訓読

右一口は、太政太臣の家新室《にいむろ》を設くる宴の日、天皇親しく臨み、皇太子舞を奉る、太臣寿《ことほ》ぎて贈る〈彼曰く、皇太子は即ち平城宮の御宇《ぎょう》後太上《のちのだいじょう》天皇なり〉、

・大意

右の一口は、太政大臣（藤原不比等）の邸宅で新室落成を祝う宴会があった日、天皇（元正天皇）が臨席。皇太子（のちの聖武天皇）が舞を奉った。大臣（不比等）がそれを祝って贈った。ここでいう皇太子とは平城宮の御宇後太上天皇（聖武太上天皇）である。

つまり本例は藤原不比等から皇太子時代の聖武（首皇子《おびとおうじ》）に贈られた。不比等は養老四年（七二〇）没。聖武即位は神亀元年（七二四）。本例は養老四年以前から存在したことになる。

横刀の特徴

横刀の特徴は、まずは短寸である点。また、犀角裏把頭の紫檀製素地把。抦（加約覆輪式）・眼・鞘尾が鉄地金象眼。帯執金が銀地金象眼と装飾性が高い。懸と帯もそれぞれ紫組紐製・紫羅製。唐大刀とも共通する高貴なもの。由緒のほどが偲ばれる。

また、金物すべてが金象眼。註記による限り、金物に象眼の註記は本例のみ。そこで、本例が天平宝字三年（七五九）に出蔵した「金鏤宝剱」二口のうちの一口であることは間違いないであろう。問題はもう一口がどれに該当するかである。

⑨懸佩刀九口

▼（除物）黒作懸佩刀《かけはきのたち》一口…43

刃長一尺一寸九分、鋒者偏刃、木把、陰漆樺纏、紫板絹懸、紫皮帯執、黒紫羅帯、紫地錦袋、緋綾裏、

右、日並皇子常所佩持賜太政太臣《ママ》、大行天皇即位之時便献、大行天皇崩時亦賜、太政太臣《ママ》薨日、更献後太上天皇、

○黒作懸佩刀《かけはきのたち》一口　「懸佩刀」は「かけはきとう」とも読める。関根説によれば、本例が天平宝字三年（七五九）出蔵の「金鏤宝剱」二口のもう一口という。「御大刀壹佰口」中の除物四口のうちの一口で、しかも由緒が記されているからである。

　しかし、個別名称に「黒作」とあるから、本例の金物は鉄製黒漆塗。註記にも「金鏤」（金象眼）をうかがわせる記載はない。しかも黒漆地に象眼は技術的に難しい。つまり本例の金物は金象眼ではなかったと考えられ、本例を「金鏤宝剱」の一口とみなすことはできないと筆者は考える。

　しかし、そうすると、「御大刀壹佰口」では金物に金象眼の例は本例以外にないから、「金鏤宝剱」のもう一口は、「御大刀壹佰口」記載品以外となる。当時の東大寺に『珍宝帳』記載器仗以外の器仗がなかったとは言い切れない。同時に出蔵された「銀荘御大刀」もそうした一口かもしれない。しかし、そうであれば、本例が「除物」である理由が問題となる。現状では、『珍宝帳』と『出蔵帳』（北倉169）しか史料がないなかでは結論は出ない。

○刃長一尺一寸九分　三五・三センチ。「御大刀壹佰口」では最短。正倉院器仗では、金銀荘横刀（中倉8−4／図17）の刃長三四・六センチが最短。

「御大刀壹佰口」では、刃長一尺台は、本例を含めて横刀（42・一尺四寸七分）・宝荘懸佩刀（44・一尺四寸五分）・金銀作懸佩刀（46・一尺八寸四分）・金漆銅作懸佩刀（49・一尺八寸一分）・金銀作懸佩刀（51・一尺八寸）・杖刀（53・一尺九寸）の七口。横刀と杖刀以外はすべて懸佩刀。

　つまり懸佩刀九口のうち五口が刃長一尺台。残る四口は刃長二尺以上。最長でも金銅作懸佩刀（45）の二尺一寸九分（六五・〇センチ）。また、『万葉集』巻九「見㆓菟原処女墓㆒歌一首」（菟原処女《うないおとめ》の墓を見る歌一首）に「懸佩之小釼《かけはきのおだち》」がみえる。これは関説・鈴木説①・板橋倫行「万葉集の懸佩之小剱について」（『万葉集の詩と真実』淡路書房新社、一九六一年）等によれば、懸佩刀。そこで、短寸であることが懸佩刀の特徴とも考えられる。
しかし、最短と最長で一尺（二九・六七センチ）におよぶ格差がある。それは懸佩刀の刃長の多様性を示し、「御大刀壹佰口」には短寸の懸佩刀が多いだけとの解釈も成り立つ。また、「懸佩之小釼」も懸佩刀が「小釼」の意ではなく、懸佩刀のなかの短寸のものとも解釈できる。したがって、関説でも説くように、短寸であることを懸佩刀の特長とみることは躊躇される。

○木把《きづか》「木」の前に「赤」「牟久」、あるいは「木」の後に「根」等の脱字あるか。

○陰漆樺纏《かげうるしかばまき》 樺纏に陰漆塗。「陰漆」は拭漆《ふきうるし》（生漆の薄塗）。あるいは艶消《つやけし》の黒漆塗か。

○紫板縚懸「板縚」は不明。

○右 以下、本例の由緒。訓読と大意を示す。

・訓読

右、日並皇子《ひなみのみこ》常に佩持《はいじ》する所を太政太臣に賜ふ、大行天皇即位の時に便《すなわ》ち献ず、大行天皇崩じるの時また賜ふ、太政太臣薨じるの日、更に後太上天皇に献ず、

・大意

右は、日並皇子（皇太子＝のちの文武天皇）が常に佩帯していたものを太政大臣（藤原不比等）に下賜。大行天皇（文武天皇）が即位の時に（不比等は）すぐに献上。大行天皇が崩御の時にまた（不比等に）下賜。太政大臣（不比等）が薨去の日に、さらに後太上天皇（聖武＝まだ皇太子）に献上した。

つまり本例は、皇太子時代の文武→不比等→文武→不比等→聖武と伝来。文武の即位は文武天皇元年（六九七）。本例は文武天皇元年以前から存在したことになる。

▼宝荘懸佩刀一口…44

刃長一尺四寸五分、鋒者偏刃、刃右辺有溝、鮫皮裹把、紫檀頭、瑇瑁鞘、眼及扼・鞘尾用銀作、又以緑琉璃覆其上、緋紫板縚懸、赤紫綾帯、緑地錦袋、浅緑綾袋、

○宝荘懸佩刀一口　「宝荘」は「たからそう」または「たからかざり」とも読める。外装の装飾性が高いための命名。

○刃長一尺四寸五分　四三・〇センチ。

○刃右辺有溝　「刃の右辺に溝有り」と読む。棒樋が刀身右側に一筋の意か。「右辺」が刀身のどの部分かは不明。

○瑇瑁鞘《たいまいざや》　玳瑁裹鞘。

○眼及扼・鞘尾用銀作　「眼及び扼・鞘尾は銀を用ひて作る」と読む。眼・扼・鞘尾は銀製。

○又以緑琉璃覆其上　「また緑の琉璃《るり》をもってその上を覆ふ」と読む。「琉璃」は瑠璃とも。ガラス。銀製の眼・扼・鞘尾を緑ガラスで覆った。「宝荘」に相応しい装飾。

鞘口・帯執金・約は不記載。また、帯執緒も不記載。ただし、帯は記載のため、帯執緒については脱字とすると、鞘口等が不記載の理由は、同じく銀製ながら琉璃で覆っていないためか。そうであれば、本例も天平宝字三年（七五九）出蔵の「銀荘御大刀」（二五頁）の候補のひとつとなる。しかもその装飾性の高さから、銀作大刀（24）と並ぶ最有力候補となろう。

一方で、陽・陰宝剱（1・2）の金物が純金製であった（三六頁）ことを考慮すると、個別名称の「宝」は純金を表し、鞘口等は純金製であった可能性もあろう。

▼金銅作懸佩刀一口…45

刃長二尺一寸九分、鋒者偏刃、鮫皮裹把、其上又漆、以紫皮縫裹鞘身、紫組懸、紫皮帯執、赤紫綾帯、緋地錦袋、緋綾裹、

○刃長二尺一寸九分　六五・〇センチ。懸佩刀では最長。

○其上又漆　「その上にまた漆す」と読む。「其」は「鮫皮裏把」。つまり本例の把は黒漆塗鮫皮（黒鮫皮）裏。「御大刀壹佰口」・正倉院器仗ともに黒鮫皮裏把は本例のみ。黒鮫皮包柄は中世前期の太刀に多い。

○以紫皮縫裏鞘身　「紫皮をもって鞘身を縫ひ裹む」と読む。「御大刀壹佰口」では革裏鞘の註記は本例のみ。ただし、正倉院器仗の鞘は、ごく一部を除き、薄皮裹黒漆塗であるから、註記はなくとも「御大刀壹佰口」でも多くは革裹鞘と考えられる。本例で註記があるのは、通常の黒革でもなく紫革のためであろう。

▼金銀作懸佩刀一口…46

刃長一尺八寸四分、鋒者偏刃、金鏤龍・星・雲形、金銀線纏把、獣頭鼻、紫皮帯執、紫綾帯、緑地高麗錦袋、緋綾裏、

○刃長一尺八寸四分　五四・六センチ。

○金銀線纏把《きんぎんせんまきづか》　「金銀線にて把を纏く」とも読める。「金銀線」は銀地金鍍金製または金製・銀製の針金。

○獣頭鼻　「じゅうとうび」と読むか。これについては諸説ある。

①鐔説。中国では鐔は「剱鼻《けんび》」という（『和名抄』巻一三・調度部・征戦具）。関説によれば、朝鮮半島の両刃剣外装にみられる獅嚙《しがみ》型鐔かという。正倉院器仗にはない。鐔であれば、「御大刀壹佰口」では鐔の註記は本例のみとなる。

②獣型意匠の扼説。関根説。既述した鳥頸太刀（六〇頁）の類。また、和歌山・丹生都比売《にぶつひめ》神社には、獅子頭意匠の青金を持つ兵庫鎖太刀と長覆輪太刀が現存。

③懸佩刀特有の佩帯装置という説。これについては後述（九〇頁）。

このうち筆者は②説がもっとも説得力があると考える。獣型意匠の扼だからこそ、本例の註記には「懸」の

記載がないのであろう。

▼銀作懸佩刀一口…47

刃長二尺四分、鋒者偏刃、金鏤龍・星・雲形、鮫皮裹把、以緑琉璃鈿之、銀裹頭以金漆塗之、紫板縚懸、紫皮帯執、赤紫綾帯、緑地高麗錦袋、緋綾裏、二列、

○銀作懸佩刀一口　本例は天平宝字三年（七五九）出蔵の「銀荘御大刀」（二五頁）の候補のひとつ。

○刃長二尺四分　六〇・五センチ。

○以緑琉璃鈿之　「緑の琉璃をもってこれを鈿す」と読む。「之」は「鮫皮裹把」。鮫皮裹把に緑のガラス玉を嵌入。装飾性が高い把。

○銀裹頭以金漆塗之　「銀にて頭を裹みて金漆をもってこれを塗る」と読む。銀製金漆塗抦。

○二列　不明。

▼銀作懸佩刀一口…48

刃長二尺八分、鋒者偏刃、鮫皮裹把、紫檀頭、紫皮懸、紫皮帯執、赤紫綾帯、緑地高麗錦袋、緋綾裏、

○銀作懸佩刀一口　本例は天平宝字三年（七五九）出蔵の「銀荘御大刀」（二五頁）の候補のひとつ。

○刃長二尺八分　六一・七センチ。

▼金漆銅作懸佩刀一口…49

刃長一尺八寸一分、鋒者偏刃、牟久木把、緋組懸、紫皮帯執、黒紫綾帯、但帯執環及鞘尾約以銀作之、緑地高麗錦袋、緋綾裏、新乙治八、

○刃長一尺八寸一分　五三・七センチ。

○但帯執環及鞘尾約以銀作之　「但し帯執環《おびとりのかん》及び鞘尾約《さやじりのせめ》は銀をもってこれを作る」と読む。帯執環（鐶《かん》）・鞘尾

約が銀製。

「帯執環」は「帯執・環」と並列にも読める。並列ならば帯執金・鐶ともに銀製。「おびとりのかん」ならば、帯執金は個別名称の「金漆銅作」から銅製金漆塗。鐶は銀製となる。しかし、帯執金が銀製では、個別名称の「金漆銅作」に合わなくなるから、並列ではなかろう。鈴木説①によれば、この「環」は懸佩刀の佩帯装置。その点については後述（九〇頁）。

また、「鞘尾約」も「鞘尾・約」と並列にも読める。しかし、「約」が鞘のそれならば、「約・鞘尾」の順にすべき。そこで、加約覆輪式の鞘尾で、本体は銅製金漆塗、約のみ銀製と解した。

▼金漆銅作懸佩刀一口…50
刃長二尺一寸七分、鋒者偏刃、有溝、牟久木把、緋組懸、紫皮帯執、赤紫綾帯、緋地錦袋、緋綾裏、
○刃長二尺一寸七分　六四・四センチ。

▼金銀作懸佩刀一口…51
刃長一尺八寸、鋒者偏（両）刃、金鏤星・龍形、木皮裹把、紫檀頭、紫皮懸、紫皮帯執、赤紫綾帯、白地高麗錦袋、緋綾裏、
○刃長一尺八寸　五三・四センチ。
○鋒者偏（両）刃　「両」は付箋。「鋒者偏刃」を「鋒者両刃」に訂正。
○木皮裹把《きがわづつみざや》　「木皮にて把を裹む」とも読める。「木皮」は「ぼくひ」または「こはだ」とも読める。木皮が樺と同義か否かは不明。

懸佩刀九口の注記総括

○個別名称にみる金物材質

金銀作二口・銀作二口・金漆銅作二口・黒作一口・宝荘一口・金銅作一口。

○刀身

[刃長]一尺一寸九分（三五・三センチ）～二尺一寸九分（六五・〇センチ）。三〇センチ台一口・四〇センチ台一口・五〇センチ台三口・六〇センチ台四口。

[鋒]両刃一口・偏刃八口。

[装飾]刀身彫（棒樋）二口・金象眼三口。

○外装

[把]鮫皮裹把四口（うち黒鮫皮一口・緑瑠璃鈿荘一口・押縫付設三口・把頭を覆う様式一口）・素地把二口（椋製二口）・樺纏陰漆塗一口・金銀線纏一口・木皮裹一口。

[鞘]玳瑁裹一口・紫革裹一口。

[懸]板縚製三口（紫二口・緋紫一口）・組紐製三口（緋二口・紫一口）・紫皮製二口・不記載一口。

[帯執緒]紫皮製八口・不記載一口。

[帯]綾製八口（赤紫六口・黒紫一口・紫一口）・羅製一口（黒紫一口）。

懸佩刀の特徴

懸佩刀の特徴はまず外装の装飾性の高さである。それは、宝荘懸佩刀（44）の玳瑁裹鞘や緑瑠璃で覆った銀製金物、銀作懸佩刀（47）の緑瑠璃鈿荘の鮫皮裹把等に顕著。また、それと関連して、陰漆樺纏木把・金銀線纏把・木皮纏把・紫革裹鞘・板縚懸等が初出。なお、短寸である点を特徴と考えないことは既述（八四頁）。

右記の特徴が懸佩刀の独自性を示すことは確か。しかし、懸佩刀という名称自体が構造様式の独自性を示す。たとえば個別名称にみる金物材質の多様さは「大刀」と大差ない。また、黒作懸佩刀（43）は刃長からすれば横刀（短寸の大刀）に該当する。それにも関わらず、あくまで懸佩刀である点からも看取できよう。つまり懸佩刀の名称自体が「大刀」や横刀とは異なる構造様式であることを示唆する。

懸佩刀とは何か？

そうしたなかで、関説では懸佩刀を「佩帯法《はいたいほう》の相違による名」と捉える。そして、その帯執金の候補として、①古墳出土品にみられる単鐶《たんかん》式帯執金。②正倉院器仗の金銀荘横刀（中倉8-4／図17）みられる櫓金式帯執金。③東大寺金堂鎮壇具の金銀荘大刀二口（図4）にみられる鉸具《かこ》付帯執金の三例をあげ、結論として③を是とする。ただし、関説では「御大刀壹佰口」の註記にはふれていない。

このうち①が末永雅雄「正倉院の大刀外装　総説」（『正倉院の大刀外装』〈三三頁〉）に継承。そのなかで「獣頭鼻」（金銀作懸佩刀〈46〉）を鞘口付近に付設した単鐶（一個の鐶）とみる。この単鐶式帯執金では近代のサーベルのようにほぼ垂直に大刀を佩帯することになる。

一方、③が鈴木説①に継承。そのなかで金漆銅作懸佩刀（49）の註記にみえる「帯執環」を「おびとりのかん」と解し、「環」を鉸具とみる。

両説ともに明確な根拠は示していない。しかも「獣頭鼻」「環」ともに註記としては一例のみ。

これに対し、鈴木説①では、金漆銅作懸佩刀（49）の「環」は銀製で、個別名称に示される「金漆銅作」とは材質が相違する点に注目。金漆銅作懸佩刀（49）は、材質が個別名称とは異なるために「環」が註記に特記され、ほかの懸佩刀は「環」の材質も個別名称と同様であるから特記されなかったと解釈し、註記としては一例のみでも、他の懸佩刀にも「環」があったと考えた。

一方、「獣頭鼻」はこうした解釈ができない。筆者は既述のように、末永説とは異なり、「獣頭鼻」は獣型意匠扼説を支持（八六頁）。そこで、筆者は鈴木説①に継承された関説③を支持し、東大寺金堂鎮壇具の金銀荘大刀二口（図4）を懸佩刀と考えたい。

なお、関説・鈴木説①でもふれているように、鉸具付帯執金では、小孔を開けた革製の帯執緒を帯に取り付け、その小孔に鉸具の刺金《さすが》をベルト同様に連結して佩帯。これは懸佩刀の名称に相応しい。

⑩杖刀二口

▼杖刀一口…53
刃長一尺九寸、鋒者偏刃、鮫皮把、金銀線押縫、以牙作頭、以漆塗鞘、以鉄裹鞘尾、銀鏤其上、長四尺六分、黒紫紬袋、緋綾裏、以紫皮裹袋尾、
○杖刀一口　本例が漆塗鞘杖刀（北倉39／図6）に該当する。以下、これを「**北倉蔵品②**」とし、それに基づいて解説する。
○刃長一尺九寸　五六・四センチ。北倉蔵品②によれば五六・二センチ。誤差の範囲。
ちなみに北倉蔵品②によれば重量は二六三・四グラム。比率は四・六九。また、本例は把頭の象牙を堰《せき》（留め）として把全体が鞘に納まる様式。把を鞘に納めた状態で総長一二八・三センチ。
○鋒者偏刃　北倉蔵品②によれば、刀身は切刃造。偏刃で刃寄りに鎬《しのぎ》（金属面に入れた稜線）が入る。正倉院器仗では最多の構造。
○鮫皮把「皮」の後に「裹」が脱字か。北倉蔵品②によれば白鮫皮裹。

○金銀線押縫　北倉蔵品②によれば、「金銀線」は鉄地金銀線象眼。把頭が象牙製のために押縫付設。本例は押縫側が表らしい。ただし、押縫は新補。

なお、北倉蔵品②によれば、鮫皮の両端に鮫皮を留める約として帯金《おびがね》を巻き、さらに帯金に接して約を加える。材質はともに鉄地金銀線象眼。さらに銀製円形の鎺《はばき》（刀身が鞘から抜け落ちないように、刀身の区《まち》部分に入れた金物）を加える。本書では鎺は割愛するが、本例の鎺は円形という特異な形状のために特記する。ただし、帯金・約・鎺ともに新補。

○以牙作頭　「牙をもって頭を作る」と読む。北倉蔵品②によれば、象牙製把頭。

北倉蔵品②は、以上の把がそのまま鞘に収納される（図6）。その際に、象牙製把頭が堰となる。

○以漆塗鞘　「漆をもって鞘を塗る」と読む。北倉蔵品②によれば、木製黒漆塗鞘。

○以鉄裹鞘尾　「鉄をもって鞘尾を裹む」と読む。北倉蔵品②によれば、鞘尻は銀製約を入れた鉄製長金物の鞘尾で覆う。ただし、銀製約は新補。

○銀鏤其上　「銀にてその上を鏤む」と読む。北倉蔵品②によれば、鞘尾は葛形銀象眼。

○長四尺六分　鞘の寸法。一二〇・五センチ。「御大刀壹佰口」では、鞘の寸法註記は本例と杖刀（54）のみ。ともに刃長の倍以上。北倉蔵品②によれば一二七・〇センチ。北倉蔵品②との寸法の相違は『目録』に指摘されている。「御大刀壹佰口」の誤りか。

▼杖刀一口…54

刃長二尺一寸六分、鋒者偏刃、金鏤星・雲形、紫檀、樺纒、眼及把並用銀、紫組懸、呉竹鞘、樺纒、長五尺三寸四分、口蓋・尾並用鹿角作、又以鉄接尾端、緑地高麗錦袋、緋綾裏、

○杖刀一口　本例が正倉院器仗の呉竹鞘杖刀（北倉39／図14）に該当。これを「**北倉蔵品③**」とし、それに基づ

いて解説する。

○刃長二尺一寸六分　六四・一センチ。北倉蔵品③によれば六四・三センチ。誤差の範囲。また、重量は二六九・三グラム。比率は四・一九。総長は一五八・七センチ。

○鋒者偏刃　北倉蔵品③によれば切刃造。

○金鏤星・雲形　「金にて星・雲形を鏤む」と読む。北倉蔵品③によれば、七星《しちせい》（北斗七星）・三星《みつぼし》・雲形の金象眼。正倉院器仗では、刀身象眼は北倉蔵品③のみ。

○紫檀　「檀」の後に「把」が脱字か。

○樺纏　北倉蔵品③によれば、把は紫檀製樺纏。また、ごく小型の銀製喰出鐔《はみだしつば》付設。

　喰出鐔は楕円形を基調とする小型鐔。把・鞘の径からはみ出す程度の大きさなのでこの名がある。正倉院器仗では一般的。

　ただし、正倉院器仗では、喰出鐔でも微妙に意匠が相違。単純な楕円形のほか、下端が萎んだ倒卵形《とうらんがた》、両端に小さな突起（花先）のある蓮弁形《れんべんがた》等がある。本書では鐔の形状の区別は割愛。

○眼及把並用銀　「眼及び把は並びに銀を用ふ」と読む。「把」は「扼」の誤記。北倉蔵品③によれば、扼は把頭を覆う様式。眼は扼に挿入。紫組紐製懸（新補）を通す。銀製縁金も付設。

○呉竹鞘　「呉竹」は淡竹《はちく》。北倉蔵品③によれば、鞘は外鞘と内鞘（身鞘）の二重構造。外鞘が淡竹製透漆塗。節を貫いて製作。ただし、外鞘下半は新補。また、本来の内鞘は現在中倉蔵（中倉202）。

○樺纏　北倉蔵品③によれば、外鞘には樺を段纏《だんまき》。

○長五尺三寸四分　鞘長か。一五八・四センチ。ただし、北倉蔵品③によれば、鞘長は一四七・三センチ。註記の寸法は総長（一五八・七センチ）に近い。ここは鞘長ではなく総長か。

○口蓋・尾並用鹿角作　「口の蓋《ふた》・尾は並びに鹿角を用ひて作る」と読む。北倉蔵品③によれば、鞘口・鞘尻ともに鹿角付設。

○又以鉄接尾端　「また鉄をもって尾の端に接ぐ」と読む。北倉蔵品③によれば、鞘尻は鹿角に鉄製鞘尾を追加。

杖刀二口の註記総括

○刀身

[刃長]一尺九寸（五六・四センチ）と二寸一寸六分（六四・一センチ）。

[鋒]ともに偏刃。

[装飾]金象眼一口。

○外装

[把]鮫皮裹（押縫付設）と紫檀製樺纏。

[鞘長]四尺六寸（一三六・五センチ）と五尺三寸四分（一五八・四センチ。総長の可能性も）。

[鞘]黒漆塗と淡竹製透漆塗樺段纏。

[懸]紫組紐製一口・不記載一口。

[帯執緒・帯]ともに不記載。

杖刀の特徴

杖刀はいわゆる仕込《しこ》み杖《づえ》。刀身を杖状の外装に仕込む。特に北倉蔵品②は把が鞘に収納され、外見的には杖と変わりなくなる（図6）。そこで北倉蔵品②③ともに佩帯装置（帯執金・帯執緒・帯）がない。鞘金物も鉄製鞘尾のみ。また鞘長が刃長の倍以上。

なお、杖刀は、「御大刀壹佰口」以外では、『大安寺伽藍縁起幷流記資財帳』にもその名がみえる。つまり正倉院器仗だけの特例ではない。

また、北倉蔵品③によれば、杖刀（54）の把は「大刀」と同様で、樺纏。扼に眼（懸は新補）。一方、北倉蔵品②によれば、杖刀（53）の把は鮫皮裹。把頭の象牙を堰として全体が鞘に納まる様式。眼・懸はない。「御大刀壹佰口」では杖刀だけが不出蔵。天平宝字八年（七六四）に出蔵されなかった理由は、軍陣では使い勝手が悪いためか。

以上、『珍宝帳』記載の「御大刀壹佰口」を解説した。なお、「御大刀壹佰口」によれば、陽宝劔（1）～金銀作懸佩刀（51）の五八口が第一櫃、黒作大刀四〇口（52）が第二櫃、杖刀二口（53・54）が第三細櫃に収納。『出蔵帳』（北倉169）によれば、天平宝字三年（七五九）に出蔵された大刀五口は、「赤漆《せきしつ》金銅釘櫃一合」に収納。これは、右記の第一～第三の櫃とは別個のものであろう。

では、つぎに正倉院器仗の大刀の解説に移ろう。

第二節　正倉院の大刀

本節の概要

本節では、正倉院器仗の大刀を①北倉三口、②中倉四九口、③南倉四口に三分。さらに②は、Ａ（中倉8－1～8）・Ｂ（中倉8－9～11）・Ｃ（中倉8－12～26）・Ｄ（中倉9－27～32）・Ｅ（中倉9－33～47）・Ｆ（中倉9－48・49）の六群に分割して解説する。ただし、①北倉三口は前節ですでに解説したので、基本データを掲げるにとどめる。

なお、刀身の作風は原品の熟覧・調査をしていないので割愛する。また、同じ理由で、丸絎緒《まるぐけお》以外は革緒の区別も割愛する。工芸技法についてもあまり細かくは立ち入らない。

ちなみに正倉院器仗の刀身の現状はすべて、明治一七年～一八年（一八八四～一八八五）・二八年（一八九五）にそれまで錆び付いていたのを研磨した結果を基礎とする。

また、末永説によれば、特に右記②-Ｂ・Ｃ群の外装は、抦・鞘尾に磨損・欠損・擦傷・裂傷等を残し、鞘の佩裏には摩損を残すものもあるという。つまり実際の使用や佩帯の痕跡を残すという。しかし、その点もやはり原品の熟覧・調査をしていないので割愛する。

①北倉三口

▼北倉38　金銀鈿荘唐大刀（図3-①・5）
○総長　九九・九センチ
○刀身
［刃長］七八・二センチ。［反り］〇・一センチ。［重量］五三一・八グラム。［比率］六・八〇。

［形状］鋒両刃造。［茎］鐶用孔一個。目約孔一個。
○外装
［把］白鮫皮裹。押縫なし。懸付鐶付設。［鞘］薄革裹黒漆塗。木製山形付設。［装飾］「末金鏤作」。

［金物］抦・懸付鐶・目約・縁金・唐鐔・鞘口・帯執金（山形を覆う金物付設）・約・鞘尾。［材質］銀地金鍍金。

［懸］白革丸紟（新補）。［帯執緒］有文紫革平紟《ひらぐけ》。

▼北倉39　漆塗鞘杖刀（図6）
○総長　一二八・三センチ。

○刀身
[刃長]五六・二センチ。[反り]内〇・三センチ。[重量]二六三・四グラム。[比率]四・六九。

[形状]切刃造。[茎]目釘孔一個。※反りの「内」は内反りの意（以下、同じ）。
○外装
[把]白鮫皮裹。押縫付設。象牙製把頭。[鞘]木製黒漆塗。[長]一二七・〇センチ。

[金物]把帯金・押縫（新補）・把約（新補）・鈕・鞘尻約（新補）・鞘尾。

[材質]鉄地金銀線象眼（把帯金・押縫・把約）・銀製（鈕・鞘尻約）・鉄地銀象眼（鞘尾）。

[懸][帯執緒]なし

▼北倉39　呉竹鞘杖刀（図14）
○総長一五八・七センチ。
○刀身
[刃長]六四・三センチ。[反り]内〇・五センチ。[重量]二六九・三グラム。[比率]四・一九。

[形状]切刃造。[茎]眼孔一個。[装飾]星形・雲形金象眼。
○外装
[把]紫檀製樺纏。

[外鞘]淡竹製・樺段纏・透漆塗（樺巻・鞘下半は新補）。[内鞘]栗製・木綿《ゆう》巻・黒漆塗。中倉蔵（中倉202）。

[鞘口]鹿角付設（新補）。[長]一四七・三センチ。

[金物]扼（眼〈新補〉付設）・縁金・喰出鐔・鞘尾（鹿角付設・鞘尾・鹿角とも新補）。

[材質]銀製（扼・縁金・喰出鐔）・鉄製（鞘尾）。[懸]紫組紐丸打（新補）。[帯執緒]なし。

②中倉四九口

Ⓐ中倉8―1〜8（八口）

Ⓐ群は、黄金荘大刀・金銀鈿荘唐大刀二口・金銀荘横刀・金銅鈿荘大刀・金銅荘横刀・金銅荘大刀・黒作横刀の八口。いずれもⒷ・Ⓒ群とは様式が相違。黒作横刀を除き、総体に金物は金・銀製（純金・銀地金鍍金・銅地金鍍金）。様式とともに高位者の佩帯が考えられる。

▼中倉8―1　黄金荘大刀（図3―④・7）

○総長　八四・五センチ。

○刀身

［刃長］六六・九センチ。［反り］無。［重量］五四九・五グラム。［比率］八・二一。

［形状］切刃造。［茎］眼孔一個。※反り・内反りともに〇・一センチ未満は「無」とする（以下、同じ）。

○外装

［把］白鮫皮裹。押縫（新補）付設。斑犀裹把頭（眼付設）。［鞘］薄革裹黒漆塗。［装飾］密陀絵《みつだえ》。

［金物］扼（加約覆輪式）・眼（裏のみ新補）・押縫（新補）・縁金・喰出鐔・鞘口・帯執金（無櫓金式《むやぐらがねしき》）・鞘尾（加約覆輪式・地板伏《じいたぶせ》）。※鞘の約なし。

［材質］純金製。銀製（鞘尾覆輪）。［懸］紅組紐丸打（新補）。［帯執緒］紅革。

○解説

本例の鞘装飾は密陀絵。一酸化鉛（密陀僧《みつだそう》）を混ぜて煮沸した油（荏胡麻油《えごまあぶら》〈荏油《えのあぶら》〉・桐油《きりあぶら》等）を混ぜた絵具で文様を描く装飾技法。

帯執金は無櫓金式。正倉院器仗では、帯執金のない金銀鈿荘唐大刀二口（中倉8－2・3／図8・9）を除き、帯執金はすべて腹帯型《はるびがた》（二脚式）。これに三種類（①～③）ある。

①金属製山形付設。金銅鈿荘大刀・金銅荘横刀（中倉8－5・6／図12・13）の二口のみ。二口ともに帯執緒を通す方形鐶を金属製山形に付設。

②方形鐶付設。山形はない。金銀荘横刀（中倉8－4／図17）・黒作大刀二口（中倉8－14〈図30〉・17）・武王大刀（南倉119－1／図22）・破陣楽大刀（南倉119－5－1）の五口。

③帯執金上部に一孔。帯執緒を通す方形鐶はない。帯執緒を帯執金上部の一孔に通し、鞘を一周させて同じ孔から引き出す様式。正倉院器仗では、本例をはじめとして①②以外の二〇口すべてと、さらに破陣楽大刀（南倉119－5－2）・婆理大刀（南倉123－2／図23）がこの様式。これも方頭大刀からの継承。

ちなみに、金銀鈿荘唐大刀二口（中倉8－2・3／図8・9）も、帯執金部分に密陀絵で腹帯型を描く。

①～③いずれも古代の名称はない。しかし、太刀の足金物《あしがなもの》には原則として方形鐶相当の鐶が付設。これを櫓金《やぐらがね》とよぶ。そこで、①は山形付設、②は櫓金式、③は無《む》櫓金《やぐらがね》式とよぶことにする。つまり本例の帯執金は③無櫓金式である。

また、鎺《はばき》と鐔の入れ方が古代と中世で相違する。つまり正倉院器仗によれば、茎《なかご》を差し込む把口に把木を延長した突起を設置（図30）。その突起に縁金・鐔・鎺を順に挿入してから茎を差し込む。本例・金銀鈿荘唐大刀（北倉38／図5）も同様。これも方頭大刀からの継承である。

一方、中世では鎺・切羽《せっぱ》（中世から成立した金属製小板）・鐔・切羽を順に茎尻から入れてから（鎺は区《まち》で止まる）、縁金を入れた柄を茎に差し込んで留める。

換言すれば、鎺・鐔は古代では把（把木の延長部分）、中世では茎（刀身）に挿入。そして、正倉院器仗によれば、把木の鐔が接する面は、水平の場合もあるが棟側から刃側へ傾斜を付ける場合が多い（図30）。本例は水平。傾斜を付ける意味（意義）は後述（一一六頁）。

なお、古代の鎺・鐔の挿入法は中世では儀仗へ継承。奈良・春日大社蔵の黒漆平文餝剱《かざりたち》一〇口（本宮御料古神宝類）等から確認できる。

さらに正倉院器仗によれば、上記の鎺・鐔の挿入法に対応し、鞘口は鎺を受ける筒状金物（呑口金《のみくちがね》）を兼ねる。これも方頭大刀からの継承であり、古代の鞘口が中世の口金とは性格が相違する所以である。

ちなみに正倉院器仗でも、杖刀二口（北倉39／図6・14）は鞘口（呑口金）がない。鎺は茎尻から挿入。また、黒作横刀（中倉8-8／図10）は、茎部分をそのまま把とした共鉄造《ともがねづくり》のために鎺はなく、鞘口はあるが呑口金はない。

なお、本例は大刀外装の基本金物のうち鞘の約がない。正倉院器仗では、杖刀二口（北倉39／図6・14）を除き、鞘に約のないものは、本例を含めて、金銀鈿荘唐大刀二口（中倉8-2・3／図8・9）・金銅荘大刀（中倉8-7／図24）・銅漆作大刀（中倉8-10）・黒作大刀二口（中倉8-15〈図25〉・18）の七口。

▼中倉8-2　金銀鈿荘唐大刀（図3-⑤・8）

○総長　八六・四センチ。

○刀身

[刃長]六四・三センチ。[反り]内〇・五センチ。[重量]四〇四・二グラム。[比率]六・二九。

[形状]鎬造《しのぎづくり》。[茎]鐶用孔一個。目約孔一個。

○外装

[把]白鮫皮裹。押縫なし。懸付鐶・俵鋲《たわらびょう》付設。[鞘]薄革裹黒漆塗。木製山形付設（覆輪付設）。[装飾]密陀絵。

［金物］扼（無約覆輪式）・懸付鐶・目約・俵鋲・縁金・唐鐔・鞘口・山形覆輪・鞘尾（無約覆輪式）。※帯執金・鞘の約なし。

［材質］銀地金鍍金。鉄地金銀象眼（鞘尾）。［懸］白革丸絎。［帯執緒］欠損。

○解説

鎬造は偏刃で刀身棟寄りに鎬がある。中世の太刀は鎬造の彎刀《わんとう》が原則。古代の鎬造は中世よりも鎬が低くかつ直刀。古代の直刀での切刃造・鎬造の区別は鎬の位置による便宜的区別。両者の相違が当時から意識されていたかどうかは疑問。

俵鋲は把下端の四本の指型部分に打った小型鋲。鮫皮を留める。金銀鈿荘唐大刀（北倉38／図5）にはない。木製山形は鞘とともに薄革裏黒漆塗。銀地金鍍金の覆輪を付設し、表に金平文を施す。裏に方形鐶を打ち、その根（つまり表）に赤色伏彩色の水晶玉一個を嵌入。そこで個別名称に「鈿荘」が付く。帯執金はなく、その部分に密陀絵で腹帯型を描く。鞘の約もない。

懸は二つ折りした丸絎緒を鋲留して約を入れ、先端に銅地金鍍金の露金物を付設。

▼中倉8-3　金銀鈿荘唐大刀（図9）

○総長　八六・一センチ。

○刀身

［刃長］六四・二センチ。［反り］無。［重量］四〇六・四グラム。［比率］六・三三。

［形状］鎬造。［茎］鐶用孔一個。目約孔一個。

○外装

［把］白鮫皮裏。押縫なし。懸付鐶・俵鋲付設。［鞘］薄革裏黒漆塗。木製山形付設（覆輪付設〈一個は新補〉）。

［装飾］密陀絵。

［金物］扼（新補）・懸付鐶・目約・俵鋲・縁金・唐鐔・鞘口・山形覆輪（鞘尻側は新補）・鞘尾（無約覆輪式）。※帯執金・鞘の約なし。

［材質］銀地金鍍金。鉄地金銀象眼（鞘尾）。［懸］白革丸絎。［帯執緒］欠損。

○解説

金銀鈿荘唐大刀（中倉8－2／図8）と一対。寸法・様式ともにほぼ同様。関説・鈴木説②によれば、両者の把は一枚の鮫皮を二分して使用。

金銀鈿荘唐大刀（中倉8－2）とともにその命名は『目録』。しかし、同名の北倉蔵品①（北倉38／図5）とは様式が相違。そこで、関根説では唐大刀の命名に疑義を呈す。また、これらを唐様大刀とする考えもある。ただし、本例は木製山形。「御大刀壹佰口」によれば、「唐様大刀」は金属製山形のみ（五六頁）。その点からすれば、「唐大刀」の命名が相応しい。

▼中倉8－4　金銀荘横刀（図17）

○総長　五四・四センチ。

○刀身

［刃長］三四・六センチ。［反り］無。［重量］三〇二・五グラム。［比率］八・七四。

［形状］鎬造。［茎］眼孔一個。

○外装

［把］沈香《じんこう》製素地。眼・扼下約付設。［鞘］木製黒漆塗。［装飾］金銀平文。

［金物］眼・扼下約・縁金・鐔（帽額型《もこうがた》）・鞘口・帯執金（櫓金式・甲羅金《こうらがね》付設）・約・鞘尾（無約覆輪式）。※扼な

し（素地把）。

［材質］銀地金鍍金。銅地金鍍金（縁金）。［懸］［帯執緒］ともに欠損。

○解説

『目録』で「横刀」と命名。正倉院器仗では金銅荘横刀（中倉8-6／図13）・黒作横刀（中倉8-8／図10）も同様。関説では不明とするが、「御大刀壹佰口」の横刀（42）が短寸であるのに倣い、刃長五〇・〇センチ以下を「横刀」と命名したと考えられる（八〇頁）。そのうちで本例が最短。なお、本例の刀身は切刃造ともみえる。

沈香は、ジンチョウゲ科の常緑樹に特殊な樹脂が沈着してできた香木。舶来の高級品。その優品を伽羅《きやら》という。

鞘は木製黒漆塗。薄革裏ではない。木製黒漆塗に葛獣形の金銀平文。正倉院器仗では薄革裏でない鞘は、本例と杖刀二口（北倉39／図6・14）・金銅荘横刀（中倉8-6・麻布纏／図13）の四口のみ。

甲羅金は腹帯型帯執金上部に伏せた金物。そのうえに櫓金を付設。

▼中倉8-5　金銅鈿荘大刀（図12）

○総長七四・五センチ。

○刀身

［刃長］五三・九センチ。［反り］無。［重量］二八四・一グラム。［比率］五・二七。

［形状］切刃造。［茎］眼孔一個（孔中央より茎尻は新補鋲留）。

○外装

［把］紫檀製素地。眼・扼下約付設。［鞘］薄革裏黒漆塗。金属製山形付設。

［金物］眼・扼下約・縁金・鐔（帽額型）・鞘口・帯執金・山形・約・鞘尾（無約覆輪式・新補）。※扼なし（素地把）。

［材質］銅地金鍍金。［懸］紫組紐丸打（新補）。［帯執緒］紫革（新補）。

○解説

金属製山形に方形鐶の根として濃青色ガラス玉一個を嵌入（一個は新補）。そこで『目録』では個別名称に「鈿荘」を付けた。

▼中倉8-6　金銅荘横刀（図13）

○総長六〇・〇センチ。

○刀身

[刃長]四三・七センチ。[反り]内〇・三センチ。[重量]二六六・七グラム。[比率]六・一〇。

[形状]切刃造。[茎]眼孔一個（棟側欠損）。

○外装

[把]紫檀製素地・木地塗《きじぬり》。眼・鵐下約付設。[鞘]麻布纏木地塗。金属製山形付設。

[金物]眼・鵐下約・縁金・喰出鐔・鞘口・帯執金・山形（鐔側の方形鐶は新補）・約・鞘尾（無約覆輪式・新補）。

※鵐なし（素地把）。

[材質]銅地金鍍金・黒漆塗。[懸][帯執緒]ともに欠損。

○解説

正倉院器仗では二番目に刃長が短寸。眼孔は棟側部分が欠損。実用性を欠く。孔を開け直した可能性がある。把・鞘の木地塗は尾崎説による。木地塗は黒地に褐色の縦縞を入れた塗。また、鞘は麻布纏に木地塗。薄革裏ではない。さらに、金物は銅地金鍍金のうえを黒漆塗とした特殊様式。正倉院器仗では、木地塗把・麻布纏鞘・銅地金鍍金黒漆塗金物は本例のみ。

▼中倉8-7　金銅荘大刀（図24）

○総長六五・三センチ。

○刀身

［刃長］四六・五センチ。［反り］無。［重量］二二七・二グラム。［比率］四・八九。［形状］平造（焼刃なし）。

［茎］下半は新補。裏に「明治三十四年三月補之」の修理銘。目釘孔一個。

○外装

［把］木製麻糸纏黒漆塗（纏は新補）。円形素地黒漆塗把頭。眼・扼下約付設。［鞘］薄革裏黒漆塗（新補）。

［金物］眼・扼下約・目約（新補）・縁金・喰出鐔・鞘口（新補）・帯執金（無櫓金式・新補）・鞘尾（短寸・加約筥金《はこがね》式・断面楕円形・新補）。※扼・鞘の約なし。

［材質］銅地金鍍金。［懸］［帯執緒］ともに紫革（新補）。

○解説

刀身では茎下半、外装では把纏・鞘・鞘金物が新補。刃長は黒作横刀（中倉8-8／図10）よりも短寸。しかし、『目録』では「大刀」と命名。「横刀」と命名された三口よりも総長が長寸のためか。

本例の刀身は平造。偏刃で鎬がない刀身。ただし、本例は焼刃《やきば》がない。焼刃は作刀過程のうち焼き入れという作業で入る。この作業による化学反応で刃部が硬くなり、焼き入れ部分は白くなる。その白くなった部分が焼刃。焼刃の模様を刃文《はもん》という。

中世ではさまざまな模様の刃文を意識的に作り出し、それが時代判定や作風の基準となる。正倉院器仗では、直刃《すぐは》という直線的な刃文が一般的。特に幅が狭い細直刃《ほそすぐは》が多い。

正倉院器仗では、本例のほかに黒作大刀（中倉8-12／図20）刀身（切刃造）・黒作大刀（中倉8-20／図11）刀身（鋒両刃造）・黒作大刀（中倉8-23／図27）刀身（切刃造）・無荘刀二口（中倉9-28・30・ともに切刃造）・武王大刀（南倉119-1／図22）刀身（切刃造）・破陣楽大刀二口（南倉119-5-1・2）の刀身（ともに切刃造）の八口に焼刃がない。また、銅漆作大刀（中倉8-9／図28）刀身（切刃造）の焼刃は刃文の呈をなさず、黒作大刀（中倉8-25）刀身（先切刃造／図3-③）の焼刃は判然としない。黒作大刀（中倉8-22／図26）刀身（平造）の焼刃は微かという。

中世でも研ぎ減りで焼刃がなくなることがある。しかし、上記の正倉院器仗は研ぎ減りではない。そこで、中世の基準で考えれば、実戦使用が疑われることになる。確かに武王大刀（南倉119-1／図22）・破陣楽大刀二口（南倉119-5-1・2）の三口は舞楽用大刀で実用を考慮しない（一三三頁）。

しかし、右記の三口はいずれも研刃《とぎば》（研いで鋭くした刃）はある。日本の刀剣の刃は焼刃と研刃の二重構造が特徴。諸外国の刀剣は研刃だけのものが多い。

また、本例を含めて正倉院器仗は、焼刃とともに日本の刀剣の特徴である折り返し鍛錬で作刀されている。折り返し鍛錬は、材料となる鋼《はがね》を熱して折り返すことを繰り返し、炭素量を調整する（多くは炭素量を減らして軟らかくする）作刀の基本作業。もし非実戦用ならば、手間の掛かる折り返し鍛錬ではなく、材料鉄を素延べしただけでも事足りるはずである。

古代の刀剣は正倉院器仗のような伝世品は少ない。概ねは古墳等からの発掘品。発掘品はそのままでは焼刃の有無などは確認しようがないが、研ぎを試みた発掘品もあり、それには確かに焼刃が入っている。しかし、すべての発掘品で研ぎを試みたわけではない。

また、刀身の実用性はその厚みや重量等も考慮にいれるべきだが、上記の正倉院器仗の重量はさまざまですべてが軽量ではない。確かに本例は二二七・二グラムと軽量で、比率も四・八九。しかし、たとえば銅漆作大刀（中倉8-9／図28）刀身（切刃造）は九〇四・八グラム、比率一三・八一。無荘刀（中倉9-28）は八一七・二グラム、比率は一〇・四八。どちらも正倉院器仗としては重量・比率ともに高い。

以上を考慮すると、中世の基準によって焼刃がないことで一概に非実戦用と考えるのは躊躇される。古代では焼刃のない実戦用の刀剣もあったかもしれない。

なお、中世では、炭素量が多くて硬い鋼（芯鉄《しんがね》）を炭素量が少なくて軟らかい鋼（皮鉄《かわがね》）で包み、折れず曲がらずの刀身を作る。しかし、正倉院器仗によれば、折り返し鍛錬はしているがこうした硬軟の鋼を組み合わせる作刀方法は行っていないらしい。

ところで、本例の茎下半は『目録』によれば「腐食闕損」。修理銘によれば、それを明治三四年（一九〇一）に新補。その新補部分の茎尻寄りに目約孔一個。把にも対応する目約孔がある。把纏の麻糸と目約も新補。しかし、新補の際に把に目約孔を新たに入れたわけではなかろう。つまり茎新補部分の目約孔は本来の孔を復元したと考えられる。つまり本例は眼と目約が並存の様式。

また、茎の根元には棟区《むねまち》・刃区《はまち》部分ともに段差がある。これは本来、区から茎へと膨らみを持ってなだらかに続いていた雉子股茎《きじももなかご》を削って改作した結果。正倉院器仗では銅漆作大刀（中倉8-10）刀身（図3-②）・無荘刀（中倉9-27／図29）も同様。西川説によれば、これらの茎の改作は把の付け替えを示す。つまり現状の把は本来の把ではない。

とはいえ、本例の把は扼がなく把頭は素地。扼下約を入れて麻糸纏黒漆塗とする。正倉院器仗では、こうした把はほかに黒作大刀五口（中倉8-12〈図20〉・13〈図31〉・20・22〈図26〉・23〈図27〉）がある。本例を含めて六口。そのうち黒作大刀二口（中倉8-13・20）を除く四口の把はいずれも断面楕円形。また、その鞘の断面も楕円形。ただし、いずれも新補。正倉院器仗では把・鞘の断面は扁平が通常。断面楕円形の把・鞘は扁平な把・鞘よりも古様である。だからこそ、右記四口の鞘は　ほかよりも先に破損し、新補なのであろう。ちなみに中世では楕円形の鞘を丸鞘《まるざや》、扁平な鞘を平鞘《ひらざや》という。

なお、本例の鞘尾は新補ながら約を加えて鞘尻を覆う。こうした鞘尾を把頭の抦とともに「筥金式《はこがね》」とよぶこととし、約の有無により「加約」「無約」の別を示す。

ただし、正倉院器仗では鞘尾は、同じく筥金式でも①短寸・断面楕円形、②短寸・断面扁平、③長寸・断面扁平の三種がある。各断面の形はいずれも鞘の断面に対応。また、①②の尻（鞘尻）は直線的。③は程度の差こそあれ丸みがあり、丸みが大きいものもある。

筥金式の抦もいずれも③の様式。ただし、抦は先端（把頭）の丸みは少ない。抦・鞘尾ともに③の様式は方頭大刀からの継承。特に抦が筥金式であるから、方頭大刀と命名された。以下、筥金式抦は約の有無のみ記し、また鞘尾の断面は短寸の場合にのみ記す。

そうしたなかで、本例の鞘尾は短寸・加約筥金式・断面楕円形。正倉院器仗では同様の鞘尾はほかに黒作大刀（中倉8-12／図20）がある。黒作大刀（中倉8-20）の鞘尾も同型だが、断面は扁平。

▼中倉8-8　黒作横刀（図10）

○総長六二・八センチ。

○刀身

［刃長］四七・八センチ。［反り］〇・二センチ。［重量］九四〇・九グラム。［比率］一九・六八。

［形状］鋒両刃造。［茎］共鉄造。樺纏（新補）。眼孔一個。

○外装

［鞘］薄革裹黒漆塗。［金物］眼（座付設）・縁金・喰出鐔・鞘口・帯執金（無櫓金式）・約・鞘尾（加約覆輪式）。

［材質］鉄製黒漆塗。銅製黒漆塗（眼座・縁金）。銅地金鍍金（眼）。

［懸］紫革。［帯執緒］欠損。

○解説

考古学用語でいう蕨手刀《わらびてとう》。茎部分をそのまま把とした共鉄造《ともがねづくり》。把頭（茎尻）は早蕨《さわらび》状。蕨手刀唯一の伝世品である。本例は共鉄造の把と刀身本体との間に角度がない。しかし、角度がある（把頭が上がる）のが一般的な蕨手刀の特徴。

この蕨手刀の研究に先鞭をつけた石井昌国『蕨手刀』（雄山閣出版、一九六六年）よれば、東北地方特有の刀剣。また把と刀身本体との角度が彎刀の祖型とした。しかし、蕨手刀に関する研究は発掘品の増加とともに近年急速に発展。現在ではともに否定されている。

なお、本例は縁金と鐔を鋒から挿入し、鎺は不使用。

[B]中倉8－9～11（三口）

[B]群は銅漆作大刀。銅製黒漆塗金物の大刀。一方、[C]群は黒作大刀。鉄製黒漆塗金物の大刀。両群の相違点は金物の材質のみ。様式・構造はほぼ同様。しかし、「御大刀壹佰口」では銅漆作大刀（26）と黒作大刀（40・52）を別個に記載。そこで『目録』でも区別したか。いずれにしろ[B]・[C]群は、[A]群よりも身分が低い階級が佩帯したと考えられる。

▼中倉8－9　銅漆作大刀（図28）

○総長八八・八センチ。

○刀身

［刃長］六五・五センチ。［反り］〇・二センチ。［重量］九〇四・八グラム。［比率］一三・八一。

［形状］切刃造（焼刃は刃文の呈をなさない）。［茎］眼孔一個。

○外装

[把]木製麻糸纏黒漆塗。[鞘]薄革裹黒漆塗。

[金物]扼(加約筒金式・眼付設)・縁金・喰出鐔・鞘口・帯執金(無櫓金式)・約・鞘尾(長寸・無約筒金式)。

[材質]銅製黒漆塗。鉄製(鐔)。[懸]洗革丸絎(一部新補)。[帯執緒]洗革(一部新補)。

○解説

本例は焼刃が刃文の呈をなさない。しかし、切刃造で重量があり、比率も大きい。そこで、刃文の有無は古代では実用性の可否に関わらない可能性があることは既述した(一〇七頁)。

鞘尾は刃側を延ばした意匠。正倉院器仗では、同様の鞘尾はほかに黒作大刀二口(中倉8‐23〈図27〉・24)がある。ただし、黒作大刀(中倉8‐23)の鞘尾は断面楕円形。

方形筒金式の扼と鞘尾。無櫓金式帯執金。把木の延長に鎺・鐔を挿入する様式。鞘口の呑口金等が方頭大刀からの継承であることは既述した(六九・九九・一〇〇・一〇八頁)。つまり本例の外装はすべて方頭大刀様式の継承。この外装的特徴は、金物の様式や意匠に多少の相違点はあるものの、正倉院器仗の銅漆作大刀・黒作大刀にほぼ共通。換言すれば、正倉院器仗の銅漆作大刀・黒作大刀は、そのほとんどが方頭大刀様式の継承である。

▼中倉8‐10　銅漆作大刀

○総長九〇・四センチ。

○刀身(図3‐②)

[刃長]七一・一センチ。[反り]〇・二センチ。[重量]七二八・〇グラム[比率]一〇・二四。

[形状]平造。鎺留孔一個。[茎]眼孔一個。

○外装

[把]木製麻糸纏黒漆塗。[鞘]薄革裏黒漆塗。
[金物]扼（加約筒金式・眼付設）・縁金（新補）・喰出鐔・鞘口・帯執金（無櫓金式）・鞘尾（長寸・加約筒金式）。※鞘の約なし。
[材質]銅製黒漆塗。鐔も同じ。[懸]洗革丸絎（新補）。[帯執緒]洗革（一部新補）。

○解説

刀身は、西川説によれば、改作やその可能性を示す部分が多い。

まず茎の刃区寄りの段差。雉子股茎を削って改作した結果。把の付け替えを示す。ついで刀身の腰部分に鎺留の小孔一個。現状では鎺・鐔は把木の延長に挿入。しかし、本来は鎺・鐔を鋒から挿入し、鎺に鋲を打って留めたことを示す。

さらに茎には刃側に寄った眼孔。実用性に欠けることから、入れ直しか。それと関連し、茎尻は現状では一文字。しかし、本来は鍵型《かぎがた》であった可能性がある。鍵型とは茎尻を刃側へ直角に曲げること。正倉院器仗では無荘刀（中倉9-27／図29）の茎尻が鍵型《かぎがた》。つまり本例の現状の茎尻は鍵型の直角に曲がった部分を削り、新たに眼孔を開けた可能性がある。

雉子股茎・鎺留孔・鍵型茎尻はいずれも考古学用語でいう頭椎大刀《くぶつちたち》刀身の特徴。頭椎大刀（図32）は内部が空洞の瘤《こぶ》条扼を持つ。逆に頭椎大刀に眼はない（つまり茎に眼孔はない）。頭椎大刀は方頭大刀等とともに六世紀に盛行した大刀様式。

つまり本例の外装は本来は頭椎大刀様式。それを現状の方頭大刀様式に改作した可能性がある。それに合わせて刀身も改作した。正倉院器仗では、こうした刀身の改作跡は金銅荘大刀（中倉8-7／図24）でも指摘した（一〇七頁）。

▼中倉8-11　銅漆作大刀（図2）
○総長七九・六センチ。
○刀身
［刃長］六二・四センチ。［反り］〇・二センチ。［重量］六〇九・九グラム。［比率］九・七七。

［形状］鋒両刃造。［茎］眼孔一個。目約孔一個。
○外装
［把］椋製麻糸纏黒漆塗（纏新補）。［鞘］薄革裏黒漆塗。

［金物］扼（加約筒金式・眼〈新補〉付設）・縁金（新補）・喰出鐔（新補）・鞘口（新補）・帯執金（無櫓金式・新補）・約（新補）・鞘尾（長寸・加約筒金式・新補）。

［材質］銅製黒漆塗。［懸］［帯執緒］ともに洗革（新補）。
○解説
外装は、把木・鞘木以外はすべて銅漆作大刀（中倉8-10）に倣った新補。ただし、鞘の約を追加。また、鞘尾の先端は丸みが強い。

茎には眼孔と目約孔。前者は現状の眼に対応。現状の把に目約孔はない。そこで眼孔は現状の把に対応して新たに開口。外装が付け替えられたことを示す。鋒両刃造であるから、本来の外装は唐大刀系統の可能性もある。

C中倉8-12～26（一五口）

C群は黒作大刀。つまり鉄製黒漆塗金物の大刀。

▼中倉8-12　黒作大刀（図20）

○総長七七・三センチ。

○刀身

［刃長］五七・三センチ。［反り］内〇・二センチ。［重量］三九七・五グラム。［比率］六・九四。

［形状］切刃造（焼刃なし）。［茎］眼孔一個。

○外装

［把］椋製樺纏（纏は新補〈一部本来の残存〉）。方形素地把頭。眼孔のみ（眼欠損）。［鞘］薄革裏黒漆塗（新補）。

［金物］縁金（新補か）・喰出鐔・鞘口（新補）・帯執金（無櫓金式・新補）・約（新補）・鞘尾（短寸・加約筒金式・断面楕円形・新補）。※扼・眼なし。

［材質］鉄製黒漆塗。［懸］［帯執緒］ともに洗革（新補）。

○解説

外装様式は把頭の形状以外は金銅荘大刀（中倉8-7／図24）と同類。鞘・鞘金物は新補。把頭は扼・眼ともになく眼孔のみ。扼・眼はともに欠損か。

一方、刀身は焼刃のない切刃造。僅かだが茎の刃区付近に段差があり、古い様式の改作。眼孔も当初の孔に重ねてもう一個を開けた状態。しかし、茎の眼孔は現状の把の眼孔に合わない。さらに茎には目約孔はない。しかし、把には目約孔がある。つまり現状の把と刀身は後世の取り合わせ、本来は別個。現状の把に合わせて刀身を改作したわけでもない。

把は椋《むくのき》製一木造《いちぼくづくり》樺纏《かばまき》。茎はこの把の棟側に彫った溝から納め、その溝を木で埋めて樺纏で固定（図20）。正倉院器仗では唯一の様式。

中世では、柄・鞘ともに、材料木を左右二枚割りとし、茎や刀身を納める部分を刳り抜いた後、二枚を合わせて製作。しかし、正倉院器仗の把は、尾崎説によれば、素地把をはじめ把木の状態が判明する一一口のうち八口が一木造。三口が二枚合。一木造の場合、茎を納める部分は把口から掻き出したという。しかし、西川説によれば、確実な一木造は本例のみ。ほかの一木造とみえるものは、二枚合の継ぎ目が確認しずらいだけではないかという。

▼中倉8-13　黒作大刀（図31）

○総長八七・八センチ。

○刀身

[刃長]六八・二センチ。[反り]〇・一センチ。[重量]八四二・六グラム。[比率]一二・三五。

[形状]切刃造（横手《よこて》なし）。[茎]眼孔一個。

○外装

[把]椋製麻糸纏黒漆塗（纏・塗は新補）。方形素地黒漆塗把頭・黒漆塗。眼・扼下約付設。

[鞘]薄革裏黒漆塗。

[金物]眼（新補）・扼下約・縁金・喰出鐔・鞘口・帯執金（無櫓金式）・約・鞘尾（長寸・加約筒金式・新補）。※扼なし。

[材質]鉄製黒漆塗。[懸]欠損。[帯執緒]洗革。[帯]白麻布畳緒《たたみお》。

○解説

刀身は切刃造ながら横手《よこて》がない。横手とは、切刃造や鎬造で鋒と本体との境に縦に入れた筋（一種の鎬）。正倉院器仗では、横手のない切刃造は本例のほかに黒作大刀六口（中倉8-14〈図30〉・15〈図25〉・16・19・21・26）の刀身と無荘刀（中倉9-47）。また、無荘刀（中倉9-27／図29）は横手のない鎬造。

横手のある切刃造・鎬造とないものを比較すると、相違するのは鋒の形状。横手のあるものは鋒の刃部が直線的。これを刀剣鑑定用語で「カマス鋒」という。これに対し、横手のないものは鋒の刃部が曲線的。刀剣鑑定用語で、その曲線を「フクラ」、曲線的であることを「フクラがある」という。横手のない切刃造の方が古様である。

鞘尾先端は丸みが強い。懸は、『目録』では「洗皮」。帯執緒に取り付けられた帯が遺存。

なお、本例の鞘塗は、松田権六「正倉院大刀外装にみる漆芸の特色」（三三頁）によれば、黒漆塗だが特殊な状態に変色。色漆は使用されていないが後世の木目塗《もくめぬり》に類似するという。木目塗（杢目塗）は朱漆で木目を描き表わした黒漆塗。

▼中倉8-14　黒作大刀（図30）

○総長八六・九センチ。

○刀身

［刃長］六五・六センチ。［反り］〇・一センチ。［重量］八四四・三グラム。［比率］一二・八七。

［形状］切刃造（横手なし）。［茎］眼孔一個。不明孔一個。

○外装

［把］木製麻糸纏黒漆塗（纏・塗は新補）。［鞘］薄革裏黒漆塗。

［金物］扼（加約筒金式・眼〈新補〉付設）・縁金・喰出鐔・鞘口・帯執金（櫓金式）・約・鞘尾（加約覆輪式）。

［材質］鉄製黒漆塗。［懸］欠損。［帯執緒］洗革（帯に連結）。［帯］白麻布畳緒。

○解説

茎尻に現状の眼に対応する眼孔一個と、さらに径が小さい孔がもう一個並立。目約孔としては眼孔に接近すぎ。しかも正倉院器仗のほかの目約孔に比較すると径が大きい。現状の茎は長一四・五センチ。正倉院器仗としては一般的な寸法。しかし、茎尻が截断したような一文字。あるいは本来の茎はもっと長寸か。むしろこの不明小孔が本来の孔。現状の眼孔は把の付け替えの際に新たに開けたとも考えられる。しかし、それにしても不審。とりあえず不明孔としておく。

本例の鞘尾は加約覆輪式。正倉院器仗では同様の鞘尾はほかに黒作大刀五口（中倉8-15〈図25〉・16〈図33〉・17・19・26）がある。ただし、黒作大刀（中倉8-16／図33）はやや意匠が相違。

なお、本例の帯は分離して別個に遺存。

ところで、本例は鐔を境に把と鞘の間に角度がある。換言すれば把頭がやや上向きとなる。これは、把口に把木を延長した突起を設置した把で、把木の鐔が接する面に棟側から刃側へ傾斜を付けているからある（図30）。把木に傾斜があれば縁金と鐔にもおのずから傾斜が付く。

正倉院器仗では、把口に突起を設置した把のうち、鐔が接する面に傾斜の付かない水平な例は、金銀鈿荘唐大刀三口（北倉38・中倉8-2・3／図5・8・9）・黄金荘大刀（中倉8-1／図7）・金銅荘大刀（中倉8-7／図24）・黒作大刀三口（中倉8-12・22・23／図20・26・27）の八口。ほかは角度がわずかなものを含めていずれも傾斜が付く。そうしたなかで、本例はもっとも傾斜が大きい。

この傾斜は大刀の機能と密接に関わると筆者は考える。つまり本例のような大刀を、把を握って構えると、直刀でも鋒が自ずと上向きとなる。換言すれば直刀でも外装上の工夫で腰反りと同様の効果を生み出すことになる。

腰反りは太刀（彎刀）の初期の反り形態。太刀の反りの位置は時代的変遷があり、初期の反りは茎や刀身の腰部分に反りの中心があった。これが腰反りである。

通説では、大刀（直刀）の機能は刺突、太刀（彎刀）の機能は斬撃という。後者には打撃も加えたいが、同時に筆者は大刀の機能を刺突とする通説に反対。大刀の機能も打撃・斬撃と考えており、このことは折に触れてたびたび主張してきた。

通説の根拠はほとんど刀身に反りがないという点のみ。外装との関係はまったく考慮されていない。しかし、本例のような例が通説に対する遺品からの反証になろう。また、筆者は、彎刀はこうした外装上の工夫を刀身に応用した結果と考えている。

なお、本例の帯執緒は、『目録』によれば、「布帯執」とある。間違いか。

▼中倉8-15　黒作大刀（図25）

○総長八一・〇センチ。

○刀身

［刃長］五九・八センチ。［反り］〇・二センチ。［重量］七四四・九グラム。［比率］一二・四六。

［形状］切刃造（横手なし）。［茎］目約孔一個。

○外装

［把］木製麻糸纏黒漆塗。［鞘］薄革裏黒漆塗。

［金物］把（加約覆輪式）・眼・縁金・喰出鐔・鞘口・帯執金（無櫓金式）・鞘尾（加約覆輪式）。※鞘の約なし。

［材質］鉄製黒漆塗。［懸］欠損。［帯執緒］洗革（一部残存）。［帯］白麻布畳緒（一部残存）。

○解説

把・鞘尾ともに加約覆輪式。正倉院器仗では同様の把はほかに黒作大刀二口（中倉8-21・26）。本例を含む三口ともに刀身は横手のない切刃造。ただし、本例は眼と目約が並存。茎には目約孔一個。眼孔はない。ほか二口は眼のみ。

鞘尻付近は薄革が破損して鞘木が露呈。また、帯は分離して別個に一部残存。

▼中倉8-16　黒作大刀（図33）

○総長八七・八センチ。

○刀身

［刃長］六七・三センチ。［反り］〇・三センチ。［重量］九九九・二グラム。［比率］一四・八五。

［形状］切刃造（横手なし）。［茎］眼孔一個。※反りは〇・二五センチを四捨五入。

○外装

［把］木製麻糸纏黒漆塗。［鞘］薄革裏黒漆塗。

［金物］扼（加約筍金式・眼付設）・縁金・喰出鐔・鞘口・帯執金（無櫓金式）・約・鞘尾（加約覆輪式）。

［材質］鉄製黒漆塗。［懸］欠損。［帯執緒］白麻布畳緒（一部残存）。

○解説

把の糸纏は一部欠損。金物の黒漆は剝落が激しい。茎尻に眼孔一個。しかし、眼孔としては径が小さく、眼に合わない。

また、鞘尻側の帯執金に一部残存する帯執緒は麻布製。布帛《ふはく》製帯執緒は、『目録』に「布帯執」とある黒作大刀（中倉8-14）を除き、正倉院器仗では唯一。

▼中倉8-17　黒作大刀

○刀身

［刃長］六五・〇センチ。［反り］〇・三センチ。［重量］五七四・一グラム。［比率］八・八三。［形状］切刃造。

［茎］眼孔一個。

○外装
[把]欠損。[鞘]薄革裹黒漆塗。[金物]鞘口・帯執金（櫓金式）・約・鞘尾（加約覆輪式）。

[材質]鉄製黒漆塗。[帯執緒]欠損。
○解説
把・鐔を欠損。鞘の様式は黒作大刀（中倉8-14／図30）に共通。

▼中倉8-18　黒作大刀
○総長　八四・三センチ。
○刀身
[刃長]六四・六センチ。[反り]〇・一センチ。[重量]八二三・〇グラム。[比率]一二・七四。

[形状]切刃造。[茎]眼孔一個。
○外装
[把]木製麻糸纏黒漆塗。[鞘]薄革裹黒漆塗。

[金物]扼（加約笥金式・眼付設）・縁金・喰出鐔・鞘口・帯執金（無櫓金式）・鞘尾（長寸・加約笥金式・底板《そこいた》欠損）。
※鞘の約なし。
[材質]鉄製黒漆塗。[懸][帯執緒]ともに洗革（一部残存）。
○解説
鞘尾の底板欠損。

▼中倉8-19　黒作大刀
○総長　八五・六センチ。

○刀身

[刃長]六五・〇センチ。[反り]無。[重量]七二五・三グラム。[比率]一一・一六。

[形状]切刃造（横手なし）。[茎]眼孔一個。

○外装

[把]木製麻糸纏黒漆塗。[鞘]薄革裏黒漆塗。

[金物]扼（加約筒金式・眼付設）・縁金・喰出鐔・鞘口・帯執金（無櫓金式）・約・鞘尾（加約覆輪式）。

[材質]鉄製黒漆塗。[懸]欠損。[帯執緒]洗革（一部新補）。

○解説

鞘の裏革・塗が大きく剝落。

▼中倉8-20　黒作大刀（図11）

○総長　八五・九センチ。

○刀身

[刃長]六五・一センチ。[反り]〇・一センチ。[重量]七〇〇・〇グラム。[比率]一〇・七五。

[形状]鋒両刃造（焼刃なし）。[茎]孔なし。

○外装

[把]椋製麻糸纏黒漆塗。方形素地把頭。眼・扼下約付設。[鞘]薄革裏黒漆塗。

[金物]眼・扼下約・縁金・喰出鐔・鞘口・帯執金（無櫓金式）・約・鞘尾（短寸・加約筒金式・断面扁平）。※扼なし。

[材質]鉄製黒漆塗。[懸]欠損。[帯執緒]洗革（一部新補）。[帯]白麻布畳緒。

○解説

刀身が鋒両刃造。ただし、金銀鈿荘唐大刀（北倉38／図3-①）・黒作横刀（中倉8-8／図10）・黒作大刀（中倉8-11／図2）の各刀身と無荘刀二口（中倉9-48・49）の鋒両刃造が切刃造を基調とするのに対し、本例は鎬が刀身中央に寄る。

しかも本例の刀身は焼刃がなく、茎尻が尖って茎の孔もない。つまり眼や目約等の把と茎の留め具がない。これでは使用時に刀身が把から抜けてしまう。焼刃の有無以前に実用にならない。

また、把口に把木を延長した突起がない。これは正倉院器仗では、杖刀二口（北倉39／図6・14）を除けば、本例のみ。鋂・鐔は、中世同様に茎尻から挿入。ただし、呑口金は嵌入。鞘尾は短寸・加約筒金式・断面扁平。正倉院器仗では短寸・加約筒金式で断面扁平の鞘尾は本例のみ。

▼中倉8-21　黒作大刀

○総長　八八・六センチ。

○刀身

［刃長］六六・〇センチ。［反り］内〇・二センチ。［重量］六八八・四グラム。［比率］一〇・四三。

［形状］切刃造（横手なし）。［茎］眼孔一個。

○外装

［把］木製麻糸纏黒漆塗。［鞘］薄革裏黒漆塗。

［金物］扼（加約覆輪式）・眼・縁金・喰出鐔・鞘口・帯執金（無櫓金式）・約・鞘尾（長寸・無約筒金式）。

［材質］鉄製黒漆塗。［懸］欠損。［帯執緒］洗革（新補）。

○解説

懸は、『目録』では「洗皮」。

▼中倉8-22　黒作大刀（図26）

○総長　八八・六センチ。

○刀身

［刃長］六七・九センチ。［反り］内〇・二センチ。［重量］三九六・七グラム。［比率］五・八四。

［形状］先切《さききり》刃《は》造《づくり》。［茎］目約孔二個。

○外装

［把］木製麻糸纏黒漆塗。圭頭形素地黒漆塗把頭。眼・扼下約付設　［鞘］薄革裏黒漆塗（新補）。

［金物］眼・扼下約（新補）・縁金・倒卵形鐔・鞘口（新補）・帯執金（無櫓金式・新補）・約（新補）・鞘尾（長寸・無約筒金式・断面楕円形〈新補〉）。※扼なし。

［材質］鉄製黒漆塗。［懸］洗革丸絎（新補）。［帯執緒］洗革（新補）。

○解説

刀身は先切刃造。これは平造を基調に鋒にのみ鎬を入れた特殊な様式。焼刃は鋒にあり、刀身本体は微か。正倉院器仗では先切刃造はほかに黒作大刀（中倉8-25）刀身（図3-③）と無荘刀（中倉9-29）がある。なお、本例は茎の雉子股を残す。つまり古様な刀身。

また、茎には茎尻寄りに孔二個。ただし、眼孔としては小型。現状の眼に対応しない。把には眼とは別に目約孔。これが茎孔二個のうち刀身に近い方の孔に対応するらしいが径は合わない。

本例の外装様式は鐔・鞘尾の意匠を除き、黒作大刀（中倉8-23／図27）同類。鞘尾の意匠は口を刃側へ斜めに切り込む。正倉院器仗ではこの意匠の鞘尾はほかに黒作大刀（中倉8-25／図21）。ただし、本例の鞘は新補。

▼中倉8－23　黒作大刀（図27）

◯総長　六八・八センチ。

◯刀身

［刃長］五〇・二センチ。［反り］無。［重量］三二七・二グラム。［比率］六・五二。

［形状］切刃造。［茎］目約孔一個。

◯外装

［把］木製麻糸纏黒漆塗（新補）。圭頭形素地黒漆塗把頭（新補）。眼・抝下約付設。［鞘］薄革裹黒漆塗（新補）。

［金物］眼・抝下約・縁金・喰出鐔・鞘口・帯執金（無櫓金式）・約・鞘尾（長寸・無約筍金式・断面楕円形）。※縁金・鐔以外はすべて新補。

［材質］鉄製黒漆塗。［懸］洗革丸絎（新補）。［帯執緒］洗革（新補）。

◯解説

外装様式は鐔・鞘尾の意匠を除き、黒作大刀（中倉8－22／図26）と同類。鞘尾の意匠は、黒作大刀（中倉8－24）と同様。銅漆作大刀（中倉8－9／図28）と同類。ただし、本例の把・鞘は新補。

▼中倉8－24　黒作大刀

◯総長　八五・五センチ。

◯刀身

［刃長］六一・九センチ。［反り］〇・二センチ。［重量］七九三・一グラム。［比率］一二・八一。

［形状］切刃造。［茎］眼孔一個。※茎にやや反りがある。

◯外装

[把]木製麻糸纏黒漆塗。[鞘]薄革裏黒漆塗。

[金物]扼（加約筒金式・眼付設）・縁金・喰出鐔・鞘口・帯執金（無櫓金式）・約・鞘尾（長寸・無約筒金式）。

[材質]鉄製黒漆塗。[懸]欠損。[帯執緒]洗革（一部残存）。

○解説

鞘尾の意匠は、黒作大刀（中倉8-23／図27）と同様。銅漆作大刀（中倉8-9／図28）と同類。鞘尾付近の裏革が欠損。

▼中倉8-25　黒作大刀（図3-③・21）

○総長　七九・二センチ。

○刀身

[刃長]五九・五センチ。[反り]内〇・六センチ。[重量]四七五・五グラム。[比率]七・九九。

[形状]先切刃造。[茎]眼孔一個。

○外装

[把]椋製素地透漆塗。眼・扼下約付設。[鞘]薄革裏黒漆塗。

[金物]眼・扼下約・縁金・喰出鐔・鞘口・帯執金（無櫓金式）・約・鞘尾（長寸・無約筒金式）。

[材質]鉄製黒漆塗。[懸]欠損。[帯執緒]洗革（一部新補）。[帯]麻縄麻布裏（一部残存）。

○解説

刀身は先切刃造。焼刃は鋒にあり、刀身本体は微か。黒作大刀（中倉8-22／図26）と同様。ただし、本例は眼孔一個。

外装は素地把。銅漆作大刀・黒作大刀で唯一。鞘尾の意匠は黒作大刀（中倉8-22／図26）と同様。麻縄麻布裏の帯が一部残存。

▼中倉8-26　黒作大刀

○総長　八五・五センチ。

○刀身

[刃長]六六・一センチ。[反り]〇・三センチ。[重量]六七四・二グラム。[比率]一〇・二〇。

[形状]切刃造(横手なし)。[茎]眼孔一個。

○外装

[把]木製麻糸纏黒漆塗。眼孔(眼欠損)。[鞘]薄革裹黒漆塗。

[金物]扼(加納覆輪式)・縁金・喰出鐔・鞘口・帯執金(無櫓金式)・約・鞘尾(加納覆輪式)。

[材質]鉄製黒漆塗。[懸][帯執緒]ともに欠損。

○解説

刀身・外装様式ともに黒作大刀(中倉8-15/図25)と同様式。ただし、本例は約があり、眼が欠損。

D中倉9-27~32(六口)

D~F群は無荘刀である。無荘刀は『目録』の用語。外装のない刀身だけのものをいう。このうちD群は茎に眼孔や目約孔があり、本来は外装が具わっていたと考えられる刀身。

なお、正倉院器仗には、木製把頭の糸纏把残欠二口(中倉8)があり、また別に把・鞘の残欠(断片)が残る。しかし、これらの残欠類と無荘刀との関係は不明。ちなみに糸纏把残欠二口の把頭は椋製素地で、一口は方形。一口は圭頭形黒漆塗。

▼中倉9-27　無荘刀（図29）

［刃長］七九・三センチ。［反り］〇・二センチ。［重量］一二五四・七グラム。［比率］一五・八二。

［形状］鎬造（横手なし）。鎺留孔《はばきとめあな》一個。［茎］雉子股。目釘孔三個。茎尻鍵型。

〇解説

正倉院器仗で最重量の刀身。目約孔は三個。等間隔に開き、把の付け替えによる開け直しではなく、本来からのものと考えられる。

鎺留孔・雉子股茎・鍵型の茎尻いずれも、本例が古様であることを示す。平造と鎬造、眼孔と目約孔三個といった相違はあるが、銅漆作大刀（中倉8-10）刀身（図3-②）の改作前の状態を偲ばせる。本来の外装は頭椎大刀やそれに類似する円頭大刀（図34）の様式か。

▼中倉9-28　無荘刀

［刃長］七八・〇センチ。［反り］内〇・二センチ。［重量］八一七・二グラム。［比率］一〇・四八。

［形状］切刃造（焼刃なし）。［茎］目約孔一個。

▼中倉9-29　無荘刀

［刃長］七四・四センチ。［反り］内〇・三センチ。［重量］五七九・五グラム。［比率］七・七九。

［形状］先切刃造。［茎］目約孔一個。欠損孔一個。

〇解説

先切刃造。ただし、黒作大刀二口（中倉8-22・25／図26・3-③）の刀身とは相違。鋒だけでなく棟側へと鎬と刃が続く。また、刀身本体の焼刃も明らか。

また、目約孔のほかに茎尻に欠損孔一個がある。この欠損孔は眼孔の位置。しかし、眼孔としては径が小さい。

茎に何らかの改作があるか。

▼中倉9-30　無荘刀

[刃長]七三・五センチ。[反り]内〇・二センチ。[重量]五二一・六グラム。[比率]七・一〇。

[形状]切刃造（焼刃なし）。[茎]雉子股。孔なし。茎尻欠損。

▼中倉9-31　無荘刀

[刃長]六四・五センチ。[反り]内〇・五センチ。[重量]五四七・三グラム。[比率]八・四九。

[形状]切刃造。[茎]眼孔一個。目約孔一個。不明孔一個。

○解説

目約孔と眼孔の間の刃側に不明孔一個がある。

▼中倉9-32　無荘刀

[刃長]五一・六センチ。[反り]無。[重量]三七四・一グラム。[比率]七・二五。

[形状]切刃造。[茎]目約孔一個。

○解説

焼刃は鋒から刀身中程まで。

Ⓔ中倉9-33〜47（一五口）

Ⓔ群は、無荘刀のうち短寸・幅広（刀剣鑑定用語で「だびら広《びろ》」）。厚みと重量があり、茎に孔がない。各刃長・反り・重量はほぼ同一。ただし、中倉9-33〜46（一四口）は平造。中倉9-47だけが横手のない切刃造。Ⓔ群の解説は最後に一括する。

▼中倉9-33　無荘刀（図35）
[刃長]四六・〇センチ。[反り]〇・三センチ。[重量]一一四九・七グラム。[比率]二四・九九。
▼中倉9-34　無荘刀
[刃長]四六・一センチ。[反り]〇・四センチ。[重量]一二〇五・四グラム。[比率]二六・一五。
▼中倉9-35　無荘刀
[刃長]四五・二センチ。[反り]〇・三センチ。[重量]一一〇〇・五グラム。[比率]二四・三五。
▼中倉9-36　無荘刀
[刃長]四五・五センチ。[反り]〇・三センチ。[重量]九八六・八グラム。[比率]二一・六九。
▼中倉9-37　無荘刀
[刃長]四五・二センチ。[反り]〇・四センチ。[重量]一一三〇・九グラム。[比率]二五・〇二。
▼中倉9-38　無荘刀
[刃長]四五・三センチ。[反り]〇・二センチ。[重量]一〇一六・三グラム。[比率]二二・四三。
▼中倉9-39　無荘刀
[刃長]四五・六センチ。[反り]〇・三センチ。[重量]一二三〇・四グラム。[比率]二六・九八。
▼中倉9-40　無荘刀
[刃長]四五・四センチ。[反り]〇・二センチ。[重量]九三一・九グラム。[比率]二〇・五三。
▼中倉9-41　無荘刀
[刃長]四六・五センチ。[反り]〇・二センチ。[重量]一一一六・六グラム。[比率]二四・〇一。
▼中倉9-42　無荘刀

［刃長］四五・〇センチ。［反り］〇・二センチ。［重量］一一一四・三グラム。［比率］二四・七六。

▼中倉9－43　無荘刀

［刃長］四五・七センチ。［反り］〇・三センチ。［重量］一〇四七・六グラム。［比率］二二・九二。

▼中倉9－44　無荘刀

［刃長］四七・〇センチ。［反り］〇・三センチ。［重量］九八四・八グラム。［比率］二〇・九五。

▼中倉9－45　無荘刀

［刃長］四五・五センチ。［反り］〇・三センチ。［重量］一〇二九・八グラム。［比率］二二・六三。

▼中倉9－46　無荘刀

［刃長］四四・六センチ。［反り］〇・三センチ。［重量］九三五・〇グラム。［比率］二〇・九六。

▼中倉9－47　無荘刀（図36）

［刃長］四三・五センチ。［反り］〇・二センチ。［重量］一〇二九・〇グラム。［比率］二三・六六。

〇解説

横手のない切刃造の無荘刀（中倉9－47／図36）は、平造の無荘刀一四口（中倉9－33〈図35〉～46）とは茎の形状も相違。つまり茎に抉り込みがある。この茎の形状は考古学用語でいう立鼓柄刀《りゅうごづかとう》の特徴。

立鼓柄刀は蕨手刀（黒作横刀〈中倉8－8／図10〉）と同じく共鉄造。事例は多くはないが、蕨手刀と同時に発掘され、蕨手刀との関係が説かれる刀剣。抉り込みを入れた茎の形状が、和楽器の立鼓（輪鼓《りゅうご》）に類似するための命名である。

この茎の抉り込み部分が把握部分。ここに糸や樺等を巻き、茎尻に扼を入れて使用。ただし、発掘品によれば、茎尻には眼孔が開く。本例は眼孔がない。

これに対し、平造の無荘刀一四口（中倉9―33～46）は無荘刀（中倉9―47）と類似点は多いが、無荘刀（中倉9―47）の茎長は一六・六センチに対し、無荘刀一四口（中倉9―33～46）は一二センチ台と短寸。しかも把を入れる通常の茎。糸等を直接巻いて使用する共鉄造ではない。ただし、棟区・刃区の茎両側に段差がある（図35）。いずれにしろ刃長からすれば、無荘刀一四口（中倉9―33～46）・無荘刀（中倉9―47）いずれも「御大刀壹佰口」の「横刀」に相当。また両者ともに眼孔・目釘孔がないのは、外装を取り付ける前段階の状態だからであろう。

F中倉9―48・49（二口）

F群は茎孔のない鋒両刃造。

▼中倉9―48　無荘刀

[刃長]八六・八センチ。[反り]〇・五センチ。[重量]一〇五六・三グラム。[比率]一二・一七。

▼中倉9―49　無荘刀

[刃長]一〇六・〇センチ。[反り]〇・八センチ。[重量]一二二一・一グラム。[比率]一一・五一。

○解説

本例の鋒両刃造は切刃造を基調。金銀鈿荘唐大刀（北倉38）・黒作横刀（中倉8―8）・黒作大刀（中倉8―11）の各刀身（図3―①・10）と同様。

ただし、蕨手刀である黒作横刀（中倉8―8）を別にして、ほか二口の刀身の数値はそれぞれつぎの通り。

[刃長]七八・二センチ。[反り]〇・一センチ。[重量]五三二・八グラム。[比率]六・八〇。

[刃長]六二・四センチ。[反り]〇・二センチ。[重量]六〇九・九グラム。[比率]九・七七。

これと比較すると、F群二口は各所いずれも数値が大きい。特に重量は倍ある。また、無荘刀（中倉9―49）の刃長は正倉院器仗で最長。中世ならば大太刀の範疇に入る。

未完成器仗と東大寺

[F]群も茎に孔がなく、[E]群と同じく外装を取り付ける前段階の状態。換言すると[E]・[F]両群は刀剣としてはもちろん刀身としても未完成品。未完成品とすれば舶来品ではなく、[F]群の鋒両刃造も含めて国産品の可能性が高くなろう。

ところで、未完成品といえば、正倉院には箭《や》の主材質となる箭竹二束一四〇〇本余（中倉7）も現存。なぜ、正倉院に未完成器仗や器仗材料が現存するのか。

短絡的に考えれば、東大寺に器仗製作工房があったとも考えられる。中世の大和国（奈良県）には千手院《せんじゆいん》派《は》や手掻《てがい》派《は》とよぶ刀工集団が存在。前者は東大寺別院千手観音堂があった若草山山麓の千手院谷に、後者は東大寺転《て》害門《がいもん》（西面北門）前に工房を構えたという東大寺所属の鍛冶集団である。そうした前身ともいえる器仗製作工房が奈良時代にも存在した可能性もあろう。

③南倉四口

▼南倉119－1　唐古楽・武王大刀（図22）

○総長　八四・五センチ。

○刀身

[刃長]六四・〇センチ。[反り]〇・三センチ。[重量]四〇一・七グラム。[比率]六・二七。

[形状]切刃造（焼刃なし）。[茎]茎尻新補。新補部分に眼孔一個。

[銘]東大寺（表）・武王《ぶおう》（裏）・天平勝宝四年四月九日（棟）。

○外装

[把]椋製素地。眼・扼下約付設。[鞘]薄革裏黒漆塗。[装飾]密陀絵。

[金物]眼・扼下約・縁金・板鐔《いたつば》・鞘口・帯執金（櫓金式）・約・鞘尾（加約覆輪式）。

[材質]銅製黒漆塗。鉄製黒漆塗（鐔・鞘尾）。[装飾]密陀絵。[懸]欠損。[帯執緒]洗革（新補）。

▼南倉119−5−1　唐古楽・破陣楽大刀

○総長　八七・五センチ。

○刀身

[刃長]六六・〇センチ。[反り]〇・三センチ。[重量]四七〇・七グラム。[比率]七・一三。

[形状]切刃造（焼刃なし）。[茎]下半新補。新補部分に眼孔一個。

[銘]東大寺（表）・破陣楽《はじんがく》（裏）・天平勝宝四年四月九日（棟）。

○外装

[把]黒柿製素地。眼・扼下約付設。[鞘]薄革裏黒漆塗。[装飾]密陀絵。

[金物]眼・扼下約・縁金・板鐔・鞘口・帯執金（櫓金式）・約・鞘尾（加約覆輪式）。

[材質]銅製黒漆塗。鉄製黒漆塗（鐔・鞘尾）。[装飾]密陀絵。[懸][帯執緒]ともに洗革（新補）。

▼南倉119−5−2　唐古楽・破陣楽大刀

○総長　八七・〇センチ。

○刀身

[刃長]六五・〇センチ。[反り]〇・四センチ。[重量]四九五・七グラム　[比率]七・六三。

［形状］切刃造（焼刃なし）。［茎］眼孔一個（棟側欠損）。
［銘］東大寺（表）・破陣楽（裏）・天平勝宝四年四月九日（棟）。

○外装

［把］木製素地（新補）。眼・抦下約付設。［鞘］薄革裏黒漆塗。［装飾］密陀絵。
［金物］眼（新補）・抦下約（新補）・縁金（新補）・板鐔（新補）・鞘口・帯執金（無櫓金式）・約・鞘尾（加約覆輪式）。
［材質］鉄製黒漆塗。［装飾］密陀絵。［懸］［帯執緒］ともに洗革（新補）。

○解説

以上の三口は、刀身銘によれば、天平勝宝四年（七五二）四月九日の東大寺大仏開眼会《かいげんえ》に行われた舞楽（武王と破陣楽）で舞人が佩帯した舞楽用大刀。武王・破陣楽ともに唐古楽《とうこがく》とよぶ流派の舞楽。この大刀三口は装束類を中心とした唐古楽用具二三口（南倉119）の一部。

刀身は三口ともに焼刃がない。ただし、折り返し鍛錬で製作。三口は舞楽用のために焼刃がないのかもしれない。しかし、焼刃がないからといって、必ずしも非実戦用とは考えられないことは既述した（一〇七頁）。

なお、個別にみると、武王大刀（南倉119―1／図22）と破陣楽大刀（南倉119―5―1）は同様式。正倉院器仗にはこれと同じ素地把・櫓金式帯執金の様式は金銀荘横刀（中倉8―4／図17）がある。

一方、破陣楽大刀（南倉119―5―2）は、新補だが素地把。無櫓金式帯執金。その点で黒作大刀（中倉8―25／図21）に共通する。

なお、三口ともに金物にも密陀絵を施し、その文様は鞘の密陀絵と連動する。

▼南倉123―2　度羅楽・婆理大刀（図23）

○総長　七三・七センチ。

○刀身　椋製胡粉《ごふん》塗。

［刃長］五四・一センチ。［反り］無。［形状］切刃造。把・鐔と一木造。［銘］東大寺（表）・婆理《ばり》（裏）。墨書。

○外装

［把］椋製素地黒漆塗。鐔・刀身と一木造。眼付設。［装飾］密陀絵。

［鞘］薄革裏黒漆塗（約以下の塗は新補）。［装飾］密陀絵。

［金物］眼・鞘口（新補）・帯執金（無櫓金式）・約・鞘尾（加約覆輪式・新補）。

［材質］銅製黒漆塗（眼・鞘口・帯執金）鉄製黒漆塗（約・鞘尾）。［装飾］密陀絵。

［懸］［帯執緒］ともに洗革（新補）。

○解説

本例は、武王大刀・破陣楽大刀二口（南倉119－1〈図22〉・5－1・2）と同じく東大寺大仏開眼会での舞楽（婆理）で舞人が佩帯した舞楽用大刀。婆理は度羅楽《どらがく》という流派の舞楽。本例は装束類を中心とした度羅楽用具一三口（南倉123）の一部。

本例の刀身は椋製。把・鐔と一木造。抦下約・縁金も一体である。ただし、刀身の形状は切刃造。胡粉塗で金属風にみせる。奈良時代の胡粉は、鉛粉《なまりこ》を油で溶いた白色顔料。鉛白《えんぱく》とも。平安時代に、蠣殻粉《かきがらこ》（牡蠣の貝殻を粉砕したもの）を膠に溶いた胡粉も成立。外装は破陣楽大刀（南倉119－5－2）と同様式。

以上が、『珍宝帳』記載および正倉院器仗の大刀の概要である。つぎに『珍宝帳』記載および正倉院器仗の大刀以外の刀剣（小刀・刀子・鉾・手鉾）に移ろう。

第三章　小刀・刀子・鉾・手鉾

第一節　『珍宝帳』記載の小刀・刀子

本節の概要

本章では、大刀に続く刀剣として、『珍宝帳』記載の小刀《こだち》・刀子《かたな》と正倉院宝物の刀子、さらに正倉院器仗の鉾《ほこ》・手鉾《てぼこ》について解説する。

そのうち本節では『珍宝帳』記載の小刀と刀子について解説。「御大刀壹佰口」に比べればごく少数で、全体で一五口にすぎない。内訳は金銀作小刀一口・斑犀偃鼠皮《はんさいえんそひ》御帯付属刀子六口・斑貝鞊鞢《はんばいきちまく》御帯付属刀子二口・赤紫黒紫縚綬《とうじゅ》御帯付属刀子四口・金銅作唐刀子《からがたな》一口・唐刀子一口。いずれも赤漆文欟木厨子《せきしつもんかんぼくずし》の収納品である。

これを①小刀一口・②帯付属刀子三組・③唐刀子二口の三群に分割。前章と同じく、群を越えて『珍宝帳』記載順に通し番号を付け（②は帯に付ける）、各群ごとに個別名称と註記全文を掲げて解説する。解説方法は前章と同様。ただし、前章で解説した語句は原則として繰り返さない。

なお、『珍宝帳』の小刀・刀子記載に関する詳細な註解はすでに「献物帳考証」がある。本書でもそれを参照したのはもちろんだが、筆者独自の見解もある。そこで、「献物帳考証」との重複があることをご了承いただいたうえで、ここで改めて解説する。

また、本節と第二節に関わる参考文献として、序章提示のもののほかに、阿部弘「正倉院の装身具」（『服装文化』一五六、一九七七年）・同「正倉院の刀子」（『MUSEUM』三六八、一九八一年）を参照した。以下、両者をあわせて、**阿部説**とする。

正倉院現存の刀子

右記のうち北倉には、斑犀偃鼠皮御帯残欠（北倉4／図1）と付属の緑牙撥《りょくげばち》鏤《る》把鞘《つかさや》御刀子・斑犀把《はんさいづか》白牙《びゃくげ》鞘《ざや》御刀子（ともに北倉5／図2・3）、斑貝鞊鞢御帯残欠（北倉6）と付属の十合鞘《じゅうごうざや》御刀子（北倉7／図4）、赤紫黒紫縚綬御帯付属の三合鞘御刀子（北倉8／図5）・小三合水角《すいかく》鞘御刀子（北倉9／図6）が現存。

以下、現存品は以上の北倉蔵品に基づいて解説する。なお、北倉蔵品の基本データは基本的にはこれまでと同様に『宝物』による。しかし、その一部については、正倉院事務所発行の『正倉院紀要』「年次報告」（以下、**「年次報告」**）に最新のデータが記載。

・二七号（二〇〇五年三月）　十合鞘御刀子（北倉7）。
・三一号（二〇〇九年三月）　緑牙撥鏤把鞘御刀子（北倉5）。
・三四号（二〇一二年三月）　三合鞘御刀子（北倉8）。

以上については「年次報告」のデータによる。

刀子の概要

正倉院宝物では小刀や唐刀子は現存しない。しかし、刀子は上記以外にも中倉を中心として多数現存する。そこでまずはその概要をまとめておく。なお、図2～6を適宜参照願いたい。

正倉院宝物によれば、刀子は刀身・把《つか》・鞘《さや》・金物からなる。刀身は稀に平造《ひらづくり》もあるが、刀子造《とうすづくり》が原則。刀子造は大きくみれば平造の一種。しかし、腰部分に厚みを持たせた形状。その厚みを持たせた部分を鑢座《やすりざ》とよぶ。平造・刀子造いずれにしろ無反り。刃長は概ね一〇センチ未満。茎孔《なかごあな》もない。区部《まちぶ》（鑢座と茎の境）は、一文字（直線状）と弧《こ》状（曲線状）のものがある。刀子造は中世では腰刀《こしがたな》や打刀《うちがたな》に差し副えた小刀《こがたな》に継承される。

把は棟側に屈曲。把口が鞘口に納まる呑口造《のみくちづくり》である。また、大刀における鎺《はばき》に相当する金物を茎尻《なかごじり》から挿入。『珍宝帳』によれば、この金物を「口《くち》」とよぶ。

把は多くは舶来の高級材質を使用。木製のほかに斑犀や象牙等を材質のまま把とする。これは鞘も同様。把・鞘同材質のものも多い。

金物は帯執金《おびとりがね》一個と鞘尻《さやじり》が通常。帯執金はさまざまな様式・意匠があり、帯執金と一体となった小型の金属製山形付設も多い。鞘尻は概ね無約覆輪式《むやくふくりんしき》。ただし、金物を付設せず、帯執金相当部分を鞘の材質で直接作り出したものも多い。

また、十合鞘御刀子（北倉7／図4）や三合鞘御刀子（北倉8／図5）のように、ひとつの鞘に刀子複数口を挿入したものもある。こうした鞘の刀子を、本書では刀子と区別し、便宜的に「合鞘《あわせざや》」とよぶ。合鞘には刀子刀身だけでなく鑢《やすり》・錐《きり》・鉋《かんな》等の工具も入る。『珍宝帳』によれば、その工具はそれぞれ「錯《やすり》」「鑽《きり》」「鉇《かな》」（「加奈《かな》」とも）と表記。本書でも原則として『珍宝帳』の表記を使用。また、「鉇」は「かんな」ではなく「かな」と読む。

刀子・合鞘の佩帯

刀子・合鞘は、帯執金に通した細紐で帯に繫着《けいちゃく》した。『珍宝帳』によれば、その細紐を「係《かかり》」という。大刀の帯執緒《おびとりお》に相当する。なお、「献物帳考証」によれば、「係」は「かけ」と読む。

ただし、刀子・合鞘の帯執金は大刀のように一対（二個）ではなく一個。また、本章冒頭の分類②からもわかるように、一条の帯に複数口の刀子・合鞘を繋着することもある。

事実、正倉院宝物の雑色縚綬帯《ざつしょくとうじゅおび》（中倉101／図7）には複数の係が繋着。ただし、係の繋着品は欠損。しかし、二口一対の黄楊木把鞘刀子《つげのきつかさやとうす》（中倉103／図7）だけが唯一繋着のまま現存。正倉院宝物では中倉・南倉に多数の帯や係が現存。しかし、帯に係で繋着したまま現存する刀子・合鞘は本例のみである。

刀子・合鞘の用途

こうした刀子・合鞘の本来の用途は工具や文房具。紙が貴重であった当時、公的文書は紙よりも木簡《もっかん》に書かれることが多く発掘品も多い。木簡は一度書いても表面を削って再利用できる利点がある。木簡を削るために当時の官人には刀子は必需品。筆と刀子の関係は現在の鉛筆と消しゴムの関係にも似る。また、鉛筆と鉛筆削りのように、刀子とそれを研ぐ砥石《といし》も必需品であったらしい。

または刀子・合鞘は佩飾具《はいしょくぐ》つまり腰から下げるアクセサリーでもある。『珍宝帳』や正倉院宝物の刀子は、把・鞘に舶来の高級材質を使用するものが多い。その点からも佩飾具としての役割が強かったことが察せられる。

なお、正倉院宝物によれば、佩飾具は刀子・合鞘に限らずさまざまなものがある。『珍宝帳』でも、斑犀偃鼠皮御帯と赤紫黒紫縚綬御帯の繋着品のうち、前者は訶梨勒《かりろく》（シクンシ科の落葉樹の果実。生薬となる）を収納した袋、後者には麝香《じゃこう》（雄のジャコウジカの生殖腺嚢《せんのう》を乾燥させた香料）を収納した袋もある。

また、雑色縚綬帯（中倉101／図7）には先端が網袋《あみぶくろ》となった係も繋着。網袋には水晶長合子《すいしょうちょうごうす》（水晶製の蓋付き小瓶）を収納し、その残欠が現存（中倉102）。さらに正倉院宝物には現存しないが、砥石も下砥《さげど》として刀子・合鞘とともに帯に繋着する場合もあったであろう。

器仗としての刀子

一方、器仗の可能性のある小刀や刀子も文献にはみえる。軍防令《ぐんぼうりょう》備戎具《びじゅうぐ》条によれば、軍団に赴く兵士が自備すべき器物が列挙され、そのなかに弓・弓弦袋《ゆんづるぶくろ》・副弦《そえづる》・征箭《そや》・胡籙《やなぐい》・大刀等に続いて刀子がみえる。ただし、この刀子が器仗なのか工具なのかは微妙である。

また、『延喜式』弾正台《だんじょうだい》によれば、衛府官を除き、「刀子刃長五寸（一四・八センチ）以上」の佩帯が禁じられている。逆にいえば衛府官は刃長五寸以上の刀子の佩帯が許可されていた。この「刀子」は器仗の可能性が高い。

実例では、『古事記』中巻（垂仁天皇条）によれば、垂仁天皇の后沙本毘売《さほひめ》が「八《や》鹽《しほ》折《をり》之《の》紐小刀《ひもがたな》」で天皇を「刺殺」そうとした。この同様の「紐小刀」を『日本書紀』垂仁天皇四年九月戊申（二三日）条では「匕首《ひもがたな》」（中世では「あいくち」と読む）と表記。

また、『日本三代実録』仁和二年（八八六）四月三日条によれば、立縫彦麻呂《たちぬいのひこまろ》が刑部貞雄《おさかべのさだお》を「刀子」で「刺殺」したという。佩飾具であっても刀子も刃物。現在の包丁同様に殺傷具となり得るが、やはりこうした実例にみえる「紐小刀（匕首）」や「刀子」は器仗と考えるべきであろう。

以上、確実な史料はないが、中世の腰刀に相当する器仗としての「かたな」（小刀・刀子）も存在した可能性がある。事実、正倉院宝物の刀子には器仗を思わせるものも現存する（一五六頁）。

では、『珍宝帳』の小刀・刀子について個別の解説に移ろう。

①小刀一口

▼金銀作小刀一口…1

刃長一尺四寸七分、赤檀把、紅白縚綬帯、紫組懸、紅羅袋、

○金銀作小刀　「小刀」は古代では通常は「かたな」と読む。しかし、本例ではあえて「こだち」と読む。理由は解説で述べる。「金銀作」は金物の材質。金物の材質を個別名称で提示する点は「御大刀壹佰口」に共通。

○刃長一尺四寸七分　四三・六センチ。鋒の註記はない。

本例の刃長は、「御大刀壹佰口」でいえば横刀(42)と同寸で、宝荘懸佩刀(44・一尺四寸五分)よりも長寸。また、正倉院器仗でいえば、金銀荘横刀(中倉8-4・三四・六センチ/第二章図17)より長寸で、金銅荘横刀(中倉8-6・四三・七センチ/第二章図13)・無荘刀(中倉9-47・四三・五センチ/第二章図36)とほぼ同寸。一方、正倉院宝物によれば、刀子の刃長は最長で一五・八センチ(中倉131-3・11/図8・9)。その他は概ね一〇センチ未満。本例は刃長からすれば刀子ではなく横刀となる。

○赤檀把《びゃくだんづか》　赤檀製素地把。

○紅白絁綬帯　「絁綬」の「絁」は「韜」の別字。袋の意。「綬」は組紐。つまり「紅白絁綬」は紅白の糸で袋状に組んだ袋組組紐。ただし、正倉院宝物によれば、雑色絁綬帯(中倉101/図7)は平打組紐製。これによれば、「絁綬」は平打組紐となる。

「帯」は、②帯付属刀子三組の帯とは相違。②は帯を主体とし、刀子はその付属具として註記するのに対し、本例の帯は小刀の付属具として註記。これは「御大刀壹佰口」の帯と同様のあり方。つまり本例の帯は大刀と同じく佩緒《はきお》としての帯となる。

ただし、本例が「御大刀壹佰口」や②の註記と異なる点は、帯と小刀本体を連結する帯執緒《おびとりお》や係の註記がない点。そこで、本例は帯執緒や係が付設していないとも考えられる。

その場合は、中世の腰刀や打刀のように帯に差す外装様式が想定される。しかし、そうであれば、帯は本例固有のものではなくなる(つまりどの帯でもよいことになる)から、帯を註記する必要はない。帯が註記されるのはそれが小刀本体と一体だからである。したがって、帯の註記がある以上、本例は帯と繋がっていた。つまり帯執緒や係は脱字の可能性があり、それらも存在すると考えられる。存在するならば、刃長（つまり重量）から考えて係では弱い。帯執緒であろう。

○紫組懸《むらさきぐみのかけ》　紫組紐の懸。懸の註記は「御大刀壹佰口」と同様（三九頁）。

○紅羅袋《くれないらのふくろ》　袋の註記。以下、割愛。

○解説

個別名称に金物の材質名が入る点、刃長、帯や懸の註記がある点等が刀子と相違し、「御大刀壹佰口」に共通。また、帯執緒の存在も想定された。つまり本例は刀子よりも大刀と共通する点が多い。そこで、筆者は本例を「かたな」ではなく「こだち」と読む。「御大刀壹佰口」に含まれていないのは、赤漆文欟木厨子の収納品だからであろう。ただし、帯執緒を註記しない理由や、刃長が同寸ながら「横刀」ではなく「小刀」とする理由は不明。

②帯付属刀子三組

▼斑犀偃鼠皮御帯一条…2

御刀子六口、

○斑犀偃鼠皮御帯一条　現存（北倉4／図1）。鉸具《かこ》式（バックル式）の革ベルト。「斑犀」は銙《か》の材質。「偃鼠皮」はモグラの皮。ベルト本体の材質。銙はベルトに付設する飾座《かざりざ》。材質は金属・鉱物・角等。方形を巡方《ずんぼう》、円形（蒲鉾形）を丸鞆《まるとも》という。

ただし、現存品（北倉4）は、偃鼠皮製の本体は欠損（ごく一部残存）。銀製鉸具・斑犀製銙一〇個（巡方四個・丸鞆六個）のみ残存。なお、残存の皮はモグラ皮とは断定できないという。

同様の革ベルトは、正倉院宝物では紺玉帯《こんぎょくのおび》残欠（中倉88）や革帯二条（中倉90）等。また革帯一五条（南倉141）をはじめ南倉に多数の革ベルトや鉸具・銙等の部品が現存。衣服令《いぶくりょう》諸臣朝服《しょしんちょうふく》条等にみえる五位以上の「金銀装腰帯《ようたい》」、六位以下の「烏油《くろぬり》腰帯」は以上のような革ベルト。礼服《らいふく》・朝服・制服の各公服の腰を束ねた。「金銀装」は銙が金・銀製、「烏油」は銅製黒漆塗。これが束帯《そくたい》に継承されて石帯《せきたい》となる。ただし、石帯の銙はもっぱら鉱物。そのうち白石が通常であったために石帯という。

○御刀子六口　本例に繋着する刀子。これに続いて六口の各刀子に対する註記が続く。六口は「大」一口。「小」五口。「大」「小」は「献物帳考証」によれば、寸法の相違を示す。各刀子にそれぞれ把・鞘・金物・係等に関する註記がある。それを記載順に（a）～（e）とし、以下、個別に解説する。

なお、本例には刀子六口だけでなく、訶梨勒を収納した御袋一口も繋着。その註記も記載。しかし、本書ではその点については指摘だけに留め、器仗とは無関係なので割愛する。

また、本例の註記の最後には「右、御刀子・御袋者並繋二着偃鼠皮御帯一」（右、御刀子・御袋は並びに偃鼠皮御帯に繋着す）と、本例註記のまとめが記載される。

（a）大一口

　斑犀把、紫檀鞘、並、金銀鏤鈿作、雑采宝珠縄三条垂飾、雑采組係、

○斑犀把　斑犀製把。

○紫檀鞘　紫檀製素地鞘。

○金銀鏤鈿作《きんぎんるでんさく》　金物の註記かとも考えられるが、前句に「並」（把・鞘ともにの意）とある。そこで把・鞘の装飾と考えられる。把・鞘に金・銀を象眼のように鏤《ちりば》め、玉等を嵌入したか。「献物帳考証」によれば、「金銀を以て花文を作り、刀子の鞘に鈿して装飾とする」とある。

○雑采宝珠縄三条垂飾　「雑采宝珠縄《ざつさいほうじゆなわ》三条を垂れ飾る」と読むか。「雑采」は雑彩。色とりどりの意。「宝珠」は小型の玉石。つまり「雑采宝珠縄」は色とりどりの玉石で飾った縄か。「献物帳考証」によれば、「大一口」とは別に帯に繋着した佩飾具と理解。

○雑采組係　色とりどりの糸による組紐製係。なお、「雑采宝珠縄三条垂飾」はこの組紐製係に掛かけても読める。その場合は「雑采宝珠縄三条」は係の装飾として垂らしたことになる。

（b）小二口

並、斑犀把、白犀鞘、金銀飾、雑采組係、

○並　二口一括註記。

○白犀鞘　白犀製鞘。

○金銀飾　「献物帳考証」によれば、つぎの小一口（c）・小一口（d）にみえる「金銀作」（金物の註記）とは相違し、金・銀で「草章」（不明）を作って鞘の装飾とするとある。なお、「雑采組係」に掛けて「金・銀にて飾る雑彩組係」とも読める。その場合、係に金・銀の管金物《くだがなもの》や露金物《つゆがなもの》を付設したか。

（c）小一口

紅牙撥鏤把・鞘、金銀作、白組係、

（d）小一口

緑牙撥鏤把・鞘、金銀作、

○小一口　（c）・（d）は註記の共通性から一対と考えられる。そこで一括解説する。そのうち（d）は現存（北倉5／図2）。そこで、まず現存品を解説する。

把・鞘は同材質。濃紺（藍）染象牙製。把は草花文様、鞘は花鳥文様を撥鏤。紅で点彩《てんさい》を施す。

金物は帯執金と無約覆輪式《むやくふくりんしき》鞘尾。帯執金は一脚式。上部に蝉の意匠の小管を付設。その管に係を通す。「年次報告」によれば、金物の材質はともに銅地金鍍金。「金銀作」の註記に相違。『目録』によれば新補ではない。そこで「年次報告」では、本例が現存品（北倉5／図2）に該当しない可能性や『珍宝帳』製作者の見誤りの可能性を指摘。

また、刀身は刀子造。区部一文字。刃長七・九センチ。口は銅地金鍍金。ただし、『第六一回正倉院展』図録（二〇〇九年）の解説によれば、銀製漆箔《しっぱく》。漆箔は金箔・銀箔を漆面に接着する装飾技法。

以上に基づき、（c）の註記を解説する。

○紅牙《こうげ》撥鏤把・鞘　紅染象牙製把・鞘。撥鏤の文様は不明。（d）との相違は色のみか。

○金銀作　金物の註記。銀地金鍍金。（d）と一対であれば、実際は銅地金鍍金か。

○白組係　白（無色）の組紐製係。

（e）小一口

斑犀把、白牙鞘、白組係、

○小一口　現存（北倉5／図3）。そこで、現存品を解説する。

把は斑犀製。鞘は白牙（無染色の象牙）製。金物は帯執金と鞘尾。帯執金は銀地金鍍金。一脚式・小型金属製山形付設。鞘尾は純金製無約覆輪式。刀身は刀子造。区部弧状。刃長六・七センチ。

○白組係　現存しない。なお、係の註記は（c）・（e）にあって（d）にない。（c）・（d）は刀子としては一対と考えられるが、（c）は独立した係に単独で繋着し、（d）・（e）は先端が二俣に分かれた一本の係に繋着したか。

▼斑貝鞊鞢御帯一条…3

○斑貝鞊鞢御帯一条　現存（北倉6）。やはり鉸具式革ベルト。「斑貝」は銙の材質。「鞊鞢」（吉膜）がベルト本体の材質。ただし、現存品は、吉膜製の本体は欠損（ごく一部残存）。斑貝製銙七個（巡方二個・丸鞆四個・鉈尾《だび》一個）のみの残欠。鉈尾はベルトの先端（鉸具と逆側）。また、先端に横長軸半楕円形の銙を加え、その銙自体も鉈尾という。

斑貝は、「献物帳考証」によれば夜久貝《あこやがい》（ヤコウガイ）。戦後の調査でもそれが確認されていた。しかし、木下尚子「正倉院伝来の貝製品と貝殻」（『正倉院紀要』三一、二〇〇九年）によれば、ヤコウガイは鉈尾のみ。ほかの五個（巡方二個・丸鞆三個）はチョウセンサザエという貝に近く、丸鞆一個は判別不能という。

『珍宝帳』によれば、本例に続いて、「十合鞘御刀子一口」と「三合鞘御刀子一口」を記載。そこで、この二口は本例の繋着品と考えられている。筆者はこの二口の合鞘を本例の繋着品とみることに疑義がある（一四七頁）。しかし、ひとまずは繋着品と扱い、それぞれを（a）・（b）として別個に解説する。

（a）十合鞘御刀子一口

黒柿把刀子六之中、五者金銅口、一者銀口、

黒柿把錯一、金漆銅口、

紫檀把錯一、金銅口、

黒柿把鉇一、金漆銅口、

紫檀把鑽一、金銅口、

○十合鞘御刀子一口　現存（北倉7／図4）。一〇口分の鞘を合わせた合鞘。鞘長二四・五センチ。革製黒漆塗。金物はない。鞘の中央上部に小孔を穿ち、ここに係を通す。「十合」の内訳は「黒柿把刀子」六口・「黒柿把錯」「紫檀把錯」各一口・「黒柿把鉇」一口・「紫檀把鑽」一口。

正倉院宝物ではそれぞれにつぎのように整理番号を付ける。黒柿把刀子六口（1〜6号）。紫檀把錯（7号）。

紫檀把鑚（8号）。黒柿把錯（9号）。黒柿把鉇（10号）である。順に解説する。

・黒柿把刀子六口（1～6号）　刀身は平造二口（1・4号）・刀子造三口（2・3・6号）・片刀子造《かたとうすづくり》（表刀子造・裏平造）一口（5号）。区部すべて一文字。1号から順に刃長八・四センチ、九・四五センチ、六・九五センチ、七・七センチ、一〇・三センチ、八・七センチ。口は銅地金鍍金五口・銀製一口。1号の把頭に「七」（「廿」か）、2号の把頭に「十」の針書《はりがき》。針書は針による彫入。

・紫檀把錯（7号）　総長一六・三センチ。口は銅地金鍍金。把は把頭を意匠に削る（図4）。

・紫檀把鑚（8号／図10）　総長一一・九センチ。刀子造の茎《なかご》がそのまま鑚となる。つまり把の付け替えで刀子にも鑚にもなる。刀子と鑚の切り替えをするために鑢座下部（茎との境目）の意匠に特徴がある。口は銅地金鍍金。把頭は象牙製。新補。

・黒柿把錯（9号）　総長一八・八五センチ。口は銅製金漆塗《こしあぶら》。

・黒柿把鉇（10号／図11）　総長一一・五センチ。鑓鉋《やりがんな》。短寸の鑓刀身（平三角造《ひらさんかくづくり》）のような鉇。現在通常使用の台鉋《だいがんな》（室町時代に成立）とは相違。口は銅製金漆塗。

（b）三合鞘御刀子一口

　棗木把刀子一、銀口、

黒柿把刀子一、金銅口、

黒柿把鉇一、金銅口、

○三合鞘御刀子一口　現存しない。鞘三口分を合わせた合鞘。十合鞘御刀子（北倉7／図4）と三合鞘御刀子（北倉8／図5）の鞘はともに革製黒漆塗。本例も同様か。

○棗木《なつめぎ》把刀子一　「棗木把」は棗（クロウメモドキ科の落葉樹）製素地把。

○銀口　銀製口。

○金銅口　銅地金鍍金製口。

○解説

　斑犀偃鼠皮御帯一条（2）は註記の最後にまとめとして、各刀子や袋を帯に繋着した由の註記を記す。これは赤紫黒紫縚綬御帯一条（4）も同様。しかし、本例はそのまとめの註記がない。また、係の註記もない。「献物帳考証」によれば、「右御刀子者並繋着斑貝鞊鞢御帯」の一四字が脱字とする。しかし、『珍宝帳』には、本例とは別に①「御帯一条、斑貝鉸具、吉膜鞓」（「鞓」は「献物帳考証」によれば「かわおび」）、②「十合合歓《ごうかん》刀子漆鞘一口、刀子六口、加奈一口、木錯《きやすり》一口、並黒柿把、木錯一口、錐子《きり》一口、並紫檀把」、③「三合合歓刀子漆鞘一口、刀子一口、鉇一口、並黒柿把、刀子一口、棗木柄」の記載がある。①は、「赤紫黒紫縚綬御帯一条」の一連の註記に続き、②③は「唐刀子一口」に続けて連続で記載される。

　この①～③は表記に相違があるものの、それぞれ本例の斑貝鞊鞢御帯・十合鞘御刀子・三合鞘御刀子に該当すると考えられるが、それぞれに「无レ実、疑重載」（実无《な》し、疑ふらくは重ねて載す）の付箋がある。つまり重複記載である。

　ところが、『珍宝帳』によれば、①と②③は連続記載ではなく別個に記載。つまりこれによれば、斑貝鞊鞢御帯に十合鞘御刀子・三合鞘御刀子が繋着されていたとは理解しづらい。

　そこで、この点とまとめの註記がない点とを併考すれば、十合鞘御刀子・三合鞘御刀子は斑貝鞊鞢御帯に繋着された付属品ではなく、斑貝鞊鞢御帯とは別個のものであった可能性が高い。

▼赤紫黒紫縚綬御帯一条…4

○赤紫黒紫縚綬御帯一条　現存しない。赤紫・黒紫の糸を組んだ袋打組紐製帯。革ベルトではない。衣服令親王・諸王・諸臣各礼服条にみえる「條帯《くみのおび》」に該当する。

本例には三合鞘御刀子一口・小三合水角鞘御刀子一口・水角鞘御刀子一口・犀角鞘御刀子一口を繋着。それぞれ(a)~(d)とし、別個に解説する。

なお、本例には右記の刀子・合鞘のほかに麝香を収納した紅地錦御袋一口も繋着。註記もある。しかし、それは指摘にとどめ、やはり器仗ではないので割愛する。また、本例の註記の最後に註記のまとめとして、「右、御刀子・御袋者並繋二着縚綬御帯一」（右、御刀子・御袋は並びに縚綬御帯に繋着す）とある。

(a)三合鞘御刀子一口

斑犀把刀子一、金銅口、鏤刃本、

紫檀把刀子一、金銅口、鏤刃本、

沈香把刀子一、金銅口、鏤刃本、

赤紫組係、

○三合鞘御刀子一口　現存（北倉8／図5）。鞘長二〇・二センチ。革製黒漆塗。鞘の中央上部に帯執金として銅地金鍍金製の鐶を付設。刀子三口を収納。各収納品もここで一括解説する。

正倉院宝物によれば刀子三口の整理番号はつぎのようになる。紫檀把刀子（1号）・沈香把刀子（2号）・斑犀把刀子（3号）である。これは註記記載順とは相違するが、正倉院宝物の整理番号順に解説する。

・紫檀把刀子（1号）　刃長七・六センチ。刀子造。区部弧状。銅地金鍍金製口。鑪座が長寸で、葛形《かづらがた》銀線象眼《せんぞうがん》金鍍金。銀線象眼金鍍金は、線状の銀象眼に金鍍金。註記の「鏤二刃本一」（刃本《はもと》を鏤む）に一致（以下、同じ）。

・沈香把刀子（2号）　刃長一〇・一五センチ。刀子造。区部弧状。銅地金鍍金製口。鑪座に葛形銀線象眼金鍍金。把は木製沈香貼（一部新補）。

・斑犀把刀子（3号）　刃長一〇・一センチ。刀子造。区部弧状。銅地金鍍金製口。鐶座に葛形銀線象眼金鍍金。

○赤紫組係　現存しない。

（b）小三合水角鞘御刀子一口

白犀把刀子二、金銅口、

烏犀把刀子一、金銅口、

赤紫組係、

○小三合水角鞘御刀子一口　現存（北倉9／図6）。鞘長一一・五センチ。「水角」つまり水牛角製。三合のうち二合は新補。刀子三口を収納。「小」は短寸の意。

水角は舶来の高級品。『珍宝帳』の「御大刀壹佰口」と正倉院器仗の大刀には水角の使用例はない。しかし、刀子・合鞘には水角使用が散見。『珍宝帳』では、ほかにつぎの水角鞘御刀子（c）。また、金銅作唐刀子（③-（a））の口が水角製。正倉院宝物では、刀子・合鞘の水角製把・鞘として八口が現存（中倉131-13〈把〉・29〈把〉・32〈鞘〉・34〈合鞘〉・35〈鞘〉・36〈鞘〉・37〈鞘二口〉）。

ちなみに、『珍宝帳』の「御弓壹佰張」には「水牛純角《じゅんかく》御弓」。正倉院器仗では、箭に水角製の哮《こう》付属四例（中倉4-7・27・28・中倉5-30）、伊多都伎《いたつき》一例（中倉4-29）が現存（第五章参照）。

正倉院宝物によれば、刀子三口の整理番号はつぎのようになる。白犀把刀子（1号）・白犀把刀子（2号）・烏犀把刀子（3号）である。整理番号順に解説する。

・白犀把刀子（1号）　刃長六・三五センチ。刀子造。区部一文字。銅地金鍍金製口。

・白犀把刀子（2号）　刃長六・五センチ。刀子造。区部一文字。銅地金鍍金製口。ただし、把・刀身ともに新補。鐶座表に「明治二十七年」、裏に「九月新二造之一」（九月これを新造す）の銘。

・烏犀把刀子（3号）　刃長六・三五センチ。刀子造。区部一文字。銅地金鍍金製口。ただし、把・刀身ともに新補。鑢座表に「明治二十七年」、裏に「九月新二造之一」（九月これを新造す）の銘。

○赤紫組係　現存しない。

（c）水角鞘御刀子一口

斑犀把、金銅口、

○水角鞘御刀子一口　現存しない。金物の註記がない。帯執金相当部分（係を通す部分）を鞘材の水角で直接作り出す様式か。

（d）犀角鞘御刀子一口

白犀把、金銀口、金銀約鞘口、

赤紫組係、

○犀角鞘御刀子一口　現存しない。

○金銀口　銀地金鍍金製の口か。

○金銀約鞘口　「金銀にて鞘口《さやぐち》を約《せ》む」と読む。鞘口に「金銀」（銀地金漆箔または銀地金鍍金）製の約《せめ》を付設。帯執金のことか。

○赤紫組係　（c）には係の註記がない。本例の先端が二俣に分かれ、（c）・（d）をともに繋着したか。

③唐刀子

（a）金銅作唐刀子一口

玉石把、漆鞘、水角口、吉膜係、

○金銅作唐刀子一口　「唐刀子」は舶来品か。「金銅作」は金物の材質。銅地金鍍金。個別名称に金物材質を提示するのは、「御大刀壹佰口」と同様。

○玉石把《ぎょくせきづか》　「玉石」は何らかの鉱物（宝石）。註記からは特定できない。

○漆鞘《うるしざや》　黒漆塗鞘。

○水角口　水牛角製口。

（b）唐刀子一口

　濵鐵刃、金銅葡萄文裁宝鈿荘鞘、吉膜金銅荘懸、

○唐刀子一口　註記によれば金物は「金銅」製。個別名称に「金銅作」が付かない。

　なお、本例の註記は把・鞘の材質は不記載。逆に刀身と鞘の装飾を記載。ほかの刀子・合鞘とは相違。

○濵鐵刃《ひんてつば》　刀身の註記。『珍宝帳』の刀子・合鞘では本例のみ。「濵鐵」はあえて原字のままとした。正字では「濱鐵」。常用漢字に直せば「浜鉄」である。ところが、「献物帳考証」によれば、「濵鐵」を「鑌鐵」に置き換えて解釈。「鉄の堅利なるもの」とする。これが西川説等にも継承。

　確かに諸橋轍次編『大漢和辞典』（巻七）「鑌」によれば、「鑌」は「はがね。鋭利な鐵」、「鑌鐵」は「はがね」とある。そして、そこで引用されている『正字通《せいじつう》』によれば、「南賓縣《なんひんけん》」または「波斯国《はしこく》」（ペルシャ）が産地。同じく『格古要論《かくこようろん》』によれば「西蕃《せいばん》」（西域）が産地。その「面上」に「旋螺花者」や「芝麻雪花者」（それぞれの読みは不明）等の模様があるという。なお、「鑌鐵」（その略字体）は現代中国語でも使用し、「刀剣製造用の精鋼」の意（『ポケプロ日中辞書』）。

　つまり具体的には不明だが、西方から中国に伝来した表面に特殊な模様の出る鋼らしい。表面に特殊な模様の出る鋼としては、ヨーロッパで発達したパターン・ウェルディングという方法で人工的に模様を出したも

のと、自然に模様が出るインド原産というダマスカス鋼（ウーツ鋼）がある（斎藤努「地肌に模様のある鉄の武器」、宇田川武久『日本の美術三九〇　鉄炮と石火矢』至文堂、一九九八年）。その後者に相当（あるいは類似）する鋼らしい。

　このように、「濵鐵」を「鑌鐵」に置き換えて考えると、唐刀子の刀身の註記としていかにも相応しくなる。しかし、やはり『大漢和辞典』（巻六・七）によれば、「濵」（濱・浜）と「鑌」は読みは同じく「ひん」。しかし、漢字としてはまったく意味の異なる別字。「濵」（濱・浜）に鉄関係の意味はない。しかも『珍宝帳』には、音通で意味が異なる漢字に書き換えて表記した箇所は管見ではない。

　確かに「濵鐵」を「鑌鐵」に置き換えることは、後述の唐刀子の産地を考えるためにも魅力的な考え方である。しかし、文字の上からは再考が必要。表記通りに「濵鐵」は「濱鐵」（浜鉄）と考えるべきはなかろうか。

　そのうえで、改めて「濵鐵刃」（浜鉄刃）を考えると、あくまで表記からの発想だが、「濵鐵」とは海砂鉄《うみさてつ》（海岸から採れる砂鉄）。それを原材料とした鋼で作った刀身の意の可能性もあろう。ただし、海砂鉄を原材料とした鋼がどういう性格の鋼なのか、またなぜこのような記載が唐刀子だけにあり、金銅作唐刀子（③―（a））や他の刀子・「御大刀壹佰口」にないのかは不明。もっとも、わざわざ「濵鐵刃」と註記するのは、それが特殊なものだからであるのは間違いない。

○金銅《こんどう》葡萄文《ぶどうもん》裁宝《さいほう》鈿荘鞘《でんそうさや》　第二章で既述した金銀鈿荘唐大刀（北倉38／第二章図5）とその「御大刀壹佰口」の註記にあった「葛形裁文」の解釈（四五頁）に基づけば、玉嵌装葡萄形裁文銅地金鍍金製金物を施した鞘か。葡萄形裁文は葛形（唐草文様）に葡萄の果実を加えた意匠の透彫か（葡萄自体が葛形と同じ蔓草《つるくさ》系植物）。玉はその果実部分に嵌装したか。

　ところで、唐刀子は、正倉院宝物の青石《せいせき》把漆鞘金銀鈿荘刀子・斑犀把漆鞘銀漆荘刀子・斑犀把漆鞘黄金葛形珠玉《しゅぎょく》荘刀子（中倉131―1・2・3／図12・13・8）との関係が注目されている（阿部説・西川説）。詳細は後述するが、この三刀子の金物は通常とは異なり、金銀鈿荘唐大刀（北倉38／第二章図5）付設金物の刀子版といった内容である。そこで、本例の鞘金物も上記の三刀子付設金物との類似性が説かれる。

しかし、正倉院宝物の犀角把白銀葛形鞘珠玉荘刀子（中倉131－7／図14）は、玉嵌装の葛形裁文銀製金物で鞘全体を覆う様式（一五九頁）。本例も「金銅葡萄文裁宝鈿荘」が個別名称ではなく、鞘の註記として記載されている点に注目すれば、これと同様の鞘全体を覆う金物の可能性がある。

○吉膜金銅荘懸　銅地金鍍金製管金物や露金物を付設した吉膜製懸か。ただし、「献物帳考証」によれば、「懸」は「係」の誤りとする。刀子であるから「係」が相応しいか。

○解説

既述のように、唐刀子は正倉院宝物の青石把漆鞘金銀鈿荘刀子・斑犀把漆鞘銀漆荘刀子・斑犀把漆鞘黄金葛形珠玉荘刀子（中倉131－1・2・3／図12・13・8）との関係が注目されている。特に西川説によれば、中倉131－1（図12）は金銅作唐刀子（③－（a））、中倉131－3（図8）は唐刀子（③－（b））との関係が指摘されている。

この三刀子は共通する様式を持つ。それは刀身・外装ともに通常の刀子とは相違する。ここで三刀子について解説し、『珍宝帳』の唐刀子二口と比較したい。まずは三刀子の基本データを示す。把・鞘の材質は、個別名称に掲示されているので割愛する。

なお、中倉131－1は「年次報告」三一号（二〇〇九年三月）、中倉131－2・3は同三六号（二〇一四年三月）掲載の最新データによる。

▼中倉131－1　青石把漆鞘金銀鈿荘刀子（図12）

○総長　三三・九センチ。

○刀身

［刃長］一四・四センチ。［形状］平造。［口］犀角製。

○外装

［金物］𣟅《くびがね》（新補）・鞘口（新補）・約・鞘尾。［材質］銀地金鍍金。水晶（伏彩色《ふせざいしき》）嵌装（𣟅・約・鞘尾）。［係］欠損。

※「年次報告」三一号によれば、鞘は薄革裏黒漆塗か。

▼中倉131―2　斑犀把漆鞘銀漆荘刀子（図13）

○総長　三七・八センチ。

○刀身

［刃長］一五・四センチ。［形状］平造。［口］銀製。

○外装

［金物］𣟅・鞘口・約（二個）・鞘尾。［材質］銀製（漆様物質塗布）。［係］紫革（一部残存）。

▼中倉131―3　斑犀把漆鞘黄金葛形珠玉荘刀子（図8）

○総長　三八・五センチ。

○刀身

［刃長］一五・八センチ。［形状］平造。［口］金製。

○外装

［金物］𣟅（新補）・鞘口（新補）・約（二個・一個新補）・鞘尾。［材質］金製。水晶（伏彩色）・ガラス玉嵌装。

［係］欠損。

○解説

刀身はいずれも刀子造ではなく平造。しかも細長い二等辺三角形状。刀剣鑑定用語でいう「筍反《たけのこぞ》り」である。

また、その地金は白銀を思わせるような色ときめ細かさを持ち、顕微鏡による組織調査でもほかとはまったく異質という。

茎は短寸だが刃長は長い。正倉院宝物の刀子・合鞘では、中倉131―3の刃長一五・八センチが最長。烏犀把漆鞘樺巻黄金珠玉荘刀子（中倉131―11・図9）の刀身（刀子造）が同寸。中倉131―2の刃長一五・四センチ、中倉131―1の刃長一四・四センチがこれにつぐ。中倉131―11も特異な様式の刀子（一六一頁）。

ついで把はいずれも呑口造。屈曲せず無反。なお、中倉131―1の青石は白斑文入浅緑色貴蛇紋石《きじゃもんせき》。金物はいずれも扼・鞘口・約・鞘尾。すべて葛形裁文。中倉131―2と中倉131―3は約が二個。

また、いずれも鞘裏側の鞘口近くに両端を鎹《かすがい》金物（『目録』によれば「帯執鉸具《おびとりのかこ》」）で留めた「コ」字型の金物を付設（図15）。材質は、中倉131―1は両金物とも銅地金鍍金。ほかの二口は、鎹金物はほかの金物同様（中倉131―3は新補）。「コ」字型の金物は中倉131―2は鉄製、中倉131―3は銅製（新補）、三口ともに黒漆塗（中倉131―2のみ革張黒漆塗）。

これが三刀子の帯執金に相当する。中倉131―2にはここに通したやや幅広の紫革緒が残存。これは通常の刀子・合鞘の係とは相違。大刀の帯執緒に相当する。三刀子はこの革緒を羂《わな》として帯に通し、把頭を上に垂直に佩帯したらしい。

一方、『珍宝帳』の唐刀子の場合、金銅作唐刀子（③―a）は玉石把・漆鞘・水角口・吉膜係。これに対し、中倉131―1は青石把・漆鞘・犀角口。西川説の指摘通り類似する。また唐刀子（③―b）は濵鐵刃・金銅葡萄文裁宝鈿荘鞘・吉膜金銅荘懸。濵鐵刃は鑌鐵刃に置き換えて解釈することに疑義を呈したが、わざわざ註記されている点に三刀子刀身の特異な地金に通じる面があるのかもしれない。鞘の装飾も私見は別解釈を示したが、中倉131―1や新補ながら中倉131―3の金物に共通する要素があるのも確かである。

このように、中倉131-1・3が唐刀子との関係があれば、中倉131-2も様式は同様であり、唐刀子との関係が出てくる。唐刀子と中倉131-1・2・3との関係は、唐刀子が舶来品かどうかを含め、今後さらに検証すべき課題である。

なお、これも今後の検証が必要だが、この三刀子こそ中世の腰刀に相当する器仗の可能性があることも指摘しておく。それは中倉131-2・3の刃長（一五・四センチ・一五・八センチ）が、『延喜式』弾正台で衛府官に佩帯が許可された刃長五寸（一四・八センチ）以上であり、中倉131-1の刃長（一四・四センチ）もそれにほぼ匹敵する点からもいえよう。ただし、三刀子ともに茎・把に孔はない。つまり刀身は把に固定されず、刀身は把から抜けやすい。その点が器仗とみた場合の難点である。

では、つぎに北倉蔵品以外の正倉院宝物の刀子・合鞘について解説しよう。

第二節　正倉院の刀子・合鞘

本節の概要

本節では正倉院宝物の刀子《かたな》・合鞘《あわせざや》を解説する。内訳は北倉五口（刀子二口・合鞘三口）・中倉六二口（刀子五八口・合鞘三口・鉇《かな》一口）・南倉一一口（刀子二口・錯《やすり》三口・鑚《きり》一口・鉇五口）である。このうち北倉五口と北倉六二口のうち刀子三口（中倉131-1・2・3／図12・13・8）については前節で解説した。また、鞘はなく、把もまったく装飾性のない素木把である南倉蔵の一一口と、中倉蔵の刀子残欠三口分については割愛。中倉蔵の五九口に的を絞って解説する。

ただし、刀子・合鞘は原則として器仗ではない。そこで解説は簡素化を図り、特に解説が必要ないものは基本データの提示だけにとどめる。金物は帯執金一個と鞘尾が基本であるから、原則として材質のみを記し、金物や把・鞘の装飾のさまざまな意匠についても割愛する。なお、中倉蔵の五九口には二口一対のものが一二対ある。その場合は二口を一括で提示する。

また、各刀子・合鞘の個別名称は『目録』による。この個別名称の基本構成は、把・鞘の材質名＋刀子。これに金物の材質名が加わる場合がある。つまり把・鞘の材質は個別名称のなかに必ず提示。金物の材質も提示される場合がある。そこで、把・鞘の材質は個別名称に委ねて基本データには含めない。必要に応じて解説することとする。

なお、本節で解説する一部の刀子・合鞘は、やはり最新のデータが「年次報告」に掲載。

・三一号（二〇〇九年三月）　黒琉璃把白銅鞘金銀珠玉荘刀子（中倉131-16）・斑犀把緑牙撥鏤鞘金銀荘刀子（中倉131-18）。

・三二号（二〇一〇年三月）　黄楊木《つげき》把鞘刀子（中倉103）。

・三四号（二〇一二年三月）　沈香把鞘金銀珠玉荘刀子（中倉131-5）・白犀把鞘金銀荘刀子（中倉131-8）・沈香把鞘金銀花鳥絵金銀珠玉荘刀子（中倉131-12）・水角把沈香鞘金銀山水絵金銀珠玉荘刀子（中倉131-13）・紫檀螺鈿把斑犀鞘金銀荘刀子（中倉131-23）・棗把鞘四号刀子（中倉131-28）。

・三五号（二〇一三年三月）　白牙把水角鞘小三合刀子（中倉131-34）。

以上については「年次報告」のデータによる。

▼中倉103　黄楊木把鞘御刀子二口一対（図7）

○総長　ともに二五・二センチ。

○刀身

［刃長］一一・四センチ、一一・二センチ。［重］一七・五グラム、一六・三グラム。

［形状］刀子造。区部弧状。鐔座に葛形金象眼。［口］金製。

○外装

［金物］銀地金鍍金。鞘尾は新補。［係］白角打《かくうち》細組紐。

○解説

本例は雑色紹綬帯（中倉101）の繋着品。把・鞘は黄楊様材素地。帯執金の鐶のみ銅地金鍍金。

▼中倉131－4　樺纏《かばまき》把鞘白銀玉虫荘刀子二口一対

○総長　二〇・七センチ、二〇・四センチ。

○刀身

［刃長］八・一センチ、八・三センチ。［形状］刀子造。区部一文字。［口］銀地金鍍金。

○外装

［金物］銀製。山形付設。革執鐶と一口の鞘尾は新補。［係］欠損。

○解説

把は象牙製樺纏。鞘は木製。帯執金から鞘尾までを樺裹。鞘口・鞘中二カ所・鞘尻の四カ所に玉虫羽纏を施す。

玉虫羽根纏は正倉院宝物の刀子では本例のみ。

▼中倉131－5　沈香把鞘金銀珠玉荘刀子二口一対

○総長　二四・一センチ、二四・二センチ。

○刀身

［刃長］一二・三センチ、一二・〇センチ。［形状］刀子造。区部弧状。鐔座に金粉蒔《きんぷんまき》の痕跡。［口］銀地金鍍金。

○外装

[金物]金製（帯執金）。銀地金鍍金（鞘尾）。水晶（伏彩色）・紫水晶嵌装。[係]暈繝《うんげん》角打細組紐（一口に残存）。

○解説

把・鞘はともに木製沈香貼。

▼中倉131―6　沈香把鞘金銀荘刀子二口一対

○総長　二三・一センチ、二三・三センチ。

○刀身

[刃長]ともに八・二センチ。[形状]刀子造。区部一文字。[口]銀地金鍍金。

○外装

[金物]銀地金鍍金。一口の鞘尾は新補。[係]欠損。

○解説

把・鞘はともに木製沈香貼。

▼中倉131―7　犀角把白銀葛形鞘珠玉荘刀子二口一対（図14）

○総長　ともに一八・八センチ。

○刀身

[刃長]ともに八・四センチ。[形状]刀子造。区部弧状。[口]銀地金鍍金。

○外装

[金物]銀製。ガラス玉・真珠嵌装。扼・山形付設。[係]暈繝角打細組紐（新補）。

○解説

本例は唐刀子（③―b）の鞘金物との関係で前節で一部言及した（一五三頁）。

把は犀角製。扼付設。斑犀・烏犀等の区別が判断しづらいために「犀角把」なのであろう。鞘は木製蘇芳《すおう》塗。鞘全体をガラス玉・真珠嵌装の銀製唐草文様透彫（葛形裁文）金物裏とする。嵌装のガラス玉と真珠の大半は新補。帯執金はなく、山形は鞘金物に付設。こうした金物裏鞘は、正倉院宝物ではほかに斑犀把金銀鞘刀子（中倉131-9／図16）・琥珀把金銀鞘刀子（中倉131-10）等がある。ただし、この二口は銀地金鍍金の板金で鞘を包む。さらに本例には木牌が付属。「橘夫人奉物」（橘夫人《たちばなふじん》の奉物《たてまつりもの》）と墨書。橘夫人は聖武天皇夫人である橘佐為《さい》の娘古那可智《こなかち》（橘諸兄《もろえ》の姪）。彼女からの東大寺への献納品。

阿部説によれば、本例は天平勝宝四年（七五二）四月の東大寺大仏開眼会で献納された。ほかの中倉蔵品刀子も同様という。ただし、本例と木牌が当初から一体であったかどうかは疑問の余地があるという（『第五十八回正倉院展』図録〈二〇〇六年〉解説）。

しかし、正倉院宝物の白葛箱《しろかづらばこ》三口（中倉132-1・2・3）のうち、中倉132-1の蓋表の張紙に「納二雑帯幷刀子一（以下、判読不能）」（雑帯並びに刀子を納む）、また同じく蓋・身・縁に「東大寺会前」の墨書がある。この「東大寺会」は大仏開眼会。その際にこの白葛箱に雑帯や刀子を納めて東大寺に奉納したことがわかる。中倉蔵品刀子には東大寺大仏開眼会で奉納された刀子が含まれていることは確かであろう。

▼中倉131-8　白犀把鞘金銀荘刀子二口一対

○総長　二一・〇センチ、二〇・七センチ。

○刀身

［刃長］ともに八・九センチ。［形状］刀子造。区部一文字。鑢座に葛形銀線象眼金鍍金。［口］銀地金鍍金。

○外装

［金物］銀地金鍍金。玉嵌装（帯執金・玉は欠損）。［係］欠損。

▼中倉131-9　斑犀把金銀鞘刀子二口一対（図16）

○総長　一七・五センチ、一七・一センチ。

○刀身

［刃長］七・一センチ、七・五センチ。［形状］刀子造。区部一文字と弧状。［口］銀地金鍍金。

○外装

［金物］銀地金鍍金。山形付設。［係］欠損。

○解説

鞘は銀地金鍍金板金裏。魚子《ななこ》地葛形毛彫《けぼり》。

▼中倉131-10　琥珀把金銀鞘刀子二口一対

○総長　一四・七センチ、一四・四センチ。

○刀身

［刃長］ともに六・二センチ。［形状］刀子造。区部弧状。［口］銀地金鍍金。

○外装

［金物］銀地金鍍金。山形付設。［係］欠損。

○解説

鞘は銀地金鍍金板金裏。魚子地葛形毛彫。把は新補。元来の把残欠も残存。

▼中倉131-11　烏犀把漆鞘樺巻黄金珠玉荘刀子（図9）

○総長　三〇・五センチ。

○刀身

［刃長］一五・八センチ。［形状］刀子造。区部一文字。［口］金製。

○外装

［金物］扼（新補）・鞘口（新補）・鞘尾。［材質］金製。［係］欠損。

○解説

刀身は刀子造。刃長一五・八センチ。中倉131―3（図8）とともに正倉院宝物の刀子・合鞘の刀身では最長。外装は通常の刀子とは様式が相違。把は刃側に屈曲。通常とは屈曲の向きが逆。また、金製金物は扼・鞘口・鞘尾。鞘口は覆輪状。鞘口裏面に鞘口に対して直角に細い金製管金物を付設。鞘口とともに新補。この管金物が本例の帯執金のようで、ここに係を通し、中倉131―1・2・3と同様に把頭を上に垂直に佩帯。その場合、把の屈曲を後方に向けて右腰に佩帯したか。刃長と合わせ、本例も器仗の可能性がある（一五六頁）。

なお、鳥犀製把・木製黒漆塗鞘のそれぞれ二ヵ所・五ヵ所に樺纏。鞘中央一列に伏彩色水晶と碧色ガラス玉を嵌装。鞘木への水晶・ガラス玉の嵌装は特異。

▼中倉131―12　沈香把鞘金銀花鳥絵金銀珠玉荘刀子

○総長　二七・七センチ。

○刀身

［刃長］一三・〇センチ。［形状］刀子造。区部一文字。鑪座に草花文銀象眼金鍍金。［口］銀地金鍍金。

○外装

［金物］銀地金鍍金。真珠嵌装（新補か）。［係］欠損。

○解説

把・鞘は木製沈香貼。把・鞘ともに金銀泥絵で花鳥文様を描く。本例はつぎの水角把沈香鞘金銀山水絵金銀珠玉荘刀子（中倉131-13）と一対。

▼中倉131-13　水角把沈香鞘金銀山水絵金銀珠玉荘刀子

○総長　二五・一センチ。

○刀身

[刃長]一二・一センチ。[形状]刀子造。区部弧状。鑢座に山水文銀象眼金鍍金。[口]銀地金鍍金。

○外装

[金物]銀地金鍍金。真珠嵌装。[係]欠損。

○解説

鞘は木製沈香貼。把・鞘ともに金銀泥絵で山水を描く。本例は沈香把鞘金銀花鳥絵金銀珠玉荘刀子（中倉131-12）と一対。

▼中倉131-14　沈香把仮斑竹《げはんちく》鞘樺纏金銀荘刀子

○総長　二五・五センチ。

○刀身

[刃長]一一・三センチ。[形状]刀子造。区部弧状。[口]銀地金鍍金。

○外装

[金物]金製（鞘尾・新補）。銀製（帯執金）。[係]欠損。

○解説

把は木製沈香貼樺纏。鞘は淡竹《はちく》仮斑竹《げはんちく》地樺纏。仮斑竹は無文の竹面に彩色して斑竹（斑文様のある竹）にみせかける装飾技法。

▼中倉131－15　斑犀把樹皮塗鞘銀荘刀子二口一対
○総長　二二・五センチ、二二・三センチ。
○刀身
［刃長］九・六センチ、一〇・〇センチ。［形状］刀子造。区部一文字と弧状。［口］銀地金鍍金。
○外装
［金物］銀地金鍍金（帯執金）。銀製（鞘尾・一口は新補）。［係］暈繝角打細組紐。
○解説
鞘は木製樹皮状塗。
▼中倉131－16　黒瑠璃把白銅鞘金銀珠玉荘刀子（図17）
○総長　二一・三センチ。
○刀身
［刃長］九・四センチ。［形状］刀子造。区部弧状。［口］銀地金鍍金（新補）。
○外装
［金物］銀地金鍍金。青ガラス玉嵌装。［係］欠損。
○解説
把は斜長石《しゃちょうせき》（ラピスラズリ）製。鞘は銅製。個別名称の「白銅」は間違い。正倉院宝物の刀子・合鞘では金属製鞘は本例のみ。
▼中倉131－17　沈香把玳瑁鞘金銀荘刀子
○総長　一六・一センチ。

○刀身
［刃長］六・二センチ。［形状］平造。区部弧状。［口］銀地金鍍金。
○外装
［金物］銀地金鍍金。［係］欠損。
○解説
把は沈香素地。屈曲なし。鞘は木製。金箔彩色の玳瑁貼。

▼中倉131―18　斑犀把緑牙撥鏤鞘金銀荘刀子
○総長　一七・九センチ。
○刀身
［刃長］七・四センチ。［形状］刀子造。区部弧状。［口］銀地金鍍金（新補）。
○外装
［金物］銀地金鍍金（帯執金）。銅地金鍍金（鞘尾・新補）。山形付設。［係］欠損。

▼中倉131―19　白牙把鞘金銀荘刀子
○総長　一八・四センチ。
○刀身
［刃長］七・四センチ。［形状］刀子造。区部弧状。［口］銀地金鍍金。
○外装
［金物］銀地金鍍金（新補）。山形付設。［係］欠損。
○解説

把は新補。

▼中倉131-20　牟久木把鞘金銀荘刀子

○総長　二〇・〇センチ。

○刀身（新補）

［刃長］七・六センチ。［形状］刀子造。区部一文字。［口］銀製。［銘］明治二十七年（表）・九月新造之（裏）。

○外装

［金物］銀地金鍍金（新補）。山形付設。［係］欠損。

○解説

把は新補。

▼中倉131-21　白犀把鞘金銀荘刀子

○総長　一六・九センチ。

○刀身（新補）

［刃長］六・一センチ。［形状］刀子造。区部一文字。［口］銀地金鍍金。［銘］明治二十七年（表）・九月新造之（裏）。

○外装

［金物］銀地金鍍金（新補）。山形付設。［係］欠損。

○解説

把は新補。

▼中倉131-22　黒柿把鞘鞄（図18）

○総長　三〇・五センチ。

○刀身
［刃長］六・六センチ。［形状］鑓鉋《やりがんな》。［口］銅地金鍍金。
○外装
［金物］なし。帯執金相当部分もなし。［係］なし。
○解説
本例は鉇単独。把は無反・呑口造。鞘は新補。鉇の刃長は六・六センチ。把長一五・八センチ、鞘二一・三センチと長寸。鉇を使用する場合、把長は長い方が使いやすい。外装に金物・装飾がない。長寸の把長とともに本例が実用品であったことを示すか。刃長に比較して鞘長が極端に長寸なのは把長とのバランスをとるためか。
▼中倉131－23　紫檀螺鈿把斑犀鞘金銀荘刀子二口一対
○総長　二三・〇センチ、二二・五センチ。
○刀身
［刃長］一〇・四センチ、一〇・三センチ。［形状］刀子造。区部弧状。鐔座に葛形金線象眼。［口］銅地金鍍金。
○外装
［金物］銀地金鍍金。扼付設。鞘尾は葛形裁文と覆輪。一口の扼・鞘尾覆輪は新補。一口の金物はすべて新補。

［係］暈繝角打細組紐（一口に残存）。
○解説
把は紫檀製。葛形螺鈿・金線象眼。
▼中倉131－24　斑犀把沈香銀絵鞘金銀荘刀子二口一対
○総長　二二・七センチ、二三・三センチ。

○刀身

［刃長］九・六センチ、九・三センチ。［形状］刀子造。区部一文字［口］銅地金鍍金。

○外装

［金物］銅地金鍍金。一口の鞘尾は新補。一口の金物はすべて新補。［係］暈繝角打細組紐（一口に残存）。

○解説

鞘は木製沈香貼。銀泥絵。

▼中倉131-25　白牙把鞘刀子二口一対

○総長　一八・八センチ、一八・九センチ。

○刀身

［刃長］七・七センチ、七・六センチ。［形状］刀子造。区部弧状。［口］銀製。

○外装

［金物］なし。［係］欠損。

○解説

帯執金相当部分を鞘材の象牙で直接作り出す。

▼中倉131-26　黄牙彩絵把紫牙撥鏤鞘金銀荘刀子

○総長　二一・二センチ。

○刀身

［刃長］八・九センチ。［形状］刀子造。区部弧状。［口］銀地金鍍金。

○外装

［金物］金製（扼・新補）・銀製（帯執金・鞘尾）。［係］欠損。

○解説

把は象牙製黄染・彩色。撥鏤ではない。

▼中倉131－27　紅梅把鞘金銀荘刀子

○総長　二一・四センチ。

○刀身

［刃長］八・八センチ。［形状］刀子造。区部弧状。［口］銀地金鍍金。

○外装

［金物］金製（新補）。［係］欠損。

○解説

把・鞘は梅様材。

▼中倉131－28　棗把鞘四合刀子

○総長　二四・〇センチ。

○刀身

［刃長］一〇・四センチ、九・七センチ、一〇・三センチ、九・七センチ。

［形状］刀子造。区部弧状。鐔座に葛形銀線象眼。［口］鉄地銀線象眼。

○外装

［金物］なし。［係］欠損。

○解説

刀子四口を収納する合鞘。中倉蔵品では合鞘は本例と中倉131‐29・34の三例。

▼中倉131‐29　水角把漆鞘三合刀子

○総長　二一・五センチ。

○刀身

[刃長]八・五センチ、七・七センチ、八・一センチ。[形状]刀子造。区部一文字。[口]銀製黒漆塗。

○外装

[金物]銀製（帯執鐶）。[係]欠損。

○解説

刀子三口を収納する合鞘。

▼中倉131‐30　斑犀把白牙鞘刀子

○総長　二五・二センチ。

○刀身

[刃長]一〇・七センチ。[形状]刀子造。区部弧状。[口]銀地金鍍金。

○外装

[金物]なし。[係]欠損。

○解説

帯執金相当部分を鞘材の象牙で直接作り出す。

▼中倉131‐31　黒柿把鞘金銀荘刀子

○総長　二一・一センチ。

○刀身
［刃長］八・五センチ。［形状］刀子造。区部弧状。［口］銀地金鍍金。
○外装
［金物］銀地金鍍金（新補）。［係］欠損。
▼中倉131－32　斑犀把水角鞘金銅荘刀子
○総長　一七・三センチ。
○刀身
［刃長］七・三センチ。［形状］刀子造。区部弧状。［口］銀地金鍍金。
○外装
［金物］銅地金鍍金。山形付設。帯執金は新補。［係］欠損。
▼中倉131－33　烏犀把白牙鞘刀子（図19）
○総長　二一・三センチ。
○刀身
［刃長］八・八センチ。［形状］刀子造。区部弧状。［口］銀地金鍍金。
○外装
［金物］なし。［係］欠損。
○解説
帯執金相当部分を鞘材の象牙で直接作り出す。鞘は新補。
▼中倉131－34　白牙把水角鞘小三合刀子（図20）

○総長　一三・八センチ。
○刀身
[刃長]四・九センチ（刀子）、三・二センチ（鉇）、五・二センチ（鋸《のこぎり》）。
[形状]刀子造。区部一文字（刀子・新補）。鑓鉋。鋸。[口]銀地金鍍金。
[銘]（刀子）明治二十七年（表）・九月新造之（裏）。
○外装
[金物]なし。[係]欠損。
○解説
刀子一口・鉇一口・鋸一口を納める小型の合鞘。鋸は『珍宝帳』・正倉院宝物ともに本例のみ。刀子は、刀身・把・口いずれも新補。

▼中倉131-35　斑犀把水角鞘刀子
○総長　六・二センチ。
○刀身
[刃長]二・四センチ。[形状]刀子造。区部弧状。[口]銀地金鍍金。
○外装
[金物]なし。[係]欠損。
○解説
本例と中倉131-36～39・48の七口（中倉131-37は二口一対）は、刃長が最短二・一センチ（中倉131-37の一口）、最長でも三・二センチ（中倉131-39）の極小刀子。いずれも帯執金相当部分を鞘材で直接作り出す。以下、この七口に関しては、帯執金相当部分の解説は割愛する。

▼中倉131―36　白犀把水角鞘刀子

○総長　六・六センチ。

○刀身

［刃長］二・五センチ　［形状］刀子造。区部一文字。［口］銀地金鍍金。

○外装

［金物］なし。［係］欠損。

▼中倉131―37　白犀把水角鞘刀子二口一対

○総長　五・八センチ、五・九センチ。

○刀身

［刃長］二・一センチ、二・二センチ。［形状］平造・刀子造。区部一文字。［口］銀地金鍍金。

○外装

［金物］なし。［係］欠損。

○解説

鞘はともに新補。

▼中倉131―38　白犀把鞘刀子

○総長　八・〇センチ。

○刀身

［刃長］二・二センチ。［形状］平造。区部一文字。［口］銀地金鍍金。

○外装

［金物］なし。［係］欠損。

▼中倉131-39　烏犀把白犀鞘刀子

○総長　八・〇センチ。

○刀身

［刃長］三・二センチ。［形状］刀子造。区部弧状。［口］銀地金鍍金。

○外装

［金物］なし。［係］欠損。

▼中倉131-40　斑犀把紅牙撥鏤鞘刀子

○総長　一二・〇センチ。

○刀身

［刃長］五・二センチ。［形状］刀子造。区部一文字［口］銀地金鍍金。

○外装

［金物］なし。［係］欠損。

○解説

帯執金相当部分を鞘材の象牙で直接作り出す。

▼中倉131-41　烏犀把白牙鞘金銀荘刀子

○総長　一五・八センチ。

○刀身

[刃長]六・〇センチ。[形状]刀子造。区部一文字。[口]銀地金鍍金。
○外装
[金物]銀地金鍍金。[係]欠損。
▼中倉131－42　白牙撥鏤把鞘金銅荘刀子
○総長　一九・八センチ。
○刀身
[刃長]七・六センチ。[形状]刀子造。区部弧状。[口]銅地金鍍金。
○外装
[金物]銅地金鍍金。山形付設。[係]欠損。
▼中倉131－43　斑犀把白牙撥鏤鞘刀子
○総長　一〇・四センチ。
○刀身
[刃長]四・四センチ。[形状]刀子造。区部一文字。[口]銀地金鍍金。
○外装
[金物]なし。[係]欠損。
○解説
帯執金相当部分を鞘材の象牙で直接作り出す。把は新補。
▼中倉131－44　斑犀把鞘刀子
○総長　一二・一センチ。

○刀身（新補）

［刃長］五・九センチ。［形状］刀子造。区部一文字。［口］銀地金鍍金（新補）。

［銘］明治二十七年（表）・九月新造之（裏）。

○外装

［金物］なし［係］欠損。

○解説

帯執金相当部分を鞘材の斑犀で直接作り出す。

▼中倉131―45　斑犀把紅牙撥鏤鞘刀子

○総長　一〇・五センチ。

○刀身

［刃長］四・三センチ。［形状］刀子造。区部一文字。［口］銅地金鍍金（新補）。

○外装

［金物］なし。［係］欠損。

○解説

帯執金相当部分を鞘材の象牙で直接作り出す。

▼中倉131―46　斑犀把彩絵鞘金銀荘刀子

○総長　一七・九センチ。

○刀身

［刃長］七・八センチ。［形状］刀子造。区部一文字。［口］銀地金鍍金（新補）。

○外装

［金物］銀製金鍍金。山形付設。帯執金は新補。［係］欠損。

○解説

鞘は木製彩絵・玳瑁様薄板貼。

▼中倉131－47　牟久木把鞘金銅荘刀子

○総長　一七・六センチ。

○刀身

［刃長］七・六センチ。［形状］刀子造。区部弧状。［口］銅地金鍍金。

○外装

［金物］銅地金鍍金。山形付設。［係］欠損。

○解説

把・鞘は椋様材。

▼中倉131－48　白犀把烏犀鞘刀子

○総長　八・二センチ。

○刀身

［刃長］三・二センチ。［形状］刀子造。区部弧状。［口］銀地金鍍金。

○外装

［金物］なし。［係］欠損。

中倉蔵刀子・合鞘の総括

以上、中倉蔵の刀子・合鞘は刀子五八口（中倉131-1～3を含む）・合鞘三口・鈍一口。このうち刀子五八口の把・鞘の材質を総括するとつぎのようになる。

まず把の材質。斑犀一七口・白犀八口・沈香七口（沈香貼を含む）・白牙五口（樺纏を含む）・烏犀四口・黄楊様材二口・犀角二口・琥珀二口・椋二口・紫檀地螺鈿二口・青石一口・水角一口・黒瑠璃一口・黄牙彩色一口・梅様材一口・黒柿一口・白牙撥鏤一口となる。

さまざまな材質を使用。最多は斑犀。白犀・烏犀・犀角を含めて犀角だけで三一口となり、半数以上を占める。これに沈香七口、白牙・黄牙・白撥鏤を含めた象牙七口がつぐ。ほかには琥珀・青石・黒瑠璃等の大刀にはみられない材質もある。

ついで鞘の材質。沈香（沈香貼を含む）八口・撥鏤六口（緑一口・紫一口・紅二口・白二口）・白牙六口・木製金物裹六口（葛形裁文二口・板金裹四口）・白犀五口・水角五口・木製黒漆塗三口・斑犀三口・木製樺纏三口・黄楊様材二口・木製樹皮塗二口・椋二口・玳瑁二口（玳瑁裹・玳瑁様材彩色を含む）・仮斑竹一口・銅一口・梅様材一口・黒柿一口・烏犀一口となる。

やはりさまざまな材質を使用。金属製や板金裹もある。このうち撥鏤を含めて象牙一二口が最多。白犀・斑犀・烏犀を合わせた犀角九口。把よりもその比率は低いが、把と同じく鞘も犀角・沈香・象牙が三大材質。ちなみに把・鞘同材質は二一口。また、帯執金相当部分を直接作り出す鞘材は象牙・犀角・水角のいずれかである。これは強度の問題であろう。

合鞘三口は、把の材質は棗四口・水角三口・白牙三口。鞘はそれぞれ棗・木製黒漆塗・水角である。鈍一口は把・鞘ともに黒柿。

以上のように、正倉院宝物では刀子の把・鞘は舶来品を中心とした高級材質をふんだんに使用。その点からも佩飾具（しかも高位者の）であることが理解できよう。

第三節　正倉院の鉾・手鉾

本節の概要

本節では鉾《ほこ》と手鉾《てぼこ》を解説する。ただし、『珍宝帳』に鉾・手鉾はない。正倉院器仗では、中倉に鉾三三口（中倉11‐1〜33）と手鉾五口（中倉10‐1〜5）が現存する。どちらも中世でいう長柄《ながえ》である。長柄は文字通り長寸の柄《え》を持つ刀剣の総称。中世では長刀《なぎなた》や鑓《やり》が代表である。

つまり鉾・手鉾は古代の長柄。鉾・手鉾の名称に確定したのは『目録』からである。しかし、この命名は再考が必要である。それについては本節の最後にまとめ、ひとまずは鉾・手鉾の名称を使用し、それぞれの部分名称も不明なため、大刀や中世の用語を援用する。

以下、①鉾三三口と②手鉾五口の二群に分ける。さらに正倉院器仗によれば、鉾・手鉾それぞれで刀身の形状が二種類に大別できる。鉾は有枝《ゆうし》と無枝《むし》、手鉾は直刀系と屈曲系。そこで、①②をさらに二分。①‐🄰有枝刀身鉾、①‐🄱無枝刀身鉾、②‐🄰直刀系手鉾、②‐🄱屈曲系手鉾の四群に分類。すべての基本データを提示する。

ただし、鉾・手鉾は、刀身の形状がそれぞれ二種類に分かれる以外は、個々での様式や材質の相違はあまりない。そこで、特に解説が必要なもの以外は基本データの提示だけにとどめる。また、四群ごとに基本データ提示後にそれぞれを総括し、そのうえで①②ごとに名称や機能等の問題について考える。

①鉾三三口

鉾の概要

まず正倉院器仗に基いて鉾の概要をまとめ、基本データを示す。

全体構成は刀身と長寸の柄《え》。鞘はない。

刀身は無反・両刃《もろは》。両鎬造《もろしのぎづくり》（断面菱形）を主体として三角造（断面三角形）や四角造（断面四角形）もある。刀身の腰元付近に鉤鎌《かぎがま》状の枝を付設する有枝のもの（図21）と、付設しない無枝のものがあり（図22）、このうち無枝刀身が基本様式であろう。また、枝の鉤鎌の形状は各刀身で微妙な差異がある。

有枝・無枝ともにすべて穂袋造《ほぶくろづくり》。これは刀身の茎《なかご》に相当する部分が袋状（ソケット状）となったもので、そこを穂袋という。その穂袋に柄を差し込んで目約《めぜめ》で留める様式。穂袋は断面円形を基本として八角形等もある。その穂袋を含めて刀身全体で総長三〇センチ前後。

なお、目約孔は通常は二個。一個のもの（中倉11-22・23・24）や三個のもの（中倉11-7）もある。二個のものは孔が相対するもの（一本の目約で貫けるもの）と相対しないものがある。

柄はいずれも三メートル以上の長柄。四メートルを超えるものもある。材質は打柄《うちえ》が主体。木製柄もある。どちらも断面は円形。打柄は木を割竹で貼り包んだ柄。打柄は糸纏黒漆塗を基本。木製は黒漆塗のみ。糸纏はない。いずれにしろ柄の尻には鉄製石突金物《いしづきがなもの》が付設。石突金物は円錐型を基本。その先端の形状には各金物で意匠の微妙な相違がある。

また、打柄は概ねが柄の二ヵ所に約《せめ》を入れて使用時の把握部分を明示。この把握部分を柄に対して「把《つか》」とよぶ。把部分は柄本体とは糸の巻き方を変えたり（図23）、または革纏や銅線纏等もある（図24・25）。いずれの把纏も滑り止めのためである。なお、木製柄は約も把もない。

約は鉄製の鐶《かん》が基本。革製や幅の広いものもある。また、打柄でも無約や一約（一個の約）もある。また柄の先端部（柄に入れた穂袋下端位置）に約や口金を入れたものもある。

以上を前提として、鉾三三口の基本データを示す。

Ａ有枝刀身鉾一三口

▼中倉11－1
○刀身
［総長］三六・七センチ。［重量］四九八・三グラム。［比率］一三・五八。［形状］両鎬造。有枝。［穂袋］八角形。
○柄
［長］三六六・〇センチ。［材質］打柄。糸纏黒漆塗。［約］なし。
○解説
刀身総長が①－Ａ・Ｂで最長。

▼中倉11－2
○刀身
［総長］二八・八センチ。［重量］二七七・三グラム。［比率］九・六三。［形状］両鎬造。有枝。［穂袋］円形。
○柄
［長］三七五・五センチ。［材質］打柄。糸纏黒漆塗。［約］なし。［把］革纏黒漆塗。
○解説

刀身枝部分の飛び出し角度が水平に近い。

▼中倉11-3

○刀身（図26）

［総長］三三・六センチ。［重量］二八九・八グラム。［比率］八・六三。［形状］両鎬造。有枝。［穂袋］円形。

○柄

［長］三二〇・〇センチ。［材質］打柄。糸纏黒漆塗。［約］革製黒漆塗。［把］糸纏黒漆塗。

○解説

刀身枝部分が断面円形。極端な湾曲。

▼中倉11-4

○刀身（図27）

［総長］三一・六センチ。［重量］四七六・五グラム。［比率］一五・〇八。［形状］両鎬造。有枝。［穂袋］八角形。

○柄

［長］三三四・〇センチ。［材質］打柄。糸纏黒漆塗。［約］二個。一個は柄先端付近。

○解説

刀身枝部分の起点が穂袋上端。

▼中倉11-5

○刀身

［総長］三五・〇センチ。［重量］五四三・九グラム。［比率］一五・五四［形状］両鎬造。有枝。［穂袋］八角形。

○柄

［長］三三一・五センチ。［材質］打柄。糸纏黒漆塗。［約］なし。

○解説

刀身枝部分の鎬が中央ではなく下方に寄る。

▼中倉11-6

○刀身（図21）

［総長］二六・四センチ。［重量］二三九・七グラム。［比率］九・〇八。［形状］両鎬造。有枝。［穂袋］円形。

○柄

［長］三八七・六センチ。［材質］打柄。糸纏黒漆塗。［約］二個。［把］糸纏黒漆塗。

○解説

刀身総長が①-Ａ・Ｂで最短。

▼中倉11-7

○刀身

［総長］三〇・八センチ。［重量］二四〇・二グラム。［比率］七・八〇。［形状］両鎬造。有枝。［穂袋］円形。

○柄

［長］四一六・〇センチ。［材質］樫製。黒漆塗。［約］なし。

○解説

木製柄。柄長が①-Ａでは最長。

▼中倉11-8

○刀身

［総長］三三・一センチ。［重量］五五三・八グラム。［比率］一六・七三。［形状］両鎬造。有枝。［穂袋］八角形。

○柄

［長］三三五・〇センチ。［材質］打柄。糸纏黒漆塗。［約］一個。

○解説

刀身は①-A・Bで最重量。

▼中倉11-9

○刀身

［総長］二九・一センチ。［重量］一四六・九グラム。［比率］五・〇五。［形状］両鎬造。有枝。［穂袋］円形。

○柄

［長］三三一・〇センチ。［材質］打柄。糸纏黒漆塗。［約］二個。［把］糸纏黒漆塗。

○解説

刀身は①-A・Bで最軽量。

▼中倉11-10

○刀身

［総長］二八・五センチ。［重量］一九二・二グラム。［比率］六・七四。［形状］両鎬造。有枝。［穂袋］円形。

○柄

［長］三四四・〇センチ。［材質］打柄。糸纏黒漆塗。［約］二個。［把］糸纏黒漆塗。

▼中倉11-11

○刀身

［総長］二八・五センチ。［重量］一九〇・九グラム。［比率］六・七〇。［形状］両鎬造。有枝。［穂袋］円形。
○柄
［長］三一三・八センチ。［材質］打柄。糸纏黒漆塗。［約］二個。［把］糸纏黒漆塗。
○解説
柄長が①－Ａ・Ｂで最短。
▼中倉11－12
○刀身
［総長］二九・〇センチ。［重量］二五五・九グラム。［比率］八・八二。［形状］両鎬造。有枝。［穂袋］円形。
○柄
［長］三四〇・〇センチ。［材質］打柄。糸纏黒漆塗。［約］二個。［把］糸纏黒漆塗。
▼中倉11－13
○刀身
［総長］三三・一センチ。［重量］三三一・四グラム。［比率］一〇・〇四。［形状］両鎬造。有枝。［穂袋］円形。
○柄
［長］三三〇・四センチ。［材質］打柄。糸纏黒漆塗。［約］二個。［把］糸纏黒漆塗。

有枝刀身鉾一三口の総括

刃長二六・四センチ～三六・七センチ。二〇センチ台六口、三〇センチ台七口。刀身はすべて両鎬造。枝部分は断面円形一口。ほかはすべて両刃の両鎬造。一口は鎬が下方の刃側に寄る。また、枝の起点は一口が穂袋上端。

ほかはすべて刀身の腰元。穂袋は円形九口・八角形四口。

柄長三一三・八センチ～四一六・〇センチ。四〇〇センチ台一口。ほかはすべて三〇〇センチ台。柄の材質は木製（樫製）黒漆塗一口。ほかはすべて打柄糸纏黒漆塗。把が明らかなものは、糸纏黒漆塗八口・革纏黒漆塗一口。

Ⓑ無枝刀身鉾二〇口

▼中倉11-14
○刀身
［総長］三一・四センチ。［重量］三四〇・五グラム。［比率］一〇・八四。［形状］三角造。［穂袋］円形。
○柄
［長］三八九・〇センチ。［材質］打柄。糸纏黒漆塗。［約］二個。［把］糸纏黒漆塗。

▼中倉11-15
○刀身
［総長］三〇・四センチ。［重量］二二三・五グラム。［比率］七・三五。［形状］三角造。［穂袋］円形。
○柄（図24）
［長］四〇七・〇センチ。［材質］打柄。無塗漆。上端・下端のみ糸纏黒漆塗。［約］革製二個。

［把］皺革《しぼがわ》纏黒漆塗。［銘］上毛野《かみつけの》一。
○解説
柄が打柄・無塗漆。①-Ⓐ・Ⓑで唯一。また、柄に「上毛野一」の朱銘（朱書銘）がある。「上毛野」は上野国

（群馬県）の古称。大宝元年（七〇一）制定の『大宝令』で改称。

正倉院器仗では国名・地名の銘のあるものは、本例のほかに漆葛胡禄《うるしかづらころく》一具（中倉4−3）収納箭五〇隻に「下毛野奈須評《しもつけのなすのこおり》」。赤漆葛胡禄《せきしつかづらころく》一具（中倉4−20）収納箭一隻に「讃岐国」の刻銘がある。どちらも国名や地名。各国・各地域からの貢納品と考えられる。特に「下毛野奈須評」銘の箭は『大宝令』以前の貢納と考えられている（三〇二頁）。

以上によれば、本例も『大宝令』以前に上野国から貢納された可能性が高い。ただし、「一」の意味するところは不明。整理番号か。上野国から複数貢納されて本例だけが残存したか。

なお、本例の把は、手許のカラー写真（『宝物』第四巻・『第五十二回正倉院展』図録〈二〇〇〇年〉所収）によれば、皺革纏黒漆塗にみえる。しかし、『宝物』第四巻のモノクロ写真解説や西川説によれば、「皺皮巻赤漆塗」とある。『宝物』第四巻の「赤漆塗」は「黒漆塗」の誤植で、西川説はそれをそのまま踏襲したか。

▼中倉11−16

○刀身

〔総長〕三五・三センチ。〔重量〕二八六・七グラム。〔比率〕八・一二。〔形状〕三角造。〔穂袋〕八角形。

○柄

〔長〕四一五・〇センチ。〔材質〕打柄。糸纏黒漆塗。〔約〕なし。

○解説

刀身総長が中倉11−29とともに①−Bでは最長。金物は約がなく、柄先端部分に口金《くちがね》が付設。

▼中倉11−17

○刀身

［総長］三三・九センチ。［重量］四五一・九グラム。［比率］一三・三三。［形状］両鎬四角造。［穂袋］八角形。

○柄

［長］三六五・〇センチ。［材質］木製。黒漆塗。［約］なし。

○解説

刀身は両鎬四角造。通常の両鎬造よりも両鎬間の厚みがある。しかし、断面四角形の四角造にまではいたらない。

▼中倉11−18

○刀身

［総長］三一・四センチ。［重量］一九二・八グラム。［比率］五・九五。［形状］両鎬造。［穂袋］円形。

○柄

［長］四一三・〇センチ。［材質］打柄。糸纏黒漆塗。［約］二個。［把］糸纏黒漆塗。

○解説

刀身は①−Ⓑでは最軽量。

▼中倉11−19

○刀身

［総長］三二・二センチ。［重量］二八一・一グラム。［比率］八・七三。［形状］両鎬造。［穂袋］円形。

○柄

［長］三七七・〇センチ。［材質］打柄。黒漆塗。［約］二個。うち一個は柄先端部分。［把］糸纏黒漆塗。

○解説

把のみ糸纏黒漆塗。柄本体は打柄黒漆塗。

▼中倉11－20

○刀身

［総長］三一・七センチ。［重量］二七九・七グラム。［比率］八・八二。［形状］両鎬造。［穂袋］円形。

○柄

［長］三七四・五センチ。［材質］打柄。糸纏黒漆塗。［約］なし。

［把］樺纏黒漆塗。

○解説

把が樺纏黒漆塗。①－Ａ・Ｂで本例のみ。なお、『宝物』第四巻のモノクロ写真解説によれば、「段巻は赤漆塗」とあり、西川説でも踏襲。しかし、具体的には不明。

▼中倉11－21

○刀身（図22）

［総長］三〇・七センチ。［重量］三五一・二グラム。［比率］一一・四四。［形状］両鎬造。［穂袋］円形。

○柄（図23）

［長］四一四・〇センチ。［材質］打柄。糸纏黒漆塗。［約］革製二個。［把］糸纏黒漆塗。

▼中倉11－22

○刀身

［総長］三二・八センチ。［重量］三六四・二グラム。［比率］一一・一〇。［形状］両鎬造。［穂袋］八角形。

○柄

［長］四二五・〇センチ。［材質］打柄。糸纏黒漆塗。［約］二個。［把］糸纏黒漆塗。

○解説

柄長は①‐Ａ・Ｂで最長。

▼中倉11‐23

○刀身

［総長］三三一・二センチ。［重量］二三七・二グラム。［比率］七・三七。［形状］両鎬造。［穂袋］八角形。

○柄

［長］四二三・〇センチ。［材質］打柄。糸纏黒漆塗。［約］二個。［把］糸纏黒漆塗。

○解説

柄長は中倉11‐22につぐ。

▼中倉11‐24

○刀身

［総長］三四・四センチ。［重量］三九〇・五グラム。［比率］一一・三五［形状］三角造。［穂袋］九角形。

○柄

［長］三二五・八センチ。［材質］打柄。糸纏黒漆塗。［約］二個。［把］糸纏黒漆塗。

○解説

穂袋が九角形。①‐Ａ・Ｂで本例のみ。

▼中倉11‐25

○刀身

［総長］三一・三センチ。［重量］三二七・〇グラム。［比率］一〇・四五。［形状］両鎬造。［穂袋］八角形。

○柄

［長］三三・〇センチ。［材質］打柄。革纏黒漆塗。［約］二個。［把］糸纏黒漆塗。

○解説

柄本体が打柄革纏黒漆塗。①-A・Bで本例のみ。把は糸纏黒漆塗。

▼中倉11-26

○刀身

［総長］三一・〇センチ。［重量］二三六・八グラム。［比率］七・四〇。［形状］両鎬造。［穂袋］円形。

○柄（図25）

［長］三二七・五センチ。［材質］打柄。黒漆塗。［約］二個。［把］銅線纏黒漆塗。

○解説

柄が打柄黒漆塗。把が銅線纏黒漆塗。①-A・Bで本例のみ。

▼中倉11-27

○刀身

［総長］三三・一センチ。［重量］四六四・九グラム。［比率］一四・〇五。［形状］四角造。［穂袋］円形。

○柄

［長］三三四・〇センチ。［材質］打柄。糸纏黒漆塗。［約］二個。［把］糸纏黒漆塗。

▼中倉11-28

○刀身（図28）

○柄

［総長］二七・四センチ。［重量］二八七・四グラム。［比率］一〇・四九。［形状］両鎬造（逆刺《かえし》あり）。［穂袋］円形。

○解説

［長］三五三・五センチ。［材質］打柄。糸纏黒漆塗。［約］二個。一個は柄先端部分。

刀身総長が①-Bでは最短。刀身は下端両側（区部分）が下方に尖る両鎬造。尖った部分を逆刺とよぶ。

▼中倉11-29

○刀身

［総長］三五・三センチ。［重量］三八七・六グラム。［比率］一〇・九八。［形状］両鎬造。［穂袋］八角形。

○柄

［長］三二三・五センチ。［材質］木製。黒漆塗。［約］なし。

○解説

刀身総長が中倉11-16とともに①-Bでは最長。柄長は①-Bでは最短。

▼中倉11-30

○刀身

［総長］二九・六センチ。［重量］二八五・五グラム。［比率］九・六五。［形状］両鎬造。［穂袋］円形。

○柄

［長］三四三・五センチ。［材質］欅製。黒漆塗。［約］なし。

▼中倉11-31

○刀身

［総長］二九・〇センチ。［重量］二二七・一グラム。［比率］七・八三。［形状］三角造。［穂袋］円形。
○柄
［長］三三九・〇センチ。［材質］打柄。糸纏黒漆塗。［約］二個。［把］糸纏黒漆塗。
▼中倉11-32
○刀身（図29）
［総長］二七・五センチ。［重量］五三八・三グラム。［比率］一九・五七［形状］両鎬造（扁平）。［穂袋］八角形。
○柄
［長］三五〇・四センチ。［材質］打柄。糸纏黒漆塗。［約］二個。［把］糸纏黒漆塗。
○解説
刀身が①-Ａ・Ｂでもっとも幅広・扁平な両鎬造。また、①-Ｂでは最重量。
▼中倉11-33
○刀身
［総長］三三・三センチ。［重量］三九八・一グラム。［比率］一一・九五。［形状］両鎬造。［穂袋］八角形。
○柄
［長］三三四・八センチ。［材質］打柄。糸纏黒漆塗。［約］一個。柄先端部分。

無枝刀身鉾二〇口の総括

刃長二七・四センチ～三五・三センチ。三〇センチ台一六口・二〇センチ台四口。形状は両鎬造一三口・三角造五口・両鎬四角造一口・四角造一口。両鎬造のうち一口は逆刺がある。一口は幅広・扁平。穂袋は円形一一口・八角形八口・九角形一口。
柄長三二三・五センチ～四二五・〇センチ。三〇〇センチ台一四口・四〇〇センチ台六口。柄の材質は打柄糸纏黒漆塗一三口・木製黒漆塗三口・打柄黒漆塗二口・打柄革纏黒漆塗一口・打柄無塗漆一口。把が明らかなものは、糸纏黒漆塗一一口・皺革纏黒漆塗一口・樺纏黒漆塗一口・銅線纏黒漆塗一口。

鉾の名称

以上、①-A・Bを比較すると、刀身の枝の有無以外に両者に特に相違はない。両者を鉾と命名したのは『目録』。しかし、刀身の枝の有無は大きな相違点といえ、①-Aには同じく鉾でも個別の歴史名称がありそうである。ちなみに「ほこ」の漢字表記は、鉾以外にも槍・矛・桙・戟・戈等と複数ある。中国では漢字ごとに種類・様式が相違するが、日本では表記の相違が種類・様式の相違を示さない。各漢字が文献によって恣意的に「ほこ」の意味で使用されている。

ただし、軍防令衛士《えじ》上下条義解《ぎげ》によれば、「槍者、木両頭鋭者、即戈之属也」（槍は、木の両頭鋭き者、即ち戈《ほこ》の属なり）とみえる。これによれば、「槍」は木製柄の両端を鋭く削っただけのものとなる。もっともこれは当時の武官最下級の衛士使用の「槍」だけの意の可能性が高い。文献にみえる「槍」すべてを義解のように解釈する必要はなさそうである。

そうしたなかで注目されるのは、『日本三代実録』元慶五年（八八一）四月二五日条である。そこに「槍」「鎌《かま》槍《ぼこ》」「鯰尾槍《なまずおほこ》」と三種類の「槍」が並記されるが、そのうちここで注目されるのは「鎌槍」。これこそ有枝刀身鉾であろう。中国では鉤鎌《かぎがま》状有枝刀身の槍を鉤鎌槍《こうれんそう》とよび、唐代に成立したらしい。その点もこの連想を後押しする。①-Aが鉤鎌槍と関係があれば、唐代の最新の器仗が舶来したことになろう。

以上に確証はない。名称からの連想にすぎない。しかし、①-Aは「鎌槍」（「鎌鉾」等の表記と置換可）である可能性は指摘しておきたい。なお、「鯰尾槍」は②-Aとの関係で後述する（二〇一頁）。

鉾と鑓

ところで、「槍」は現在では当然のように「やり」と読む。しかし、「ほこ」と読むのが正しい。「やり」は、山田準次郎「日本刀剣概論（四）鎗」（『日本刀講座』三、雄山閣、一九三四年）ですでに指摘されているように、元弘四年（一三三四）正月一〇日「曾《そ》我《が》乙房丸《いつぼうまる》代道為《だいみちため》合戦《かっせん》手《て》負注文《おいちゅうもん》」（南部文書）に「以二矢利一被二胸突一、半死半生了」（矢利《やり》をもって胸を突かれ、半死半生し了んぬ）とみえる「矢利」が初見。つまり「やり」は一四世紀に現れる用語で古代には存在しない。したがって、古代の文献にみえる「槍」を「やり」と読みようがない。

一方、「やり」の表記は鑓または鎗が正しい。しかも鑓は国字。鉾や鑓に類似する長柄の刀剣は世界各国に存在するが、それらはあくまで鉾と考えるべきで鑓ではない。つまり鑓が国字であることからも分かるように、用語として「ほこ」には国際性がある一方で、「やり」は日本独自のものと考えるべきである。

確かに鉾と鑓には類似性がある。ともに刺突を主機能とする長柄の刀剣である点で共通する。これは有枝刀身鉾でも同様である。しかし、鉾刀身が穂袋造に対して鑓刀身は茎造《なかごづくり》。また、柄の状態も相違。鉾は糸纏や革纏。さらに把には本体と別種の糸纏や革纏・銅線纏等を施す。

こうした各種の纏（巻）は打柄だけに施されているため、木と竹の分離防止の意味もあろう。しかし、滑り止めの効果も大きい。特に把部分の纏は明らかに滑り止め。これに対し、鑓の柄は刀身側の太刀打《たちうち》（千段巻《せんだんまき》とも）とよばれる部分を除き、ほかは滑らかに仕立てる。

鉾の使用法

鉾と鑓の柄の状態の相違は使用法の相違に直結する。つまり、世界史的にみて、鉾は騎兵・歩兵ともに使用。使用法も左手に手楯《てだて》を持ち、右手で握ったり抱えて刺突した。「ほこ」と手楯はセットであったために「矛盾」という熟語も成立した。また、手楯を持たずに両手で握って刺突したり、またはそのまま突進することもあった。さらに古くは投槍《とうそう》として投げつけた。陸上競技の「ヤリ投げ」はその投槍が競技化したもの。正しくは「ホコ投げ」というべきである。

これに対し、鑓は柄の石突に近い部分を右手で握り、左手の掌の上を滑らせて突き出し戻す動作で使用した。この動作を「しごく」という。左手の掌を滑らせるために柄は滑らかに仕立てた。柄に管《くだ》を入れ、その管を左手で握ってしごく管鑓《くだやり》もある。

以上は関保之助「奈良朝時代の外装」（三二二頁）でも強く主張されている。鉾と鑓は別個のものと考えるべきである。

正倉院器仗の①-Ｂのうち柄長四メートル以上のものは、柄長からすれば、中国で矟《しゃく》といった馬上用の鉾に相当する。しかし、日本では鉾の騎兵使用を示す史料は乏しい。また手楯は、『和名抄』巻一三・調度部・征戦具に「歩楯」（和訓「天太天《てたて》」）がみえるがその例も乏しく、特に鉾と手楯がセットにならない。中国でも歩兵使用の歩矟《ほしゃく》もある。つまり、①-Ｂは歩兵が両手に握って刺突したと考えられる。

一方、①-Ａの機能は鉤鎌槍の例からすれば、刺突と同時に鉤鎌状部分で歩兵が騎兵を引き落とすのに使用されたと考えられる。

つまり①-Ａ・Ｂともに歩兵の両手使用が考えられる。それは両者の把部分が長寸である点からも想定できる。

なお、右記の関説によれば、鉾の片手使用を主張。正倉院器仗の把の幅では両手使用はできないという。しかし、その点は賛同できない。正倉院器仗の把の幅で両手使用は十分に可能であると考える。

②手鉾五口

手鉾の概要

手鉾（中倉10―1～5／図30・31）は、正倉院器仗以外に類例のない器仗。器仗ですらないかもしれない。ともかく全体構成は鉾と同じく刀身と長寸の柄で鞘はない。

刀身については、詳細は基本データに譲る。しかし、特異な形状で直刀系二口（図30）と屈曲系三口（図31）に大別できる。どちらも刃長四〇センチ前後の茎式。茎は長寸。刃長よりも長いものもある。いずれも目約孔一個が開く。

なお、刀身の形状は、直刀系が鋒両刃背隆起《せりゅうき》切刃造・鋒両刃背隆起平造（図30）。屈曲系が屈曲外向《とむき》平造・屈曲鋒切刃平造・屈曲鋒切刃平造（図31）と命名されている。いずれも正倉院器仗の手鉾刀身だけに対応する命名である。これらは『目録』の註記と『正倉院の刀剣』「個別解説」（三三頁）の調書をもとに命名されたものである。

柄はいずれも木製糸纏黒漆塗。断面は楕円形。柄長は直刀系は一メートル前後。屈曲系は六〇センチ前後。屈曲系の方が短寸である。いずれも目約孔一個が開く。

金物は、いずれも柄先端部（刀身側）に口金（あるいは鎺《はばき》というべきか）。それに接して約を付設。喰出鐔《はみだしつば》のような約もある。また、柄の途中にも約を付設するものもある。金物はいずれも鉄製黒漆塗。石突は柄木から削り出す。意匠はそれぞれ相違する。

こうした手鉾は、『図録』によれば、薙刀《なぎなた》（長刀）に類すると指摘される（特に屈曲系）。そこから長刀の原型ともいう。事実、建久四年（一一九三）八月二五日「東大寺勅封蔵開検目録」（『東大寺勅封蔵目録記』上巻所収）によれば、「中蔵」（中倉）蔵品のなかに「那岐刀《なぎなた》」がみえる。関根真隆「正倉院刀剣史料考」（三三頁）によれば、これを手鉾とみる。右記史料を新たに翻刻した橋本義彦「『東大寺勅封蔵目録記』雑考」（『正倉院文書研究』九、二〇〇三年）も同意見。

以上を前提に基本データを示す。

Ⓐ直刀系手鉾二口（図30）

▼中倉10−1

○総長　一四三・八センチ。

○刀身

［刃長］四五・二センチ。［茎長］四〇・〇センチ。［重量］一二七〇・六グラム。［比率］二八・一一。

［形状］鋒両刃背隆起切刃造。

○柄

［長］九八・三センチ。［材質］木製。糸纏黒漆塗。［金物］口金・鐔状約・約。

○解説

刀身は無反の直刀。刀身中程から鋒にかけて切刃造状の刃部がある。それが鋒を越えて棟側にも続き、鋒両刃となる。棟の中程に瘤状の隆起がある。

手鉾刀身は五口いずれも鋒刀身よりも重量があるが、本例はそのうちでも最重量。

▼中倉10−2

○総長　一四四・四センチ。
○刀身
［刃長］四三・四センチ。［茎長］五八・四センチ。［重量］九三〇・二グラム。［比率］二一・四三。
［形状］鋒両刃背隆起平造。
○柄
［長］一〇一・〇センチ。［材質］木製。糸纏黒漆塗。［金物］口金・鐔状約・約。
○解説
刀身は中倉10-1と同類。しかし、中倉10-1は刃部が切刃造状。本例は平造状。茎は刃長よりも長寸。

直刀系手鉾二口の総括

二口ともに刀身・柄いずれもほぼ同様の様式。特に刀身の棟側の隆起が特異。二口の特徴でもある。しかし、この隆起の実用性については不明。製作技術的には手間が懸かろう。

Ｂ屈曲系手鉾三口（図31）

▼中倉10-3
○総長　一一〇・九センチ。
○刀身
［刃長］四三・四センチ。［茎長］二九・七センチ。［重量］七二九・九グラム。［比率］一六・八二。
［形状］屈曲外向平造。

○柄

［長］六六・〇センチ。［材質］木製。糸纏黒漆塗。［金物］口金・約一個。

○解説

刀身は平造直刀が基調。腰元で大きく屈曲。形状の「外向」は刃側に屈曲することをいうか。

▼中倉10－4

○総長　一〇〇・三センチ。

○刀身

［刃長］四二・八センチ。［茎長］二三・六センチ。［重量］六五九・九グラム。［比率］一五・四二。

［形状］屈曲鋒切刃平造。

○柄

［長］五七・一センチ。［材質］木製。糸纏黒漆塗。［金物］口金・約二個。

○解説

刀身は中倉10－3と同類。刃側への屈曲が小さい。また、鋒切刃造。

▼中倉10－5

○総長　一〇四・四センチ。

○刀身

［刃長］三八・四センチ。［茎長］三四・一センチ。［重量］六六四・七グラム。［比率］一七・三一。

［形状］屈曲鋒切刃平造。

○柄

［長］六六・〇センチ。［材質］欅製。糸纏黒漆塗。［金物］口金・鐔状約。

○解説

刀身は中倉10-3と同類。中倉10-4と同様に鋒切刃造。中倉10-4よりも腰元の屈曲は大きく、屈曲より先は棟側に傾く。

屈曲系手鉾三口の総括

刃長は🄰とほぼ同様。柄長は短寸。総長も短寸になる。また、茎も長寸。🄰よりは短寸。いずれも刀身は腰元で屈曲。屈曲後の刀身の傾きは不統一。屈曲の意味は不明。🄰以上に製作技術的には手間が懸かろう。

手鉾の名称

手鉾の命名も『目録』による。『和名抄』巻一三・調度部・征戦具によれば、「矛」の和訓は「天保古《てほこ》」。古代にも「てほこ」（てぼこ）という和訓が存在した。しかし、実態は不明。また、「手鉾」の表記は中世からである。

私見によれば、中世の手鉾は文献で「小長刀《こなぎなた》」とも言い換えられる。一方、長刀と並記されている点や絵巻物の描写等から、冠落《かんむりおと》し造《づくり》を刀身とする長柄と考えられる（拙稿「手鉾について」『中世的武具の成立と武士』〈一一頁〉第四章）。なお、冠落し造は、薙刀造《なぎなたづくり》（長刀《なぎなた》刀身特有の形状）に類似する短寸・無反の刀身。

中世の手鉾が筆者の想定のようであれば、②-🄰の刀身は、冠落し造や薙刀造の前身とも考えられる。その点では手鉾の命名も現在の暫定的な名称としては妥当性があろう。

そうしたなかで、原田淑人「正倉院の手鉾と唐代の陌刀」（『考古学雑誌』三三-九、一九四三年）によれば、『唐六《とうりく》典《てん》』武庫令《ぶこれい》にみえる「陌刀《はくとう》」の名称が妥当という。一方、末永雅雄「手鉾」（『増補日本上代の武器』〈一〇頁〉復刻分後篇第一章第三節）によれば、『日本三代実録』元慶五年（八八一）四月二五日条にみえる「鯰尾槍」に注目する。②-Ⓐの刀身や冠落し造はいかにも鯰の尾を連想させる。②-Ⓐは「鯰尾槍」ではなかったか。

これも既述した「鎌槍」（一九四頁）同様に確証はない。名称からの連想である。しかし、②-Ⓐが「鯰尾槍」（「鯰尾鉾」等の表記と置換可能）である可能性については末永説を支持したい。

ただし、②-Ⓑについては上記の推定は当てはまらない。その名称は今後の課題である。しかし、使用面を考えた場合、②-Ⓑが使いやすいとは考えにくい。こうした特異な形状にする理由がわからない。②-Ⓐ・Ⓑは類似するがⒷは器仗ではないかもしれない。

いずれにしろ、②-Ⓐ・Ⓑともに正倉院器仗以外に類例はなく、確かなことはわからない。

以上、『珍宝帳』記載・正倉院宝物の刀子、正倉院器仗の鉾・手鉾を解説した。これで『珍宝帳』記載および正倉院器仗の刀剣の解説は終了。つぎに弓箭の解説に移ろう。

第四章　弓・鞆

第一節　「御弓壹佰張」

本節の概要

本章では、『珍宝帳』記載の「御弓壹佰張」と正倉院器仗の弓と鞆《とも》を解説する。

そのうち本節では「御弓壹佰張」を、記載順に①梓弓《あずさゆみ》八四張・②槻弓《つきゆみ》六張・③阿恵弓《あえゆみ》一張・④檀弓《まゆみゆみ》八張・⑤肥美弓《ひみゆみ》一張・⑥別色弓《べつしきゆみ》三張の六群に分けて解説する。「御弓壹佰張」が全体で弓一〇三張になることは既述の通り（一六頁）。解説方法は基本的にこれまでと同様である。

なお、「御弓壹佰張」と正倉院器仗の弓に関わる参考文献として、本節と第二節では、序章提示のほかにつぎのものを参照した。

・鈴木敬三「木弓と伏竹の弓」（三九頁）。以下、**鈴木説**。

・斎藤直芳「日本弓道史(二)」（『弓道講座』二、雄山閣、一九三七年）。以下、**斎藤説**。

※氏自身が単独執筆された日本学士院編『明治前日本造兵史』（日本学術振興会、一九六〇年）第二編第一章にその要約が掲載。

・西宮秀紀「信濃国と梓弓」（塚本学先生退官記念論文集刊行会編『古代・中世の信濃社会』銀河書房、一九九二年）。

※信濃国（長野県）と梓弓との関係をさまざまな角度から論証。梓弓についても文献を中心として多様な角度
から考証する。以下、**西宮説**。

弓の概要

まずは弓の概要を示す。日本の弓は木製弓と、木と竹を合成した伏竹弓《ふせたけゆみ》とよぶ合《あわ》せ弓《ゆみ》（合成弓）がある。このうち古代の弓は、ごく一部に合せ弓の可能性を示す発掘品もあるようだが原則は木製弓。これは「御弓壹佰張」・正倉院器仗ともに同様である。そこで伏竹弓については割愛し、木製弓の概要を示す。図1（梓弓〈中倉1-3〉）を適宜参照願いたい。

弓は弓柄《ゆがら》（弓幹《やがら》）に弦《つる》を張って使用する。弓柄は弓の本体。木製弓の弓柄は、木の成長する末（梢側）を上端、それと逆の本（幹側）を下端とする。この弓の両端を弭《はず》とよび、凸字形に削り立てて弦を掛ける肩を作る。その上端を末弭《うらはず》、下端を本弭《もとはず》という。さらに弓柄の弦側を腹（弓腹《ゆはら》）、外側を背とよぶ。

また、弓の左手で握る部分を弓把《ゆつか》という。弓把には組紐や革緒等を巻いて滑り止めとする。弓把は弓柄の中央ではなく、本弭寄りに置く。木の梢側である末弭側は幹側である本弭側よりも弾力がある。そこで、弓把を弓柄中央に置くと末弭側ばかりが湾曲して弓が歪な湾曲になる。そこで上下の湾曲を平均化するために弓把を本弭寄りとした。

もっとも正倉院器仗では、弓把部分に糸纏が残る一張（中倉2-24）を除き弓把は残っていない。ただし、正倉院宝物の墨《すみ》絵《え》弾弓《だんきゆう》と漆《うるし》弾弓《だんきゆう》（中倉169-1・2／図2）には弓把が残る。もっとも、前者の弓把は新補。後者は当初の弓把という（二一〇頁）。

また、木製弓は弓腹下半から本弭にかけて浅い溝を彫り入る。これを樋《ひ》とよぶ。樋も湾曲平均化のための処置。

「御弓壹佰張」には樋に関わる註記はない。しかし、正倉院器仗の弓はすべてに樋がある。

以上の用語は中世の用語を使用。「御弓壹佰張」にも「腹」「背」「末」「本」「弓把」「弭」がみえ、古代の用語も中世と同様であったことがわかる。

木製弓の種類

ところで、厳密にいうと木製弓には丸木弓《まるきゆみ》と木弓《きゆみ》がある。丸木弓は枝を払って表皮を剝いだ自然木をそのまま利用した弓。木弓は材木を割り削った弓である。どちらも弦を外すと直線的になる。しかし、丸木弓は自然木を利用しているために、弓柄に自然の湾曲や節（枝を払った跡）が残る。

「御弓壹佰張」でも弓によって弓柄の湾曲や節の註記があり、丸木弓であることがわかる。また、正倉院器仗二七張（梓弓三張・槻弓二四張）も弓柄に自然の湾曲があり、丸木弓と考えられる。

「御弓壹佰張」の註記

さて、「御弓壹佰張」では、弓柄の材質（弓材《きゅうざい》）はすべて各弓の個別名称に示される。註記は弓ごとに弓柄長・弓柄塗・弓把と収納袋の材質が基本。これに湾曲や節等のその他の特長が加わる場合がある。また、弓把長や弓柄塗が同様の場合は複数張一括で註記する。複数張一括註記は、弓把長が同様の場合と弓柄塗が同様の場合で記載方法が相違する。なお、各弓は一張ごとに袋に入れ、二〇張（二三張の場合も）ごとに櫃《ひつ》に収納。

以下、本節では「御弓壹佰張」を六群に分けるが、群ごとに各弓に記載順の通し番号を付ける。一括註記は一群として扱い、番号はひとつとする。収納袋は註記としては示すが、解説は割愛する。

また、各個別名称は、「弓」の前にすべて「御」が付くが、この「御」は割愛する。

①梓弓八四張

梓弓の概要

梓弓の弓材つまり梓については諸説ある。ミヅメ（別名ヨグソミネバリ）・キササゲ・アカメガシワ・オノオレ等である。このうちミヅメ（カバノキ科の落葉樹）説がもっとも有力。西宮説でもさまざまな考証からミヅメ（ヨグソミネバリ）の可能性が極めて高いとする。

しかし、正倉院器仗には「御弓壹佰張」とは別個に梓弓三張が現存（中倉1-1～3／図3・4・1）。その弓材調査によると、その種類は右記いずれにも特定できない。つまり梓弓の弓材は現在のところ不明である。あるいは梓弓の弓材は一種類ではない可能性もあろう。古代の梓弓は法隆寺献納宝物（東京国立博物館蔵）や奈良・春日大社にも現存（二〇九頁）。これらの弓材はどうなのであろうか。

また、正倉院器仗にはやはり「御弓壹佰張」とは別個に槻弓二四張も現存（中倉2-4～27／図5～9）。この弓材はすべてケヤキ（ニレ科の落葉樹）。つまり槻弓は弓材で特定できる。しかし、梓弓の弓材は特定できない。とすれば、梓弓が梓弓である所以が何であるのかが疑問となる。

いずれにしろ『続日本紀』によれば、大宝二年（七〇二）二月己未（二二日）条で甲斐国（山梨県）に梓弓五百張。同年三月甲午（二七日）条で信濃国（長野県）に梓弓一〇二〇張。慶雲元年（七〇四）四月庚午（一五日）条で信濃国に梓弓一四〇〇張の大宰府への送付が命じられた。また、『日本三代実録』元慶二年（八七八）五月九日条によれば、相模国（神奈川県）・安房国（千葉県）に槻弓一〇〇枝。信濃国に梓弓二〇〇枝。但馬国（兵庫県）に檀弓一〇〇枝。備中国（岡山県）・備後国（岡山県・広島県）に柘弓《つみゆみ》各一〇〇枝の調進が命じられた。これによれば、梓弓は信濃国とその周辺を原産とする弓らしい。

また西宮説によれば、古墳時代までの発掘品には梓に該当する弓材はみえない。また、文献でも梓弓は『万葉集』等の奈良時代の文献から頻出する。梓弓は新しい弓材を使用した当時最新の弓という。だからこそ「御弓壹佰張」でも梓弓が八四張と圧倒的に多いのであろう。

では、「御弓壹佰張」の梓弓八四張を解説する。

▼二〇張一括…1

一張、長六尺九寸（二〇四・七センチ）、
一張、長六尺九寸七分（二〇六・八センチ）、
二張、長七尺二寸三分（二一四・五センチ）、
二張、長七尺一寸八分（二一三・〇センチ）、
二張、長七尺一寸七分（二一二・七センチ）、
三張、長六尺九寸一分（二〇五・〇センチ）、一末少曲、
一張、長七尺一寸九分（二一三・三センチ）、
一張、長七尺二寸六分（二一五・四センチ）、末節、
一張、長七尺一寸五分（二一二・一センチ）、
一張、長七尺五分（二〇九・二センチ）、
一張、長七尺六分（二〇九・五センチ）、
一張、長七尺一寸四分（二一一・八センチ）、末節、
一張、長七尺三寸二分（二一七・二センチ）、
一張、長七尺二寸（二一三・六センチ）、

一張、長七尺三寸（二二六・六センチ）、
右二十張、並、赤漆、樺纏、黒紫組纏弓把、以羽茎捍箭、十五張、紫袋・緋綾裏、十（五）張、紫袋・緑絹裏、已上納第一櫃、

○長六尺九寸　弓柄長。以下、煩雑となるので、弓柄長のメートル法への換算は原文中に（　）で提示。

○一末少曲　「一《ひとつ》は末少し曲がる」と読む。三張のうち一張は末弭側に湾曲。

○末節　「末に節」と読むか。末弭側に節。

○右二十張　二〇張一括註記。

○赤漆　「せきしつ」「あかうるし」とも読める。弓柄塗。当時の赤漆は、赤漆欟木厨子《かんぼくずし》（北倉２）等の『珍宝帳』記載の正倉院宝物によれば、蘇芳の下塗に透漆を上塗りした（これを①とする）。また、正倉院器仗では胡禄《ころく》三三具のうち一四具がこの手法による赤漆塗（第五章参照）。
「御弓壹佰張」では本例を含めて「赤漆」の註記は五二張（梓弓四八張・槻弓・檀弓各二張）。弓柄塗で最多。赤漆欟木厨子（北倉２）や胡禄の例から考えれば、「御弓壹佰張」の「赤漆」も①の手法であろうか。

ただし、小林行雄『古代の技術』（三九頁）・荒井秀規「『延喜式』の色」（『延喜式研究』二八、二〇一二年）等によれば、『延喜式』にみえる「赤漆」にはつぎの三種類がある。
②阿膠《あこう》で溶いた朱砂《しゅさ》を下塗し、荏油《えのあぶら》（荏胡麻油）を混ぜた透漆を上塗する（①同類）。なお、阿膠は「あきょう」とも。牛革から取った膠《にわか》。本来は中国山東省東阿県産。朱砂は辰砂《しんさ》とも。水銀の硫化鉱物（朱の顔料）。
③朱砂を混ぜた透漆を塗る。これは朱漆《しゅうるし》とも。『日本国語大辞典』によれば、同じ「赤漆」の表記でも、①②は「せきしつ」。これは「あかうるし」と読む。
④下塗せずに直接荏油を混ぜた透漆を塗り、木地の色調を生かす。

つまり同じく「赤漆」でも①と合わせて四種類がある（ちなみに①②④は後世の春慶塗《しゅんけいぬり》に継承）。したがって、「御弓壹佰張」の「赤漆」も②〜④のいずれかである可能性も残る。

いずれにしろ『延喜式』神祇四によれば、伊勢神宮神宝（神宮神宝）の梓弓二四張は「塗二赤漆一」（赤漆を塗る）とある（『延喜式』の古い写本のひとつである九条家本によれば、「赤」に「アカ」のルビ）。また、奈良・春日大社には平安時代に遡る梓弓三八張・槻弓一六張・雑木弓《ぞうき》一四張が現存。このなかにも①の手法による赤漆塗が複数ある。古代の弓には赤漆塗（実態が問題だが）が多い。なお、以下、右記の春日大社蔵の弓を**「春日遺品」**とする。

ただし、正倉院器仗の弓には明確な赤漆塗はない。『図録』によれば、梓弓一張（中倉1-1／図3）と槻弓のうち素木《そぼく》製五張（図6・7はその一部）を除き、すべて「栗色塗」とする。また、『宝物』によれば、梓弓二張（中倉1-2・3／図4・1）は「茶褐色塗」。素木製五張を除く槻弓は「褐色塗」とする。なお、素木弓は弓柄塗のない木地のままの弓。

この各色塗が具体的にどのような塗かは、筆者は原品の熟覧・調査をしていないので不明。見た目の色で表現しただけかもしれない。しかし、推論すれば、黒漆塗でないのは明白。梓弓一張（中倉1-1／図3）は黒漆と生漆の斑塗《まだらぬり》（二二六頁）。梓弓一張（中倉1-3／図1）と槻弓一八張（図5・8・9はその一部）は、両括部分のみ黒漆塗だからである。

そこで、栗色塗（茶褐色塗・褐色塗）は四種類のいずれかの赤漆塗の変色の可能性がある。また、朱沙や蘇芳の使用は管見では報告されていない。とすれば、④の手法である可能性がもっとも高くなろう。本例の赤漆も④の手法かもしれない。ただし、茶褐色塗は別の解釈もできる（二一一頁）。

○樺纏《かばまき》　弓柄の補強。弓柄のうち特に節部分は折れやすい。そこで樺を巻いた。糸纏《いとまき》・籐纏《とうまき》もある。正倉院器仗では樺纏は槻弓一張（中倉2-12／図6）のみ。ただし、糸纏並用。

○黒紫組纏弓把《くろむらさきくみまきのゆつか》「黒紫組にて弓把を纏《ま》く」とも読める。黒紫組紐を巻いた弓柄。「御弓壹佰張」では組纏弓把は檀弓一張（④-1）以外は梓弓のみ。うち黒紫組が最多で二二張。ついで赤紫組二〇張。正倉院宝物では、当初のものである漆弾弓（中倉169-2／図2）の弓把が、洗革・紫革を下地とする紫組纏。

○以羽茎捍箭「羽茎《はぐき》をもって箭を捍《まも》る」と読むか。羽茎は鳥羽中央の硬質部分。弓把上の箭を番える部分（伏竹弓では「矢摺籐《やすりとう》」に相当）に羽茎を付設して矢の滑りを良くしたか。

以上二〇張は、一五張分と五（「十」を付箋で訂正）張分で袋が相違し、まとめて第一櫃に収納。

▼二〇張一括…2

一張、長七尺一寸三分（二一一・五センチ）、末少曲、
一張、長七尺五分（二〇九・二センチ）、
二張、長七尺一寸（二一〇・七センチ）、
一張、長七尺二寸九分（二一六・三センチ）、末少曲、
二張、長七尺一寸九分（二一三・三センチ）、
一張、長七尺一寸二分（二一一・三センチ）、
一張、長七尺四寸一分（二一九・九センチ）、
一張、長七尺四寸五分（二二一・〇センチ）、
一張、長七尺三寸二分（二一七・二センチ）、
一張、長七尺三寸六分（二一八・四センチ）、
一張、長七尺二寸七分（二一五・七センチ）、末少曲、

一張、長七尺二寸五分（二二五・一センチ）、
一張、長七尺三寸八分（二二九・〇センチ）、
一張、長七尺三寸三分（二二七・五センチ）、
一張、長七尺二寸（二一三・六センチ）、
一張、長七尺三寸（二一六・六センチ）、
一張、長七尺一寸二分（二一一・三センチ）、末三所曲、
一張、長七尺一寸六分（二一二・四センチ）、
右廿張、並、黒漆、樺纏、赤紫組纏弓把、以羽茎捍箭、紫袋・緋綾裏、已上納第二櫃、

○末三所曲　「末三所曲がる」と読む。末弭側三ヵ所に湾曲。

○右廿張　二〇張一括註記。

○黒漆　弓柄塗。正倉院器仗では弓柄全体を黒漆塗とした弓はない。

以上二〇張は、それぞれ袋に入れて第二櫃に収納。

▼一張…3

長七尺二寸七分（二一五・七センチ）、鹿毛漆、末弭継銅、目刺、紫皮纏弓把、名金（銅）弭、錦袋・緋綾裏、

○鹿毛漆《かげぬり》　弓柄塗。鹿毛のような茶褐色塗か。「御弓壹佰張」では「鹿毛漆」は本例以外に梓弓三張（①-25〈三張のうち一張〉・27・30）にみえる。既述のように、『宝物』によれば、正倉院器仗では梓弓二張（中倉1-2・3／図4・1）が茶褐色塗（二〇九頁）。これが槻弓の褐色塗とどれほどの相違があるかは不明。相違するのであれば、茶褐色は鹿毛を連想させ、茶褐色塗は鹿毛漆の変色の可能性もある。

○末弭継銅　「末弭に銅を継ぐ」と読む。末弭に銅製弭金物《はずがなもの》を付設。「御弓壹佰張」では弭金物は本例のみ。正倉

院器仗では梓弓一張（中倉1-1／図3）の両弭に銅地金鍍金製弭金物。

○目刺　不明。「御弓壹佰張」では本例のほかに梓弓四張（①-9・25〈三張のうち二張〉・28）にみえる。

○名金（銅）弭　「銅」は付箋。「金弭《かなはず》」を「銅弭」に訂正。「銅弭」は、鈴木敬三「奈加弭考」（『國學院雑誌』五九―一〇・一一、一九五八年）によれば、「金弭」と同じく「かなはず」と読む。「名銅弭」で「銅弭と名づく」と読む。本例の号か。由来は銅製弭金物付設のため。

▼一張…4

長七尺四寸（二二九・六センチ）、色白、紫皮纏弓把、名佐伯、紫紬袋・縹纈綾裏、

○色白《いろしろ》　弓柄塗のない素木の意か。つまり本例は素木弓か。「御弓壹佰張」では素木弓は本例のほかに槻弓一張（②-1）・蘇芳《すおう》弓一張（⑥-1）。正倉院器仗では槻弓五張（中倉2-12・17〈図6・7〉・19・20・24）が素木。ただし、現状では古色が付いて褐色にみえる。

○紫皮纏弓把　「紫皮にて弓把を纏く」とも読める。紫革緒纏の弓把。

○名佐伯　「佐伯と名づく」と読む。本例の号か。佐伯は武人の家系である古代氏族。

「御弓壹佰張」では、槻弓一張（②-1）・檀弓一張（④-8）に「大伴淡等《おおともの たびと》」。槻弓一張（②-5）に「佐伯清《きよ》麻呂《まろ》」。檀弓一張（④-2）に「坂上犬養《さかのうえのいぬかい》」の人名が註記。

後藤四郎「国家珍宝帳に関する若干の考察」（『日本歴史』三九八、一九八一年）によれば、右記の三名はいずれも授刀舎人《じゅとうとねり》の経歴を持つと推定。そのうえで、各弓は三名が授刀舎人時代に使用した弓とみる。また、本例の「佐伯」は佐伯清麻呂とする。本例も清麻呂が授刀舎人時代に使用した弓となる。

なお、授刀舎人は八世紀の武官。その役所が授刀舎人寮（授刀寮）。第一次と第二次があり、後藤説の授刀舎人は第一次。第一次は慶雲四年（七〇七）七月の元明天皇即位直後に成立。笹山晴生「授刀舎人の成立とそ

の性格」（『日本古代衛府制度の研究』〈東京大学出版会、一九八五年〉Ⅱ第三・第二章）によれば、第一次授刀舎人は、首皇子《おびとおうじ》（聖武天皇の幼名）の皇嗣としての地位を擁護する武力としての性格が強かったという。

つまり第一次授刀舎人と聖武との関係は深い。『珍宝帳』記載器仗にそうした聖武と関係の深い人物使用の弓が含まれる事実から、後藤説では『珍宝帳』記載器仗全体の性格を考える。その点については終章でまとめる。

▼一張…5

長七尺二寸（二一三・六センチ）、黒漆、纏糸、洗皮纏弓把、

○纏糸　「糸を纏く」と読む。弓柄の補強。正倉院器仗では槻弓一張（中倉2-24）が素木糸纏。槻弓一張（中倉2-12／図6）が素木樺纏・糸纏並用。

▼一張…6

長七尺二寸一分（二一三・九センチ）、黒漆、処々樺（篠）纏、洗皮纏弓把、

○処々《ところどころ》樺（篠）纏　「篠」は付箋。「処々樺纏」を「処々篠纏」に訂正。弓柄の補強。正倉院器仗に篠纏はない。

▼一張…7

長七尺一寸二分（二一一・三センチ）、背黒漆・腹赤漆、末曲、本曲・節、黒紫組纏弓把、

○背黒漆・腹赤漆　背は黒漆塗、弓腹は赤漆塗の塗分。「御弓壹佰張」では本例のみ。ただし、梓弓三張（①-8〈二張のうち一張〉・10・20〈三張のうち一張〉）・檀弓一張（④-4）に「背黒・腹赤」の註記。これは「背黒漆・腹赤漆」と同様か。正倉院器仗では背・腹の塗分はない。未確認だが春日遺品に背黒・腹赤の塗分があるという。

▼二張…8

長七尺三寸三分（二一七・五センチ）、一背黒・腹赤、洗皮纏弓把、一赤漆、紫皮纏弓把、

▼一張…9

長七尺九分（二一〇・四センチ）、背黒・腹鹿毛漆、目刺、洗皮纏弓把、

○背黒・腹鹿毛漆　背は黒漆塗、弓腹は鹿毛漆の塗分。

▼一張…10

長七尺二寸二分（二一四・二センチ）、背黒・腹赤、洗皮纏弓把、

▼一張…11

長七尺五（七）分（二〇九・八センチ）、赤漆、本・末纏樺、処々節、黒紫組纏弓把、

○長七尺五（七）分「七」は付箋。「長七尺五分」を「長七尺七分」に訂正。七尺七分で換算。

○本・末纏樺「本・末に樺を纏く」と読む。両弭部分に樺纏。

▼一張…12

長七尺三寸（二一六・六センチ）、赤漆、紫皮纏弓把、

▼二張…13

長七尺二寸四分（二一四・八センチ）、赤漆、紫皮纏弓把、

▼三張…14

長七尺三寸一分（二一六・九センチ）、赤漆、一黄皮纏弓把、二紫皮纏弓把、

▼一張…15

長七尺三寸四分（二一七・八センチ）、赤漆、黄皮纏弓把、

▼二張…16

長七尺二寸五分（二一五・一センチ）、赤漆、一紫皮纏弓把、一黄皮纏弓把、

▼一張…17

長六尺七寸九分（二〇一・五センチ）、赤漆、末節、紫皮纏弓把、已上納第三櫃、

〇已上納第三櫃　読みは割愛。①-3～17の二〇張は第三櫃に収納。袋は①-35の後に一括註記。

▼二張…18

長七尺三寸五分（二一八・一センチ）、赤漆、一紫皮纏弓把、一黄皮纏弓把、

▼二張…19

長六尺七寸七分（二〇〇・九センチ）、赤漆、一本、紫皮纏弓把、

〇長六尺七寸七分　「御弓壹佰張」の梓弓で最短。

〇一本　脱字あるか。

▼三張…20

長七尺四寸六分（二二一・三センチ）、一赤漆、紫皮纏弓把、一赤漆、黄皮纏弓把、一背黒・腹赤、緑組纏弓把、

▼一張…21

長七尺五寸（二二二・五センチ）、赤漆、黄皮纏弓把、

▼一張…22

長七尺五寸四分（二二三・七センチ）、赤漆、黄皮纏弓把、

▼一張…23

長七尺四寸九分（二二二・二センチ）、赤漆、黄皮纏弓把、

▼一張…24

長七尺四寸七分（二二一・六センチ）、赤漆、黄皮纏弓把、

▼三張…25

長七尺四寸八分（二二一・九センチ）、一赤漆、一鹿毛漆、並目刺、紫皮纏弓把、一赤漆、黄皮纏弓把、

▼一張…26

長六尺八寸七分（二〇三・八センチ）、赤漆鮎皮斑、洗皮纏弓把、

○赤漆鮎皮斑《あゆかわまだら》　「鮎」は中国では「なまず」。しかし、『日本三代実録』元慶五年（八八一）四月二五日条に「鯰尾《なまずお》槍《ほこ》」がみえ（二〇一頁）、また昌泰年中（八九八〜九〇一）に成立した昌住《しょうじゅう》撰の『新撰字鏡《しんせんじきょう》』によれば、「鯰奈万《なま》豆《ず》」とある。「なまず」は「鯰」であり、「鮎」は「あゆ」である。

「御弓壹佰張」では赤漆鮎皮斑は本例のほかに檀弓二張（④−2・3）・肥美弓一張（⑤）がある。また、槻弓一張（②−3〈二張のうち一張〉）が鹿毛漆鮎皮斑。槻弓一張（②−2）が黒漆鮎皮斑。梓弓一張（①−28）が鮎皮斑。黒斑《くろまだら》（梓弓一張〈①−33〉・檀弓一張〈④−8〉）、赤漆斑（檀弓一張〈④−5〉）、赤漆腹斑《はらまだら》（梓弓一張〈①−34〉）等の斑塗もみえる。いずれも詳細は不明。また、未確認だが黒斑は春日遺品にあるという。

もっとも赤漆・鹿毛漆・黒漆の各鮎皮斑はただの黒斑や赤漆斑とは相違しよう。その点で注目されるのが正倉院器仗の梓弓一張（中倉1−1／図3）。これは素地を黒漆で猪目《いのめ》状に残して塗り、全体に透漆を掛けた技巧的な斑塗。これが『図録』によれば鮎皮斑。特に黒漆鮎皮斑の可能性があろう。赤漆・鹿毛漆の各鮎皮斑は黒漆部分を各漆としたか。

ただし、この解釈に妥当性があるとしても、そのような塗方が鮎皮斑と称される理由や、また梓弓一張（①−28）にみえるただの鮎皮斑と各漆塗鮎皮斑との相違等は不明。

▼一張…27

長七尺四寸（二二九・六センチ）、鹿毛漆、洗皮纏弓把、
▼一張…28
長七尺三寸六分（二二八・四センチ）、鮎皮斑、目刺、洗皮纏弓把、
▼一張…29
長七尺四寸（二二九・六センチ）、赤漆、洗皮纏弓把、
▼一張…30
長七尺四寸五分（二三一・〇センチ）、鹿毛漆、紫皮纏弓把、
▼一張…31
長七尺五寸七分（二三四・六センチ）、赤漆、洗皮纏弓把、已上納第四櫃、
○長七尺五寸七分「御弓壹佰張」で最長。
○已上納第四櫃　読みは割愛。①-18〜31の二〇張は第四櫃に収納。袋は①-35の後に一括註記。
▼一張…32
長六尺九寸一分（二〇五・〇センチ）、赤漆、処々纏糸、洗皮纏弓把、
○処々纏糸「処々糸を纏く」と読む。
▼一張…33
長六尺九寸七分（二〇六・八センチ）、黒斑、洗皮纏弓把、
▼一張…34
長七尺一寸（二一〇・七センチ）、赤漆、微彫如纏絃、腹斑、洗皮纏弓把、
○微彫如纏絃「微《かす》かに彫ること絃《いと》を纏くが如し」と読むか。弓柄に糸纏のごとく細かい刻みを入れたか。

○腹斑　背は赤漆塗。弓腹は赤漆斑塗の塗分か。

▼一張…35

長七尺二寸三分（二一四・五センチ）、赤漆、纏樺・籐、紫皮纏弓把、右四十二張、並纈袋・緑絹裏、

○纏樺・籐　「樺・籐を纏く」と読む。

○右四十二張　①-5~35の四二張。袋は同材質。ここで一括註記。

梓弓八四張の総括

弓柄長は六尺七寸七分（二〇〇・三センチ）~七尺五寸七分（二二四・六センチ）。六尺台一一張。七尺台七三張。七尺台が圧倒的に多い。

弓柄塗は赤漆四八張・黒漆二二張・背腹塗分六張（背黒腹赤三張、背黒漆腹赤漆・背黒腹鹿毛塗・赤漆腹斑各一張）・鹿毛塗四張・鮎皮斑二張（赤漆鮎皮斑・鮎皮斑各一張）・色白一張・黒斑一張。赤漆が最多。

うち樺纏四一張（赤漆・黒漆各二〇張・赤漆本末樺纏一張）・糸纏二張（黒漆・赤漆各一張）・籐纏一張（黒漆）・樺・籐纏一張（赤漆）。ほかに「微彫如纏絃」一張（赤漆腹斑）。

弓把は組纏四三張（黒紫二三張・赤紫二〇張・緑一張）・革纏四一張（紫革一八張・洗革一三張・黄革一〇張）。

また、末弭に銅地金鍍金製弭金物一張。

②槻弓六張

▼一張…1

長六尺六寸六分（一九七・六センチ）、纏樺・籐、末曲、紫皮纏弓把、黄紬袋・緋綾裏、大伴淡等、

○纏樺・篠　「樺・篠を纏く」と読む。弓柄塗の註記はない。素木樺纏・篠纏か。

○大伴淡等　「淡等」は「旅人」とも書く。六六五年～七三一年。安麻呂男。家持の父。奈良時代の官人・歌人。大伴氏は武人の家系。本例は後藤説によれば淡等使用の弓。

▼一張…2

長七尺（二〇七・七センチ）、黒漆鮎皮斑、洗皮纏弓把、

▼二張…3

長六尺九寸八分（二〇七・一センチ）、一鹿毛漆鮎皮斑、一（見長七尺五分）、赤漆、洗皮纏弓把、

○一（見長七尺五分）「見㆓長七尺五分㆒」（長七尺五分〈二〇九・二センチ〉に見ゆ）は付箋。二張のうち赤漆塗一張は弓柄長を「六尺九寸八分」から「七尺五分」に訂正。

▼一張…4

長六尺五寸五分（一九四・三センチ）、赤漆、腹削、洗皮纏弓把、

○長六尺五寸五分　「御弓壹佰張」の槻弓で最短。

○腹削　「腹を削る」と読むか。弓腹の樋のこととも考えられるが、「御弓壹佰張」ではこの註記は本例のみ。そこで、文字通り、樋の代わりに弓腹を平面状に削ったか。こうした木製弓は発掘品に多い（一二三頁）。ただし、正倉院器仗にはない。

▼一張…5

長七尺二寸（二一三・六センチ）、黒漆、既纏糸、紫皮纏弓把、佐伯清麻呂、右五張、並、臈纈袋・緑絹裏、

○長七尺二寸　「御弓壹佰張」の槻弓で最長。

○既纏糸　「既」が不明。檀弓一張（④-6）にも同様の註記。

○佐伯清麻呂　「清麻呂」は「浄麻呂」とも書く。天平勝宝二年（七五〇）一一月四日、正四位下左衛士督《さえじのかみ》で没（『続日本紀』当日条）。後藤説によれば、清麻呂使用の弓。

○右五張　②–2～5の五張。袋は同材質。ここで一括註記。

槻弓六張の総括

弓柄長は六尺五寸五分（一九四・三センチ）～七尺二寸（二一三・六センチ）。六尺台四張・七尺台二張。「御弓壹佰張」では槻弓は梓弓よりも総体に短寸。

弓柄塗は赤漆二張・鮎皮斑二張（黒漆・鹿毛漆各一張）・素木一張・黒漆一張。うち樺纏・篠纏一張・糸纏一張。

弓把は洗革纏四張・紫革纏二張。

また、大伴淡等と佐伯清麻呂の人名註記各一張。

③阿恵弓一張

▼一張…1

長七尺五分（二〇九・二センチ）、鹿毛漆鮎皮斑、洗皮纏弓把、臈纈袋・緑絹裏、

○阿恵弓　「阿恵」は弓材か。「御弓壹佰張」で個別名称に提示された弓材は、梓・槻・檀・肥美（犬榧《いぬがや》）である（別色弓を除く）。『延喜式』兵庫寮によれば、弓材として梓・槻・檀のほかに「柘《つみ》」がみえる。これはヤマグワ（クワ科の落葉樹）。また、発掘品によれば、イチイ（イチイ科の常緑樹）も弓材。「阿恵」はヤマグワやイチイの異称か。ただし、イチイは別の可能性もある（二二三頁）。なお、鈴木説はカヤ（イチイ科の常緑樹）とみる。

④檀弓八張

▼一張…1

長六尺三寸五分（一八八・四センチ）、赤漆、処々纏樺、緑組纏弓把、

○檀弓八張　「檀弓」の弓材はマユミ。ニシキギ科の落葉樹。

○緑組纏弓把　組纏弓把は梓弓以外では本例のみ。

▼一張…2

長六尺八寸（二〇一・八センチ）、赤漆鮎皮斑、洗皮纏弓把、坂上犬養、

○坂上犬養　奈良時代の官人。六八二～七六五年。大国男。苅田麻呂の父。田村麻呂の祖父。坂上氏は渡来系氏族。犬養以降は武人の家系。後藤説によれば本例は犬養使用の弓。

なお、「御弓壹佰張」にみえる四名のうち、犬養は天平勝宝八歳（七五六）の正倉院宝物献納時に唯一存命。

▼一張…3

長七尺三寸（二一六・六センチ）、赤漆鮎皮斑、紫皮纏弓把、

▼一張…4

長六尺四寸六分（一九一・七センチ）、背黒・腹赤、処々纏樺、洗皮纏弓把、

▼一張…5

長六尺三寸（一八六・九センチ）、赤漆斑、末二俣、布細縫纏弓把、

○末二俣《すえふたまた》　末弭付近で弓材が二俣を呈す。小檀弓（⑥-3）にも同様の註記。

○布細縫纏弓把　「布を細く縫ひて弓把を纏く」と読むか。布製平絎緒《ひらぐけお》纏の弓把か。

▼一張…6
長七尺五分（二〇九・二センチ）、黒漆、既纏糸、洗皮纏弓把、
〇既纏糸　槻弓一張（②-5）にも同様の註記。
▼一張…7
長六尺八寸四分（二〇二・九センチ）、赤漆、洗皮纏弓把、
▼一張…8
長六尺五寸五分（一九四・三センチ）、黒斑、弓把上節三、紫皮纏弓把、大伴淡等、右八張、並臈纈袋・緑絹裏、
〇弓把上節三　「弓把上《ゆつかうえ》に節三」と読む。弓把上部三ヵ所に節があるか。
〇大伴淡等　後藤説によれば本例は淡等使用の弓。
〇右八張　④-1～8の八帳。袋は同材質。ここで一括註記。

檀弓八張の総括

弓柄長は六尺三寸（一八六・九センチ）～七尺三寸（二一六・六センチ）。六尺台六張・七尺台二張。「御弓壹佰張」では檀弓は槻弓よりも総体に短寸。

弓柄塗は赤漆二張・赤漆鮎皮斑二張・背黒・腹赤一張・赤漆斑一張・黒漆一張・黒斑一張。うち樺纏二張・糸纏一張。

弓把は洗皮纏四張・紫皮纏二張・緑組纏一張・布細縫纏一張。

また、坂上犬養と大伴淡等の人名註記各一張。

⑤肥美弓一張

▼一張…1

長五尺九寸（一七五・一センチ）、赤漆鮎皮斑、弓把上纏筋、膈纐袋・緑絹裏、

○肥美弓　「肥美」は弓材。イヌガヤ。イヌガヤ科の常緑樹。イヌガヤはカヤとともに縄文時代以来の日本古代でもっとも一般的な弓材。しかし、「御弓壹佰張」では本例のみ。なお、鈴木説によれば、節が多いので再考が必要としながらも、ヘミ（ヤブテマリ）とみる。ヘミはスイカズラ科の落葉樹。

○弓把上纏筋　「弓把の上に筋《すじ》を纏く」と読むか。本例に弓把の註記はない。そこで「弓把上」は弓把の位置の意か。また、「筋」は動物（牛等）の腱《けん》か。腱は骨格筋を骨に固着させる強靭な繊維組織。本例は腱纏弓把か。

⑥別色弓三張

▼蘇芳弓一張…1

長七尺二寸五分（二二五・三センチ）、腹小白、紫皮纏弓把、錦袋・緋絁裏、

○別色弓三張　「別色弓」は①〜⑤の一〇〇張とは異なる特異な弓。

○蘇芳弓　「蘇芳」はマメ科の灌木。薬や染料となる。正倉院宝物に現存（北倉121）。本例は弓柄塗の註記がない。そこで蘇芳素木と考えられる。ただし、蘇芳が弓材として適切かどうか、また蘇芳を弓材とする意味は不明。

一方、蘇芳塗の弓とも考えられる。しかし、それならば個別名称を「蘇芳塗弓」とすべき。また、蘇芳塗であれば弓材が不明となる。

これに対し、鈴木説によれば、本例の「蘇芳」は「蘇芳木《すおうのき》」の可能性を説く。蘇芳木はイチイの異名。本例

はイチイを弓材とする素木弓の可能性もある。

○長七尺二寸五分　弓柄長は「御弓壹佰張」のなかで標準的。

○腹小白　「はらこじろ」または「腹小《すこ》し白《しら》む」と読むか。前者であれば、弓腹側に白い小型の斑点があるか。後者であれば弓腹側の色が薄いか。

▼水牛純角弓一張…2

長三尺九寸（一一五・七センチ）、无弓把、（帛綿袋）、（紫袋・帛裏）、

○水牛純角弓　角弓はユーラシアの騎馬民族や中国の騎兵が使用。木（一部竹使用も）を土台に、その背にほぐした動物の腱、弓腹に角や骨を膠《にかわ》（特に魚の浮袋で作った鰾膠《にべ》）で貼り合わせる。本例は腱や角に水牛のそれを使用したか。なお、「純」の示すところは不明。

『続日本紀』天平七年（七三五）四月辛亥（二六日）条によれば、吉備真備《きびのまきび》（六九五～七七五）が唐から持ち帰った物品のなかに「絃纏漆《いとまきぬり》角弓一張・馬上飲水漆《ばじょういんすいぬり》角弓一張・露面漆四節《ろめんぬりしせつ》角弓一張」（後二張の読みは暫定的）がみえる。また、同天平宝字五年（七六一）一〇月辛酉（一〇日）条によれば、淳仁天皇は唐の玄宗皇帝の求めに応じて、角弓の弓材となる牛角七八〇〇隻の貢納を諸国に命じた。さらに『日本後紀』弘仁二年（八一一）正月壬子（一七日）条によれば、観射《かんしゃ》という正月行事で「蕃客《ばんきゃく》」（渤海使）に「角弓」を与えて射させた。

つまり当時の日本でも角弓の存在は知られていた。しかし、定着しなかった。本例も舶来品に相違ない。

○長三尺九寸　「御弓壹佰張」で最短。一般に角弓は短寸。

○无弓把　「弓把无《な》し」と読む。弓把欠損の意か。

○帛綿袋　「紫袋・帛裏」とともに付箋。本例は二重袋。

▼小檀弓一張…3

長四尺七寸五分（一四〇・九センチ）、赤漆、二処纏絲、末二俣、洗皮纏弓把、（以上納第五櫃）、
○小檀弓一張　「小檀弓」は短寸の檀弓。
○長四尺七寸五分　「御弓壹佰張」の木製弓で最短。
○二処纏絲　「二処に絲を纏く」と読む。
○以上納第五櫃　付箋。読みは割愛。梓弓一張（①-32）から本例までの一三張は第五櫃に収納。
なお、本例には袋の註記がない。⑥-2の袋の付箋の一方は、本例の付箋が移動した可能性もある。

第二節　正倉院の弓

本節の概要

本節では正倉院器仗の弓二七張を、①梓弓三張（中倉1-1～3）と②槻弓二四張（中倉2-4～27）に分けて解説する。解説方法は基本的に前章と同様。特に解説を要しない場合は基本データの提示だけとする。また、本節の最後に「御弓壹佰張」と正倉院器仗の弓を総括する。

正倉院器仗の概要

既述のように、正倉院器仗の弓材は、梓弓は特定不能。槻弓はすべてケヤキ（二〇六頁）。二七張すべてで弓把・弦は欠損（弦残欠は現存〈次頁〉）。すべて弓柄のみ。弓柄は断面円形。弓腹下半に樋が入る（図1・3・5・6）。また、弓柄の湾曲については、熟覧・調査していないので写真（主に『宝物』第四巻の写真）だけでは確認しづらい面がある。しかも写真の両弭の状態から判断すると、撮影の方向が一定しておらず、弓の側面からのものだけでなく弓腹側の場合もある。さらに側面の場合も概ね左側面（つまり向かって左側が背となる方向）からだが、

右側面からの場合もある（向かって左側が弓腹）。

それでも大まかな傾向として、弓柄全体的に背側に緩く湾曲するもの（図7）や、弓把下と思われる部分が弓腹側に湾曲（屈曲か）するもの（図8）が多い。この両者は併存する場合が多く（図9）、複雑な湾曲となる場合もある（図4）。なお、写真で湾曲がなく直線的にみえるものは弓腹側からの撮影である。ただし、写真では確実性がないので基本データとしては割愛する。同じく節の有無も割愛する。

弦

なお、中倉には弦残欠も現存（無番／図10）。長四九・五センチ。材質はアサ（クワ科のタイマ）の繊維を撚る。片側に弦輪《つるわ》が残る。弦輪は弦両端に作った弭に掛ける羂《わな》。ただし、この弦残欠がどの弓に対応するかは不明。そこで、正倉院器仗の二七張すべてで弦欠損とした。

ちなみに、墨絵弾弓と漆弾弓（中倉169－1・2／図2）の弦は現存。前者は苦竹《まだけ》製、後者はサクラ（バラ科の落葉樹）製である。

では各弓を解説する。

①梓弓三張

▼中倉1－1（図3）

［長］一六六・五センチ。［塗］黒漆・生漆斑塗。［弭金物］両弭。銅地金鍍金。

○解説

弓柄長は正倉院器仗で最短。『図録』によれば本例の弓柄塗が鮎皮斑。『目録』は見た目のままに「黄黒斑《きぐろまだら》塗《ぬり》」とする。正倉院器仗では弭金物付設は本例のみ。

▼中倉1-2（図4）

［長］一八六・〇センチ。［塗］茶褐色塗。［約］一個。銅地金鍍金。

○解説

本例の弓柄塗が鹿毛漆か。本弭寄りに約《せめ》がある。これは弓把の一部ともいう。儀仗だが奈良・春日大社の蒔絵弓（若宮古神宝）は布帛纏の弓把上下に銅地金鍍金の約がある。しかし、本例の約は現状では弓把の位置よりも下がった本弭寄り。弓把の一部とすれば、現状の約は本来の位置から移動したことになり、また弓把の約であれば上下二個必要で、いま一個の約は欠損したことになる。

▼中倉1-3（図1）

［長］二一四・五センチ。［塗］茶褐色塗。［両弭］黒漆塗。

○解説

弓把塗は両弭部分を黒漆塗。正倉院器仗の梓弓では本例のみ。

梓弓三張の総括

弓柄長は一六六・五センチ、一八六・〇センチ、二一四・五センチ。弓柄塗は茶褐色塗二張。うち一張は両弭黒漆塗。黒漆・生漆斑塗一張。弭金物・約各一張。

②槻弓二四張

▼中倉2-4

[長]二二六・〇センチ。[塗]褐色塗。[銘]東大寺

○解説

槻弓は素木五張（中倉2-12・17〈図6・7〉・19・20・24）を除く一九張すべてが褐色塗。赤漆塗の変色か（二〇九頁）。そのうち両弭部分が黒漆塗でないのは本例のみ。ほか一八張の両弭部分は黒漆塗。

本弭側樋中に「東大寺」の針書《はりがき》銘と胡粉《ごふん》銘。なお、「東大寺」銘は、本例のほかに槻弓三張（中倉2-7〈図5〉・9・26）にみえる。いずれも樋中。正倉院器仗の胡禄一六具にも「東大寺」の朱銘（第五章参照）がある。これらは東大寺の所有を示すか。

▼中倉2-5（図8）

[長]二二七・〇センチ。[塗]褐色塗。[両弭]黒漆塗。

○解説

正倉院器仗では、褐色塗の槻弓一九張のうち、一張（中倉2-4）を除く一八張すべて両弭が黒漆塗。『延喜式』神祇四によれば、神宮神宝の梓弓二四張が赤漆塗であることは既述したが（二〇九頁）、その奉納目録である長暦二年（一〇三八）九月七日の『内宮長暦送官符《おくりのかんぷ》』によれば、その両弭は黒漆塗。褐色塗が赤漆塗の変色とすれば、同様の弓柄塗となる。

▼中倉2-6

[長]二二五・五センチ。[塗]褐色塗。[両弭]黒漆塗。

▼中倉2-7（図5）

[長]二二六・〇センチ。[塗]褐色塗。[両弭]黒漆塗。[銘]東大寺。

○解説

樋中に「東大寺」の胡粉銘。

▼中倉2-8

[長]二一一・二センチ。[塗]褐色塗。[両弭]黒漆塗。

▼中倉2-9

[長]二二三・五センチ。[塗]褐色塗。[両弭]黒漆塗。[銘]東大寺。

○解説

弓柄長は正倉院器仗で最長。樋中に「東大寺」の胡粉銘。

▼中倉2-10

[長]二一三・〇センチ。[塗]褐色塗。[両弭]黒漆塗。

▼中倉2-11

[長]二一三・〇センチ。[塗]褐色塗。[両弭]黒漆塗。

▼中倉2-12（図6）

[長]一八八・〇センチ。[塗]素木。樺纏・糸纏。

○解説

槻弓のうち素木五張（中倉2-12・17〈図6・7〉・19・20・24）はすべて弓柄長二〇〇センチ以下。「御弓壹佰張」でも素木槻弓一張（②-1）は弓柄長六尺六寸六分（一九七・六センチ）。

本例は末弭側四箇所に樺纏。本弭側三箇所に糸纏。樺纏・糸纏ともに最上段は新補。最上段の樺纏に「明治三十五年十月補之」の朱書。正倉院器仗では樺纏は本例のみ。糸纏はほかに槻弓一張（中倉2-24）。これも素木。

▼中倉2-13

[長]二〇九・〇センチ。[塗]褐色塗。[両弭]黒漆塗。[銘]左。

○解説

本弭側に「左」の針書銘。別に槻弓二張(中倉2-15〈図9〉・27)に「右」の針書銘。『図録』によれば、「行列の左右でも区別した」のかと推測。

▼中倉2-14

[長]二〇四・〇センチ。[塗]褐色塗。[両弭]黒漆塗。

▼中倉2-15(図9)

[長]二〇七・五センチ。[塗]褐色塗。[両弭]黒漆塗。[銘]右。

○解説

両弭側に「右」の針書銘。

▼中倉2-16

[長]二一八・〇センチ。[塗]褐色塗。[両弭]黒漆塗。

▼中倉2-17(図7)

[長]一八四・五センチ。[塗]素木。

▼中倉2-18

[長]二二一・〇センチ。[塗]褐色塗。[両弭]黒漆塗。[銘]千。

○解説

本弭側に「千」の針書銘。

▼中倉2-19

[長]一八九・五センチ。[塗]素木。

▼中倉2－20

[長]一九六・〇センチ。[塗]素木。

▼中倉2－21

[長]二一二・〇センチ。[塗]褐色塗。[両弭]黒漆塗。

▼中倉2－22

[長]二一八・五センチ。[塗]褐色塗。[両弭]黒漆塗。

▼中倉2－23

[長]二〇六・五センチ。[塗]褐色塗。[両弭]黒漆塗。

▼中倉2－24

[長]一八二・〇センチ。[塗]素木。糸纏。

○解説

糸纏は、弓把部分と末弭側（中世でいう鳥打付近《とりうち》）に一ヵ所。

▼中倉2－25

[長]二一九・五センチ。[塗]褐色塗。[両弭]黒漆塗。

▼中倉2－26

[長]二二一・〇センチ。[塗]褐色塗。[両弭]黒漆塗。[銘]東大寺。

○解説

樋中に「東大寺」の胡粉銘。

▼中倉2-27

［長］二〇八・〇センチ。［塗］褐色塗。［両弭］黒漆塗。［銘］右。

○解説

両弭側にそれぞれ「右」の針書銘。

槻弓二四張の総括

弓柄長は一八二・〇センチ（六尺一寸三分）～二二三・五センチ（七尺五寸三分）。二〇〇センチ（六尺七寸四分）以下五張、二〇〇センチ以上一九張。二〇〇センチ以下はすべて素木。弓把塗は褐色塗一九張。うち一八張は両弭黒漆塗。素木五張。うち樺纏・糸纏一張、糸纏一張。

銘は、「東大寺」四張。「右」二張。「左」一張。「千」一張。

「御弓壹佰張」と正倉院器仗の弓の特長

ここで「御弓壹佰張」と正倉院器仗の弓を総括する。

まず水牛純角弓以外はすべて弓材は木製。弓柄長も水牛純角弓・小檀弓・肥美弓・梓弓一張（中倉1-1／図3）以外はすべて一八〇センチ以上の長寸。「御弓壹佰張」の木製弓で最短の小檀弓、正倉院器仗で最短の梓弓一張（中倉1-1／図3）でも、それぞれ四尺七寸五分（一四〇・九センチ）と一六六・五センチはある。

つまり長寸の木製弓である点が、「御弓壹佰張」と正倉院器仗の弓の大きな特長である。これに対し、水牛純角御弓の三尺九寸（一一五・七センチ）だけが極端に短寸。

木製弓が長寸である理由

木製弓が長寸で、角弓が短寸であるのは理由がある。それはつぎのように説明される。弓は突き詰めれば弓柄と弦の間隔が広がるほどに威力が増加する。この間隔は弓柄が大きく撓《しな》れば充分に確保でき、弓柄は短寸でも事足りる。これが角弓である。しかし、木製弓は弓柄が大きくは撓らず、短寸では充分な間隔が確保できない。そこで撓らない木製弓でも弦との間隔を確保するために長寸になったという。百年戦争（一三三七〜一四五三）の際に威力を発揮したというイギリスのロング・ボウ（長弓）も木製弓（イチイ製らしい）である。

「御弓壹佰張」と正倉院器仗の弓に対する新説

これによれば、木製弓は長寸であるほど強弓となる。また、『延喜式』兵庫寮に梓弓一張の製作工程を記して「長七尺六寸、槻・柘・檀准レ此」（長七尺六寸〈二二五・五センチ〉、槻・柘・檀これに准ず）とみえる。中世の伏竹弓も七尺五寸（折衷尺《せっちゅうじゃく》で二二七・三センチ）が定寸である。このように日本の弓が長寸であることは通説である。

ところが、奈良〜平安時代の発掘品の弓を総括した津野仁「古代弓の系譜と展開」（『日本考古学』二九、二〇一〇年）によれば、発掘品の弓は、ごく一部に合せ弓を思わせるものもあるようだが原則は木製弓（概ね丸木弓）。しかし、弓柄長は五〇センチ台〜一六〇センチ台。「御弓壹佰張」や正倉院器仗のような長寸のものはなく、弓材はイヌガヤが圧倒的に多いという。また、弓腹に樋を入れるものは少なく、樋の代わりに弓腹や両弭付近を平面状に削る等の処置を施す（「御弓壹佰張」の槻弓一張〈②—4〉の註記にみえる「腹削」〈二一九頁〉に該当するか）。つまり発掘品の弓は「御弓壹佰張」や正倉院器仗とはかなり様相が異なるという。そのうえで、こうした発掘品の弓こそ実戦的で、「御弓壹佰張」や正倉院器仗は儀礼用の弓とした。

この新説で「御弓壹佰張」や正倉院器仗等の長寸の木製弓を儀礼用とする根拠はいつくかあるが、最大の根拠は、『延喜式』兵庫寮にみえる「梓弓一張」に対する「長七尺六寸、槻・柘・檀准レ此」（前掲）の記述である。以下、この記述を含む当該条文を「兵庫寮規定」とする。

新説では兵庫寮規定を一般の弓ではなく、大嘗会《だいじょうえ》で使用するために新造する特別な弓に対する規定と判断。そのうえで「七尺六寸（二二五・五センチ）」を特別な弓柄長と考え、「御弓壹佰張」や正倉院器仗のような長寸の木製弓を大嘗会のような儀礼用としたのである。

なお、大嘗会とは新天皇が即位後始めて行う新嘗会《しんじょうえ》。新嘗会は旧暦一一月にその年に収穫した新米を天皇が皇《こう》祖神《そしん》天照大神に捧げる朝廷儀礼。大嘗会は天皇即位儀礼の一環で、天皇即位が七月以前であればその年一一月、八月以後であれば翌年一一月に行われた。

新説の根拠

しかし、新説では、兵庫寮規定を大嘗会新造の梓弓に関する規定と考える根拠はまったく示されていない。兵庫寮規定のなかにはそれを示す記述はない。そこで憶測するに、『延喜式』刊本の『新訂増補国史大系』本や『神道大系』本にある標出《ひょうしゅつ》が根拠のようである。なお、両本ともに基本とする底本は、享保八年（一七二三）の首題がある享保版本。

標出は標書《ひょうしょ》・頭書《とうしょ》等ともいう。文献の内容理解のために記載内容を要約した標題のような書き出しである。この標出は原本当時にはなく、写本や刊本の作成過程で後人によって加筆されるのが通常である。『延喜式』の標出も成立当初にはなかったと考えられ、いつ加筆されたかは不明である。

『延喜式』該当部分の場合、兵庫寮規定直前の条文は「践祚《せんそ》大嘗会新造神楯《しんじゅん》四枚」と「戟《ほこ》八竿」の製作材料や工人に関する規定。この条文の標出に「大嘗会」とある。これに続いて兵庫寮規定、「征箭《そや》五十張」「烏装《くろぬり》横刀一口」「挂甲《うちかけのよろい》一領」の製作工程を記した各条文、「修二理挂甲一領一料」(挂甲一領を修理する料)、「諸国所レ進修二理甲一料」(諸国進む所の甲を修理する料)、「造二弩《おおゆみ》一具一」(弩一具を造る)の各条文が続く。しかし、兵庫寮規定からここまでは標出がない。ついで「建二大門一楯六枚・戟《ほこ》十二竿」(大門に建つ楯六枚・戟一二竿)で始まる条文が続き、この条文に「大門楯」の標出がある(以上、『新訂増補国史大系』『神道大系』とも)。

つまり新説は「大嘗会」の標出が、標出のない兵庫寮規定以下すべてに掛かるものと判断。しかも「大嘗会」の標出がある「践祚大嘗会新造神楯四枚」の「践祚大嘗会新造」の記述さえ兵庫寮規定以下すべてに掛かると恣意的に拡大解釈しているのである。

新説への批判

そもそも新説のように解釈するならば、その前提として大嘗会に梓弓等の器仗を新造するのかどうかの実例を検証するのが基本である。しかし、新説ではそうした検証は先行研究の提示を含めて一切行われていない。

しかも管見では、大嘗会に楯(神楯)と鉾(戟)を新造することは諸文献から確認できるが、梓弓等の器仗を新造する実例は見出せない。まして、標出のない条文は「造二弩一具一」まで続く。新説の解釈にしたがえば、この弩まで大嘗会のために新造することになる。しかし、弩は、機械仕掛けで矢を発射する大型器仗。右記の条文によれば、一具の製作に延べ六三三人もの工人を必要とする。そのような器仗を大嘗会のために新造すると考えることは自体がナンセンスである。

『延喜式』該当部分の解釈

もっとも日本史の研究者でも兵庫寮規定以下を大嘗会に関わると誤解する場合がある。しかし、「践祚大嘗会新造神楯四枚」と兵庫寮規定以下の各器仗規定の内容を比較すれば、両者の条文としての性格の相違は明らかである。

つまり既述のように、「践祚大嘗会新造神楯四枚」の条文は神楯と戟の製作材料や工人に関する規定。これに対し、兵庫寮規定・「征箭五十張」「烏装大刀一口」「挂甲一領」の各条文は、各器仗の製作工程と製作にかかる日数の規定である。

そして、各器仗の製作日数については、一年を日中の長さによって「長功」「中功」「短功」に分けて記載。営《えい》繕令《ぜんりょう》によれば、長功は旧暦四月〜七月。中功は同じく二月・三月・八月・九月。短功は同じく一〇月〜一月である。つまり各器仗は一年間を通じての製作が規定されている。

大嘗会の挙行は即位日によって本年・翌年の相違はあるが一一月に固定。しかも天皇一代で一度しかない臨時の儀式である。そのような大嘗会のために一年間を通じての器仗の製作を規定する必要はまったくない。逆に神楯と戟の規定に製作日数の記載がないのは、大嘗会挙行日が固定しているからである。

以上、兵庫寮規定とそれに続く器仗規定は大嘗会とは無関係であり、律令制下の器仗製作の一般論と解釈すべきである。じつはこれが春田永年《はるたながとし》（一七五三〜一八〇〇）の『延喜式第四十九工事解《くじげ》』以来の通常の解釈である。つまり新説はその最大の根拠とする『延喜式』の理解がまったく間違っている。その点で、筆者には新説は受け入れられない。

発掘品に対する私見

木製弓が長寸であるほど強弓となるのは紛れもない事実である。一方、発掘品で圧倒的に多いイヌガヤは弓材としては折れやすいうえに、発掘品にみられる腹側を削る等の処理はさらに弓材を折れやすくしよう。これを考慮すれば、新説とは逆に、発掘品にみられるような短寸の弓は狩猟等で使用される弓、「御弓壹佰張」や正倉院器仗にみられるような長寸の弓こそ実戦用の弓と考えるべきであろう。

この点は、考古学の観点から新説を否定した、岡安光彦「古代長弓の系譜」（『日本考古学』三五、二〇一三年）でも同様の結論である。弓に対応する発掘品の鏃《やじり》が、狩猟用の狩箭《かりや》の鏃（二五二頁）を思わせるものが多い点からもいえよう。

また、「御弓壹佰張」の「小檀弓」がある。弓柄長が四尺七寸五分（一四〇・九センチ）と「御弓壹佰張」・正倉院器仗の木製弓のなかで最短であった（二二五頁）。それが「別色弓」であるのは短寸で特殊だからであろう。こうした短寸の檀弓を「小檀弓」と命名するのは、通常の檀弓を基準としてのことであろう。短寸の方が通常で、長寸の方が特別であるならば、短寸の方を「檀弓」、長寸の方を「大檀弓」というのではなかろうか。「小檀弓」という「御弓壹佰張」の個別名称からも、長寸の弓の方が通常であったと考えられる。

以上、こうした新説批判は本書の趣旨にそぐわないかもしれないが、「御弓壹佰張」・正倉院器仗の性質に密接に関わる言説のために、あえてその要点のみを記した。

第三節　正倉院の鞆

本節の概要

本節では正倉院器仗の鞆《とも》一五口（中倉3−1〜15／図11・12）を解説する。鞆は器仗といっても弓箭の付属具。弓射時に左手手首に装着した。使用は古代のみ。中世の兵仗には該当するものはなく、朝廷の歩射《ぶしゃ》儀礼（正月の射《じゃ》礼《らい》・賭弓《のりゆみ》等）や神宮神宝としてのみ継承された。『珍宝帳』にも鞆はない。

なお、本節で参照した正倉院器仗の鞆に関する参考文献は、序章提示のもののほかに、

・斎藤直芳「日本弓道史(一二)」（二〇三頁）。以下、斎藤説。

・鈴木敬三「奈加弭考」（二一二頁）。以下、鈴木説。

がある。

鞆の名称と『和名抄』の説

まずは鞆の概要をその名称（漢字表記と和訓）と構造・材質に分けて述べる。

最初は名称である。「とも」に対応する漢字表記は「鞆」だけでなく、小林行雄『古代の技術』（三九頁）指摘の「軒」（天平六年〈七三四〉『尾張国正税帳《しょうぜいちょう》』・同一〇年『駿河国正税帳』・同一一年『伊豆国正税帳』）や、「韝」（『和名抄』巻四・術芸部・射芸具）等もある。そのなかでもっとも一般的な表記が「鞆」。じつはこれは国字である。

また、『日本書紀』巻一〇・誉田《ほむた》天皇（応神天皇）前紀によれば、誉田天皇の称号の由来に関連し、「上古時俗、号レ鞆謂二褒武多一焉」（上古の時の俗、鞆を号《い》ひて褒武多《ほむた》と謂《い》ふ）とある。「鞆」の和訓は古くは「ほむた」（ほんた・ほんだ）らしい。

なお、斎藤説によれば、「韝」を「鞆」とするのは『和名抄』の誤解とし、『新撰字鏡』巻二・皮部に「射レ弓時調度也、古弖」（弓を射る時の調度なり、古弖《こて》）とあるのを支持。「古弖」は中世の射籠手《いごて》に相当する。射籠手は、弓射時に邪魔にならないように弓を持つ左手の袖を束ねる装具。なお、中世では弓を持つ左手を弓手《ゆんで》、馬の手綱を持つ右手を馬手《めて》という。

『和名抄』によれば、「韝」は『蔣魴切韻《しょうほうせついん》』を引用して「在レ臂避レ弦具也」（臂《ただむき》に在って弦を避くる具なり）と解説。

この「臂」は肘関節ではなく手首を含む前腕。その意味では、左手首に装着する鞆の解説として間違いとはいえない。しかし、斎藤説に従い、以下では『和名抄』はとりあげない。

鞆の構造と材質

ついで鞆の構造・材質。正倉院器仗によれば構造は単純（図11・12）。本体は革二枚を合わせて中に詰め物をして膨らませる。本体の両端にそれぞれ舌状の革緒と細革緒を付設。

『延喜式』兵庫寮には、旧暦正月七日に梓弓一張・箭四具とともに天皇に奏上する鞆の製作材料が記載。それによれば、この舌状の革緒を「鞆手《とものて》」、細革緒は「鞆緒《とものお》」とよぶ（天平一〇年〈七三八〉『駿河国正税帳』にもみえる）。

正倉院器仗では、鞆手は完存。鞆緒は完存は皆無。残欠のみ（図11）。新補もある（図12）。なお、鞆は鞆手先端近くにある切り込みに鞆緒を通し（図11）、鞆緒を手首に巻き付けて装着するらしい。

さて、正倉院器仗によれば、鞆本体の材質は黒漆塗が原則。革の動物種は特定できないという。鞆手は牛革黒漆塗。鞆緒は鹿革と推定される。

一方、文献では、①天平一〇年『駿河国正税帳』に駿河国製作の鞆、②『延喜式』神祇四に神宮神宝の鞆、③右記の『延喜式』兵庫寮に天皇に奏上する鞆の各製作材料が記載されている。

それらによれば、①は本体は馬革。鞆手は牛革（同一一年『伊豆国正税帳』も同じ）。鞆緒は洗革（鹿革、天平六年『尾張国正税帳』も同じ）。②は本体は鹿革。鞆手もおそらく鹿革。鞆緒は紫革（鹿革か）。③は本体は熊革。鞆手は牛革。鞆緒は紫組紐。紫組紐の鞆緒は天皇への奏上用だからであろう。

また、鞆緒の寸法は①は二尺三寸（六八・二センチ、天平六年『尾張国正税帳』も同じ）、②は一尺七寸（五〇・四センチ）、③は二尺五寸（七一・二センチ）。新補の鞆緒（中倉3-9／図12）は①に基づいて製作。

さらに正倉院器仗では一部に詰め物の材質も判明。真菰《まこも》（イネ科の多年草）の藁や獣毛（白鹿毛）が認められる。なお、鞆を数える単位は、①は「巻」（天平六年『尾張国正税帳』も同じ）。天平九年『駿河国正税帳』は「勾《こう》」。天平一一年『伊豆国正税帳』は「口」。②③は「枚」とさまざまである。本書では「口」を使用する。

つぎに正倉院器仗の鞆を個別に解説する。

正倉院器仗の鞆

▼中倉3-1

［幅］一一・二センチ。［厚］五・九センチ。［材質］革製。黒漆塗。［鞆緒］一部残存。

▼中倉3-2

［幅］一二・三センチ。［厚］六・五センチ。［材質］革製。黒漆塗。［鞆緒］一部残存。

▼中倉3-3

［幅］一一・一センチ。［厚］六・六センチ。［材質］革製。黒漆塗。［鞆緒］根元のみ残存。

▼中倉3-4

［幅］一二・〇センチ。［厚］六・三センチ。［材質］革製。黒漆塗。［鞆緒］一部残存。

▼中倉3-5（図11）

［幅］一一・八センチ。［厚］四・三センチ。［材質］革製。片面黒漆塗。片面赤漆塗（赤色地生漆塗）。

［鞆緒］一部残存。

○解説

黒漆塗と赤漆塗の表裏塗分。どちらが表で裏かは不明。

▼中倉3-6
［幅］一〇・四センチ。［厚］五・六センチ。［材質］革製。黒漆塗。［鞆緒］根元のみ残存。

▼中倉3-7
［幅］一〇・六センチ。［厚］五・八センチ。［材質］革製。黒漆塗。［鞆緒］欠損。

▼中倉3-8
［幅］一二・二センチ。［厚］六・五センチ。［材質］革製。黒漆塗。［鞆緒］一部残存。

▼中倉3-9（図12）
［幅］一二・四センチ。［厚］五・七センチ。［材質］革製。黒漆塗。［鞆緒］新補。

▼中倉3-10
［幅］一〇・二センチ。［厚］四・七センチ。［材質］革製。黒漆塗。［鞆緒］一部残存。

▼中倉3-11
［幅］一三・六センチ。［厚］六・一センチ。［材質］革製。片面黒漆塗。片面素地。［鞆緒］根元のみ残存。

○解説
片面は黒漆塗とせず、素地のまま。

▼中倉3-12
［幅］一一・二センチ。［厚］五・九センチ。［材質］革製。黒漆塗。［鞆緒］新補。

▼中倉3-13
［幅］一一・一センチ。［厚］六・〇センチ。［材質］革製。黒漆塗。［鞆緒］新補。

▼中倉3-14

［幅］一一・一センチ。［厚］四・九センチ。［材質］革製。黒漆塗。［鞆緒］一部残存。

▼中倉3-15

［幅］一〇・六センチ。［厚］五・九センチ。［材質］革製。黒漆塗。［鞆緒］根元のみ残存。

鞆の使用

本節の最後に鞆の使用について考える。

鞆は武人埴輪（図13）や『年中行事絵巻』射礼・賭弓巻等によれば、弓手手首に装着することは間違いない。また、大夫《ますらを》之《の》鞆《とも》乃《の》音《おと》為《す》奈《な》利《り》物部《もののふ》乃《の》大臣《おおまへつきみ》楯《たて》立《たつ》良《ら》思《し》母《も》」（和銅元年〈七〇八〉元明天皇御製〈『万葉集』巻一〉）等からすれば、鞆は弦に当たって音を発した。

しかし、問題は弓手手首の外側と内側のどちらに装着したかである。武人埴輪や『年中行事絵巻』の描写では明瞭でないからである（正倉院器仗の鞆とは構造が相違するようにも感じられる）。そこで鞆の装着法と目的については近世以来諸説がある。そうしたなかで、斎藤説や鈴木説は、土肥経平（一七〇七～一七八二）の『春湊浪話《しゅんそうろうわ》』の説を支持。

つまり古墳時代の男子は手首に釧《くしろ》等の腕飾を装着。弦がそれに当たって切れたり、弦で釧等が破損するのを防止した。それが鞆使用の本来の目的という。鞆が衰退したのも釧等使用の衰退と軌を一にする。そこで鞆は弓手手首内側に装着したという。

ただし、武人埴輪によれば、鞆は腕の防具（中世の籠手に相当〈二五〇頁〉）の上に装着（図13）。釧等のために鞆を装着したのならば、腕の防具の上に釧等を装着したのかという疑問が湧く。防具装着時には釧を外してもよさそうである。また、弓手の手首内側への装着は箭を弓に番える際に邪魔となろう。

一方、箭を射ると弓と弦は外側に大きく回転。弦は弓手の手首外側を打つ。これを「弓返《ゆがえり》」という。そこで、鞆は弓手の手首外側に装着し、弓返で弦が手首外側を打つのを防いだとも考えられる。しかし、斎藤説によれば、古代の木製弓は弓返しないという。また、弓返しても鞆で防ぐほどのことはないという。

結局のところ、鞆を弓手手首のどちら側に装着したか、ひいては鞆装着の目的については確かなことは不明といわざるをえない。

以上、「御弓壹佰張」と正倉院器仗の弓・鞆を解説した。つぎに「御箭壹佰具」と正倉院器仗の胡禄・箭に移る。

第五章　靫・胡禄・箭

第一節　靫・胡禄・箭の概要

本節の概要

本章では、『珍宝帳』記載の「御箭壹佰具《おんやいっぴゃくぐ》」、正倉院器仗の胡禄《ころく》とその収納箭《や》および胡禄未収納箭を解説する。「御箭壹佰具」は、「御箭」といっても箭は容器に収納されているために、容器一具ごとに記載され、まさに箭と容器が一体であることを示す。その容器は靫《ゆき》四具と胡禄九六具である。

そのうち本節では、「御箭壹佰具」の内容を理解するための前提として、靫・胡禄・箭それぞれの概要（基礎事項）を解説する。

本章の参考文献

本章で参照した参考文献は、序章提示のもののほかにつぎのものがある。

・斎藤直芳「日本弓道史(二)」（二〇三頁）。以下、**斎藤説①**。
・関保之助「中世弓矢之附属具(一)」（『弓道講座』一四、一九三九年）。以下、**関説**。
※第一章・第二章で靫と胡禄についてふれている。その諸説は原則として後出の鈴木説①に継承。

・斎藤直芳「日本弓道史(三)」(『弓道講座』一九、雄山閣、一九四〇年)。以下、斎藤説②。
※その冒頭に「日本弓道史(二)」の続きとして「靫」「胡籙《やなぐい》」「弦巻《つるまき》」「射術」を掲載。「靫」「胡籙」で「御箭壹佰具」と正倉院器仗についてふれる。「日本弓道史(二)」と同じく『明治前日本造兵史』(二〇三頁)第二編第一章にその要約が掲載。
・鈴木敬三「靫と胡簶」(國學院大学編『古典の新研究』二、明治書院、一九五四年)。以下、鈴木説①。
・鈴木敬三「矢の構成」(『武器と武具の有識故実』〈三九頁〉、初出一九五九年)。以下、鈴木説②。
・鈴木敬三「征矢野矢的矢考」(同右、初出一九五九年)。以下、鈴木説③。

では、靫の概要から解説する。

靫の概要

靫は正倉院器仗に現存しない。また古代の伝世品もない。しかし、靫は摂関期以降に儀仗化し、同時に靫から壺胡簶《つぼやなぐい》が派生。平安末期に成立した『類聚名義抄《るいじゅうみょうぎしょう》』九・革によれば、「靫」を「ユキ」「ツボヤナグヒ」の両様に読む。もっとも、両者は容器としての基本構造は同様で、収納する箭のあり方による区別(二四八頁)。また靫は、誤用で「靱」とも表記されるようになる(「靱」は室町時代にはさらに誤用されて「空穂《うつぼ》」の意になる)。

この靫や壺胡簶は摂関期以降の文献に頻出。『伴大納言絵巻』『年中行事絵巻』等の絵巻物にも描かれ(図1・2)、京都・相国寺には貞治二年(一三六三)の年紀がある黒漆壺胡簶が現存(大阪・萬野美術館旧蔵/図3)。また、舞楽の太平楽《たいへいらく》の靫もある。

さらに伊勢神宮神宝に錦靫《にしきゆき》・蒲靫《かばゆき》・革靫《かわゆき》がある。明治以前の神宮神宝は撤下後は廃棄処分となったために古い遺品は皆無。しかし、『延喜式』神祇四や『内宮長暦送官符《ないくうちょうりゃくおくりのかんぷ》』等の神宮神宝に関わる文献、応永一七年(一四一〇）書写の奥書がある『神宮神宝図巻』（東京・前田育徳会尊経閣文庫蔵）等の諸史料を参考に製作した現在の神宮神宝（図4―①②）からその構造がわかる。

それらを総合すると、靫・壺胡簶は正面に大きく窓を開けた筒状の構造。正面の窓を手形《てがた》とよび、筒状の断面は方型・円型・牙象型《げしょうがた》の三種がある。牙象型は木瓜型《もっこがた》とも言い、断面が花弁型となる（図3）。

靫の材質

材質は木製漆塗が基本。神宮神宝では錦靫は木製錦裹。蒲靫は木製蒲編裹。革靫は木製黒漆塗。

ただし、蒲靫と革靫は、本来はそれぞれ蒲（ガマ科の多年草の穂）編込製と革製黒漆塗であったらしい。そのうち蒲靫が蒲編込製であったことは、『儀式』巻一・二月四日祈年祭儀《きねんさいぎ》の記事から推測できる。つまり「靫者靫編氏造レ之」（靫は靫編氏《ゆきあみし》これを造る）とあり、「靫編氏」なる氏族の存在が知られるからである。

正倉院器仗では胡禄はすべて蔓草《つるくさ》系植物を編み込む。蔓草系植物の総称は葛《かづら》。そこで、『目録』ではすべてを「葛胡禄《かづらころく》」と命名する。したがって、葛編込製の靫が存在した可能性も高い。

事実、時代は下がるが寛正三年（一四六二）の『内宮神宝送官符』によれば、神宮神宝のうち内宮別宮の荒祭《あらまつり》宮《のみや》神宝に白葛靫《しろかづらゆき》二腰がみえ、『神宮神宝図巻』にも図が掲載。ただし、現在の神宮神宝では、白葛靫といっても実際には白葛胡禄の形状である。

葛胡禄の読み

なお、「葛胡禄」は、鈴木説①によれば、「つづらころく」と読む。これは正倉院器仗の材質をツヅラフジ（ツヅラフジ科の蔓草系植物）とみていることにもよるが、そもそも「葛」には「つづら」の読みがある。ただし、『新撰字鏡』巻七・草部によれば「蕌（葛）」は「加豆良《かづら》」と読む。筆者はこれまで鈴木説①を継承してきたが、本書ではそれを改めて「かづらころく」と読むことにする。

古墳時代の「靫」

これに対し、考古学では両端に背負具《せおいぐ》が張り出した古墳時代の筒状の容器を「靫」とよぶ。それ自体の発掘品（滋賀・雪野山古墳出土〈東近江市教育委員会蔵〉等）やそれを象った靫形埴輪（図５）もある。また、群馬県太田市飯塚町出土の武人埴輪（東京国立博物館蔵）は、この容器に鏃《やじり》を上向きに箭を収納し、それを背中中央に負った表現である（図６）。

この古墳時代の「靫」は、絵巻物や神宮神宝にみる後世の靫とは様式が相違。後世の靫の原型の可能性もあるが、歴史的に「靫」の名称が適切かどうかも疑問である。

ちなみに、図６のような箭の負い方では箭が抜き出せるかどうか甚だ疑問。抜き出せたとしても弓に番《つが》えるのは苦労しよう。そもそも鏃が上向きで箭を抜き出す時、自身の手や腕が鏃で傷つくのは自明。冑を被っているにしても後頭部さえ危険である。図６のような表現は実用性に乏しい。筆者は明器《めいき》（宗教的器物）と考える。

また、「御箭壹佰具」の靫の構造は、図1～4にみる後世の靫や壺胡簶の構造から理解できる。つまり「御箭壹佰具」の靫は古墳時代の「靫」とは相違し、基本的に後世の靫と同様の構造と考えられる。そこで、以下、本書では、歴史的に「靫」とよべるかどうかさえ疑問である古墳時代の「筒状容器」は除外して考える。

「御箭壹佰具」の靫と佩帯法

さて、「御箭壹佰具」記載の靫の註記は、「頭《かしら》」「口」「環《かん》」「帯執《おびとり》」「帯」および形状が原則。これらは既述のように図1～4にみる靫や壺胡簶の構造から解釈できる。つまり「頭」は靫上部の箭の収納口。箭は鏃を下に平行に収納。「口」は手形。これは箭の取り出し口。「環」「帯執」「帯」は靫の佩帯装置。特に「帯」は、「御大刀壹佰口」の帯（第二章参照）や刀子《かたな》を繋着する帯（第三章参照）と同様に腰に廻らし、靫を右腰に佩帯するための緒所《おどころ》と考えられる。

なお、こうした靫を右腰に佩帯することは図1・2からも明白。靫本体が斜め後方に倒れるかたちで右腰に佩帯する。絵巻物では、背中に佩帯する例は皆無である。

手形の有無

ところで、神宮神宝の靫のうち『神宮神宝図巻』にみえる錦靫・蒲靫には手形がない。これは現在の神宝にも継承されている（図4-①）。斎藤説②によれば、古墳時代の筒状容器との関係から錦靫・蒲靫には本来から手形はないという。しかし、関説・鈴木説①では後世の省略という。

「御箭壹佰具」は古代の靫の構造についての確実な文献である。そこに手形と考えられる「口」の註記がある。靫には本来的に手形があったとみるべきであろう。筆者は関説・鈴木説①に賛同する。

靫と壺胡簶

ちなみに靫と壺胡簶の区別は、奥書に正和三年（一三一四）の「新写」とある『衛府官装束抄《えふかんしようぞくしよう》』警固《けいご》作法によれば、箭数の相違と手形の外から表差《うわざし》の箭（二五三頁）を差すか否か。靫は手形の外から表差を差さない。壺胡簶は差す。この区別は図1・2にも明らかである。

胡禄の概要

正倉院器仗では胡禄三三具が現存。内訳は葛胡禄二九具（中倉4-1～29／図7）と葛平胡禄《ひらころく》四具（5-30～33／図8）。いずれも箭を収納する（現在では胡禄と収納箭は別保管）。

このうち基本は葛胡禄。以下、葛胡禄に基づき、胡禄の概要を解説する。ただし、各部の名称は不明。「御箭壹佰具」では胡禄に関する註記は「帯」だけだからである。ほかの文献にもみえない。そこで、中世の箭の容器（箙《えびら》や儀仗の平胡籙《ひらやなぐい》）の用語を援用する。なお、図7を適宜参照願いたい。

胡禄の基本構造は方立《ほうだて》と背板《せいた》からなる。方立は胡禄下部の箱状部分で、背板は方立背後に立ち上がった板状部分。方立・背板ともに材質は蔓草系植物を編み込む。既述のように『目録』によれば、三三具すべてを「葛胡禄」と命名。これに「赤漆」「漆」「白」等の塗漆状態を加えて個別名称とする。

また、背板の上端・中央・下端（方立上端）の三ヵ所に緒所がある。その機能は、上端は収納箭の固定。中央は佩帯の主体。収納箭の固定も兼ねる。下端は佩帯の補助と考えられる。

緒所の名称

この緒所の名称については諸説ある。『目録』によれば、上端は不明。中央は「帯執《おびとり》」。下端は「帯」。『図録』によれば、上端は「前緒《まえお》」、中央は「帯」、下端は「後緒《うしろお》」。関説・鈴木説①によれば、上端・下端は『図録』同様。中央は「表帯《うわおび》」とする。

このうち「前緒」「後緒」「表帯」はいずれも中世の用語。中世の箙では、前緒は箭の収納。後緒は佩帯の主体。表帯は佩帯の補助である。「帯」「帯執」は「御箭壹佰具」によるもので、前者は、靫・胡禄の註記にみえ、後者は靫の註記にみえる。

既述のように「帯」は、「御箭壹佰具」では胡禄に対する唯一の註記。この「帯」が三ヵ所の緒所のうちどれであり、あるいはすべてをいうのかは判断が難しい。しかし、「帯」であるから、大刀や刀子と同様に腰に廻らす佩帯の緒と考えるべきであろう。

そのうえで、三ヵ所の緒所の機能を考慮すると、「帯」は中央の緒所がもっとも相応しい。そこで、以下、本書では『図録』の説に従うことにする。

葛平胡禄

ついで葛平胡禄四具（中倉5-30～33／図8）に移る。これは葛胡禄二九具（中倉4-1～29／図7）と基本構造はほぼ同様。ただし、様式が相違する。背板は低く幅広。方立は扁平。緒所があるのは一具のみ（中倉5-30／図8）。それも前緒と後緒のみ。ただし、後緒は装飾的。ほか三具は緒所の痕跡すらない。佩帯したかどうかも疑問である。

『目録』でも二九具と四具を分けて記載。ただし、四具の名称は「白葛胡禄」とし、「平形《ひらがた》」と註記する。本書では、葛胡禄二九具と区別し、四具を「葛平胡禄」とよぶ。

なお、胡禄への箭の収納法や佩帯法については第三節でまとめる。

箭の種類

ついで箭。用語をはじめ中世の理解で概要を示し、一部古代の理解にもふれる。なお、「矢」はすべて「箭」の表記を用いる。「御箭壹佰具」をはじめ古代の文献での用例が多いからである。では、種類から。

弓箭は軍陣・狩猟・競技・儀仗等のさまざまな目的で使用される。目的に関わらず弓は原則的に同様だが、箭は、征箭《そや》（軍陣用）・狩箭《かりや》（野箭《のや》とも・狩猟用）・的箭《まとや》（歩射競技用）・引目箭《ひきめや》（騎射競技用）等の種類がある。

なお、狩箭（狩矢）は狩猟用の矢の意味で定着している用語。しかし、中世の文献にみえるのは「野箭（野矢）」ばかりで、管見では「狩矢」は、上井覚兼《うわいかくけん》（一五四五〜一五八九）の随筆『伊勢守心得書《いせのかみこころえがき》』に「鴻《ひしくい》の羽の狩矢」が一例みえる程度である。

また、征箭が古代からの用語に対し、狩箭に対応する古代の用語は、『日本書紀』敏達天皇一四年八月己亥（一五日）条に「猟箭《ししや》」、『万葉集』に「得物矢《さつや》」（巻一「舎人娘子従駕作《とねりのをとめのじゆうがしてつくりし》歌」ほか四例）等がみえる。

箭の基本構造

いずれの箭も基本構造は同様。箭の本体を幹《やがら》（矢柄《やがら》・篦《の》とも）という。篠竹《しのだけ》（矢竹）製が通常である。この幹に鏃《やじり》（あるいは鏃相当のもの）と箭羽《やばね》を取り付る。鏃は鉄製が通常。箭羽は各種の鳥の羽である。また、幹の箭羽側（鏃と逆側）の端を筈《はず》（箭筈《やはず》）という。

この筈に弓の弦《つる》を番える。なお、「御箭壹佰具」によれば、「筈」は「括」と表記。以下、本書でも「括」を使用。括には弦を番えるための抉り込みがある。これを彫《えり》とよぶ。この彫を幹に直接入れた箭括《よはず》（篦括《のはず》とも）と、竹節や鹿角等で括部分を別個に作って幹に差し込んだ継括《つぐはず》がある。

以上のうち右記四種類の箭の相違は、鏃部分と箭羽の枚数にすぎない。特に鏃部分は、征箭と狩箭では鉄製の鏃を使用。的箭は平題《いたつき》。引目箭は引目（響目《ひきめ》）を使用。箭羽の枚数は、鏃と鏃部分の形状に応じて相違した。

鏃・平題・引目・箭羽について順に解説しよう。

鏃にはじつに多彩な形状がある。しかし、その機能は「射通す」「射切る」「射砕く」のいずれかとなる。これは古代でも同様である。なお、平題と引目の機能は「射当てる」である。

このうち征箭の鏃はいずれも細長い形状。これで標的となる敵を射通した。箭は目標物に刺さるという一般観念がある。しかし、それが当てはまるのは征箭だけである。

一方、狩箭の鏃は扁平な形状。具体的には狩俣《かりまた》（図9）や平根《ひらね》等がある。これらは射通す鏃ではない。狩俣は二俣の内側に付いた刃で、平根は外周に付いた刃で、獲物の頸や四肢を射切った。

また狩箭は鏃の根元に鏑《かぶら》（鳴鏑《なりかぶら》）を付設することが多い（図9）。この鏑付設の箭を、『万葉集』では「響矢」（巻九「大宝元年辛丑冬十月太上天皇・大行天皇幸二紀伊国一時歌十三首」〈大宝元年≪七〇一≫辛丑冬十月太上天皇・大行天皇紀伊国に幸したまひし時の十三首〉のうちの一首）、『和名抄』巻一三・調度部・征戦具では「鳴箭」とみえ、ともに「なりや」と読んだらしい。中世では鏑箭《かぶらや》（鏑矢）と言い、特に鏃は狩俣とした。

鏑は内部を空洞とした蕪《かぶら》状。先端に数個の小孔がある。材質は木製か角製。鏑付設の箭を射ると、先端の小孔から入った空気が内部の空洞に共鳴して特殊な音を発する。この音で獲物を射竦《いすく》めた。音で逃げる獲物を威嚇し、獲物が萎縮したところを射留めるのである。

なお、鏑箭（鏑矢）は、狩箭の代名詞のように誤解されることがある。しかし、正しくは狩箭のうち鏑付設の箭だけが鏑箭で、狩箭でも鏑を付設しない箭は鏑箭ではない。

平題と引目

引目は大型の鏑。響目とも表記。引目（大型鏑）だけで鏃を付設しない箭が引目箭（響目箭）。引目箭は笠懸《かさがけ》や犬追物《いぬおうもの》等の騎射競技で使用。笠懸の的は本来は射手の笠。犬追物の標的は犬。そこで笠や犬に損傷がないように鏃を付設しない引目箭を使用し、笠や犬に射当てるだけとした。ただし、同じく騎射競技でも流鏑馬には鏑箭を使用した。

一方、的箭に付設される平題は先端が扁平な円柱状。歩射競技の的は本来は鹿革製。的箭は的に刺さらず、射当てるだけである。

なお、武家では平題を矢頭《しとう》（神頭《じとう》）という。先端に四個の小孔のある矢頭もあり、これを付設した箭を四目箭《しめや》（小引目《こひきめ》箭とも）という。的箭と引目箭の折衷様式である。

中差と表差

箭を容器に収納時、弓箭使用の主目的となる箭を中差《なかざし》と言い、これに一・二隻《せき》（「隻」は箭を数える単位）指し添える異種類の箭を表差《うわざし》という。軍陣の場合、中差は征箭。表差として狩箭や的箭を指し添える。表差は容器の一番外側に収納し、戦闘開始の矢合《やあわせ》で最初に射合う箭（嚆矢《こうし》）となる。

中世では軍陣の表差の代表が鏑矢。鏑矢は狩箭の範疇を超えて神聖な箭と理解され、嚆矢のほかに朝廷の騎射行事である騎射《うまゆみ》や流鏑馬で使用。流鏑馬は神事的性格が濃厚な中世の騎射競技。また、文献では鏑箭の音は神託提示の象徴ともなった。

この中差と表差の関係は「御箭壹佰具」では不記載。ただし、正倉院器仗では両者の関係がみられる。

箭羽

箭羽は、鳥の翼（保呂羽《ほろば》という）や尾羽を羽茎《はぐき》（羽の中軸にある硬質部分）から半裁（半分に切断）して使用。中世では鷲・鷹・朱鷺《とき》の羽を最上とした。なお、羽を幹に取り付けることを「矧《は》ぐ」という。

箭の個別名称は、箭羽が鷲羽の場合は羽の斑文《ふもん》（模様）＋箭。鷲以外の鳥羽では鳥名＋羽＋箭と表記した。鷲羽の斑文は白・黒の配色模様。それが一羽ごとに相違するため、個別名称に斑文を入れる。鷲以外の鳥は斑文が一定のため鳥名でよぶ。

箭羽の矧ぎ方（つまり枚数）に、二立羽《ふたてば》・三立羽《みたてば》・四立羽《よたてば》（図10）がある。それぞれ半裁した羽二枚・三枚・四枚を矧ぐ。このうち二立羽が原初的矧ぎ方。三立羽・四立羽はのちに成立（三三七頁）。中世では二立羽はもっぱら儀仗用で、征箭・的箭・引目箭はいずれも三立羽、狩箭は四立羽である。

三立羽

このうち三立羽は、括側からみて括通り（彫の抉り込みつまり弦に平行する位置）に一枚矧ぐ。これを走羽《はやりば》という。この走羽を起点にほかの二枚を等間隔に矧ぐ。括に向かって左側の羽を弓摺羽《ゆすりば》、右側を外掛羽《とがけば》という。弓に番える時は走羽を上にする。

左側の羽を弓摺羽というのは、箭は弓の右側に番えるため、その羽が弓を摺るからである。これに対し、右側の羽は弓に対して外側となるために外掛羽という。しかし、これは日本独自の番え方。中国やヨーロッパでは弓の左側に番える。そこで、中国やヨーロッパでは弓を水平に倒して弓射できる。しかし、日本ではできない。

さらに走羽・弓摺羽・外掛羽は表裏を揃えて矧ぐ。鳥羽はやや湾曲している。湾曲の外側が表。内側が裏。表裏を揃えて矧ぐことで箭は旋回して飛ぶ。

こうした三立羽は、走羽の表を外側（弓と逆側）に矧いだ箭と内側に矧いだ箭ができる。前者を甲箭《はや》（外向箭《とむきや》とも）、後者を乙箭《おとや》（内向箭《うちむきや》とも）という。それぞれ走羽を起点に表裏を揃えて弓摺羽・外掛羽を矧ぐから、甲箭は右旋回、乙箭は左旋回の箭となる（図10）。
甲箭と乙箭は必ずセット。甲箭・乙箭各一隻のセットを一手《いって》と言い、諸箭《もろや》という。そこで、三立羽の箭は携帯する箭数が必ず偶数となる。

四立羽

一方、四立羽は括通りの上下に表裏が逆になる幅広の大羽《おおば》各一枚を矧ぐ。ついでそれと垂直の位置に幅狭の小羽《こば》各一枚を矧ぐ。括通りの大羽二枚を遣羽《やりば》、幅狭の小羽二枚のうち、左側を弓摺小羽、右側を外掛小羽という。こうした四立羽の箭は旋回しない。つまり三立羽と四立羽の相違は箭が旋回するかしないかである。

射通す機能を持つ征箭の鏃は、箭が旋回した方が深く刺さって殺傷力が増す。また、的箭や引目箭は平題や引目の形状が箭が旋回しても不都合ではないために三立羽とした。これに対し、射切る機能を持つ狩箭の鏃は箭が旋回してはその機能が発揮できない。そこで、旋回しない四立羽とした。

以上が靫・胡禄・箭の基礎事項である。ついで「御箭壹佰具」の註記内容を理解するうえでの前提事項に移る。具体的には、靫・胡禄に収納する箭数と、中世の鏃とは名称と形状が大きく相違する古代の鏃についてである。

軍防令の箭数規定

中世前期の一般的な箭の容器である箙に収納する征箭の箭数は、軍記物語によれば、二四隻がふつうである。

一方、古代では、軍防令備戎《びじゅうぐ》具条によれば、一容器に対する征箭の規定箭数は五〇隻。「御箭壹佰具」にみえる箭数も五〇隻かそれ以下。五〇隻を超えるものはない。また、正倉院器仗からも征箭五〇隻が規定の箭数であったことがわかる。さらに『日本三代実録』貞観一六年（八七四）九月一四日条によれば、その箭数五〇隻を、節会《せちえ》等の特別な警護が必要な日を除き、日常的には三〇隻に減らすことが認められた。つまりそれまでは箭数五〇隻の規定が継承されたことがわかる。そして、三〇隻は摂関期以降の儀仗の箭数として継承された。

したがって、「御箭壹佰具」記載の箭が征箭であるかどうかは、箭数が五〇隻であるかどうかが指針となる。箭数五〇隻であれば征箭。それ以下であれば征箭以外となる。

「御箭壹佰具」の鏃

ついで古代の鏃。「御箭壹佰具」にみえる鏃および鏃相当部分の名称をみると、箭数五〇隻で征箭と考えられるものに、蟇口《ひきぐち》・小爪懸《こつまかけ》・三陵小爪懸《みかどのこつまかけ》・鑿箭《のみや》・乎比多祢《おいたね》・偏鋭《かたするど》。これに対し、箭数が少数で狩箭と考えられるものに、筑紫加理麻多箭《つくしかりまたや》・田加理麻多箭《たかりまたや》・加理麻多箭《かりまたや》・鹿角久流理《かづのくるり》・久流理《くるり》・小腋深箭《こわきぶかや》・上野腋深箭《こうずけわきぶかや》・上野乎比《こうずけおい》多祢箭《たねや》・保居箭《ほこや》・斧箭《おのや》がある。また、名称から的箭と考えられるものに、鹿角伊多都伎《かづのいたつき》・伊多都伎《いたつき》・麻々伎《ままき》。引目箭と考えられるものに木哱《もっこう》・鹿角哱《かづのこう》がある。これとは別に骨鏃箭《こつぞくや》もみえる。

「御箭壹佰具」でのこれらの註記方法は、征箭とそれ以外の箭で相違する。

「御箭壹佰具」での註記方法

征箭は、たとえば「一具納㆓鷲羽箭五十隻㆒、鏃鋒蟇口」（一具は鷲羽《わしば》の箭五十隻を納む、鏃鋒《やじりさき》は蟇口）というように、箭の個別名称は箭羽の種類で提示。鏃は別個に註記する。

一方、狩箭は、たとえば「一具納㆓鷲尾羽加理麻多箭八隻㆒」（一具は鷲尾羽《わしおばね》の加理麻多箭八隻を納む）というように、鏃を別個に註記せず、鏃の名称がそのまま箭の個別名称となる。これは名称に「箭」が付かない鹿角久流理・久流理でも同様。さらに的箭の鹿角伊多都伎・伊多都伎・麻々伎、引目箭の木哱・鹿角哱でも同様である。

換言すれば、征箭は個別名称からは鏃は不明。征箭以外は箭の個別名称がそのまま鏃や鏃相当部分の名称となる。

本書での鏃の名称の取り扱い

厳密にいえば、右記の狩箭のうち筑紫加理麻多箭・田加理麻多箭・加理麻多箭・小腋深箭・上野腋深箭・上野乎比多祢箭・保居箭・斧箭は、「箭」を除いた部分が鏃の名称かもしれない。とはいえ、征箭のうち鑿箭はそのままが鏃の名称となる。一方、保居箭・斧箭は「箭」を除くと鏃の名称としては落ち着かない。

そこで、本書では便宜的に、筑紫加理麻多箭・田加理麻多箭・加理麻多箭の三種の加理麻多箭は、中世に同じく「かりまた」と読む狩俣があるため、また上野乎比多祢箭は別に乎比多祢もみえるため、それぞれの鏃の名称としては「箭」を除く。そのほかの小腋深箭・上野腋深箭・保居箭・斧箭は、「箭」を付けたままを鏃の名称とする。

正倉院器仗の鏃

一方、正倉院器仗の鏃は、同類と考えられるもののなかにも微妙な差異がある。そのために分類が難しい。しかし、差異を越えて筆者の見識で同類と考えられるものを一括すると、征箭の鏃と考えられるものは五種類、狩箭は四種類、的箭は一種類に分類できる。さらに骨鏃箭・竹鏃《ちくぞく》箭と箭挟《やばさみ》のみ残った箭がある。

「御箭壹佰具」と正倉院器仗の鏃の対応関係

こうした「御箭壹佰具」にみえる鏃の名称と正倉院器仗の鏃との対応関係には諸説ある。『図録』・斎藤説①・

後藤守一「正倉院御物矢」（『人類学雑誌』五五—一〇、一九四〇年、以下、後藤説）・鈴木説②・『明治前日本造兵史』（二〇三頁）・末永雅雄『日本武器概説』（社会思想社、一九七一年、以下、末永説）等の諸説である。

「御箭壹佰具」の方が正倉院器仗よりも鏃の種類が多い。そこで、これらの諸説では、法隆寺献納宝物（東京国立博物館蔵）、奈良・般若寺（同・大安寺旧蔵）、同・大神神社、同・春日大社等の古代の箭の伝世品も含めて考察対象とする。しかし、いずれも確実な根拠なきままの語義等からの感覚論で確定は難しい。また、「御箭壹佰具」と正倉院器仗の鏃すべてを必ずしも考察の対象としているわけではない。

鏃の対応関係についての私見

そうしたなかで、微妙な差異を越えて筆者の見識で一括した正倉院器仗の鏃の各種類の代表的形状のうち、「御箭壹佰具」との対応関係が考えられるものについて、諸説を取捨・勘案して一応の私見を示せば、図11—①〜⑧のようになる。

①〜④が征箭、⑤〜⑦が狩箭、⑧が的箭と考えられる。①〜④はいずれも刃部が小型で、螻蛄首《けらくび》の長い考古学用語でいう長頸鏃《ちょうけいぞく》。また、②④は左右非対称の偏刃《かたば》である。

図11の対応関係は諸説同様にあくまで暫定的なものである。しかし、ひとまずはこの対応関係に基づいて解説を進める。図11のように判断した理由や各図の詳しい解説、また、諸説の異同や図にない名称や形状については、「御箭壹佰具」・正倉院器仗の個々の解説のなかで適宜示す。なお、斎藤説①は『明治前日本造兵史』で訂正されている。そこで、以下、鏃に関しては『明治前日本造兵史』の説を斎藤説とする。

では、「御箭壹佰具」の個別の解説に移ろう。

第二節　「御箭壹佰具」

本節の概要

「御箭壹佰具《おんやいっぴゃくぐ》」の内訳は靫《ゆき》四具と胡禄《ころく》九六具。収納箭数の合計は三三二一隻。ただし、これは原記載（当初の記載）のうえでのこと。付箋による箭数の訂正があり、それによれば、実際には箭数三〇隻が欠損。実箭数は三二九一隻である。

本節ではこれを①靫四具と②胡禄九六具に二分。②をさらに[A]阿蘇《あそ》胡禄六五具・[B]播磨《はりま》胡禄三〇具・[C]錦胡禄一具に三分。そのうち[A]は（a）白阿蘇胡禄五六具・（b）漆阿蘇胡禄七具・（c）籐阿蘇胡禄一具・（d）樺《かば》阿蘇胡禄一具。[B]は（a）白播磨胡禄一一具・（b）漆播磨胡禄一九具に細分して解説する。つまり胡禄は個別名称ごとに分類。

ちなみに、各個別名称のうち「阿蘇」「播磨」は地名・国名。「錦」「籐」「樺」は材質名。「白」「漆」は塗漆の有無を示す。

解説方法はこれまでと基本的に同様。また、「御箭壹佰具」では各容器は必ずしも上記の分類ごとに記載されていない。そこでやはりこれまでと同様に各容器に記載順の通し番号を付ける。複数具一括記載はひとつの通し番号とする。「御箭壹佰具」での記載順は通し番号で判断していただきたい。

①靫四具

▼烏漆靫一具…1

頭・（口）、並著鯨髭、背著金銅作環両具、洗皮帯執、絹綬帯、納鵰羽麻利箭五十隻、鏃鋒小爪懸、

○烏漆《うしつ》靫一具　「烏漆」は、「くろぬり」とも読める。光沢のある黒漆塗（いわゆる烏の濡羽色《ぬればいろ》）。材質は不記載。「御箭壹佰具」の靫のうち「烏漆」は本例のほかに二具（①―3・21）。いずれも材質は不記載。胡禄のうち「漆胡禄」は二六具（漆阿蘇胡禄七具・漆播磨胡禄一九具）。『目録』の理解によれば、『珍宝帳』記載の「漆」は黒漆塗の意（六八頁）。烏漆と漆の相違は光沢の有無か。

○頭・（口）　「縚綬帯《とうじゅのおび》」まで靫の註記。「口」は付箋。脱字を補う。「頭」は箭の収納口。「口」は手形。

○並著鯨髭　「並びに鯨髭《くじらひげ》を著《つ》く」と読む。「並」は「頭・口ともに」の意。「鯨髭」はシロナガスクジラ等のヒゲクジラ亜目の上顎にある櫛状器官。歯に相当。しかし、噛み砕く機能はない。オキアミや小魚等の餌を大量に漉《こ》し取る。しなやかな細い線状。器物の補強や芯に使用。本例は頭と口の周囲を鯨髭で縁取ったか。

○背著金銅作環両具　「背に金銅作《こんどうさく》の環両具《かんりょうぐ》を著く」と読む。「金銅作」は「こんどうづくり」とも読める。「背」は背面。「金銅作」は銅地金鍍金製。「環」は鐶（金属製リング）。「両具」は左右に二個ずつの意か。靫の背面左右両端に銅地金鍍金製の鐶二個ずつを打ったと考えられる。

○洗皮帯執《あらいがわのおびとり》　「帯執」は、ここでは背面に打った二個の鐶を左右それぞれで繋ぐ緒紐。

○縚綬帯　佩帯の緒。左右の帯執に繋着。「環」「帯執」「帯」が本例の佩帯装置。これで靫が斜め後方に倒れるかたちで右腰に佩帯したと考えられる。斜め後方に倒れるかたちであるから、背面左右両端の鐶は、靫背面からみて右側の鐶を左側の鐶よりも高い位置にずらして打ったと考えられる。

○納鵰羽麻利箭五十隻　「鵰羽《わしば》の麻利箭《まりや》五十隻を納む」と読む。ここから収納箭の註記。「鵰羽」は鷲羽。「御箭壹佰具」では鵰羽（鷲羽）も鳥名で表記。中世とは相違。

「御箭壹佰具」では鵰羽が全体で四一九隻（原記載は四二三隻。染羽《そめば》を含む）。別に鵰尾羽九九隻（染羽を含む）。鵰尾羽に対比すれば、ただの鵰羽は翼の羽か。ちなみに「御箭壹佰具」では尾羽は鵰のほかに雉と山鳥がある。

「麻利箭」は箭数五〇隻なので征箭。「御箭壹佰具」では「麻利箭」は、本例のほかに赤漆桐木靫《せきしつきりぎ》一具・烏漆靫一具（①—2・21）・白阿蘇胡禄六具（②—A—a—10）のうちの一具にみえる。いずれも箭数五〇隻。

この麻利箭は、『日本書紀』神功皇后摂政元年三月庚子（五日）条によれば、忍熊王《おしくまのみこ》軍の熊之凝《くまのこり》が自軍を鼓舞する長歌のなかに「末利椰《まりや》」とみえる。これを「矢じりのまるい矢。かぶら矢の一種」とする解釈もある（『日本古典文学大系』頭注）。しかし、善淵愛成《よしぶちのちかなり》が元慶年間（八七七〜八八五）に朝廷で行った『日本書紀』講読の記録である『元慶日本紀私記』（鎌倉末期成立の卜部兼方『釈日本紀』巻二四・和歌二・神功皇后所引）によれば、「末利椰」は「曾矢《そや》」（征箭）。甲冑の間に「伊礼加久須《いれかくす》」（入れ隠す）もので、当時の「古津万伽岐歟《こつまかきか》」とある。「御箭壹佰具」によれば、麻利箭はすべて箭数五〇隻。愛成説が首肯できる。「古津万伽岐」については後述する。

もっとも麻利箭が征箭だとして、「御箭壹佰具」では麻利箭は本例を含む四具のみ。麻利箭は征箭の代名詞ではない。征箭の一種と考えられる。ただし、麻利箭以外の征箭との相違は不明。

○鏃鋒小爪懸　「鏃鋒《やじりさき》は小爪懸《こつまかけ》」と読む。鏃の註記。「小爪懸」は図11—②。「御箭壹佰具」では小爪懸は全体で七九〇隻（原記載は八〇〇隻）。最多の蟇口《ひきぐち》一三四三隻（原記載は一三五〇隻）につぐ。正倉院器仗では図11—①の形状が最多。図11—②がこれにつぐ（本章第三・四節参照）。蟇口・小爪懸ともに箭数五〇隻なので征箭。そこで図11—①を蟇口。図11—②を小爪懸とした。

ちなみに、図11—①は鈴木説②も蟇口。図11—②は図録・斎藤説・鈴木説②も小爪懸。これに対し、後藤説は図11—①を鑿箭。図11—③を小爪懸。斎藤説は蟇口とみる。

ところで、「御箭壹佰具」の麻利箭四具のうち、鏃の註記があるのは本例と烏漆靫一具（①—21）。その鏃はともに「小爪懸」。赤漆桐木靫一具（①—2）・白阿蘇胡禄一具（②—A—a—10）にはない。

小爪懸の読みは、鈴木説②や鈴木敬三「鏃」（『国史大辞典』第一四巻、吉川弘文館、一九九三年、『有識故実大辞典』〈三九頁〉再録）によれば、「こつまかけ」。しかし、右記の愛成説にみえる「古津万伽岐」は小爪懸に相違ない。そうであれば、小爪懸は「こつまかき」と読むことになろう。鈴木説③も同じ。本書では、「こつまかき」の可能性を指摘したうえで、「こつまかけ」と読んでおく。これは三陵小爪懸でも同様である。

▼赤漆桐木靫一具…2

頭・口、並著鯨髭、背著金銅作環両具、紫皮帯執、縚綬帯、納鷹羽麻利箭五十隻、

○赤漆桐木靫一具　「赤漆」は、ここは材質（「桐木」）に荏油《えのあぶら》を混ぜた透漆を塗り、木地の色調を生かした赤漆か（二〇八頁）。「御箭壹佰具」では靫の材質に関する記載は本例のみ。

○頭・口　本例の構造は、註記の共通性から烏漆靫一具（①‐1）と同型。

○納鷹羽麻利箭五十隻　「鷹羽《たかば》の麻利箭五十隻を納む」と読む。「御箭壹佰具」では鷹羽は全部で八五隻。「鷹尾羽」はない。なお、鏃の註記がない。

▼烏漆靫一具…3

頭著鯨髭、上作牙鼠形、口著黒柿木画、背著銀環両具、紫皮帯執、縚綬帯、納白黒交羽骨鏃箭卌隻、

○頭著鯨髭　「頭に鯨髭を著く」と読む。

○上作牙鼠形　「上は牙鼠形《げそがた》に作る」と読む。「上」は頭側か。「牙鼠形」は鼠の意匠の象牙製装飾との解釈もある（次頁の阿部説）。しかし、鈴木説①によれば牙象型（図3）の意。牙象型であれば木製か。

○口著黒柿木画　「口に黒柿の木画《もくが》を著く」と読む。「木画」は木地に木・竹・象牙・角等の色調の異なる材質を寄せ木細工のように組み合わせて象眼する装飾技法。本例は木画の黒柿板で口周辺を装飾。

○背著銀環両具　「背に銀の環両具を著く」と読む。佩帯装置の鐶が銀製。本例の佩帯装置は「環」「帯執」「帯」。

烏漆靫一具（①-1）・赤漆桐木靫一具（①-2）と同様。

○納白黒交羽骨鏃箭卌隻　「白黒交羽《まぜば》の骨鏃箭四十隻を納む」と読む。「御箭壹佰具」では「骨鏃箭」は本例のみ。正倉院器仗では骨鏃箭は黄染大鷹尾《きぞめおおたかのお》一具一九隻、雁羽《かりのは》・蘆幹《あしやがら》・骨鏃一具一二隻、鵠羽《くぐいのは》・蘆幹・骨鏃一具七隻（中倉6-67・68〈図12〉・69）。いずれも征箭に分類すべき細長い射通す形状。

ちなみに、右記の雁羽一具一二隻・鵠羽一具七隻（中倉6-68・69）の幹は蘆（葦）製。三具いずれも二立羽。これによれば、本例も蘆製幹の二立羽か。

「白黒交羽」は白羽《しらは》・黒羽《くろば》各一枚で二立羽としたか。または白羽・黒羽を継ぎ合わせて一枚とした加工羽（支切羽《しきりば》）か。中世では白羽・黒羽といえば、ともに鷲羽。

なお、「御箭壹佰具」では、交羽は漆阿蘇胡禄一具（②-A-b-16）収納箭に鷹羽・紅鶴《とき》羽交《まぜ》鹿角伊多都伎二隻がみえる。

▼烏漆靫一具…21

外形作東琴、一辺上下有金銅作環、納鵰羽麻利箭五十隻、鏃鋒小爪懸、右、靫一具納第四櫃、

○烏漆靫一具　本例はほかの靫三具とは別個に「御箭壹佰具」の末尾に記載。註記内容もほか三具とは相違。さらにほか三具は胡禄四一具とともに第一櫃《ひつ》に収納されているのに対し（二八八頁）、本例は「右、靫一具納㆓第四櫃㆒」（右、靫一具は第四櫃に納む）とあるように、単独の専用櫃が存在。そこで、本例はほか三具とは区別される特別な靫の可能性がある。ただし、収納箭は烏漆靫一具（①-1）と同様。

本例の実態については、関説・鈴木説①（以下、**関・鈴木説**）と阿部弘「国家珍宝帳に見える靫について」（『正倉院紀要』六、一九八四年、以下、**阿部説**）で解釈が相違。

○外形作東琴　「外形は東琴《あずまごと》に作る」と読む。本例の構造は東琴形。関・鈴木説・阿部説ともにこの点を重視。

相違点の要点はその解釈。

「東琴」は和琴《わごん》（「やまとごと」とも）。六弦の和様琴。正倉院宝物では檜和琴《ひのきのわごん》（南倉98／図13）が現存。神宮神宝にも鵄尾琴《とびのおのこと》（図14）がある。胴部は木製。胴頭から胴尻にかけてやや裾開きの細長く薄い箱状の形状。胴尻を弦の本数に合わせて六本の櫛形《くしがた》に抉り込んでいるため鵄尾という。鵄尾琴の名称の由来である。弦は胴頭の栢形《かやがた》を起点に縦方向に張り、端は葦津緒《あしづお》とよぶ編紐に結び付けて鵄尾に掛けた。裏面には下樋《したひ》とよぶ音孔二個が開く。

この和琴の構造は、関・鈴木説によれば、神宮神宝の錦靫（図4―①）の構造を彷彿するという。神宮神宝の革靫（図4―②）が前板・後板・左右の脇板すべて同寸に対し、錦靫・蒲靫は後板が前板よりも高い。左右の脇板は後板にかけて斜めに切り込む。また、神宮神宝に限らず靫・壺胡籙は筒状といってもやや裾詰まりの形状（図1～3）。これが和琴を裏返し、鵄尾側を上部とした構造（鵄尾が後板に相当）に類似するとみる。また、下樋を手形に見立てる。つまり関・鈴木説によれば、本例もほか三具と構造的に大差はない。

一方、阿部説によれば、本例を唐代のレリーフ等にみえる箭嚢《やぶくろ》（図15）とみる。これは靫とは逆に裾広がりの筒状容器。箭は鏃を上向きに収納。手形はない。蓋付きの頭から箭を出し入れするらしい。

阿部説では、この箭嚢の構造が和琴形に相当するとみる。阿部説によれば、靫が裾詰まりなのは鏃側を下向きに収納し、箭嚢が裾広がりなのは箭羽側を下に収納するからである。そして、阿部説の根拠はつぎの佩帯装置の註記にも関わる。

○一辺上下有金銅作環　「一辺の上下に金銅作の環有り」と読む。本例の佩帯装置。「一辺上下」は片側の二箇所。靫の片側に鐶二個を打つの意。ほか三具が左右両側に鐶二個ずつを打つのとは相違。

本例は、帯執・帯の註記はない。しかし、二個の鐶それぞれに帯執を付設。その帯執を帯に繋着して佩帯したと考えられる。つまり本例の佩帯方法は大刀に類似する。

レリーフ類によれば、箭嚢の頭は腰の位置。垂直に近い状態で右腰に佩帯。阿部説によれば、この佩帯方法は本例の佩帯装置とそこから想定される佩帯方法に合致。そこで、この点からも本例を箭嚢とみる。

これに対し、関・鈴木説によれば、本例は佩帯装置こそほか三具とは相違するが、佩帯方法はほか三具と同様とみる。むしろ本例の佩帯装置は靫を背中に佩帯しない証左とする。

関・鈴木説と阿部説を比較すると、本例の佩帯装置から類推される佩帯方法は、阿部説の方が理に叶っている。関・鈴木説の佩帯方法も可能だが、大刀類似の佩帯方法では靫の佩帯としては不安定であろう。

とはいえ、本例が箭嚢とするとほか三具とは様式がまったく相違し、しかも日本では普及・定着していない様式となる。「御大刀壹佰口」では様式に対応して唐大刀以下のさまざまな名称があった（第二章参照）。また、刀子には唐刀子《からがたな》があった（一五〇頁）。本例も箭嚢ならば、ほか三具と区別してたとえば「唐靫《からゆき》」などといった特別の名称があってもよさそうである。ところが、ほか三具と同じく「靫」とする。その点も疑問が残る。

以上から、筆者は関・鈴木説に賛同する。ただし、本例は特別な靫の可能性があると既述したが、関・鈴木説によれば、註記内容は相違するものの構造的にはそれほど特別ではないことになる。収納箭も烏漆靫一具（①—1）と同様である。特別なのは「御箭壹佰具」での記載位置と専用櫃がある点だけとなる。その理由は別に考えなければならない。

なお、阿部説の靫の理解は考古学でいう「靫」（図5・6）である。儀仗の靫や壺胡簶、また神宮神宝の靫（図1～4）等についての記述はまったくない。おそらくそれらの存在を知らないのであろう。つまり靫そのものを理解していない。

靫四具の註記総括

○容器

［形状］牙鼠形一具・東琴形一具・不記載二具。［材質］烏漆三具・赤漆桐木一具。［鐶］金銅作三具・銀一具。

［帯執］紫皮二具・洗皮一具・不記載一具。［帯］緇綬帯三具・不記載一具。

○箭

［種類］麻利箭三具（一五〇隻）・骨鏃箭一具（四〇隻）。

［鏃］小爪懸二具（一〇〇隻）・不記載二具（九〇隻・うち一具は骨鏃箭四〇隻）。

［箭羽］鵰羽二具（一〇〇隻）・鷹羽一具（五〇隻）・白黒交羽一具（四〇隻）。［箭数］五〇隻三具・四〇隻一具。

②胡禄九六具

Ａ阿蘇胡禄六五具

「阿蘇」は下野国安蘇《あそ》郡（栃木県佐野市）が通説。肥後国阿蘇郡（熊本県阿蘇市）の可能性もある。「御箭壹佰具」では胡禄や箭の個別名称に国名や地名が付く例は、本例のほかに播磨胡禄・上野箭・筑紫加理麻多箭・上野腋深箭・上野乎比多祢箭等がある。特に上野（群馬県）が多い。なお、播磨は播磨国（兵庫県）。筑紫は大宰府管内つまり九州地方である。

このように「御箭壹佰具」の胡禄や箭は個別名称に国名や地名が付くものが多い。これに対し、「御弓壹佰張」の弓は個別名称に材質名が付き、国名・地名の付くものはない（第四章参照）。同じ弓箭でありながら名称のあり方は対照的である。

国名・地名の意味

単純に考えれば、こうした胡禄や箭の国名・地名は各生産地。つまり各国・各地域からの貢納品となる。この点で、正倉院器仗では漆葛胡禄一具（中倉4-3／図16）収納箭五〇隻に「下毛《しもつけ》野《の》奈須評《なすのこおり》」（栃木県那須塩原市・那須烏山市等）、赤漆葛胡禄一具（中倉4-20／図17）収納箭一隻に「讃岐国」（香川県）の各刻銘。黄染大鷹羽箭（中倉6-25）一隻に「相模国」（神奈川県）の針書銘がある。これらは各国・各地域からの貢納品に相違ない。

しかし、胡禄や箭の個別名称に付く国名・地名の意味はそこからの貢納品というよりも、その起源（発祥）を示し、生産地に関わらず特定の様式を示す個別名称に転換している可能性が高い。ただし、「御箭壹佰具」の註記からはそれぞれの特徴等は見出せない。特に胡禄は註記はすべて「帯」のみ。特記する特徴がないからかもしれない。

胡禄の材質

また、既述のように正倉院器仗はすべて葛編込製の葛胡禄（葛平胡禄を含む）。また、奈良・般若寺蔵（同・大安寺旧蔵）の胡禄と、同・春日大社蔵の平胡禄残欠三具もいずれも葛編込製。さらに『弘仁式』主税によれば、「造㆓胡禄一口㆒料」（胡禄一口を造る料）として「黒葛《くろかづら》一斤」がみえる。黒葛は樹皮が付いたままの葛。ここからも胡禄が葛編込製であることがわかる。

「御箭壹佰具」では、籐阿蘇胡禄一具（②-A-c-14）・樺阿蘇胡禄一具（②-A-d-18）・錦胡禄一具（②-C-12）を除いて、胡禄の材質は不記載。しかし、材質不記載の胡禄はいずれも葛胡禄であったと考えられる。

籐阿蘇胡禄一具（②-A-c-14）も、籐はヤシ科の蔓草系植物。つまり葛胡禄である。正倉院器仗では、赤漆葛胡禄一具（中倉4-23／図18）・白葛平胡禄一具（中倉5-31）が籐属を材質とする。ちなみに、正倉院器仗では漆葛胡禄・白葛胡禄（中倉4-4・28／図19・20）はアケビ類を材質とするという。ただし、樺阿蘇胡禄一具（②-A-d-18）の「樺」は、白樺（カバノキ科）や桜（バラ科）の樹皮。蔓草系植物ではないので、植物繊維編込製にしても葛胡禄ではない。また、錦胡禄一具（②-C-12）は木製錦裏と考えられる。なお、法隆寺献納宝物（東京国立博物館蔵）には木製彩色（彩色は剥落）の胡禄が現存（図21）。

（a）白阿蘇胡禄五六具

著洗皮帯、各納上野箭五十隻、鏃鋒並小爪懸、二具括碧、一具括赤、一具括白、

▼白阿蘇胡禄四具…4

○白阿蘇胡禄四具　四具一括註記。「御箭壹佰具」では「白阿蘇胡禄」が五六具で最多。「白」は白葛製・無塗漆。白葛は樹皮を剝いで白く晒した葛。正倉院器仗では白葛胡禄三具・白葛平胡禄四具・白葛胡禄残欠一具。ただし、白葛胡禄一具（中倉4-1／図22）は白・黒混成と考えられる（三〇八頁）。

○著洗皮帯　「洗皮帯を著く」と読む。胡禄の註記。四具すべて同様と考えられる。「著」の前に「並」が欠字か。「御箭壹佰具」では胡禄の註記はすべて「帯」のみ。材質はすべて革製（洗革九二具・紫革四具）。

この「帯」を筆者は背板中央の緒とみる（二五〇頁）。ただし、「御箭壹佰具」ではその材質はすべて革製。これに対し、正倉院器仗では背板中央の緒は革製のほかに麻布製も多い（洗革一三具・麻布一四具・紫革一具・麻緒一具）。

○各納上野箭五十隻　読みは割愛。「上野箭」の特徴は不明だが、箭数五〇隻であるから征箭。「御箭壹佰具」では、上野箭は本例のほかに白播磨胡禄四具（②-B-a-5）と漆播磨胡禄九具（②-B-b-6）のうちの一具の収納箭にみえる。いずれも箭数五〇隻。鏃は小爪懸二具と鑿口二具。また、白阿蘇胡禄二六具

（②―Ａ―ａ―19）の収納箭に「上野乎比多祢箭二十隻」、白阿蘇胡禄四具（②―Ａ―ａ―20）の収納箭に「上野腋深箭二十隻」（付箋で「乎比多祢」に訂正）がみえる。

　本例を含めていずれも箭羽の種類は不記載。「上野」が付く箭には特有の箭羽の規定があったか。

○二具括碧　「二具の括《はず》は碧」と読む。斎藤説・鈴木説②によれば、碧に染めた角や骨製の継括《つぐはず》。ただし、『延喜式』神祇四によれば、神宮神宝の征箭一四九〇隻は「筈塗二朱沙一」（筈に朱沙《しゅさ》を塗る）とある。これによれば、碧塗の箭括《よはず》（染括《そめはず》）とも考えられる。

　ところで、「碧」は「あお」「みどり」「あおみどり」いずれとも読める。色調も青・濃紺・緑・黄緑等のいずれかとなる。ただし、緑牙撥鏤把鞘御刀子《りよくげばちるつかさかおんかたな》（北倉5／第三章図2）によれば、「緑牙」の「緑」は濃紺（藍）染（一四三頁）。これによれば、「緑」はブルー（藍染）。「碧」はグリーン（藍と黄檗《きはだ》等黄の染料の混合）か。

○一具括赤　読みは割愛。赤染の継括。または赤塗の箭括。

○一具括白　読みは割愛。無染色の継括。または白塗の箭括。

▼白阿蘇胡禄六具…10

　　並、著洗皮帯、

　三具各納鵰羽箭五十隻、鏃鋒並小爪懸、

　一具納鵰羽箭五十隻、鏃鋒蟇口、

　一具納雉羽麻利箭五十隻

　一具納山鳥尾羽箭五十隻（欠十）、鏃鋒小爪懸、

○白阿蘇胡禄六具　六具一括註記。

○一具納雉羽麻利箭五十隻　読みは割愛。「御箭壹佰具」では雉羽は全体で一六〇隻。雉尾羽は五九六隻（原記

載は六〇〇隻）。「御箭壹佰具」の箭羽で最多。雉尾羽に対比すれば雉羽は翼の羽となるか。しかし、中世では雉は箭羽として翼を用いず尾羽のみ使用。「御箭壹佰具」の「雉羽」「雉尾羽」は表記の不統一か。

○一具納山鳥尾羽箭五十隻（欠十）　読みは割愛。「欠十《けつじゅう》」は付箋。一〇隻欠損。実箭数は四〇隻。「御箭壹佰具」では山鳥尾羽は本例のみ。別に山鳥羽が全体で五〇隻がある。山鳥は中世では雉同様に尾羽のみ使用。「御箭壹佰具」の「山鳥羽」「山鳥尾羽」はやはり表記の不統一か。

▼白阿蘇胡禄二具…11

　並、著洗皮帯、各納黒羽箭五十隻、鏃鋒蓁口、堪射楯、

○白阿蘇胡禄二具　二具一括註記。

○各納黒羽箭五十隻　読みは割愛。「御箭壹佰具」では黒羽は全体で五八九隻（原記載は六〇〇隻）。雉尾羽につぐ。既述のように中世では鷲羽。

○堪射楯　「楯を射るに堪ふ」と読むか。楯を射貫くほどに強力の意か。本例特有の註記。

▼白阿蘇胡禄十四具…15

　十三具並著洗皮帯、一具著紫皮帯、

二具各納鵰尾羽筑紫加理麻多箭十隻、牛角哮、白括、

二具各納鷹羽筑紫加理麻多箭十隻、牛角哮、

二具各納鵠羽筑紫加理麻多箭十隻、牛角哮、

二具各納鵰羽筑紫加理麻多箭十隻、鹿角哮、括白、

一具納鵰羽筑紫加理麻多箭十隻、鹿角哮、鷹羽筑紫加理麻多箭十隻、牛角哮、雉羽伊多都伎七隻、

一具納鵰羽筑紫加理麻多箭十隻、鹿角哮、鷹羽鹿角伊多都伎五隻、

一具納鵰尾羽筑紫加理麻多箭十隻、鹿角哮、鵰羽木哮一隻、白羽木哮一隻、雉羽鹿角哮一隻、
一具納鵰尾羽筑紫加理麻多箭十隻、鹿角哮、
一具納染鵰尾羽筑紫加理麻多箭八隻、鹿角撥鏤哮、鏃鏤之、鵰尾羽鹿角久琉理一隻、
一具納染鵰尾羽筑紫加理麻多箭十隻（欠四）、鹿角撥鏤哮、鏃鏤之、鵰尾羽小腋深箭十隻、

○白阿蘇胡禄十四具　一四具一括註記。箭は狩箭（筑紫加理麻多箭・久流理・小腋深箭）主体。これに的箭（伊多都伎）と引目箭（木哮・鹿角哮）が交じる。征箭は皆無。

摂関期以降の儀仗では、狩箭主体に収納した箙《えびら》を収納箭と総体で狩胡簶《かりやなぐい》という。本例は一四具すべて狩胡簶に相当。「御箭壹佰具」では本例一四具を含めて白阿蘇胡禄二六具（②-A-a-19）・白阿蘇胡禄四具（②-A-a-20）・漆阿蘇胡禄一具（②-A-b-16）・漆阿蘇胡禄三具（②-A-b-17）・樺阿蘇胡禄一具（②-A-d-18）の四九具が狩胡簶相当。つまり「御箭壹佰具」のほぼ半数が狩胡簶相当となる。

○二具各納鵰尾羽筑紫加理麻多箭十隻　読みは割愛。筑紫加理麻多箭は本例だけで一四四隻（原記載は一四八隻）。「御箭壹佰具」では本例のほかに漆阿蘇胡禄一具（②-A-b-16）に筑紫加理麻多箭一〇隻・田加理麻多箭二隻、樺阿蘇胡禄一具（②-A-d-18）に加理麻多箭二〇隻。

加理麻多が中世の狩俣に相当することは諸説で一致。狩俣は狩箭を代表する二俣の鏃（図9）。しかし、筑紫加理麻多箭・田加理麻多箭・加理麻多箭の三者の異同は不明。また、正倉院器仗には二俣鏃はない。

そうしたなかで、諸説のうち末永説以外は図11-⑦を加理麻多とみる。筆者もひとまず賛同する。なお、図11-⑦は白葛胡禄一具（中倉4-28）収納箭の一隻。ほかに白葛平胡禄一具（中倉5-30／図8）収納の箭一隻も同型。二隻ともに哮《こう》（後述）付設。扁平な形状からも狩箭に間違いない。

もっとも古代の二俣鏃は奈良・大神神社に現存（図23）。また、少数ながら古墳時代の発掘品もあるらしい。

そこで、二俣鏃ではない図11-⑦を加理麻多とみる点には疑問も残る。しかし、図11-⑦が加理麻多ではないとすると、その名称が問題となる。末永説では斧箭とみる。しかし、後藤説・斎藤説では斧箭は図11-⑤。筆者の理解も同様である（二八一頁）。

ただし、「御箭壹佰具」では筑紫加理麻多箭すべてに哮付設（後述）。そこで、図11-⑦は、同じく加理麻多でも筑紫加理麻多の可能性がある。

○牛角哮《こう》　「哮」は鏑《かぶら》（鳴鏑《なりかぶら》）。咆哮を発するからであろう。「鳴鏑」は、たとえば『古事記』に三例（上・大国主神等）、『日本書紀』に二例（巻二・神代下等）にみえる。しかし、「御箭壹佰具」では「鳴鏑」ではなく「哮」を使用。逆に記紀に「哮」はみえない。

本例では一四具すべての筑紫加理麻多箭に哮付設。材質ごとの合計は、牛角哮七〇隻・鹿角哮六〇隻・鹿角撥鏤哮一四隻（原記載は一八隻）。つまりすべて角製哮である。鹿角哮は中世でいえば魦目鏑《ぬためのかぶら》に相当。魦目は鹿角表面の凸凹状態をいう。なお、「鵰羽木哮一隻」「白羽木哮一隻」「雉羽鹿角哮一隻」はすべて引目箭である（後述）。

ちなみに「御箭壹佰具」では、本例のほかに哮付設は、白阿蘇胡禄二六具（②-[A]-a-19）のうち一五具の上野乎比多祢箭各二〇隻。漆阿蘇胡禄一具（②-[A]-b-16）のうち筑紫加理麻多箭一〇隻。樺阿蘇胡禄一具（②-[A]-d-18）の加理麻多箭二〇隻である。つまり「御箭壹佰具」では筑紫加理麻多箭はすべてに哮付設。

また、正倉院器仗では、哮付設は鏃の形状で分類すると図11-⑥（上野乎比多祢）の鏃二四隻と図11-⑦（加理麻多）の鏃二隻。さらに図11-⑥の鏃の箭残欠一隻に哮付設。材質は犀角《さいかく》・鹿角各一〇隻。水牛角四隻。鹿角緑染三隻。すべて角製。

「御箭壹佰具」・正倉院器仗ともに哮付設箭はすべて狩箭。中世でいう鏑箭。

○二具各納鵠《くぐい》羽筑紫加理麻多箭十隻　読みは割愛。「鵠」は白鳥《はくちょう》の古名。「御箭壹佰具」では鵠羽は本例のみ。
○括白　「括は白」と読む。「白括」と同義。記載の不統一。
○雉羽伊多都伎七隻　「伊多都伎」（図11―⑧）は平題。「御箭壹佰具」では伊多都伎は本例のほかにつぎの鹿角伊多都伎五隻。漆阿蘇胡禄一具（②―A―b―16）に同じく鹿角伊多都伎二隻。鹿角伊多都伎に対し、材質記載のない本例の伊多都伎は木製か。

ちなみに正倉院器仗では、漆葛胡禄（中倉4―29／図24）に水牛角製伊多都伎一隻。白葛平胡禄（中倉5―33／図25）に鹿角製伊多都伎二隻（図11―⑧）。いずれも的箭。

なお、『続日本紀』天平七年（七三五）四月辛亥（二六日）条によれば、吉備真備《きびのまきび》（六九五～七七五）が唐から持ち帰った物品のなかに三種の角弓（二二四頁）とともに「射甲箭二十隻」と「平射箭十隻」がみえる。前者は正確な読みは不明だが、字義から征箭の一種であろう。一方、『国史大系』本『続日本紀』（『続日本紀』のもっとも一般的な刊本）によれば、後者の「平射」に対し、明暦三年（一六五七）印本（同年の印がある写本）により「イタツキ」とルビを振る。これによれば、「平射箭」は伊多都伎の的箭となる。

ところで、『万葉集』にみえる「得物矢《さつや》」が狩箭であることは既述したが（二五一頁）、その「得物矢」四例のうち、「舎人娘子従駕作《とねりのをとめのじゅかがしてつくる》歌」と「霊亀元年（七一五）歳次乙卯秋九月志貴親王薨時作《こうぜしときにつくる》歌一首」の「得物矢」はともに「的」を導く序詞のなかにみえる。

つまり日本では古くは得物矢（狩箭）が的箭として使用されていた可能性があり、真備が平射箭を持ち帰ってから、的箭としての伊多都伎が普及したとも考えられる。そうであれば、伊多都伎は新様式の箭となろう。
○鵰羽木哮一隻　「木哮」は木製哮。箭の個別名称。引目箭。狩箭付設の哮とは相違。「御箭壹佰具」では引目箭は本例を含めてつぎの白羽木哮一隻・雉羽鹿角哮一隻の三隻。

○白羽木哱一隻　「白羽」は中世では鵰羽。「御箭壹佰具」では白羽は二〇〇隻（原記載は二〇一隻）。

○一具納染鵰尾羽筑紫加理麻多箭八隻　読みは割愛。「染鵰尾羽」は鵰尾羽の染羽《そめば》。染羽は染めて色を替えたり、または斑文を入れた加工羽。「御箭壹佰具」では染羽は本例とつぎの六隻（原記載は一〇隻）の一四隻（原記載は一八隻）。ともに染鵰尾羽。

正倉院器仗では、染羽は胡禄未収納箭八〇具の名称に散見するが（第四節参照）、現状では本来の羽は欠損。

○鹿角撥鏤哱　「鹿角撥鏤」は鹿角に撥鏤。「御箭壹佰具」では鹿角撥鏤は本例とつぎの六隻（原記載は一〇隻）の一四隻（原記載は一八隻）。

○鏃鏤之　「鏃これを鏤《ちりば》む」と読む。象眼鏃。象眼の材質は不記載。「御箭壹佰具」では象眼鏃は本例とつぎの六隻（原記載は一〇隻）の一四隻（原記載は一八隻）。つまりこれら一四隻（原記載は一八隻）は同様の意匠（染鵰尾羽・鹿角撥鏤哱・象眼鏃）。装飾的な箭である。

○鵰尾羽鹿角久琉理一隻　「鹿角久流理」は鹿角製鋓《くるり》か。「御箭壹佰具」では久流理は本例のほかに漆阿蘇胡禄一具（②―A―b―16）に二隻。

鈴木説③によれば、中世の鋓（鋓根《くるりね》）には、水上の鳥を射る水鋓《みずくるり》と田の鳥を射る田鋓《たくるり》がある。前者の鏃は狩俣の一種。小型の弦月型。後者の鏃は飛燕形《ひえんなり》（図26）を小形にした小平根《こひらね》。ともに小孔のない鏑（目無鏑《めなしかぶら》）を付設。それを浮き代わりに水面を滑らせるように射、特に前者は水面に漂う水鳥の水中にある脚を射切る。鹿角久流理が鹿角製鋓として、どちらの様式にしろ、実用に堪えるものか強度の程は疑問。また、註記に「哱」は不記載。

これに対し、斎藤説では異説を説く。つまり法隆寺献納宝物（東京国立博物館蔵）には鹿角製根挟《ねばさみ》付設の箭一隻が現存（図27〈左から二隻目〉）。根挟は考古学用語でいう無茎鏃《むけいぞく》（茎《なかご》や螻蛄首《けらくび》のない鏃）を差し込む装置。一見すると伊多都伎にみえる。

しかし、先端に無茎鏃を差し込む細溝を穿つ。松平定信（一七五八～一八二九）の『集古十種《しゅうこじゅっしゅ》』兵器類・弓矢によれば、その細溝に細身長方形の薄板を夾んだ状態に描く（図28）。この薄板は先端に刃の付く剣刀のごとき無茎鏃と考えられる。斎藤説によれば、図28のような箭を久流理とみる。

なお、正倉院器仗では根挟は雑箭一具（中倉6‐80）に木製根挟一隻が現存（図29）。これについては後述する（三三三頁）。

○一具納染鵰尾羽筑紫加理麻多箭十隻（欠四）　「欠四」は付箋。実箭数は四隻欠損で六隻。

○鵰尾羽小腋深箭十隻　「小腋深箭」は本例のみ。「御箭壹佰具」では白阿蘇胡禄四具（②‐A‐a‐20）に上野腋深箭各二〇隻がみえる。ただし、「乎比多祢」の付箋が付く（次頁）。

小腋深箭と上野腋深箭の異同は不明。ただし、腋深箭は諸説一致で中世の尖箭《とがりや》のうち腸抉《わたくり》に相当するとみる。腸抉は逆刺《かえし》のある狩箭の鏃（図30）。射通す・射切るの両機能を持つ。深く刺さると逆刺のために箭が抜けない。無理に抜くと逆刺で傷口を広げる。そこで腸抉（腸《はらわた》を抉る）の名がある。

正倉院器仗には腸抉相当の鏃はない。後藤説・斎藤説では奈良・般若寺蔵品（大安寺旧蔵／図31）を腋深箭（または小腋深箭）、末永説では同・大神神社蔵品（図32）を小腋深箭とみる。

▼白阿蘇胡禄二十六具…19

並、著洗皮帯、各納上野乎比多祢箭二十隻、二具碧哮、一具碧哮十、赤哮十、三具赤哮、一具白哮十、赤哮十、一具赤哮十八、碧哮二、七具白哮、十一具無哮、

○白阿蘇胡禄二十六具　二六具一括註記。すべて狩胡簶に相当。

○各納上野乎比多祢箭二十隻　読みは割愛。「上野乎比多祢箭」は狩箭。「御箭壹佰具」では上野乎比多祢箭は本

例の二六具各二〇隻（五二〇隻）のみ。

ただし、白阿蘇胡禄四具（②-A-a-20）は上野腋深箭各二〇隻（全八〇隻）に「乎比多祢」の付箋。これは「上野腋深箭」を「上野乎比多祢箭」に訂正したと考えられる（後述）。また、漆播磨胡禄二具（②-B-b-13）に乎比多祢各五〇隻（全一〇〇隻）。上野乎比多祢箭と乎比多祢の異同についても後述。

○二具碧哮　「碧哮」は緑染の染哮《そめこう》。本例は二六具のうち一五具に哮付設。碧哮五二隻・赤哮九八隻・白哮一五〇隻。材質は不記載。

ただし、阿蘇胡禄一四具（②-A-a-15）の哮はすべて角製（牛角・鹿角・鹿角撥鏤）。また、正倉院器仗では漆葛胡禄・赤漆葛胡禄（中倉4-4・12／図19・33）・白葛平胡禄（中倉5-31）に鹿角製碧哮（緑染哮）各一隻。本例も角製の可能性が高い。

そのうえで、本例の赤哮は染哮。白哮は無着色とも考えられる。しかし、阿蘇胡禄一四具（②-A-a-15）の哮はすべて色名不記載。これによれば、色不記載は無着色。白哮は白染の染哮かと考えられる。

○十一具無哮　「十一具哮無し」と読む。本例二六具のうち一一具（上野乎比多祢箭全二二〇隻）は哮なし。つまり同じく上野乎比多祢箭でも哮の付設はさまざま。

▼白阿蘇胡禄四具…20

並、著洗皮帯、各納上野腋深箭（乎比多祢）廿隻、

○白阿蘇胡禄四具　四具一括註記。すべて狩胡簶に相当。

○各納上野腋深箭（乎比多祢）廿隻　読みは割愛。「乎比多祢」は付箋。付箋は「上野腋深箭」のうち「深箭廿」の右横にやや右に傾いた状態で貼付。そこで、「上野腋深箭」を「乎比多祢」に訂正、または「上野乎比多祢箭」に訂正の二通りが考えられる。

いずれにしろ本例は箭数が二〇隻であるから狩箭。一方、「御箭壹佰具」では乎比多祢は漆播磨胡禄二具（②-B-b-13）に各五〇隻。その箭数から征箭。同じく上野乎比多祢箭は白阿蘇葛胡禄二六具（②-A-a-19）に各二〇隻。これは既述のように狩箭（二七五頁）。そこで、同じく狩箭として「上野腋深箭」を「上野乎比多祢箭」に訂正したと考える方が妥当性が高い。

そうしたなかで、『図録』は図11-⑥を乎比多祢とみる。正倉院器仗では図11-⑥の鏃は二五隻（うち二四隻に哮付設）・残欠一隻（哮付設）。諸説も乎比多祢とみる。

ただし、後藤説だけは上野乎比多祢と乎比多祢を区別する見解も提示。後藤説によれば、図11-⑥は上野乎比多祢。図11-①を鑿箭とみる一方で、乎比多祢である可能性も説く。

図11-⑥は扁平な形状と哮付設である点から狩箭。とすれば、図11-⑥は征箭の可能性が高い乎比多祢よりも、狩箭である上野乎比多祢の方が妥当性が高くなる。

そこで、筆者は後藤説を踏襲し、図11-⑥を上野乎比多祢とする。ただし、筆者は図11-①は蟇口とみる。つまり筆者の見解では正倉院器仗に乎比多祢は現存しないことになる。

白阿蘇胡禄五六具の註記総括

○種類

軍陣用一二具。狩胡簶四四具。

○帯

洗革五五具。紫革一具。

○征箭

五九〇隻（原記載は六〇〇隻）。うち上野箭二〇〇隻。麻利箭五〇隻。

○鏃

小爪懸三九〇隻（原記載は四〇〇隻）。蟇口一五〇隻。不記載五〇隻（麻利箭）。

○狩箭

上野乎比多祢箭六〇〇隻（うち八〇隻の原記載は上野腋深箭）。筑紫加理麻多箭一四四隻（原記載は一四八隻。うち一四隻〈原記載は一八隻〉は象眼入）。小腋深箭一〇隻。鹿角久流理一隻。

○哮

鹿角七四隻（うち撥鏤一四隻〈原記載は一八隻〉）。牛角七〇隻。白一五〇隻。赤九八隻。碧五二隻。

○的箭

伊多都伎一二隻（うち鹿角伊多都伎五隻）。

○引目箭

木哮二隻。鹿角哮一隻。

○箭羽

鵰羽二四七隻（うち染羽六隻〈原記載は一〇隻〉）。黒羽一〇〇隻。雉羽五八隻。鵰尾羽五八隻（うち染羽八隻）。山鳥尾羽四〇隻（原記載は五〇隻）。鷹羽三五隻。鵠羽二〇隻。白羽一隻。不記載八〇〇隻（上野箭と上野乎比多祢箭）。

○括

碧一〇〇隻。白九〇隻。赤五〇隻。

(b)漆阿蘇胡禄七具

「漆」は黒漆塗。「御箭壹佰具」では漆胡禄は本例のほかに漆播磨胡禄一九具。正倉院器仗では赤漆葛胡禄一五具。漆葛胡禄一一具（第三節参照）。「御箭壹佰具」には「赤漆胡禄」はない。

▼漆阿蘇胡禄三具…9

並、著洗皮帯、

二具各納白羽箭五十隻（欠一）、鏃鋒並蟇口、

一具納雉羽箭五十隻、鏃鋒小爪懸、

○漆阿蘇胡禄三具　三具一括註記。

○二具各納白羽箭五十隻（欠一）　読みは割愛。「欠一」は付箋。実箭数は一隻欠損。ただし、二具ともに一隻欠損、あるいは二具のうち一具のみ一隻欠損のどちらともとれる。もっとも、前者であれば「欠」の前に「並」が必要か。本書では後者ととる。つまり二具で実箭数九九隻。

▼漆阿蘇胡禄一具…16

著紫皮帯、納玉虫餝鵰尾羽筑紫加理麻多箭十隻、鹿角括、牛角哮、鹿角眼、鵰羽田加理麻多箭二隻、鹿角括、鵰尾羽久流理二隻、鹿角括、鷹羽・紅鶴羽交鹿角伊多都伎二隻、白括、雉羽麻々伎二隻、鹿角括、

○漆阿蘇胡禄一具　狩胡籙相当。収納箭は一八隻。筑紫加理麻多箭一〇隻・田加理麻多箭二隻・久流理二隻・鹿角伊多都伎二隻・麻々伎《ままき》二隻と多彩。

○納玉虫餝《たまむしかざり》鵰尾羽筑紫加理麻多箭十隻　読みは割愛。「玉虫餝」は幹の装飾。「御箭壹佰具」では、「玉虫餝」は本例のほかに籐阿蘇胡禄一具（②‐A‐b‐14）に五〇隻。漆播磨胡禄二具（②‐B‐b‐13）に各五〇隻。本例と合わせて全部で一六〇隻。

正倉院器仗では玉虫箙は白葛胡禄一具（中倉4−28／図20）に四六隻。鶴染羽・玉虫飾二七隻（中倉6−41）、鶴染羽・玉虫飾四隻（中倉6−42）、鵰雌雄《しゆう》染羽・玉虫飾七隻（中倉6−43／図34）。計八四隻が現存。

正倉院器仗によれば、末矧《すらはぎ》と括巻《はずまき》（筈巻）の間のわずかな隙間にヤマトタマムシの羽（翅鞘《ししょう》）を貼る。また、本矧《もとはぎ》に接して、鳥の羽を飾り羽として貼り、雪洞《ぼんぼり》とよぶ。本例も同様か。

なお、末矧は箭羽の上端（括側）に羽の接着のために、括巻は括部分の補強に巻いた樺や糸。このように時代に関わらず幹の要所には補強や羽の接着のために樺や糸を巻く。正倉院器仗では末矧と括巻のほかに、鏃を差し込む篦口部分と箭羽の下端（鏃側）にも巻く。それぞれを口巻《くちまき》・本矧《もとはぎ》という。

○鹿角括　鹿角製継筈《つぐはず》。「御箭壹佰具」では鹿角括は本例のほかに樺阿蘇胡禄一具（②−Ａ−ｄ−18）に二〇隻。正倉院器仗には鹿角括はない。

○鹿角眼《かづのがん》　「眼」はここは哮先端に開く小孔。牛角哮先端に開く小孔を縁取る鵐目《しとどめ》として鹿角製眼を嵌入したか。玉虫箙とともに、本例は装飾的な箭。

○鵰羽田加理麻多箭二隻　「田加理麻多箭」は不明。ただし、「筑紫加理麻多箭十隻」と並記されているため、両者が別種であることは明らか。また、本例に哮の註記はない。

○鵰尾羽久流理二隻　「久流理」は、白阿蘇胡禄一四具（②−Ａ−ａ−15）の鹿角久流理一隻に対比し、鏑ならば鉄製か。根挟ならば図29と同じく木製か。

○鷹羽・紅鶴羽交鹿角伊多都伎二隻　平題は中世では三立羽。本例も同様とすれば、「交羽」は、三立羽の各羽を鷹羽と紅鶴羽それぞれとしたか。または鷹羽と紅鶴羽の支切羽か。

○雉羽麻々伎二隻　「麻々伎」は、『延喜式』兵庫寮によれば、旧暦正月七日に梓弓一張・鞆一枚とともに天皇に奏上する箭四具のなかに一具五〇隻がみえる。一具五〇隻は征箭の箭数。ただし、天皇に奏上する四具のうちほか三具も「角太《つのぶと》伊多都伎」「角細《つのぼそ》伊多都伎」「木太《きぶと》伊多都伎」の的箭で、各一具五〇隻。箭数五〇隻でも麻麻伎は的箭と考えられる。

同時に『延喜式』兵庫寮によれば、「麻麻伎鏃料」として「鉄」と「熟銅《じゅくどう》」（よく精錬した上質の銅）がみえる。鉄と熟銅の関係（合金するのかどうか等）は不明。しかし、麻麻伎（麻々伎）の伊多都伎は金属製と考えられる。

▼漆阿蘇胡禄三具…17

並、著洗皮帯、

一具納鵰尾羽保居箭九隻、

一具納鵰尾羽斧箭十隻、

一具納鵰尾羽保居箭十具、

○漆阿蘇胡禄三具　三具一括註記。すべて狩胡籙に相当。

○一具納鵰尾羽保居箭九隻　読みは割愛。「御箭壹佰具」では保居箭は本例の二具一九隻のみ。箭数から狩箭。形状は不明。斎藤説によれば、図11-⑥を小型にしたような平根とみる。鈴木説②によれば、保居箭は鉾矢《ほこや》とし、鉾を彷彿とする「先尖りの鏃」とみる。ただし、図の提示はなく具体的な形状は不明。

○一具納鵰尾羽斧箭十隻　読みは割愛。「御箭壹佰具」では斧箭は本例の一具一〇隻のみ。箭数から狩箭とし、正倉院器仗では図11-⑤の鏃が一八四隻。二隻以外は透彫《すかしぼり》が入る。これは射切る機能の狩箭。

後藤説・斎藤説によれば、この図11-⑤を斧箭（後藤説は鑿箭の可能性も指摘）とみる。これに対し、末永説は図11-⑤を鑿箭とし、図11-⑦を斧箭とみる（鈴木説②は所見に矛盾と混乱があるため除外）。つまり図11-⑤には斧箭と鑿箭の両説がある。

『延喜式』神祇四によれば、神宮神宝の「征箭一千四百九十隻」に対して「箭七百六十八隻」に「鏃鉾」と註記し、『延喜式』の古い写本のひとつである一条家本によれば、「鉾」に「テヲノ」のルビ。手斧《ちような》である。これによれば、斧箭の「斧」は手斧の意。手斧・鑿ともに大工道具。その刃はともに先端が一文字。手斧の方が鑿よりも幅広がふつう。これによれば末永説が是となろう。

ところが、図11-⑦には哮付設。しかし、「御箭壹佰具」では斧箭に「哮」の註記はない。一方、「御箭壹佰具」では鑿箭は箭数五〇隻（二八四頁）。征箭となる。そこで筆者は図11-⑤を斧箭とした。現在の神宮神宝も「箭七百六十八隻」相当の鏃は図11-⑤の形状である。ただし、図11-⑤が斧箭とすると、筆者の見解では正倉院器仗には鑿箭は現存しないことになる。

漆阿蘇胡禄七具の註記総括

○種類

軍陣用三具。狩胡簶四具。

○帯

洗革六具。紫革一具。

○征箭

一四九隻（原記載は一五〇隻）。

○鏃

蟇口九九隻（原記載は一〇〇隻）。小爪懸五〇隻。

○狩箭

保居箭一九隻。筑紫加理麻多箭一〇隻。斧箭一〇隻。田加理麻多箭二隻。久流理二隻。

○哮

牛角一〇隻（鹿角眼付設）。

○的箭

鹿角伊多都伎二隻。麻々伎二隻。

○箭羽

白羽九九隻（原記載は一〇〇隻）。雉羽五二隻。鵰尾羽四一隻（うち玉虫飾一〇隻）。鵰羽二隻。鷹羽・紅鶴羽交二隻。

○括

鹿角一六隻。白二隻。

（c）篠阿蘇胡禄一具

▼篠阿蘇胡禄一具…14

著洗皮帯、納玉虫筯雉羽箭五十隻、鏃鋒小爪懸、

○篠阿蘇胡禄一具　篠編込製胡禄。塗漆していないか。正倉院器仗では、赤漆葛胡禄一具・白葛胡禄一具（中倉4-23・28／図18・20）・白葛平胡禄一具（中倉5-31）の材質が篠属。

（d）樺阿蘇胡禄一具

▼樺阿蘇胡禄一具…18

著紫皮帯、有金銅作著帯、納鵰羽加理麻多俣箭廿隻、鹿角哮、鹿角括、

○樺阿蘇胡禄一具　樺編込製胡禄。塗漆していないか。正倉院器仗に樺編込製胡禄はない。

○有金銅作著帯　「金銅作の著帯《ちやくたい》有り」と読むか。帯に金銅製金具を付設するか。
○納鵰羽加理麻多俣箭廿隻　読みは割愛。本例は狩胡籙に相当。

B 播磨胡禄二八具

（a）白播磨胡禄一一具

▼白播磨胡禄四具…5

並、著洗皮帯、各納上野箭五十隻、鏃鋒、二具小爪懸、二具蟇口、

○白播磨胡禄四具　四具一括註記。

▼白播磨胡禄七具…8

並、著洗皮帯、

一具納白羽箭五十隻、鏃鋒小爪懸、

一具納鵰羽箭五十隻、鏃鋒三陵小爪懸、

二具各納黒羽箭五十隻、鏃鋒並蟇口、

一具納雉尾羽箭五十隻、鏃鋒鑿箭、

一具納雉尾羽箭五十隻、鏃鋒蟇口、

一具納山鳥羽箭五十隻、鏃鋒蟇口、

○白播磨胡禄七具　七具一括註記。

○鏃鋒三陵小爪懸　「三陵小爪懸」は、「御箭壹佰具」では本例の一具五〇隻のみ。読みは「みかどのこつまかき」または「みかどのこつまかけ」（二六二頁）。『図録』・鈴木説②によれば図11-③。筆者も踏襲。「三陵」を

三角形ととれば、正倉院器仗では図11―③が相応しい。また、図11―③は形状から征箭の鏃。本例も箭数五〇隻。

なお、斎藤説では、図11―②のうち刃部断面が大刀の切刃造《きりはづくり》と同類のものを三陵小爪懸、図11―③を蟇口とみる。一方、後藤説は図11―③を小爪懸。末永説は奈良・大神神社蔵品（図35）を三陵小爪懸とみる。

○鏃鋒鑿箭　「鑿箭」は筆者の見解では正倉院器仗に該当なし（二八二頁）。諸説を整理すれば、鑿箭は、後藤説・斎藤説は図11―①。末永説は図11―⑤。ただし、後藤説は図11―⑤が鑿箭の可能性も提示。

白播磨胡禄一一具の註記総括

○種類

軍陣用一一具。

○帯

洗革一一具。

○征箭

五五〇隻。うち上野箭二〇〇隻。

○鏃

蟇口三〇〇隻。小爪懸一五〇隻。三陵小爪懸五〇隻。鑿箭五〇隻。

○箭羽

黒羽一〇〇隻。雉尾羽一〇〇隻。鵰羽五〇隻。白羽五〇隻。山鳥羽五〇隻。不記載二〇〇隻（上野箭）。

（b）漆播磨胡禄一九具

▼漆播磨胡禄九具…6

並、著紫皮帯、

一具納上野箭五十隻（欠二隻）、鏃鋒蓁口、

一具納白羽箭五十隻、鏃鋒小爪懸、

七具各納黒羽箭五十隻、鏃鋒並蓁口、

○漆播磨胡禄九具　九具一括註記。

○一具納上野箭五十隻（欠二隻）　読みは割愛。「欠二隻」は付箋。実箭数は二隻欠損で四八隻。

▼漆播磨胡禄八具…7

並、著洗皮帯、各納雉尾羽箭五十隻、鏃鋒並蓁口（欠四隻）、

○漆播磨胡禄八具　八具一括註記。

○鏃鋒並蓁口（欠四隻）　八具四〇〇隻すべて鏃は蓁口。「欠四隻」は付箋。八具の実箭数は四隻欠損で三九六隻。ただし、この付箋は、本来は別の位置にあったものが移動した可能性もある。

▼漆播磨胡禄二具…13

著洗皮帯、各納玉虫飾雉尾羽箭五十隻、鏃乎比多祢、

○漆播磨胡禄二具　二具一括註記。

○鏃乎比多祢　「乎」の前に「鋒」が欠字か。「乎比多祢」は筆者の見解では正倉院器仗に該当なし（二七七頁）。

漆播磨胡禄一九具の註記総括

○種類

軍陣用一九具。

○帯

洗革一九具。

○征箭

九四四隻（原記載は九五〇隻）。うち上野箭四八隻（原記載は五〇隻）。

○鏃

蟇口七九四隻（原記載は八〇〇隻）。乎比多祢一〇〇隻。小爪懸五〇隻。

○箭羽

雉尾羽四九六隻（原記載は五〇〇隻うち玉虫飾一〇〇隻）。黒羽三五〇隻。白羽五〇隻。不記載四八隻（上野箭。原記載は五〇隻）。

Ⓒ錦胡禄一具

▼錦胡禄一具…12

著紫皮帯、納黒羽箭五十隻（欠十二）、括赤、鏃鋒偏鋭、

○錦胡禄一具「錦胡禄」は木製錦貼。神宮神宝の錦靫と同様。正倉院器仗にはない。

○納黒羽箭五十隻（欠十二）　読みは割愛。「欠十二」は付箋。実箭数は一二隻欠損で三九隻。

○鏃鋒偏鋭　「御箭壹佰具」では偏鋭は本例の一具三九隻のみ。斎藤説・鈴木説②によれば、図11-④。筆者も踏襲。偏刃の征箭。

一方、『図録』は図11-④を図11-②の変形とみる。逆に後藤説は図11-②④ともに偏鋭とみる。正倉院器仗に

よれば、確かに図11-②と④の中間型式を思わせるものもあり、『図録』・後藤説ともに一理ある。しかし、図11-②と④はやはり形状が相違。正倉院器仗での箭数（第三・四節参照）からしても、偏鋭は図11-④が相応しい。

最後になったが、「御箭壹佰具」によれば、各靫・胡録の収納状況は、通し番号で1~10（靫三具・胡禄四一具）が第一櫃。11~18（胡禄二五具）が第二櫃。19~20（胡禄三〇具）が第三櫃。既述のように21（烏漆靫一具）が第四櫃に単独収納（二六三頁）。

胡禄九六具の註記総括

○種類

軍陣用四七具。狩胡簶四九具。

○帯

洗革九二具。紫革四具（うち一具は「有金銅作著帯」）。

○征箭

二三二二隻（原記載は二三五〇隻）。うち上野箭四四八隻（原記載は四五〇隻）。麻利箭五〇隻。

○鏃

蟇口一三四三隻（原記載は一三五〇隻）。小爪懸六九〇隻（原記載は七〇〇隻）。乎比多祢一〇〇隻。三陵小爪懸五〇隻。鑿箭五〇隻。偏鋭三九隻（原記載は五〇隻）。不記載五〇隻（麻利箭）。

○狩箭

上野乎比多祢箭六〇〇隻（うち八〇隻の原記載は上野腋深箭）。筑紫加理麻多箭一五四隻（原記載は一五八隻。うち象眼入一四隻〈原記載は一八隻〉）。加理麻多箭二〇隻。保居箭一九隻。小腋深箭一〇隻。斧箭一〇隻。田加理麻

多箭二隻。久流理三隻（うち鹿角久流理一隻）。

○哮

鹿角九四隻（うち鹿角撥鏤一四隻〈原記載は一八隻〉）。牛角八〇隻（うち鹿角眼付設一〇隻）。白一五〇隻。赤九八隻。碧五二隻。

○的箭

伊多都伎一四隻（うち鹿角伊多都伎七隻）。麻々伎二隻。

○引目箭

木哮二隻。鹿角哮一隻。

○箭羽

雉尾羽五九六隻（原記載は六〇〇隻。うち玉虫飾一〇〇隻）。黒羽五八九隻（原記載は六〇〇隻）。鵰羽三一九隻（原記載は三三三隻。うち染羽六隻〈原記載は一〇隻〉）。白羽二〇〇隻（原記載は二〇一隻）。雉羽一六〇隻（うち玉虫飾五〇隻）。鵰尾羽九九隻（うち染羽八隻。玉虫飾一〇隻）。山鳥羽五〇隻。山鳥尾羽四〇隻（原記載は五〇隻）。鷹羽三五隻。鵠羽二〇隻。鷹羽・紅鶴羽交二隻。不記載一〇四八隻（原記載は一〇五〇隻。上野箭と上野乎比多祢箭）。

○括

鹿角三六隻。碧一〇〇隻。白九二隻。赤八九隻（原記載は一〇〇隻）。

第三節　正倉院の胡禄と胡禄収納箭

本節の概要

本節では正倉院器仗の胡禄三三具を①胡禄二九具（中倉4-1～29）と②平胡禄四具（中倉5-30～33）に二分。

さらに①を塗漆の状態でA赤漆葛胡禄一五具・B漆葛胡禄一一具・C白葛胡禄三具に三分。各収納箭とともに解説する。

正倉院器仗には別に胡禄未収納箭八〇具が現存。これは節を改めて解説する。胡禄二九具・平胡禄四具・箭八〇具いずれも「御箭壹佰具」とは別個である。

なお、正倉院器仗に靫は現存しない。一方、白葛胡禄残欠・赤漆葛胡禄残欠・黒漆葛胡禄残欠・胡禄方立《ほうだて》・緒等残欠（中倉4-甲1～4）・緒紐等残欠（中倉4-乙1～4）も現存。これらの個別解説は割愛する。

正倉院の胡禄・平胡禄・収納箭の概要

ここで前節との重複もあるが、胡禄二九具・平胡禄四具と各収納箭の総体的な特長を改めてまとめておく。胡禄・平胡禄ともに植物繊維編込製。方立や背板《せいた》の形状は胡禄と平胡禄で差異があるのはもちろん、胡禄だけでも差異がある。特に方立は断面が長方形に近いものと半円形のものがある。

また、編み方や編文様はさまざま。無文の平編《ひらあみ》や簀編《すあみ》（簀子編《すのこあみ》）のほか綾杉《あやすぎ》・菱襷《ひしだすき》・三重襷《みえだすき》等の文様を横条で編み出したもの、背板綾杉文・方立平編の混成もある。

さらに塗漆法は、赤漆葛胡禄はいずれも蘇芳《すおう》の下塗に透漆を上塗する。漆葛胡禄は黒漆塗。白葛胡禄は無塗漆である。なお、平胡禄四具すべて無塗漆の白葛平胡禄である。

胡禄の緒所は背板上端から前緒《まえお》・帯・後緒《うしろお》の三ヵ所。材質は前緒・後緒は原則的に洗革。帯は洗革のほかに麻布の畳緒《たたみお》も多い。また、前緒は二条が原則。各緒の根には補強として角・牙製の座を付設。平胡禄は緒所があるのは一具（中倉5-30／図8）のみ。それも前緒と後緒のみ。

なお、『目録』によれば、胡禄・平胡禄本体は概ね補修されており、新造もある。緒所もすべて補修。新補も多い。

収納箭は箭羽はすべて欠損。痕跡によれば二立羽《ふたてば》・三立羽《みたてば》・四立羽《よたてば》の各種。簳《やがら》はすべて篠竹製。口巻・本矧《もとはぎ》・末矧《うらはぎ》・括巻《はずまき》は糸纏《まき》・樺纏・籐纏等の黒漆塗。鏃は鉄製。中差《なかざし》はすべて征箭。箭数は多少の増減はあるがほぼ五〇隻。狩箭や的箭の表差《うわざし》を一隻（原則）加える場合がある。狩箭には角製哮を付設。先端の小孔（眼）は四個～六個または八個。また、哮と鏃の間には緩衝のために革を挟む。

ただし、現状の収納箭が本来から各胡禄に収納されたまま伝世したかどうかは不明。むしろそのまま伝世したものは少ないのではなかろうか。

ちなみに『目録』によれば、平胡禄は四具ともに「仮納レ箭」（仮に箭を納む）の註記。各平胡禄に現状では、それぞれ四八隻・五一隻・五一隻・五〇隻の箭が収納。しかし、いずれも明治時代の修理時に仮に収納されたらしい。

基本データの根拠

以上の正倉院器仗の基本データの根拠は、序章提示のもののほかに、つぎの二点がある。

・帝室博物館編『正倉院御物棚別目録』（帝室博物館、一九三二年〈第二版〉）

※「凡例」によれば、「宝庫拝観者の為めに、昭和五年十一月現在を以て、各棚、箱、棚外に別ち、御物の品目を列記す」とある。一部だが箭羽の枚数の根拠として参照した。以下、『棚別目録』とする。

・『第五十二回正倉院展』図録（奈良国立博物館、二〇〇〇年）

※近年ではもっとも正倉院器仗が展示された正倉院展図録。

しかし、これらを参照しても細部については熟覧・調査しなければわからない部分が多い。そこで解説は写真でも判断できる基本的事項だけとした。

緒所の補修・新補は、『目録』の註記と合わせて写真で判断できる場合もあるものの、判断しずらい場合もある。そこで、補修・新補に関わらず、写真からわかる現状をそのまま示した。

なお、鏃の名称は図11の理解に従う。それ以外は個別に示す。また、箭束《やつか》（箭の長さ）は一具ごとに一括し、鏃と簳を合わせた総長のみ提示する。

では、個別解説に移ろう。

①胡禄二九具

A赤漆葛胡禄一五具

▼中倉4-5　赤漆葛胡禄

○胡禄

［高］四八・〇センチ。［幅］一三・〇センチ。［編］平編。［朱銘］東大寺。

［前緒］洗革・四条。［帯］洗革。［後緒］洗革。

○収納箭

［中差］蟇口四四隻。［表差］上野乎比多祢一隻。犀角哮。［箭束］七五・〇センチ～八三・〇センチ。

○解説

方立右側面（向かって左側面）に「東大寺」の朱銘。正倉院器仗の胡禄では「東大寺」銘があるのは本例を含めて一六具。すべて同じ位置。「東大寺」銘は正倉院器仗の槻弓四張（中倉2-4・7・9・26）にもあった（第四章参照）。槻弓と同じく東大寺の所有を示すか。

前緒は四条。正倉院器仗では、ほかに白葛胡禄（中倉4-28／図20）と白葛胡禄残欠・赤漆葛胡禄残欠（中倉4-甲1・2）のみ。

中差は蟇口《ひきぐち》四四隻のうち一隻は螻蛄首《けらくび》が短寸。なお、箭束は表差が最長。正倉院器仗では、本例のように表差が狩箭の場合、原則として表差が中差よりも長寸。表差が的箭の場合はその限りではない。

▼中倉4-6　赤漆葛胡禄（図36）

○胡禄

[高]四四・五センチ。[幅]一三・〇センチ。[編]綾杉文（背板）・平編（方立）。[朱銘]東大寺。

[前緒]洗革・二条。[帯]麻布。[後緒]洗革。

○収納箭

[中差]蟇口四八隻・小爪懸一隻。[表差]上野乎比多祢一隻。犀角哮。

[箭束]七九・〇センチ～八六・〇センチ。最長は小爪懸。

○解説

中差は一隻のみ小爪懸。しかも最長。本来の収納箭ではなく混入か。または小爪懸を表差とする一具と上野乎比多祢を表差とする一具を混成で収納した可能性もあろう。

▼中倉4-8　赤漆葛胡禄

○胡禄

[高]四七・五センチ。[幅]一二・三センチ。[編]平編。[朱銘]東大寺。

[前緒]洗革・三条。[帯]洗革。[後緒]洗革。

○収納箭

[中差]蟇口四六隻。[表差]上野乎比多祢一隻。鹿角哮（四目）。[箭束]八〇・〇センチ〜八三・〇センチ。

○解説

背板上端は一文字。前緒に木牌付属。「勿二他用一」（他用勿《たようなか》れ）とある。定められた用途や人物以外の使用禁止の意。

また、前緒は三条。正倉院器仗では、ほかに漆葛胡禄二具（中倉4-4・29／図19・24）と白葛平胡禄（中倉5-30／図8）。赤漆葛胡禄（中倉4-20／図17）も三条の可能性。法隆寺献納宝物（東京国立博物館蔵）の彩絵胡簶（図21）も前緒三条。緒所はまったく欠損するが、背板左右両端の前緒の根に孔三個ずつ。

▼中倉4-9　赤漆葛胡禄

○胡禄

[高]四六・〇センチ。[幅]一三・三センチ。[編]綾杉文（背板）・平編（方立）。[朱銘]東大寺。

[前緒]洗革・二条。[帯]麻布。[後緒]洗革。

○収納箭

[中差]蟇口五〇隻。[表差]なし。[箭束]八〇・〇センチ（すべて同寸）。

▼中倉4-12　赤漆葛胡禄（図33）

○胡禄

[高]四八・五センチ。[幅]一一・三センチ。[編]平編。

[前緒]洗革・二条。[帯]洗革。[後緒]黒革。

○収納箭

[中差]蟇口四九隻。鏃欠損一隻。短寸鏃二隻。三立羽。[表差]上野乎比多祢一隻。緑染鹿角哮（五目）。

［箭束］七三・〇センチ～八二・〇センチ。
○解説
後緒は黒革製。方立正面中央と底周囲は黒革貼。方立の補強か。正倉院器仗ではともに本例のみ。

中差は蟇口四九隻のうち螻蛄首短寸一隻。これとは別に短寸の鏃二隻を含む。形状から征箭。断面四角形と考えられる直線的鏃。正倉院器仗では、ほかに雑箭（中倉6-78）に二隻。便宜的に「短寸鏃」と命名する。哮は鹿角を緑に染めた碧哮。
▼中倉4-13　赤漆葛胡禄
○胡禄　※新造
［高］四九・五センチ。［幅］一一・五センチ。［編］平編（背板下部のみ綾文）。［朱銘］東大寺。

［前緒］洗革・二条。［帯］洗革。［後緒］洗革。
○収納箭
［中差］蟇口五二隻。［表差］なし。［箭束］七二・五センチ～八三・五センチ。
○解説
胡禄は新造。原品残欠も現存。中差は蟇口五二隻のうち螻蛄首短寸一隻。それは簳も短寸。
▼中倉4-14　赤漆葛胡禄（図37）
○胡禄
［高］四三・〇センチ。［幅］一二・四センチ。［編］平編。［朱銘］東大寺。

［前緒］洗革・二条。［帯］麻布。［後緒］洗革。
○収納箭

［中差］蟇口二四隻・小爪懸二一隻・錐状鏃二隻。［表差］上野乎比多祢一隻。鹿角哮。

［箭束］七六・〇センチ～八二・〇センチ。
○解説
後緒端に墨書銘。「下□□」（欠字二字）とある。意味は不明。

箭は蟇口一具・小爪懸一具・上野乎比多祢一隻を混成で収納した可能性もあろう。

ところで、本例の蟇口のなかには錐状にみえる鏃が二隻混在する（図37・左端と左から四隻目）。また、小爪懸のなかにも一隻（右端から八隻目）みえる。写真による限り、錐状にみえる鏃の混在は本例に限らない。しかし、後者は実際には錐状鏃ではない。括をみると彫《えり》が写る。これは簳が九〇度回転した状態で撮影された結果、小爪懸の側面が写ったことを示す。

このように錐状にみえる鏃には実際の錐状鏃と撮影角度でそうみえるものがあり、括の彫が写っていれば後者と判断できる。むろん熟覧・調査しなければ正確には不明だが、以下、彫が写っているかどうかを一応の目安とし、錐状鏃かどうかを判断する。

ただし、彫が写っていても鏃が錐状でない場合もある。本例の蟇口中程の一隻がそうである。これは簳に差し込んだ鏃が回転した結果である。
▼中倉4-16　赤漆葛胡禄
○胡禄
［高］五四・〇センチ。［幅］一一・三センチ。［編］平編。［朱銘］東大寺。

［前緒］洗革・二条。［帯］洗革（残欠）。［後緒］洗革。
○収納箭

［中差］蓑口五〇隻。［表差］上野乎比多祢一隻。犀角哮。［箭束］五五・〇センチ～八二・五センチ。

○解説

中差は簳の括側欠損七隻。

▼中倉４-17　赤漆葛胡禄

○胡禄

［高］四六・〇センチ。［幅］一二・二センチ。［編］平編。［朱銘］東大寺。

［前緒］洗革・二条。［帯］洗革。［後緒］洗革。

○収納箭

［中差］蓑口五一隻。三陵小爪懸二隻。二立羽。［表差］なし。［箭束］七五・〇センチ～八〇・〇センチ。

○解説

中差は蓑口五一隻のうち螻蛄首が短寸のもの一隻。

箭は三陵小爪懸を表差とする蓑口二具を混成して収納した可能性もあろう。

▼中倉４-19　赤漆葛胡禄（図７）

○胡禄

［高］四五・〇センチ。［幅］一四・六センチ。［編］綾杉文（背板）・平編（方立）。［朱銘］東大寺。

［前緒］洗革・二条。［帯］麻布。［後緒］洗革。

○収納箭

［中差］蓑口四九隻。［表差］上野乎比多祢一隻。鹿角哮。

［箭束］八〇・〇センチ～八三・〇センチ。

▼中倉4-20　赤漆葛胡禄（図17）

○胡禄

［高］四六・五センチ。［幅］一三・八センチ。［編］平編。［前緒］洗革・二条。［帯］麻布。［後緒］洗革。

○収納箭

［中差］蟇口五〇隻。［表差］なし。［箭束］七九・二センチ〜八〇・五センチ。

○解説

前緒は三条の可能性もある。

中差は蟇口五〇隻のうち一隻の簳に「讃岐国」の刻銘。本例は讃岐国（香川県）からの貢納品か。

▼中倉4-23　赤漆葛胡禄（図18）

○胡禄

［高］四九・五センチ。［幅］一二・五センチ。［編］菱襷文。［前緒］麻緒・一条。［帯］麻緒。［後緒］麻緒。

○収納箭

［中差］蟇口二〇隻。鏃欠損五隻。［表差］なし。［箭束］六六・〇センチ〜八二・〇センチ。

○解説

胡禄の材質は篠属。緒所はいずれも細麻緒。正倉院器仗では本例のみ。また、前緒一条。正倉院器仗では、ほかに漆葛胡禄二具（中倉4-2・22）。ただし、ともに洗革。

中差は蟇口ながら箭数二〇隻。二〇隻のうち一隻（図18・右端の一隻）は、螻蛄首が細く、刃部の張りが大きい。

▼中倉4-24　赤漆葛胡禄

○胡禄

［高］五二・五センチ。［幅］一二・五センチ。［編］平編（背板下部のみ綾杉文）。［朱銘］東大寺。

［前緒］洗革・二条。［帯］麻布。［後緒］欠損。
○収納箭
［中差］蓁口五〇隻。［表差］上野乎比多祢一隻。鹿角哮。［箭束］七九・八センチ～八二・四センチ。
○解説
胡禄は残欠。新造胡禄あり。
▼中倉4－26　赤漆葛胡禄
○胡禄
［高］四九・〇センチ。［幅］一二・三センチ。［編］平編。［朱銘］東大寺。
［前緒］洗革・二条。［帯］麻布。［後緒］洗革。
○収納箭
［中差］蓁口四七隻。［表差］上野乎比多祢一隻。鹿角哮。［箭束］七六・五センチ～八三・〇センチ。
▼中倉4－27　赤漆葛胡禄
○胡禄
［高］五〇・〇センチ。［幅］一二・四センチ。［編］平編。［朱銘］東大寺。
［前緒］洗革・二条。［帯］麻布。［後緒］洗革。
○収納箭
［中差］蓁口四八隻。鋒欠損二隻。［表差］上野乎比多祢一隻。水牛角哮（八目）。
［箭束］七六・五センチ～八二・八センチ。

○解説

中差二隻は鋒欠損。螻蛄首は残存。

赤漆葛胡禄一五具の総括

○胡禄（新造三具）

高さ四三・〇センチ～五四・〇センチ。幅一一・三センチ～一四・六センチ。

平編九具。混成五具。菱襷文一具。東大寺銘一二具。

○前緒

洗革一四具（二条一二具・三条一具・四条一具）・麻緒一具（一条）。

○帯

麻布八具。洗革六具。麻緒一具。

○後緒

洗革一二具。黒革一具。麻緒一具。欠損一具。

○中差

蟇口六七六隻（うち螻蛄首短寸三隻）。小爪懸一二隻。三陵小爪懸一隻。錐状鏃一隻。短寸鏃一隻。鏃鋒欠損一隻。

鏃欠損六隻。簳欠損七隻。

○表差

上野乎比多祢一〇隻。表差なし五具。

○哮

鹿角五隻。犀角三隻。緑鹿角一隻。水牛角一隻。

○箭束

七二・五センチ～八六・〇センチ（鏃・簳欠損を除く）。

○その他

簳に讃岐国銘一隻。木牌付属一具。

B漆葛胡禄二一具

▼中倉4-2　漆葛胡禄

○胡禄

［高］五〇・〇センチ。［幅］一二・五センチ。［編］平編。［前緒］洗革・一条。［帯］麻布。［後緒］洗革。

○収納箭

［中差］蓁口五〇隻。［表差］なし。［箭束］八〇・〇センチ（すべて同寸）。

▼中倉4-3　漆葛胡禄（図16）

○胡禄

［高］四八・五センチ。［幅］一一・五センチ。［編］平編。［前緒］洗革・二条。［帯］洗革。［後緒］洗革。

○収納箭

［中差］蓁口四九隻・三陵小爪懸一隻。二立羽。［表差］なし。［箭束］七八・〇センチ～八四・〇センチ。

○解説

収納箭の簳すべてに「下毛野奈須評全二」の刻銘。「全」は草書体で表記。『目録』では「下毛野那須郷全二」

と判読。東野治之「正倉院武器中の下野国箭刻銘について」（『日本古代木簡の研究』塙書房、一九八三年、初出一九八〇年）で右記に訂正。

「下毛野奈須評」は下野国那須郡（栃木県那須塩原市・那須烏山市等）。「下毛野」は『大宝令』以前の下野国の古称。「評」も『大宝令』以前の地方行政単位。『大宝令』で郡に改編。また、東野説によれば、「奈須」も七世紀段階の「那須」の表記。さらに「仐二」の「仐」を「簳」、「二」を箭羽の枚数と解釈する。たしかに本例の収納箭は二立羽である。本例は、二立羽の箭羽と鏃を付けた箭の完成品として、『大宝令』以前に那須郡から貢納されたという。

以上の東野説は大筋で賛同できる。しかし、「二」を二立羽と解釈する点は賛同できない。筆者は、正倉院器仗の鉾一口（中倉11-15／第三章図24）にある朱銘「上毛野二」の「二」を整理番号と解釈した（一八七頁）。この「二」も同じく整理番号ではなかろうか。

収納箭五〇隻すべてに「二」の刻銘があるのは、箭や簳は五〇隻なり一〇〇隻なりの束で把握されていたからであろう。複数の束のうち整理番号「二」の束だけが正倉院器仗として残存したのである。もっとも、それならば五〇隻すべてに刻銘を入れずとも木牌等で一括すればすむ。しかし、その反論は東野説にもそのまま当てはまる。

「二」が整理番号であれば、本例は簳のみが『大宝令』以前に那須郡から貢納され、それによって製作された箭という解釈も成り立とう。

▼中倉4-4　漆葛胡禄（図19）

○胡禄

[高]四九・〇センチ。[幅]一二・〇センチ。[編]綾杉文（背板）・平編（方立）。[朱銘]東大寺。

［前緒］洗革・三条。［帯］洗革。［後緒］洗革。

○収納箭

［中差］蟇口五〇隻。三立羽。［表差］上野乎比多祢一隻。緑染鹿角哮。

［箭束］八〇・五センチ〜八二・五センチ。

○解説

胡禄の材質はアケビ類。中差は蟇口で三立羽。漆葛胡禄一具（中倉4-3／図16）は蟇口で二立羽。箭羽の枚数と鏃との関係は本章の最後にまとめる。

▼中倉4-7　漆葛胡禄

○胡禄　※新造。

［高］五一・〇センチ。［幅］一四・〇センチ。［編］菱襷文。［朱銘］東大寺。

［前緒］洗革・二条。［帯］洗革。［後緒］洗革。

○収納箭

［中差］蟇口五四隻。［表差］上野乎比多祢一隻。水牛角哮。［箭束］八〇・〇センチ〜八三・五センチ。

○解説

胡禄は新造。原品残欠も現存。

▼中倉4-10　漆葛胡禄

○胡禄

［高］五二・〇センチ。［幅］一二・三センチ。［編］綾杉文。［前緒］洗革・二条。［帯］洗革。［後緒］洗革。

○収納箭

［中差］蟇口四三隻。［表差］なし。［箭束］七八・〇センチ～八〇・五センチ。

▼中倉4-11　漆葛胡禄（図38）

○胡禄

［高］五〇・五センチ。［幅］一二・〇センチ。［編］綾杉文。［前緒］洗革・二条。［帯］洗革。［後緒］洗革。

○収納箭

［中差］蟇口四七隻。小爪懸一隻。二立羽。［表差］なし。［箭束］七三・七センチ～八一・〇センチ。

○解説

収納箭一隻に木牌付属。表に「矢一柄〈木工衣縫大市所レ給如レ件〉」（矢一柄《いちえ》〈木工《もく》衣縫大市《きぬぬいのおおいち》給る所件《くだん》の如し〉）、裏に「天平宝字八年九月十四日」とある（〈　〉は細字割書《さいじわりがき》）。天平宝字八年（七六四）九月一四日に木工寮《もくりょう》所属の衣縫大市なる人物が、本例を下賜されたという意。大市の出自は不明。

この日付は恵美押勝《えみおしかつ》（藤原仲麻呂）の乱のまさに渦中。この乱で『珍宝帳』記載器仗が出蔵されて内裏に献上された（二六頁）。『目録』によれば、本例は乱に臨んで大市に下賜され、乱後に返却されたとする。この解釈が継承されている。

しかし、『延暦六年曝涼使解《ばくりょうしげ》』（北倉162）等の正倉院関係記録には本例はみえない。また正倉院器仗と「御弓壹佰張」「御箭壹佰具」記載弓箭は合致しない。そこで、『目録』によれば、「無レ所レ考」（考へる所無し）つまり不審とする。

しかし、『珍宝帳』記載器仗以外にも下賜された器仗は当然あろう。本例はそうしたひとつ。それが乱後に東大寺に貢納されたと考えればよかろう。それよりもここで問題にしたいのは、この木牌が胡禄ではなく収納箭に取り付けられ、しかも木牌に「矢一柄」とある点である。前者については本来胡禄に取り付けられていた木牌が収納箭に付け替えられたと考えられる。しかし、後者の解釈は注意が必要であろう。

つまり「矢一柄」とは胡禄一具ではなく、箭一隻の意であろう。そこで、衣縫大市に胡禄一具が下賜された。乱後に箭一隻だけが射残った。それを献納したとは解釈できないであろうか。本例の収納箭はその箭一隻を加えて後世に構成されたのである。確証はないが、一つの考えとして提示しておく。

▼中倉4－15　漆葛胡禄

○胡禄

［高］五一・五センチ。［幅］一二・〇センチ。［編］綾杉文。［前緒］洗革・二条。［帯］麻布。［後緒］洗革。

○収納箭

［中差］蟇口四四隻。小爪懸六隻。［表差］なし。［箭束］七三・〇センチ～八一・〇センチ。

▼中倉4－21　漆葛胡禄（図39）

○胡禄

［高］五一・五センチ。［幅］一一・八センチ。［編］平編（背板下部方立裏は綾杉文）。［朱銘］東大寺。

［前緒］洗革・二条。［帯］麻布。［後緒］洗革。

○収納箭

［中差］蟇口四八隻。三陵小爪懸一隻。錐状鏃一隻。［表差］なし。［箭束］七八・〇センチ～八二・八センチ。

○解説

収納箭は三陵小爪懸一隻を表差とする可能性もあろう。また、三陵小爪懸一隻から数えて一七隻目は、『第五十二回正倉院展』図録（二九一頁）によれば、錐状鏃。帯は左右の長さが非対称。向かって左側が長寸。

▼中倉4－22　漆葛胡禄

○胡禄
［高］五九・五センチ。［幅］一四・八センチ。［編］平編。［前緒］洗革・一条。［帯］洗革。［後緒］洗革。
○収納箭
［中差］蟇口五〇隻。［表差］なし。［箭束］七九・七センチ～八六・〇センチ。
▼中倉4－25　漆葛胡禄
○胡禄
［高］五一・五センチ。［幅］一二・二センチ。［編］綾杉文。［前緒］洗革・二条。［帯］麻布。［後緒］洗革。
○収納箭
［中差］蟇口五〇隻。［表差］なし。［箭束］七九・〇センチ（すべて同寸）。
▼中倉4－29　漆葛胡禄（図24）
○胡禄
［高］四七・〇センチ。［幅］一二・三センチ。［編］平編。［朱銘］東大寺。
［前緒］洗革・三条。［帯］麻布。［後緒］洗革。
○収納箭
［中差］蟇口三二隻。小爪懸一八隻。［表差］伊多都伎一隻。水牛角製。
［箭束］六六・〇センチ～八五・五センチ。
○解説
『目録』での個別名称は漆葛胡禄だが、『宝物』によれば、実際には赤漆塗か。

蟇口・小爪懸の箭数は暫定。錐状にみえる鏃が多数混在し、そのなかでも彫が写るものと写らないものがある。

後者は実際の錐状鏃の可能性が高いが（二九六頁）、本例では簳の回転角度が微妙な状態で写っているために断定しづらいものが多い。なお、伊多都伎は水牛角製。図11-⑧とは先端の様式がやや相違。

漆葛胡禄一一具の総括

○胡禄（新造一具）

高さ四七・〇センチ～五九・五センチ。幅一一・五センチ～一四・八センチ。

平編四具。綾杉文四具。混成二具。菱襷文一具。東大寺銘四具。

○前緒

洗革一一具（二条八具・一条二具・三条一具）。

○帯

洗革六具。麻布五具。

○後緒

洗革一一具。

○中差

蟇口五一八隻。小爪懸二五隻。三陵小爪懸二隻。錐状鏃一隻。

※蟇口・小爪懸のなかに錐状鏃を含む可能性もある。

○表差

上野乎比多祢二隻。水牛角伊多都伎一隻。表差なし八具。

○哮

緑鹿角一隻。水牛角一隻。
○箭束
六六・○センチ～八六・○センチ。
○その他
簳に下毛野奈須評全二銘五〇隻。木牌付属一隻。

C白葛胡禄三具

▼中倉4-1　白葛胡禄（図22）
○胡禄　※新造
［高］四二・〇センチ。［幅］一二・七センチ。［編］三重襷文。［前緒］洗革・二条。［帯］洗革。［後緒］洗革。
○収納箭
［中差］偏鋭五〇隻。［表差］なし。［箭束］八四・五センチ（すべて同寸）。
○解説
胡禄は新造。原品残欠も現存。背板・方立ともに無塗漆。ただし、編方は装飾的。縦条と横条（文様部分）で明暗を付け、横条で三重襷文を浮き立たせる。縦条は黒葛、横条は白葛を使用か。
新造の胡禄は、方立の箭入れ口が右下がり。正倉院器仗では右下がりの箭入れ口は本例と白葛胡禄（中倉4-18／図40）のみ。ほかはすべて水平。

▼中倉4-18　白葛胡禄（図40）
○胡禄

［高］六〇・〇センチ。［幅］一二・〇センチ。［編］平編。［前緒］洗革・二条。［帯］麻布。［後緒］洗革。

○収納箭

［中差］三陵小爪懸四八隻・蟇口二隻。三立羽。［表差］なし。［箭束］七四・〇センチ～八四・五センチ。

○解説

胡禄は正倉院器仗では高さが最大。方立の箭入れ口は右下がり。編は目の粗い平編。背板頭部は近世の補修。中差は蟇口二隻のうちに螻蛄首が短寸のもの一隻。箭束は蟇口二隻のみ短寸。三陵小爪懸四八隻はすべて同寸（八四・五センチ）。

▼中倉4-28　白葛胡禄（図20）

○胡禄

［高］五七・八センチ。［幅］一七・〇センチ。［編］簀編（背板）。平編（方立）。［底板］犀角。

［前緒］紫革・四条。［帯］紫革（残欠）。［後緒］なし。

○収納箭

［中差］蟇口四六隻。二立羽。玉虫飾。［表差］加理麻多一隻。水牛角哮（六目）。

［箭束］七九・四センチ～八四・二センチ。

○解説

胡禄の材質は籐属。背板に縁。竹または籐製。背板の幅は正倉院器仗では最大。縁の左右両足は象牙製。方立底に斑犀製の底板。前緒は紫革四条。帯は、本例以外は、まず背板の左右両脇を繋ぐ帯執に相当する緒所を付設し、その帯執の左右両端に各一条を繋着する。これに対し、本例の帯は残欠だが帯執はなく、左右の背板の縁に各一条を直接繋着。また、後緒は痕跡もなく、本来からなかったたか。

正倉院器仗では白葛胡禄一具（中倉4―1／図22）とともに特異な一具。白葛胡禄一具（中倉4―18／図40）もやや特異。正倉院器仗の白葛胡禄は三具ともに特異。

白葛胡禄残欠（中倉4―甲1／図41）は背板・緒所のみ残存。しかし、その特徴は本例に一致。方立が現存すれば底板もあったか。本例と対になる可能性がある。

中差は蟇口四六隻。うち螻蛄首短寸一隻。二立羽。末矧《うらはぎ》と括巻《はずまき》の間の僅かな隙間にヤマトタマムシの羽（翅鞘《ししょう》）、本矧《もとはぎ》に接して、雪洞《ぼんぼり》としてカケスの雨覆《あまおおい》（翼の根元部分の羽）、括に黄染の角質様のものをそれぞれ貼付。正倉院器仗の胡禄収納箭では玉虫飾は本例のみ。ただし、胡禄未収納箭では鶴染羽・玉虫飾四隻（中倉6―42）・鵰雌雄染羽・玉虫飾七隻（中倉6―43／図34）が同意匠。

表差は、『棚別目録』によれば「白牙の括」。象牙製継筈《つぐはず》。正倉院器仗の胡禄収納箭では継筈は唯一。ただし、『図録』・斎藤説①によれば、胡禄未収納箭では、鶴羽・大鷹尾各一隻（中倉6―28）のどちらかが象牙製継筈。

白葛胡禄三具の総括

○胡禄（新造一具）

高さ四二・〇センチ～六〇・〇センチ。幅一二・〇センチ～一七・〇センチ。

平編一具。混成一具。三重襷文一具。

○前緒

洗革二具（二条二具）。紫革一具（四条）。

○帯

洗革一具。麻布一具。紫革一具。

○後緒
洗皮二具。なし一具。
○中差
偏鋭五〇隻。蟇口四八隻（うち螻蛄首短寸一隻）。三陵小爪懸四八隻。
○表差
加理麻多一隻。表差なし二具。
○哮
水牛角一隻。
○箭束
七四・〇センチ〜八四・五センチ。

胡禄二九具の総括
○胡禄（新造五具）
高さ四二・〇センチ〜六〇・〇センチ。幅一一・三センチ〜一七・〇センチ。
平編一四具。混成八具。綾杉文四具。菱襷文二具。三重襷文一具。東大寺銘一六具。
○前緒
洗革二七具（二条二二具・一条二具・三条二具・四条一具）。紫革一具（四条）。麻緒一具（一条）。
○帯
麻布一四具。洗革一三具。紫革一具。麻緒一具。

○後緒
洗革二五具。黒革一具。麻緒一具。欠損一具。なし一具。
○中差
蟇口一二四二隻（うち螻蛄首短寸四隻）。三陵小爪懸五二隻。偏鋭五〇隻。小爪懸四七隻。錐状鏃三隻。短寸鏃二隻。鏃欠損六隻。鏃鋒欠損二隻。簳欠損七隻。
※蟇口・小爪懸のなかに錐状鏃を含む可能性もある。
○表差
上野乎比多祢一二隻。加理麻多一隻。水牛角伊多都伎一隻。なし一五具。
○哮
鹿角五隻。犀角三隻。水牛角三隻。緑鹿角二隻。
○箭束
六六・〇センチ〜八六・〇センチ（欠損を除く）。
○その他
下毛野奈須評全二銘五〇隻。讃岐国銘一隻。木牌付属一具。同一隻。

②平胡禄四口

▼中倉5-30　白葛平胡禄（図8）
○平胡禄
[高]三四・五センチ。[幅]三二・〇センチ。[編]簀編（背板）。籠目透・菱襷文（方立）。

［前緒］洗革・三条。［帯］なし。［後緒］洗革。

○収納箭

［中差］蟇口四七隻。［表差］加理麻多一隻。水牛角哮。［箭束］八二・〇センチ〜八三・〇センチ。

○解説

平胡禄は背板が低く幅広。正倉院器仗では平胡禄は四具。四具をあえて区別すれば、本例と白葛平胡禄一具（中倉5-31）は、白葛平胡禄二具（中倉5-32・33〈図25〉）よりもやや背板が幅広。ちなみに胡禄二九具のうち高さ最低は四二・〇センチ（白葛胡禄〈中倉4-1〉／図22）。幅最大は一七・〇センチ（白葛胡禄〈中倉4-28〉／図20）。

本例の前緒は洗革三条。帯は痕跡もなし。本来から付設していないか。後緒は細く装飾的。白葛平胡禄三具（中倉5-31・32・33〈図25〉）はいずれも緒所すべて痕跡もなし。また、既述のように、『目録』によれば、収納箭は四具ともに明治時代の修理時に仮に収納（二九一頁）。

したがって、奈良時代の平胡禄のあり方・使用や箭の収納法等は不明。そもそも緒所がなくては、佩帯や箭の収納は想定できない。

中世の箙《えびら》や儀仗の平胡籙《ひらやなぐい》には、方立に筬《おさ》とよぶ竹製や木製の簀子を入れ、筬で鏃を固定した。これは空穂《うつぼ》にも継承。奈良・春日大社蔵の葛胡籙残欠にはこの筬が現存（図42）。

筬の成立時期は不明。しかし、平胡禄では緒所があっても、収納する箭の固定には筬が必要であろう。正倉院器仗の平胡禄にも本来は筬があった可能性があろう。

▼中倉5-31　白葛平胡禄

○胡禄

［高］三三・五センチ。［幅］三一・〇センチ。［編］簀編（背板）。籠目透・菱襷文（方立）。

［前緒］［帯］［後緒］いずれもなし。

○収納箭

［中差］蟇口五〇隻。［表差］上野乎比多祢一隻。緑鹿角哮。［箭束］七九・〇センチ〜八三・〇センチ。

▼中倉5-32　白葛平胡禄

○胡禄

［高］三六・二センチ。［幅］二七・五センチ。［編］簀編（背板）。菱襷・力条三条（方立）。

［前緒］［帯］［後緒］いずれもなし。

○収納箭

［中差］蟇口五〇隻。［表差］上野乎比多祢一隻。哮なし。［箭束］八〇・〇センチ〜八三・〇センチ。

▼中倉5-33　白葛平胡禄（図25）

○胡禄

［高］三四・〇センチ。［幅］二四・二センチ。［編］簀編（背板）。菱襷・力条三条（方立）。

［前緒］［帯］［後緒］いずれもなし。

○収納箭

［中差］三陵小爪懸四五隻（うち螻蛄首長寸一隻）。鏃欠損二隻。［表差］斧箭一隻・鹿角伊多都伎二隻。

［箭束］七五・〇センチ〜九一・〇センチ。

平胡禄四具の総括

○胡禄

高さ三三・五センチ〜三六・二センチ。幅二四・二センチ〜三二・〇センチ。混成編四具。

○前緒

洗革一具（三条）。なし三具。

○帯

すべてなし。

○後緒

洗革一具。なし三具。

○中差

蟇口一四七隻。三陵小爪懸四五隻（うち螻蛄首長寸一隻）。鏃欠損二隻。

○表差

上野乎比多祢二隻（うち哮なし一隻）。鹿角伊多都伎二隻。加理麻多一隻。斧箭一隻。

○哮

緑鹿角一隻。水牛角一隻。

○箭束

七五・〇センチ〜九一・〇センチ。

胡禄への箭の収納法

ここで平胡禄を除き、胡禄への箭の収納法や佩帯法等についてまとめる。その前提として、三ヵ所の緒所の機能を改めていえば、前緒は箭の固定。帯は佩帯の主体で箭の固定も兼ねる。後緒は佩帯補助となる。

まずは箭の収納法。正倉院器仗によれば、箭は平行に鏃を下に方立に収納。その際に二条の前緒を上からみて∞字型にクロスさせ、箭を二束に分けて固定する（図43）。前緒一条の場合は単純にその内側に箭を差し込み、三条・四条の場合も複雑になるが要領は二条と同様であろう。

また帯は、既述のように、白葛胡禄（中倉4-28／図20）以外は、帯執相当の緒所に左右各一条を繋着（三〇九頁）。箭はその帯執の内側に差し込み、帯執は収納箭を跨ぎ、箭は帯執でも固定される（図43）。

佩帯法

ついで佩帯法。収納箭が斜め後方に倒れるかたちで右腰に佩帯。靫と同じ。佩帯には帯と後緒を使用。正倉院器仗によれば、帯を繋着する帯執の座は左右対称の位置になく、程度の差はあるが向かって左側を右側よりも高い位置に施す。これは斜め後方に倒れるかたちで佩帯するためである。

さらにたとえば漆葛胡禄（中倉4-21／図39）は帯の寸法が左右非対称。向かって左側が右側よりもはるかに長寸。胡禄を右腰に佩帯した場合、向かって左側の帯は腰背後から左腰を廻って正面に渡す緒所。右側の帯はその左から来た帯と結ぶための緒所である。胡禄の帯すべてがそうではないが、漆葛胡禄（中倉4-21）の帯のあり方は、胡禄を右腰に佩帯して左右の帯を正面で結ぶためにまさに理に叶ったものである。

以上のような帯のあり方と、また正倉院器仗では帯の材質に麻布が多い点からすれば、佩帯の主体は帯。後緒はその補助であったと考えられる。

しかも箭の容器を右腰に佩帯することは中世の箙・空穂、儀仗の平胡簶・壺胡簶《つぼやなぐい》・靫すべてで同様である（図1・2）。胡禄の場合も右腰に佩帯することは、武人埴輪に明瞭。たとえば群馬県太田市世良田町出土（天理大学附属天理参考館蔵／図44）・同伊勢崎市安堀町出土（国立歴史民俗博物館蔵／図45）等がある。また、同伊勢崎市雷電神社跡古墳出土の騎馬人物埴輪も右腰に胡禄を佩帯（図46）。筒状容器を背中中央に佩帯する武人埴輪（図6）とは好対照である。

背中佩帯説

ところが、西川説では、正倉院器仗の胡禄の緒所の位置で帯を腰に廻らした場合、後緒は大腿部に結ぶことになると想定。さらに群馬県太田市飯塚町出土等の武人埴輪（図6）が「靫」を背中に佩帯していることを根拠に、正倉院器仗の胡禄は右肩越しに箭を取り出すかたちで、背中に佩帯したと主張する。また、群馬県立博物館に展示されている奈良時代の兵士の復原像でも胡禄を同様に背中に佩帯する。

確かに西川説のように胡禄を背中に佩帯することは可能である。しかし、西川説が根拠とした後緒の問題は筆者からすれば机上の空論。帯が佩帯の主体で後緒は補助と考えれば解消する。

そもそも胡禄の佩帯の問題に図6を根拠としたのが大きな間違い。図6のような「靫」佩帯の武人埴輪ではなく、図44〜46のような胡禄佩帯の埴輪を根拠とすべきである。しかし、西川説では胡禄佩帯の埴輪についてはまったくふれられていない。また、群馬県立博物館の復原像の根拠は不明。つまり胡禄背中佩帯説の根拠はなきに等しい。

そして筆者が何よりも疑問なのは、右肩越しにどうやって箭を取り出して弓に番えるのかという現実問題である。しかし、胡禄背中佩帯説ではこの問題にはなんらふれていない。

箭の取り出し方

そこで容器からの箭の取り出し方について考える。箙の場合、右腰に佩帯した収納箭の幹の鏃近くを摘み（そこでその部分の簳の節を「おっとり節」という）、一旦後ろに引いて鏃を箙から外してから箭を前方に引き出して弓に番える。これは現在の流鏑馬でも矢は袴の腰に差しているが同様である。胡禄でも右腰に佩帯すれば同様となる。

この方法であれば、射手は前方の敵を確認しながら隙《すき》を作らずに、取り出す箭を瞬時に確認できる。また、鏃が緒所に引っかかることもなく、箭を引き出す時に射手は箭羽に触れないから箭羽を痛めずに箭を引き出すことができる。さらに重量の重い鏃側を摘むから弓に番える時に安定して箭を落とす危険性も少なくなる。

これに対し、背中に佩帯した胡禄から箭を右肩越しに取り出す場合、括や箭羽部分を摘んで箭を上方に引っ張り出すしかない。

しかし、正倉院器仗によれば、括と箭羽の間はわずかの隙間しかない。しかも前緒で二束に分けられた五〇隻の収納箭は密集状態（図43）。これでどうやって箭を右肩越しに引っ張り出すというのか。仮に引っ張り出せても、箭羽を痛めずに箭を取り出すことは不可能であろう。

また、帯執と前緒が箭を跨ぐ。箭を取り出す時に鏃が両緒所に引っかからないわけがない。しかも前緒から鏃鋒までを完全に引っ張り出さなければ箭は取り出せない。人間の腕の長さはせいぜい六〇センチ。これに対し、正倉院器仗によれば、古代の箭束は八〇センチ前後（三三五頁）。右手をめいっぱい伸ばしても取り出せるかどうかはなはだ疑問である。仮に取り出せたとしても、括部分を摘んで腕を伸ばして取り出した箭をその状態からどうやって弓に番えるというのか。そのうえ箭を取り出すためにモタモタしていれば隙だらけとなり、さらに右手を伸ばすことで敵に晒した右脇を攻撃されてお仕舞いであろう。

このように背中に佩帯することは不都合な点だらけである。筆者には、背中佩帯論者がこうしたことを充分に考慮したうえで、胡禄の背中への佩帯を主張しているとは到底思えない。胡禄背中佩帯説はまったくの妄説にすぎない。これは靫でも同様である。

第四節　正倉院の胡禄未収納箭

正倉院の胡禄未収納箭の概要

本節では、正倉院器仗のうち胡禄未収納の箭八〇具を解説する。

箭としての基本的部分は胡禄収納箭と同様。ただし胡禄収納箭にみられないものとして、飛燕形鏃《ひえんなり》一隻（図26）・竹鏃四具（図47）・骨鏃三具（図12）、さらに竹鏃三具・骨鏃二具にみられる蘆《あし》（葦）簳（図12・47）も現存。

また、『目録』によれば、八〇具のうち七〇具は箭羽の種類と箭数を一具ごとの個別名称として分類・整理。竹鏃・骨鏃・葦簳は箭羽の種類とともにそのことを個別名称に提示。残り一〇具は、葦簳・竹鏃の一具（中倉6-75）を除いて個別名称を「雑箭《ざつせん》」として一括（中倉6-71～74・76～80）。

ただし、こうした胡禄未収納箭は本来は分類されずに一括で伝世。それを明治時代の調査の際に鏃や箭羽が同一のものを集めて分類・整理し、八〇具としたらしい。同時に箭羽の種類がわかる七〇具は、模造箭（鏃はない）各二隻を明治二七年（一八九四）に製作。残り一〇具は箭羽が不明であったらしく、「雑箭」とした。

その箭羽は、『目録』によれば、鵰・鷹・雉・山鳥・鶴・鵠等と多彩。また、染羽も多く、玉虫飾もある。そのうち雉・山鳥を中心として鵰・鷹を含め、それぞれ箭羽の表記としてたとえば「雉羽」「雉尾」等のように「羽」と「尾」を区別。「尾」は尾羽。「羽」は翼となる。鵰は雄・雌を区別する場合もある。ただし、本来の箭羽は現状では欠損。その材質は模造箭で知るしかない。

本節の概要

本節では、箭の個別名称は『目録』に従い、名称の下に、柿澤亮三ほか三名「〈宝物特別調査〉鳥の羽毛と文様」（二〇頁）掲載の一覧表に基づき、（ ）に入れて模造箭の箭羽の材質を提示する。箭羽が二種類の場合、個別名称と模造箭の材質は上下で対応させた。ただし、材質が代替品の場合もあり、両者が一致しない場合もある。材質不明もある。

また、箭羽の枚数も模造箭によるが、多くは写真からの類推であり、一部は『棚別目録』『図録』、さらに『正倉院の武器・武具・馬具』（二〇頁）の裏表紙による。

なお、胡禄未収納箭とは別に、蟇口八点・小爪懸一点の鏃、上野乎比多祢一点（哮付設）、簳残欠一〇点（一括で中倉6）、さらに箭製作前の箭竹二束一四〇〇余本が現存（中倉7）。しかし、これらの解説は割愛する。

また、本節の最後に、正倉院器仗における鏃と箭羽の枚数の関係についてまとめる。

では、個別解説に移ろう。

▼中倉6-1　雉羽・山鳥尾（キジ雄翼・キジ雄尾羽）

［鏃］偏鋭四九隻・鏃欠損一隻。［箭束］八三・五センチ（すべて同寸・鏃欠損を除く）。［箭羽］四立羽。

〇解説

本例は箭羽が二種類。大羽と小羽で別種の羽とした四立羽。どちらが大羽で、どちらが小羽かは不明。以下、この解説は割愛。また、翼はすべて風切《かざきり》（翼両端の羽）。以下、この点も割愛する。

▼中倉6-2　雁・山鳥羽（不明・ヤマドリ翼）

［鏃］小爪懸五〇隻。［箭束］八三・五センチ（すべて同寸）。［箭羽］四立羽。

▼中倉6-3　鵰羽・雉尾（クマタカ翼・キジ雄尾羽）

［鏃］偏鋭三六隻。［箭束］八六・〇センチ〜八七・〇センチ。［箭羽］四立羽。

〇解説

翼・尾羽ともに、鵰はすべてクマタカ使用。

▼中倉6-4　雉・山鳥尾（キジ雄尾羽・ヤマドリ雄尾羽）

［鏃］小爪懸二五隻・偏鋭二隻。［箭束］八一・〇センチ〜八五・五センチ。［箭羽］四立羽。

〇解説

「雉・山鳥尾」は雉尾・山鳥尾の意。以下、同じ。

▼中倉6-5　鵰染羽（クマタカ翼）

［鏃］小爪懸五〇隻。［箭束］七八・〇センチ（すべて同寸）。［箭羽］不明（二立羽か）。

▼中倉6-6　雉・山鳥尾（キジ雄尾羽・ヤマドリ雄尾羽）

［鏃］小爪懸六九隻（うち鏃短寸一隻）。［箭束］八二・〇センチ（すべて同寸・鏃短寸を除く）。［箭羽］四立羽。

▼中倉6-7　雉・山鳥尾（同右）

［鏃］偏鋭一四隻。［箭束］八六・〇センチ〜八七・〇センチ。［箭羽］四立羽。

▼中倉6-8　雉・山鳥尾（同右）

［鏃］小爪懸二一隻。［箭束］八五・〇センチ（すべて同寸）。［箭羽］四立羽。

▼中倉6-9　鵰・山鳥羽（クマタカ翼・ヤマドリ雄尾羽）

［鏃］偏鋭四八隻。［箭束］八四・〇センチ（すべて同寸）。［箭羽］四立羽。

▼中倉6-10　山鳥尾（キジ雄尾羽・ヤマドリ雄尾羽）

［鏃］偏鋭五二隻・斧箭一隻。［箭束］八三・三センチ〜八九・〇センチ。［箭羽］四立羽。

○解説
個別名称は、雉・山鳥尾の間違いか。
▼中倉6-11　雉染尾（キジ雄尾羽）
［鏃］小爪懸三五隻。［箭束］八四・〇センチ（すべて同寸）。［箭羽］四立羽。
▼中倉6-12　鴟染羽（クマタカ翼）
［鏃］小爪懸一〇隻。［箭束］八〇・〇センチ～八一・〇センチ。［箭羽］四立羽。
▼中倉6-13　雉羽（キジ雄翼）
［鏃］蟇口九隻。［箭束］八〇・五センチ（すべて同寸）。［箭羽］二立羽。
○解説
箭羽は、『図録』では三立羽とある。間違いか。
▼中倉6-14　鷹羽・山鳥尾（不明・ヤマドリ雄尾羽）
［鏃］小爪懸五〇隻。［箭束］八八・〇センチ（すべて同寸）。［箭羽］四立羽。
▼中倉6-15　山鳥尾（ヤマドリ雄尾羽）
［鏃］偏鋭四四隻・簳残欠二本。［箭束］八六・〇センチ（すべて同寸）。［箭羽］四立羽。
▼中倉6-16　鴟染羽（クマタカ翼）
［鏃］偏鋭四七隻。［箭束］八五・〇センチ～八六・〇センチ。［箭羽］四立羽。
▼中倉6-17　雁羽（不明）
［鏃］小爪懸五隻（うち簳欠損一隻）。［箭束］八六・〇センチ（すべて同寸・簳欠損を除く）。［箭羽］二立羽。
▼中倉6-18　雉尾（キジ雄翼・同尾羽）

[鏃]偏鋭五四隻。[箭束]八四・五センチ（すべて同寸）。[箭羽]四立羽。

▼中倉6−19　鶴羽（タンチョウまたはコウノトリ翼・雪洞不明《ほんぼり》）

[鏃]斧箭一一隻。[箭束]八七・五センチ（すべて同寸）。

○解説

本例から雉羽（中倉6−34）まで、鏃はすべて斧箭。箭羽は、雉・大鷹羽（中倉6−32）を除き、すべて二立羽と考えられ、その多くは雪洞付設。個別名称に雪洞の材質を提示する場合もある。

本例は雪洞の材質は不提示。なお、以下、雉羽（中倉6−34）まで、二立羽の場合は箭羽の提示を割愛。

▼中倉6−20　鶴羽・白鳥染羽（同右）

[鏃]斧箭一八隻。[箭束]八六・五センチ〜八八・〇センチ。

○解説

「白鳥染羽」は雪洞の材質。『目録』の「白鳥」は「しらとり」。「はくちょう」ではなく、羽の白い鳥の総称。

▼中倉6−21　隼尾（シロハヤブサ尾羽・雪洞なし）

[鏃]斧箭一八隻。[箭束]八一・〇センチ（すべて同寸）。

▼中倉6−22　鷹羽・小鳥染羽（オオタカ尾羽・雪洞不明）

[鏃]斧箭三四隻。[箭束]八三・〇センチ〜八四・五センチ。[針書銘]茨木。日下部佐万呂。

○解説

「小鳥染羽」は雪洞の材質。

箭三四隻のうち、各一隻の簳に「茨木《いばらき》」と「日下部佐万呂《くさかべのすけまろ》」の針書銘。ともに詳細は不明。

▼中倉6−23　鷹尾・小鳥染羽（同右）

［鏃］斧箭六隻。［箭束］八五・〇センチ～八五・五センチ。

○解説

「小鳥染羽」は雪洞の材質。

▼中倉6-24　雉・山鳥尾（キジ雄翼・雪洞ヤマドリ尾羽）

［鏃］斧箭三二隻。［箭束］九一・〇センチ（すべて同寸）。

○解説

「山鳥尾」は雪洞の材質。

▼中倉6-25　黄染大鷹羽（不明・雪洞なし）

［鏃］斧箭九隻（うち簳欠損一隻）。［箭束］八〇・五センチ～八一・五センチ（簳欠損のぞく）。［針書銘］相模国。

○解説

箭羽は、『図録』によれば三立羽。間違いか。

一隻の簳に「相模国」（神奈川県）の針書銘。松島順正『正倉院宝物銘文集成』（一〇頁）採録漏れ。本例は相模国からの貢納品か。

▼中倉6-26　隼尾（不明・雪洞も不明か）

［鏃］斧箭四隻。［箭束］八二・五センチ（すべて同寸）。

▼中倉6-27　大鷹尾（オオタカ尾羽・雪洞なし）

［鏃］斧箭五隻。［箭束］八四・四センチ（すべて同寸）。

▼中倉6-28　鶴羽・大鷹尾（タンチョウまたはコウノトリ翼・オオタカ尾羽各一隻・雪洞ヤマドリ尾羽）

［鏃］斧箭二隻。［箭束］八五・五センチ・八六・〇センチ。

○解説

本例のうち一隻（写真からは判断不能）は、『図録』・斎藤説①によれば、象牙製継括。正倉院器仗の胡禄未収納箭では継筈は本例のみ。胡禄収納箭では白葛胡禄（中倉4-28／図20）の表差（図11-⑦）のみ。

▼中倉6-29　大鷹羽（オオタカ尾羽・雪洞なし）

［鏃］斧箭五隻。［箭束］八四・〇センチ（すべて同寸）。

▼中倉6-30　大鷹羽（オオタカ尾羽・雪洞も同様か）

［鏃］斧箭五隻。［箭束］八三・〇センチ～八三・五センチ。

▼中倉6-31　鶴羽（タンチョウまたはコウノトリ翼・雪洞も同様か）

［鏃］斧箭一四隻・鏃欠損一隻。［箭束］七四・〇センチ（鏃欠損）～八六・五センチ。

○解説

『図録』によれば、括に羽茎《はぐき》を被せる（三二七頁）。

▼中倉6-32　雉・大鷹羽（キジ雄翼・「大鷹羽」については不記載・雪洞なし）

［鏃］斧箭二隻。［箭束］八三・五センチ～八四・〇センチ。［箭羽］四立羽。

▼中倉6-33　鶴羽（タンチョウまたはコウノトリ翼・雪洞なし）

［鏃］斧箭二隻（透《すかし》なし）。［箭束］七八・〇センチ～七八・五センチ。

○解説

斧箭二隻は透なし。正倉院器仗では透のない斧箭は本例のみ。ほかはすべて二等辺三角形型の透がある。

▼中倉6-34　雉羽（キジ雄翼・雪洞不明）

［鏃］斧箭二隻。［箭束］七八・〇センチ（すべて同寸）。

▼中倉6-35　鵰雌尾（クマタカ幼鳥尾羽）
[鏃]上野乎比多祢一一隻（うち幹欠損二隻）。[哮]犀角七隻・鹿角四隻。
[箭束]六〇・〇センチ（幹欠損）〜八三・七センチ。[箭羽]二立羽。

○解説
『棚別目録』によれば、哮は、牛角哮（八目）・青哮（六目）・白哮（四目）の三種。

なお、以下、正倉院器仗の胡禄未収納箭は、鶴染羽・玉虫飾（中倉6-41）、同（中倉6-42）、鵰雌雄染羽・玉虫飾（中倉6-43）を除き、雪洞なし。

▼中倉6-36　黄染白鳥羽（不明）
[鏃]蟇口四五隻。[箭束]八三・五センチ〜八四・〇センチ。[箭羽]二立羽か。

▼中倉6-37　山鳥尾（ヤマドリ雄尾羽）
[鏃]蟇口五〇隻。[箭束]七九・〇センチ〜八〇・五センチ。[箭羽]四立羽か（三立羽の可能性も）。

▼中倉6-38　鵰羽（クマタカ翼）
[鏃]蟇口一〇隻。[箭束]八一・四センチ（すべて同寸）。[箭羽]二立羽。

▼中倉6-39　大鷹尾（オオタカ尾羽）
[鏃]蟇口四九隻。[箭束]八二・六センチ（すべて同寸）。[箭羽]二立羽。

▼中倉6-40　雉羽（キジ雄尾羽）
[鏃]蟇口三九隻。[箭束]七九・〇センチ〜七九・二センチ。[箭羽]二立羽か。

○解説
正倉院器仗の箭では唯一、本来の箭羽が残存。キジ雌尾羽。模造箭が原品に必ずしも忠実ではないことを示す。

▼中倉6-41　鶴染羽・玉虫飾（不明・雪洞も不明）

[鏃]蟇口二七隻。[箭束]七八・〇センチ（すべて同寸）。[箭羽]四立羽。

▼中倉6-42　鶴染羽・玉虫飾（不明・雪洞カケス雨覆）

[鏃]蟇口四隻。[箭束]七七・五センチ〜七八・〇センチ。[箭数]四立羽。

▼中倉6-43　鵰雌雄染羽・玉虫飾（クマタカ幼鳥尾羽・雪洞カケス雨覆／図34）

[鏃]蟇口七隻。[箭束]七八・六センチ〜七九・〇センチ。[箭羽]四立羽。

〇解説

鶴染羽・玉虫飾（中倉6-41）から本例まで、末矧と括巻の間のわずかな隙間にヤマトタマムシの羽（翅鞘）を貼り、雪洞付設。また、鶴染羽・玉虫飾（中倉6-42）と鵰雌雄染羽・玉虫飾（中倉6-43）は、括に黄染の角質様のもの（『図録』によれば「羽茎」）を貼付。正倉院器仗では、白葛胡禄（中倉4-28／図20）収納箭が同様の意匠（三一〇頁）。鶴染羽・玉虫飾（中倉6-41）の括も同様か。

▼中倉6-44　鵰羽・山鳥尾（クマタカ翼・ヤマドリ雄尾羽）

[鏃]蟇口四八隻。[箭束]八〇・二センチ〜八一・〇センチ。[箭羽]四立羽。

▼中倉6-45　山鳥尾（ヤマドリ雄尾羽）

[鏃]蟇口四六隻。[箭束]八三・七センチ〜八五・八センチ。[箭羽]二立羽。

▼中倉6-46　雉羽（キジ雄翼）

[鏃]蟇口五四隻。[箭束]八三・一センチ〜八四・二センチ。[箭羽]二立羽か。

▼中倉6-47　鵠羽（タンチョウまたはコウノトリ翼）

[鏃]蟇口四九隻。[箭束]八三・五センチ（すべて同寸）。[箭羽]四立羽。

▼中倉6―48　鶴染羽（不明）
［鏃］蟇口四九隻。［箭束］八一・〇センチ〜八三・九センチ。［箭羽］二立羽。
▼中倉6―49　雉羽（キジ雄翼）
［鏃］蟇口四六隻。［箭束］八〇・五センチ〜八二・五センチ。［箭羽］二立羽。
▼中倉6―50　雉尾（キジ雄尾羽）
［鏃］蟇口五〇隻。［箭束］七九・〇センチ〜八〇・三センチ。［箭羽］二立羽か。
▼中倉6―51　大鷹尾（不明）
［鏃］蟇口四三隻。［箭束］八二・五センチ〜八三・五センチ。［箭羽］不明（二立羽か）。
▼中倉6―52　山鳥尾（ヤマドリ雄尾羽）
［鏃］蟇口四四隻。［箭束］八二・〇センチ〜八二・三センチ。［箭羽］二立羽か。
▼中倉6―53　山鳥尾（ヤマドリ雄尾羽）
［鏃］蟇口四八隻。［箭束］八二・五センチ〜八三・三センチ。［箭羽］二立羽か。
▼中倉6―54　大鷹羽（クマタカ翼）
［鏃］蟇口五〇隻。［箭束］八〇・〇センチ〜八一・〇センチ。［箭羽］二立羽。
▼中倉6―55　雉尾（キジ雄尾羽）
［鏃］蟇口四三隻。［箭束］八〇・〇センチ〜八〇・五センチ。［箭羽］三立羽か。
▼中倉6―56　鵰羽（クマタカ尾羽）
［鏃］蟇口二二隻。［箭束］八一・二センチ〜八二・三センチ。［箭羽］二立羽。
▼中倉6―57　大鷹尾（オオタカ尾羽）

[鏃]蟇口一六隻。[箭束]八〇・〇センチ（すべて同寸）。[箭羽]三立羽。

▼中倉6-58　鵠羽（不明）

[鏃]蟇口一三隻・鏃欠損一隻。[箭束]八〇・〇センチ（すべて同寸・鏃欠損を除く）。[箭羽]二立羽か。

▼中倉6-59　鶴羽（タンチョウまたはコウノトリ翼）

[鏃]蟇口八隻。[箭束]七七・五センチ〜七八・〇センチ。[箭羽]三立羽。

▼中倉6-60　雉尾（キジ雄尾羽）

[鏃]蟇口一二隻。[箭束]七九・〇センチ〜八〇・〇センチ。[箭羽]二立羽。

▼中倉6-61　大鷹尾（オオタカ尾羽）

[鏃]蟇口三隻。[箭束]七九・七センチ（すべて同寸）。[箭羽]三立羽。

▼中倉6-62　鵰羽（クマタカ翼）

[鏃]蟇口二隻。[箭束]八五・〇センチ（すべて同寸）。[箭羽]二立羽。

▼中倉6-63　大鷹羽（クマタカ翼）

[鏃]蟇口三隻。[箭束]八〇・五センチ（すべて同寸）。[箭羽]二立羽。

▼中倉6-64　白鳥黄染羽（不明）

[鏃]蟇口三隻。[箭束]八〇・五センチ（すべて同寸）。[箭羽]二立羽。

○解説

個別名称として、黄染白鳥羽（中倉6-36）との区別は不明。『目録』の表記の不統一か。

▼中倉6-65　雁羽・蘆幹・竹鏃（不明／図47）

[鏃]竹鏃六六隻（うち鏃欠損一一隻）。[箭束]八〇・〇センチ〜八五・〇センチ。[箭羽]二立羽。

○解説

本例は蘆幹・竹鏃。正倉院器仗では、蘆幹は本例を含めて五具二一一隻（中倉6-65・66・68〈図12〉・69・75）。竹鏃は本例を含めて四具二〇二隻（中倉6-65・66・71・75）。ただし、蘆幹のうち二具一九隻（中倉6-68〈図12〉・69）は骨鏃。以上の箭数はいずれも鏃欠損分を含む。

正倉院器仗の幹は、蘆幹五具二一一隻以外はすべて篠竹製。篠竹は東北地方に自生しない。これに対し、竹鏃の材質は根曲竹《ねまがりだけ》（千島笹《ちしまざさ》）という。これは東北地方に自生。また、蘆幹に竹鏃・骨鏃の箭はアイヌの箭との共通性がある。そこで、鈴木説②によれば、蘆幹の箭は東北地方からの貢納品という。つまり蝦夷《えみし》からの貢納品。

正倉院器仗によれば、竹鏃は蘆幹に直接差し込むのではなく、幹に檜製の細棒を差し込み、その棒に竹鏃を差し込む（図47）。鈴木説②によれば、アイヌの竹鏃箭はこの檜製細棒が骨製となる。竹鏃を差し込む檜製細棒は、蘆幹（中倉6-65・66・75）では長寸（図47）。竹幹（中倉6-71）では短寸である。また、蘆幹は節括《ふしはず》となる。

▼中倉6-66　雁羽・蘆幹・竹鏃（不明）

［鏃］竹鏃五〇隻（うち鏃欠損一隻）。［箭束］七八・五センチ～八一・〇センチ。［箭羽］二立羽。

▼中倉6-67　黄染大鷹尾（不明／図12）

［鏃］骨鏃一九隻。［箭束］七四・二センチ～七五・一センチ。［箭羽］二立羽。

○解説

本例は竹幹・骨鏃。正倉院器仗では、骨鏃は、本例を含めて三具三八隻（中倉6-67・68〈図12〉・69）。本例のみ竹幹。正倉院器仗によれば、骨鏃は幹に直接差し込む。ただし、本例の骨鏃は短寸・断面三角形。ほか二具の骨鏃は長寸（図12）。途中にわずかな段差がある断面円錐形。なお、『棚別目録』には「鹿角鏃」とある。骨鏃を見誤ったか。

▼中倉6－68　雁羽・蘆幹・骨鏃（不明／図12）

［鏃］骨鏃一二隻。［箭束］七五・〇センチ～七九・〇センチ。［箭羽］二立羽。

▼中倉6－69　鵠羽・蘆幹・骨鏃（不明）

［鏃］骨鏃七隻。［箭束］七七・五センチ～七九・〇センチ。［箭羽］二立羽。

▼中倉6－70　白鳥羽（不明）

［鏃］小爪懸一隻。［箭束］八二・〇センチ。［箭羽］二立羽。

〇解説

白鳥羽は、正倉院器仗では本例のみ。

▼中倉6－71　雑箭（箭羽不明）

［鏃］竹鏃一〇隻（うち鏃欠損五隻）。［箭束］七六・八センチ（鏃欠損）～七八・五センチ。

〇解説

本例以下は模造箭はなく、箭羽不明の「雑箭」となる。本例は竹幹・竹鏃。

▼中倉6－72　雑箭（箭羽不明）

［鏃］蟇口三一隻（うち一隻は錐状鏃か）・偏鋭三隻。［箭束］七七・〇センチ～八六・〇センチ。

▼中倉6－73　雑箭（箭羽不明）

［鏃］小爪懸・偏鋭混在二一隻。［箭束］七九・三センチ～九〇・二センチ。

〇解説

湾曲した鏃を含み、小爪懸と偏鋭の正確な箭数は、写真では判別不能。

▼中倉6－74　雑箭（箭羽不明）

[鏃]蟇口四二隻。[箭束]六九・二センチ（簳欠損か）～八一・四センチ。

▼中倉6-75　葦簳・竹鏃（箭羽不明）

[鏃]竹鏃七六隻（うち鏃欠損七一隻）。[箭束]六二・三センチ（檜製細棒欠損）～六九・〇センチ。

○解説

本例の竹鏃はほとんど欠損。

▼中倉6-76　雑箭（箭羽不明）

[鏃]斧箭一二隻・飛燕形鏃一隻（図26）。[箭束]七四・八センチ～八九・五センチ。

○解説

飛燕形鏃一隻を含む。飛燕形は中世の用語。狩箭の一種。ただし、本例と同型鏃は奈良・般若寺蔵品（大安寺旧蔵・図31）に現存。また、法隆寺献納宝物（東京国立博物館蔵）にも本例に近い形状（三角形に近い）の鏃が現存（図27）。ともに哮付設の狩箭。したがって、中世の箭の混入ではなく古代の箭。

▼中倉6-77　雑箭（箭羽不明）

[鏃]蟇口一九隻。[箭束]七八・七センチ～八四・〇センチ。

▼中倉6-78　雑箭（箭羽不明）

[鏃]蟇口三六隻・小爪懸九隻・短寸鏃二隻・三陵小爪懸一隻・斧箭一隻・鏃欠損六隻・簳残欠三本。

[箭束]七一・五センチ（鏃欠損）～八四・〇センチ。

○解説

多種類の鏃の箭が混在。欠損も多い。なお、蟇口三六隻のなかに三陵小爪懸が含まれる可能性がある。

▼中倉6-79　雑箭（箭羽不明）

［簳］二三隻（鏃欠損）。六七・五センチ〜七六・七センチ。

○解説

二三隻すべて鏃欠損。簳のみ。

▼中倉6-80　雑箭（箭羽不明）

［鏃］解説参照。［箭束］七一・〇センチ（鏃欠損）〜七九・一センチ。

○解説

箭三隻。鉄製鏃一隻・木製根挟一隻（図29）・鏃欠損一隻。

鉄製鏃は鋒欠損か。中世の長根《ながね》（鉄火箸様の鏃）のようにもみえるが、写真では判別不能。

木製根挟一隻は、竹鏃が欠損して細棒だけが残ったかにもみえる。しかし、その先端は二俣に分離。分離の根元には糸纏が残存。そこで、本来は二俣部分に無茎鏃を差し込み、糸纏で固定。その無茎鏃が欠損したものと考えられる。

胡禄未収納箭八〇具の総括

ここで胡禄未収納箭八〇具を、①『目録』に記載されている箭羽の名称と、②鏃の種類によって、それぞれ分類・整理する。

①『目録』記載の箭羽の名称

○箭羽複合型（四立羽の大羽・小羽で材質を別にするもの）　四三六隻

雉・山鳥尾一三二隻。雉羽・山鳥尾五〇隻。雁・山鳥尾五〇隻。鷹羽・山鳥尾五〇隻。鵰・山鳥尾四八隻。鵰羽・山鳥尾四八隻。鵰羽・雉尾三六隻。鶴羽・白鳥染羽一八隻。鶴羽・大鷹尾二隻。雉・大鷹羽二隻。

○雉　三七六隻
雉羽一八二隻。雉尾一五九隻。雉染尾三五隻。
○山鳥　二八五隻
山鳥尾二八五隻。
○鷹　二四七隻
大鷹尾一一六隻。大鷹羽六三隻。鷹羽三四隻。黄染大鷹尾一九隻。黄染大鷹羽九隻。鷹尾六隻。
○鵰　一五九隻
鵰染羽一〇七隻。鵰羽三四隻。鵰雌尾一一隻。鵰雌雄染羽七隻。
○雁　一三三隻
雁羽一三三隻。
○鵠　六九隻
鵠羽六九隻。
○鶴　六七隻
鶴羽三六隻。鶴染羽三一隻。
○白鳥　四九隻
黄染白鳥羽四八隻。白鳥一隻。
○箭羽不明　二九三隻
②鏃の種類　※鏃欠損は除く
○征箭　一七一九隻

蟇口一〇二〇隻（一隻は錐状鏃の可能性）。偏鋭三四九隻。小爪懸三二六隻。小爪懸・偏鋭混在（判別不能）二一隻。短寸鏃二隻。三陵小爪懸一隻。

○狩箭　一九五隻

斧箭一八三隻。上野乎比多祢一一隻。飛燕形鏃一隻。

○竹鏃・骨鏃　二四〇隻

竹鏃二〇二隻（うち鏃欠損八八隻）。骨鏃三八隻。

○その他　二隻

木製根挟一隻。鋒欠損一隻。

正倉院器仗の箭束

胡禄未収納箭の箭束は、九〇センチ台は、雉・山鳥尾一具二三隻（中倉6-24・すべて同寸九一・〇センチ）と雉箭（中倉6-73）のうちの一隻（九〇・二センチ）のみ。胡禄収納箭でも箭束九〇センチ台は、白葛平胡禄一具（中倉5-33／図25）収納の斧箭一隻（九一・〇センチ）のみ。

正倉院器仗では胡禄収納箭・未収納箭ともに箭束は概ね七〇センチ台後半～八〇センチ台前半。胡禄未収納箭では、たとえば蘆簳・竹鏃（中倉6-75）が最長でも六九・〇センチであるように、六〇センチ台のものもある。そうしたなかで胡禄収納箭では原則として中差よりも表差がやや長寸となる。

これに対し、中世の兵仗の箭（征箭・狩箭）は、たとえば愛媛・大山祇神社蔵の箭五五隻（征箭四九隻・狩箭〈狩俣箭〉六隻）の場合、簳破損を除き最短でも八六・一センチ（簳八一・九センチ・鏃四・二センチ）。ほかは概ね九〇センチ以上である。

つまり正倉院器仗は、中世の兵仗の箭よりも一〇センチ程度短寸となる。これは弓が撓《しな》らない木製弓の性質に対応しよう。

箭羽の枚数と鏃の関係

本章の最後に正倉院器仗における箭羽の枚数と鏃との対応関係を考えたい。中世では、二立羽は儀仗。三立羽は征箭・的箭・引目箭。四立羽は狩箭。箭羽の枚数と鏃には密接な関係がある。正倉院器仗ではどうであるのか。この問題はこれまではまったく注目されていない。

まずは、あくまで模造箭からの判断であるが、本節で提示した正倉院器仗の箭羽の枚数を鏃ごとにまとめるとつぎのようになる。

○蟇口

二立羽五九四隻。四立羽一八五隻。三立羽七〇隻。

○偏鋭

四立羽三四六隻。

○小爪懸

四立羽二六一隻。二立羽六隻。

○斧箭

二立羽一六七隻。四立羽三隻。

○上野乎比多祢

二立羽一一隻。

○竹鏃

二立羽一一六隻。

○骨鏃

二立羽三八隻。

以上を数量順にまとめると、二立羽九三二隻、四立羽七九五隻、三立羽七〇隻となる。征箭・狩箭ともに二立羽が最多で、四立羽がそれにつぎ、征箭（蟇口）では三立羽もみえる。ここから何がいえるのであろうか。

正倉院器仗の箭羽の枚数の歴史的位置

鈴木説②によれば、原初的箭羽の枚数である二立羽は風の影響を受けやすいために、箭の軌道が不安定。そこで四立羽として軌道の安定を図った。ついで箭が旋回する三立羽が成立した。つまり二立羽→四立羽→三立羽の段階的成立説である。

そうしたなかで、中世になると、実用性に劣る二立羽は儀仗、箭が旋回する三立羽は征箭・的箭・引目箭、箭が旋回しない四立羽は狩箭というように、箭羽の枚数と箭の種類（つまりは鏃）との間に相関的統一性が生じてくると解釈できる。

こうした鈴木説②に当てはめると、正倉院器仗の箭羽の枚数はつぎのように解釈できる。つまり鏃ごとに箭羽の枚数が不統一なのは、箭羽の枚数と箭の種類との間に相関的統一性が生じる以前の過渡期の様相を示す。そのなかで二立羽が最多なのは原初的形態の残存を示す。一方、四立羽がそれにつぐのは、すでに四立羽の段階には入ったことを示し、さらに征箭では三立羽も成立していた。征箭での三立羽の成立といえば、法隆寺献納宝物（東京国立博物館蔵）の三陵小爪懸の征箭五隻（図27）も三立羽である。

一方、視点を変えて鏃から考えてみよう。

蟇口（図11―①）等の征箭は、三立羽よりも貫通力は劣るが、二立羽や四立羽でも実用上の問題はない。むしろ中世にない偏刃の鏃である小爪懸・偏鋭（図11―②④）は、箭が旋回しない四立羽の方が貫通力が増加しよう。

これに対し、斧箭や上野乎比多祢（図11―⑤⑥）等の狩箭は、箭が旋回する三立羽では機能が発揮できない。四立羽を最適とし、二立羽でも実用になろう。また、竹鏃・骨鏃は鏃そのものが原初的であるから、二立羽であるのも首肯できる。

以上、箭羽と鏃の関係が完成された中世からみれば、正倉院器仗の箭羽の枚数は歴史的に過渡期の段階にある。しかし、当然かもしれないが、そのなかでも鏃の機能を損なわない箭羽の枚数が選ばれている。

いずれ是非とも正倉院器仗の箭の熟覧・調査の機会を得て、すべての箭の箭羽の枚数を把握したいものである。

以上、「御箭壹佰具」と正倉院器仗の容器（靫・胡禄）と箭を解説した。つぎに「御甲壹佰領」と正倉院器仗の甲残欠に移る。

第六章　甲

第一節　古代の甲

本節の概要

本章では、『珍宝帳』記載の「御甲壹佰領《おんよろいいっぴゃくりょう》」と正倉院器仗の甲残欠（北倉40／図1）を解説する。

そのうち本節では、「御甲壹佰領」と甲残欠（北倉40）を理解する前提として、「御甲壹佰領」にみえる「短甲《たんこう》」「挂甲《けいこう》」という二種類の甲を中心として古代の甲の概要を述べる。

なお、以下、甲残欠（北倉40）は、ただ「甲残欠」とする。

本章の参考文献

最初に本章で参照した「御甲壹佰領」と甲残欠および古代の甲に関わる参考文献を示す。

○序章提示

・末永雅雄『増補日本上代の甲冑』。以下、末永説。

○序章提示以外

・拙著『中世的武具の成立と武士』。うち「第一章大鎧の成立」。以下、私見。

・鈴木敬三『甲冑写生図集解説』（同編『中村春泥遺稿甲冑写生図集』吉川弘文館、一九七九年）。以下、**鈴木説①**。
・同「むかばき考」（同『武器と武具の有識故実』〈三九頁〉、初出一九六六年）。以下、**鈴木説②**。
・宮崎隆旨「文献からみた古代甲冑覚え書」（関西大学文学部考古学研究室編『考古学論叢』関西大学、一九八三年）。
・同『奈良甲冑師の研究』（吉川弘文館、二〇一〇年）。うち序編「わが国の律令制下における甲冑」。
※後者は前者の内容をもとに、それをさらに発展させた内容。しかし、「御甲壹佰領」の詳細な分析は前者で行う。後者はその要約のみ。そこで両者を提示し、以下、両者を合わせて**宮崎説**とする。
では、古代の甲の概要を解説しよう。

鉄板製甲と鉄札製甲

古代の甲の伝世品は甲残欠（図1）だけであり、ほかはすべて発掘品で、その大半は古墳時代のものである。そうした古代の甲を材質で分類すると、鉄板製と鉄札《てつざね》製がある。前者は小型の鉄板や帯金《おびがね》（帯状鉄板）を革緒で綴じ合わせたり、鋲留めした甲（図2）。後者は鉄札（鉄製の札《さね》）を革緒や組紐で縦横に連結した甲である（図3）。本書では、前者を「鉄板製甲」、後者を「鉄札製甲」とよぶ。つまり古代の甲は鉄板製甲と鉄札製甲。そのうち甲残欠は鉄札製甲の残欠である。

ちなみに古代の甲として、文献には「綿甲《めんこう》」もみえる（天平六年〈七三四〉『出雲国計会帳』所収同五年一〇月一五日「節度使符《せつどしふ》」等）。しかし、その実態については不明な点が多い。ただし、鉄板製や鉄札製の甲ではなく、鈴木敬三「綿甲冑と綿襖冑」（同『武器と武具の有識故実』、初出一九六一年）によれば、右記の「節度使符」にみえる「綿甲」の材料から、綿《わた》を芯に、表を絁《あしぎぬ》製、裏を布製とした布帛製の甲という。

綿甲という名称、さらに布帛製甲であれば、「御甲壹佰領」や甲残欠には直接関わらない。そこで、以下、綿甲は割愛する。

札の概要

ところで、甲残欠（図1）から明らかなように、札とは複数の小孔が開いた細長い小板。その鉄製のものが鉄札である。複数の小孔は札を縦横に連結する緒紐を通すための孔。

鉄札製甲はこうした鉄札をまず横に連結。これを中世では「横縫《よこぬい》」という。また、横縫でできた札が連なった板を「札板《さねいた》」という（図1-C）。つぎにこの札板を縦に緒紐で連結する。この縦に連結することを中世では「威《おどし》」と言い、威に用いる緒紐を「威毛《おどしけ》」という。

中世の甲には大鎧《おおよろい》（単に「鎧」とも／図4）・腹巻《はらまき》・腹巻鎧《はらまきよろい》・胴丸《どうまる》（筒丸《どうまる》）・腹当《はらあて》の五種類がある。これらもすべて札製（札板を威して形成）。ただし、札の様式にも時代的変遷があり、中世の札は甲残欠のような古代の札とは様式が相違する（図5）。しかも、中世では鉄札も使用するが主体は革札《かわざね》。革札は牛の生革《なまがわ》を突き固めた撓革《いためがわ》とよぶ強固な革製の札である。

中世で革札主体となる原点は、『続日本紀』宝亀一一年（七八〇）八月庚戌（一八日）条にみえる光仁天皇の詔《みことのり》（天皇正式の命令）。詳しくは割愛するが、少なくともこの詔を原点として革札が成立。それ以降、文献に「革甲《かわよろい》」や「革短甲《かわたんこう》」がみえるようになる（『続日本紀』延暦九年〈七九〇〉閏三月甲午〈四日〉条等）。逆にこの詔以前は鉄製甲のみと考えてよい。少なくとも「御甲壹佰領」や甲残欠を考えるうえでは革札は除外できる。

札と小札

ところで、考古学や甲冑の概説書等では、札を「小札《こざね》」とよぶ。歴史的にいえば、小札とは中世末期に成立した幅の狭い小型の札のこと。ところが、近世以降、札よりも小札の用語が普及し、札の大きさとは無関係にすべての札を小札とよぶようになった。

しかし、古代・中世の文献にみえるのは「札」のみ。「小札」という用語はみえない。本書では「小札」の用語は使用せず、歴史的に正しい「札」を使用する。

挂甲は鉄札製甲

さて、既述のように、甲残欠を除き、古代の甲の伝世品はない。鉄板製甲（図２）・鉄札製甲（図３）いずれも古墳時代を中心とした発掘品のみ。そうしたなかで考古学用語では、伝統的に、鉄板製甲を「短甲」、鉄札製甲を「挂甲」とよぶ。

この考古学用語としての「短甲」「挂甲」が、「御甲壹佰領」等の古代の文献に依拠することは明白。特に挂甲は、『延喜式』兵庫寮によれば、鉄札製甲であることが確実である。

つまり『延喜式』兵庫寮によれば、まず挂甲は「札八百枚」とみえ、その製作工程が記載。それを整理すればつぎのようになる。

①「打レ札」（札を打つ）→「麁磨」（麁《あら》く磨く）→「穿レ孔」（孔を穿《うが》つ）→「錯レ穴」（穴を錯《けず》る）→「裁レ札」（札を裁つ）→「錯レ稜」（稜《かど》を錯る）→「砥磨《とま》」→「青砥磨《あおとま》」→「瑩《つや》」

②「横縫」→「連《つらぬく》」→「縫二頸牒一」（頸牒《くびかみ》を縫う）→「継著」（継ぎ著く）→「著レ縁」（縁を著く）→「擘拘《あいびき》」→「裁レ韋」（韋《かわ》を裁つ）

①は札八百枚の製作工程。そのうち「砥磨」「青砥磨」「瑩」は札の研磨工程。②はその札を用いての甲製作工程である。その内容から①の「札」が鉄製であることは明白。そこで、挂甲は鉄札製甲とわかる。

宮崎説によれば、右記は貞観五年（八六三）以降の内容を示す。したがって、奈良時代の実状とは相違するかもしれない。しかし、既述のように宝亀一一年（七八〇）の詔以前は鉄製甲のみ。さらにつぎで示すように、奈良時代の鉄製甲は鉄札製だけである点を考慮すると、「御甲壹佰領」の「挂甲」も鉄札製甲に間違いない。

ちなみに宮崎説によれば、右記が貞観五年以降の内容を示しながら鉄札製である理由は、宝亀一一年以降も中央（兵庫寮）では鉄札製甲が製作されていたためという。

考古学用語としての「短甲」の否定

しかし、発掘品の鉄板製甲（図2）が、古代の「短甲」である文献的根拠はない。沼田頼輔「備中小田郡新山村古墳発見の鎧に就いて」（『考古界』一―一、一九〇一年）によれば、鉄板製甲を「短甲」と命名したのは、本書でもたびたびその説を引用している関保之助（一八六八～一九四五年）らしい。

関説によれば、胴が短寸の鉄板製甲は「短甲」の名称に相応しいという。それ以外の文献的根拠はない。ところが、この関説が普及・定着。逆に文献にみえる「短甲」を鉄板製甲と解釈するようになった。しかし、これはまったく本末転倒の理解である。

しかも鉄板製甲と鉄札製甲の時代的変遷を考古学的に考えれば、鉄板製甲は六世紀にはまったく消滅。これと入れ替わるように、鉄札製甲が五世紀後半以降に伝来・普及。それ以降は鉄札製甲だけとなる。つまり奈良時代につながる古墳時代の甲は鉄札製甲のみ。甲残欠（図1）はまさにそうした流れのなかにある。また、中世の甲が札製であるのもその延長である。

こうした古代の甲の時代的変遷を考えれば、「御甲壹佰領」にみえる「短甲」も歴史的には鉄札製甲と考えなければならない。その点は、すでに鈴木説①・宮崎説が指摘するように、じつは「御甲壹佰領」の註記からも理解できる。この点は第二節で後述する。

つまり本書でいう「短甲」は考古学用語のそれではない。あくまで歴史用語としての「短甲」である。考古学用語としての「短甲」の理解は、本書では忘れていただきたい。

短甲と挂甲の相違

このように挂甲・短甲ともに鉄札製甲と考えられる。つぎの問題は同じく鉄札製甲である両者の相違点である。ところで、「御甲壹佰領」では、短甲の単位は「具」。挂甲の単位は「領」。これは短甲は「冑《かぶと》」「行縢《むかばき》」「覆臂《たおおい》」でワンセットなのに対し、挂甲は甲だけの記載だからである（第二節参照）。

このうち行縢・覆臂は中世でいえば小具足《こぐそく》に相当する装具。小具足は甲冑では防御しきれない腕・脚・顔面等を覆う防具の総称。中世では、腕（前腕・上腕）の籠手《こて》。下腿部（脛《すね》）の脛当《すねあて》。大腿部の佩楯《はいだて》（膝鎧《ひざよろい》とも）。顔面の面具《めんぐ》等がある。

短甲が小具足相当の装具とセットなることは、天平九年（七三七）『但馬国正税帳《たじまくにしょうぜいちょう》』からも確認できる。そこにはその年に但馬国（兵庫県）で修理した短甲一三領の修理材料が記載。そのうちの一領に「无二膊覆・行藤一」（膊覆《たおおい》・行藤《むかばき》无《な》し）とある。

このうち「膊覆」の「膊《はく》」は、『日本国語大辞典』によれば、根拠は不明だが「腕。肩から手首まで。古くはひじから手首までをいった」とみえる。これによれば、「覆臂」と「膊覆」は同様の腕の装具となる。これは鈴木説②でも指摘。同時に鈴木説②では両者ともに「たおおい」と読む。また、「行縢」と「行藤」も鈴木説②によれば同様の脚の装具。ともに「むかばき」である。

『但馬国正税帳』では、該当の短甲一領にそれらの装具の欠損が特記されている。末永説によれば、それは裏を返せば、ほかの短甲一二領にそれらの装具が付属していた証左という。

そこで、冑や小具足が付属するか否かが、短甲と挂甲の相違のように単純に理解されることがある。しかし、「御甲壹佰領」という同一文献に短甲と挂甲が並記されているわけだから、両者は構造的にも相違する甲と考えるのが文献理解の基本である。右記の一領は、髆覆や行藤がなくても「短甲」なのである。

二種類の鉄札製甲

そうしたなかで、末永説によれば、古墳時代の鉄札製甲には二種類の構造が存在。この二種類の鉄札製甲については、最初に発見した末永説と鈴木説①で別々の命名がある。それを一般にもわかりやすく筆者の見識で新たに命名すると、正面引合《ひきあわせ》式鉄札製甲（略して「正面引合式」）と両当式鉄札製甲（略して「両当式」）となる。

そこで、正面引合式と両当式の構造である。しかし、古代の甲の部分名称は中世の用語を援用しなければならない。まずは中世の甲の基本構造と部分名称について必要な範囲でまとめておく。

中世の甲の基本構造

甲本体は「衡胴《かぶきどう》」「草摺《くさずり》」「立挙《たてあげ》」からなる（図6）。衡胴（「長側《ながかわ》」とも）は胴部。草摺は腰から下の臀部や大腿部つまり下半身を覆う部分。立挙は衡胴前後（胸側と背側）の立ち上がった部分。この立挙は衡胴の左右側面にはない。衡胴の前後左右がいずれも同じ高さであると、両腕が出せないからである。そこで、衡胴左右両側面は脇下までの高さとなり、衡胴前後に立挙が形成される。鉄札製甲・中世の甲ともに、衡胴・草摺・立挙はいずれも札製である。衡胴には草摺に連続して甲着脱のための開閉部分があり、これを「引合《ひきあわせ》」という。また、草摺は中世では複数間に分割する。

背面の立挙（後立挙《うしろたてあげ》）には「肩上《わたがみ》」を付設する。肩上の材質は革製。中世では硬い生革を芯として軟らかい鞣《なめし》革《がわ》（洗革《あらいがわ》）で包む。日本の甲は、時代やその種類に関わらずこの肩上を肩に掛けて背負うように着用。つまり甲の重さはすべて肩上（肩）に掛かる。

なお、中世の五種類の甲における相違点の要点は、引合の位置（右側か背中か）、草摺の分割間数、さらに甲本体に取り付ける付属具の種類である。

大鎧（図4・6）の場合を記すと、引合は右側。ただし、衡胴本体は前後と左側が一連。右側は衡胴も草摺もない。この右側には脇楯《わいだて》とよぶ独立した装具を着装。草摺は衡胴本体に連結する前後・左の三間（各一間）と脇楯の一間を加えて四間となる。また、付属具は腹巻鎧とともに中世の甲のなかでもっとも種類が多い。

正面引合式

以上をふまえたうえで、まずは正面引合式からみる。

図3がこれである。これは衡胴が胴を一周。衡胴正面中央から草摺にかけて引合がある。古墳出土の鉄札製甲の概ねがこの様式。図3は発掘品ながら冑や小具足を含めてほぼ完存のまま出土。天狗山古墳（岡山県倉敷市）出土品（東京国立博物館蔵）等もその全体像を推測することのできる発掘品で、これに末永雅雄氏製作の復元品がある（関西大学博物館蔵／図7）また、武人埴輪の着用甲は原則的に正面引合式の表現である（第五章図44・45）。

また、正面引合式の草摺は分割せずにスカートのように一連（図3・第五章図44・45）。衡胴と草摺の連結には、衡胴に連結した草摺部分が外側に開くように、「くの字」に湾曲した「腰札《こしざね》」を使用するのも特徴である。

この正面引合式は草摺が分割せずに一連であるために騎馬には不向き。歩兵用と考えられる。ただし、塚本敏夫「長持山古墳出土挂甲の研究」（『王者の武装』展図録、京都大学総合博物館、一九九七年）によれば、草摺の広がり方で正面引合式にも騎兵用と歩兵用があるという。しかし、いくら草摺が広がっていても一連であれば、馬に騎乗する時を含めて、騎馬には不便であろう。

両当式

一方、両当式は、正面と背面に当たる札製板二枚を肩上で繋いだ鉄札製甲。サンドイッチマンの看板のような甲。正面引合式に比べれば出土例は僅少。しかし、著名な発掘品としては椒《はじかみはま》浜古墳（和歌山県有田市）出土品（東京国立博物館蔵）があり、末永雅雄氏製作の復元品がある（関西大学博物館蔵／図8）。

それによれば、正面・背面の札製板は立挙・衡胴・草摺が一体。左右は間隙。その左右の間隙には独立した札製板をそれぞれ装着。大鎧の脇楯に相当する装具である。

両当式では、腰札は前胴・後胴では不使用。必要ないからである。しかし、脇楯には使用。脇楯は腰札で胴部と草摺部分を連結する。つまり両当式は、正面・背面に左右の脇楯を加え、草摺が四間に分割する。そこで、両当式は大鎧の原型と考えられている。

ところで、「脇楯」という用語は古代の文献にみえる。弘仁六年（八一五）二月一六日「太政官符《だじょうかんぷ》」（律令制下の最高機関太政官からの命令書）である。この官符は諸国製作の「甲冑」から「脇楯」と「小手《こて》」「脚纏《あまき》」の製作停止を命じたものである。官符では「甲冑」とあって「甲」の種類は不明。しかし、脇楯は正面引合式では不要。両当式だけに必要な装具である。つまりこの「甲冑」のなかに両当式が含まれていることは明白である。

論点の整理

ここでこれまでの論点を整理すると、①〜③のようになる。

①奈良時代以前の甲には鉄板製甲（図２）と鉄札製甲（図３）が存在。そのうち前者は六世紀までに消滅。奈良時代の「御甲壹佰領」に続くのは鉄札製甲。

②古代の文献には短甲・挂甲・綿甲等の名称がみえる。そのうち「御甲壹佰領」記載の短甲・挂甲はともに鉄札製甲。

③鉄札製甲には、正面引合式（図３・７）と両当式（図８）の二種類の構造がある。

つぎに考えるべきは、文献にみえる短甲・挂甲が、同じく鉄札製甲ならば、正面引合式・両当式とどのような対応関係にあるのかである。

短甲と挂甲

そうしたなかで挂甲の名称は、摂関期以降の儀仗の甲に継承される。即位式で近衛府の次将《ししょう》（中将・少将）等が着用する甲である。近衛府は平安時代以降の武官の最高府。次将は天皇の身辺警護が職掌である。

この儀仗の挂甲の構造も不明な点が多い。しかし、春田永年《はるたながとし》（二三六頁）の『延喜式第四十九工事解《くじげ》』や栗原《くりはら》信充《のぶみつ》（一七九四～一八七〇）の『武器袖鏡《ぶきそでかがみ》』等に掲載の「挂甲図」によれば、その構造はまさに両当式（図９）。両書によれば、この図は江戸幕府御用甲冑師である春田家伝来。正応二年（一二八九）五月書写という。

鈴木説①・宮崎説ではこの図を重視。この図を大きな根拠のひとつして古代の文献にみえる「挂甲」を両当式と考える。さらに「御甲壹佰領」の挂甲に対しても同様に考えている。

一方、短甲はどうであろうか。挂甲が両当式であれば、短甲は正面引合式となる。二種類の名称と二種類の様式の対応関係を考えるのだから、挂甲が両当式であれば、一方の短甲が正面引合式となるのは論理的帰結である。これは私見だが、その後、宮崎説（著書の方）が、私見とは別に短甲が正面引合式であることを詳細に論じた。

以上、短甲の構造を正面引合式と考える点等には問題点も残る。また、短甲・挂甲の細部は不明。しかし、以下、全体構造として、短甲は正面引合式で、挂甲は両当式。これを前提として「御甲壹佰領」と甲残欠（図1）を解説する。

なお、鈴木説①・宮崎説によれば、奈良時代では短甲は挂甲よりも古い様式の甲という。これは、天平九年（七三七）『但馬国正税帳』によれば、短甲は修理の対象である（三四四頁）のに対し、そのほかの諸国正税帳によれば、挂甲は年料器仗として新作の対象である（三八八頁）点からも理解できる。

文献にみる古代の小具足

本節の最後に「御甲壹佰領」にみえる「覆臂」「行縢」に関連し、古代の小具足についてもふれておく。古代の小具足あるいは小具足相当の装具は文献にみえ、また古墳時代の発掘品もある。

まず文献では、「御甲壹佰領」の覆臂・行縢。『但馬国正税帳』の髆覆・行藤。弘仁六年（八一五）二月一六日「太政官符」の小手・脚纏。ほかに「手纏《たまき》」「足纏《あまき》」（二通の貞観一二年〈八七〇〉正月一五日「太政官符」）等もみえる。

このうち覆臂・髆覆・小手・手纏は腕の装具。行縢・行藤・脚纏・足纏は脚の装具。また、既述のように覆臂と髆覆、行縢と行藤は同様。脚纏と足纏も同様であろう。小手・手纏は覆臂・髆覆と、脚纏・足纏も行縢・行藤と基本的には同様のものなのであろう。

古墳時代の発掘品

これに対し、古代の小具足の伝世品はない。しかし、たとえば天狗山古墳（岡山県倉敷市）からは前腕装具（中世の籠手に相当）左右一対が、長持山古墳（大阪府藤井寺市）からは、前腕と大腿部・下腿部各装具（中世の佩楯・

脛当に相当）各左右一対が、どちらも正面引合式（前者は図7の原品、後者は図3）に付属して出土する。

前者の前腕装具（図10）は鉄板二枚合の筒状。手甲部は鉄札製。後者の前腕・下腿部各装具（図11-①②）は篠《しの》とよぶ細長い鉄板綴合式。前腕装具の手甲部は鉄札製。大腿部装具（図11-③）は鉄札製の板状である（塚本敏夫「長持山古墳出土挂甲の研究」〈二四六頁〉）。同類の大腿部・下腿部各装具は今城塚古墳（大阪府高槻市）出土の正面引合式等にも付属。

また、これまでもふれた武人埴輪にも前腕・大腿部・下腿部各装具がみえる（第四章図13・第五章図6・44・45）。ただし、右記の古墳出土のものとはいずれも様式が相違する。

まず前腕装具は引用三体すべてにみえ、鉄板製を思わせる板状で前腕・手甲の表面を覆う。大腿部・下腿部各装具は第五章図6にみえ、ともに鉄札製で大腿部・下腿部を一周し、背面各二ヵ所に結び目がある。下腿部装具は大腿部まで続き、その上に重ねて大腿部装具を着装しているかにもみえる。第五章図44・45にはさらに異なる下腿部装具がみえ、膝の外側に結び目があり、下腿部正面に垂らす。これは布帛製か革製のようで、防具ではない可能性もある。

覆臂と行縢

このように、様式の多様性はあるものの古墳時代にも前腕・大腿部・下腿部の各装具が存在した。そこで、このことをもとに「御甲壹佰領」の覆臂と行縢について改めて考えてみよう。

まず覆臂。その「臂」は「ただむき」と読み、肘関節ではなく手首を含む前腕の意（二三九頁）。覆臂は中世の籠手のように腕全体（前腕・上腕）を覆う装具ではなく、古墳時代のような前腕装具なのであろう。

ついで行縢。問題は大腿部装具・下腿部装具のどちらなのかである。これについては見解が分かれる。鈴木説

②によれば、中国の「行縢」は日本の「脛巾」に相当する下腿部装具。これに対し、日本では「行縢」よりも「行騰」の表記を多く使用。「むかばき」と読み、大腿部装具となった。「御甲壹佰領」の行縢も大腿部装具とみる。

一方、宮崎説によれば、理由は不明ながら、行縢は脚纏・足纏と同じ下腿部装具とみる。

行縢・行藤・脚纏・足纏がひとつの文献中に並記されていれば、一方が大腿部装具、一方が下腿部装具と判断できる。しかし、各名称は既述した文献に並記されることはなく、それぞれ単独でみえる（三四九頁）。また、各名称が大腿部装具・下腿部装具を一括した総称とも考えづらい。つまり各名称は大腿部装具か下腿部装具のどちらか一方の名称となろう。

一方、行縢が大腿部装具ならば中世の佩楯に、下腿部装具ならば同じく脛当に相当する。しかし、中世の佩楯は中世後期からのもので、中世前期には脛当しかない。つまり様式はともかく脛当の存在自体は古墳時代から続くが、佩楯の存在は中世前期までの間に一旦途絶える。

そこで、いつ途絶えたかは不明だが、行縢等の各名称が大腿部装具と下腿部装具のどちらか一方の名称であるならば、やはり中世前期の脛当まで続く下腿部装具の名称である可能性の方が高くなろう。大腿部装具は奈良時代までに一旦途絶えたのではなかろうか。

以下、覆臂は前腕装具。行縢は下腿部装具。これを一応の前提とし、「御甲壹佰領」の解説に移ろう。

第二節　「御甲壹佰領」

本節の概要

まず『珍宝帳』記載の「御甲壹佰領」を、Ⓐ冒頭、Ⓑ短甲一〇具、Ⓒ挂甲九〇領に三分割。Ⓐを分割したのは、

「御甲壹佰領」は『珍宝帳』のほかの器仗とは記載方法がやや異なるからである。一方、B・Cはそれぞれで一具・一領ごとに通し番号を付す。複数具・複数領一括註記の場合はひとつの通し番号とする。

また、Bは五具ごとに第一櫃・第二櫃に収納。Cは一〇領ごとに第三櫃～第一一櫃に収納。そこで、それぞれ櫃ごとに、Bは(a)・(b)に二分、Cは(a)～(i)に九分割する。解説方法はこれまでと原則的に同様である。

ところで、「御甲壹佰領」には各種の錦がその色とともに註記。しかし、その色はともかく、文様等の具体像は不明。読みさえ不明なものがある。そこで、誠に遺憾ながら原則として錦の解説は割愛。読みも分かる範囲に限定する。

なお、「御甲壹佰領」の詳細な分析としてはすでに宮崎説がある。概ねで宮崎説を支持する一方で、一部に筆者とは解釈の異なる部分もある。そこで、宮崎説との重複も多いことをご了承いただいたうえで、ここで改めて解説する。

A「御甲壹佰領」冒頭

御甲壹佰領、短甲十具、挂甲九十領、

○御甲壹佰領　その内訳として「短甲十具」「挂甲九十領」を註記。こうした冒頭の内訳註記は、『珍宝帳』器仗記載では本例のみ。

短甲十具、々別、冑一口、甲一領、行縢一具、覆臂一具、

○短甲十具　冒頭に続き、短甲一具は甲と冑・行縢・覆臂のセットであることを註記。

○々別《ぐべつ》「具別」。短甲一具ごとにの意。

○冑一口　冑は鉢と錏《しころ》からなる。鉢は頭に被る部分。錏は鉢に取り付けて項《うなじ》や頸部・顔面の側面を防御。中世の

鉢は鉄板複数枚を縦に並べて鋲留するのが原則。つまり縦矧鋲留《たてはぎびょうどめ》式。𩊱は札製。鉢を形成する鉄板を「地板《じいた》」と言い、地板の鋲留法の相違で星冑《ほしかぶと》（図４・６）と筋冑《すじかぶと》がある。なお、筋冑は一四世に成立・普及。つまり奈良時代の冑から繋がるのは星冑である。

一方、古代の文献には、星冑・筋冑のような冑の個別名称はまったくみえない。本例がよい例である。また、伝世品はもちろん奈良時代の発掘品もない。しかし、古墳時代の発掘品は多く、考古学用語で眉庇付冑《まびさしつきかぶと》（図２）と衝角付冑《しょうかくつきかぶと》（図３）がある。

末永説や村井嵓雄「衝角付冑の系譜」（『東京国立博物館紀要』九、一九七三年）等によれば、このうち衝角付冑は鉢の正面に鎬《しのぎ》がある。それが軍艦舳先《へさき》の衝角に似ることからの命名である。鉢は鉄板製。鉄札製もある。鉄板製は、三角板の革緒綴《かわおとじ》や鋲留、帯金横矧《よこはぎ》鋲留、帯金縦矧鋲留等の種類があり、帯金縦矧鋲留には、細帯金使用と広帯金使用がある。

そのうち広帯金縦矧鋲留式が六世紀に成立。それが奈良時代を経て星冑に繋がる。つまり奈良時代の鉢は広鉄板縦矧鋲留式と考えられている。本例も同様か。ただし、𩊱は不明。

○行縢一具「一具」は、左右一具の意。行縢は左右の脚に装着。

○覆臂一具「一具」は、左右一具の意。覆臂は左右の腕に装着。

Ⓑ短甲一〇具

（a）第一櫃収納五具

▼一具…1

冑縁、甲領・縁、行縢・覆臂縁、纁地菱形錦、領裏緋絁、

○冑縁　「冑の縁《へり》」と読む。冑のどの部分かは不明。鞆の裾等の外周か。

○甲領・縁　「甲の領《くびかみ》・縁」と読む。「領」は、宮崎説によれば、『延喜式』兵庫寮にみえる「頸牒《くびかみ》」（三四二頁）と同義という。

また、『弘仁式』主税（『延喜式』主税上も同文）の「造二革短甲・冑一具一料」（革短甲・冑一具を造る料）によれば、頸牒の材質は帛《きぬ》・調布《ちょうふ》・綿《わた》。そこで、宮崎説によれば、領（頸牒）は綿（繭綿《まわた》）を帛（白地無文の絹地）と調布で包んだ肩上同類の部位とみる。『延喜式』兵庫寮の挂甲製作工程（三四二頁）にみえる「縫二頸牒一」とは、綿を布帛で包むことであろう。ちなみに『弘仁式』に「革短甲」がみえるのは、宝亀一一年の詔（三四一頁）の反映である。

一方、「縁」は、『延喜式』兵庫寮の挂甲製作工程にも「著レ縁」とみえた。ただし、短甲ではどの部分に該当するかは不明。立挙・引合・脇下・草摺裾等の外周か。

○行縢・覆臂縁　「行縢・覆臂の縁」と読む。行縢と覆臂の縁。それぞれの外周か。いずれにしろB・Cすべてで行縢と覆臂の縁は同材質。

なお、「御甲壹佰領」には、行縢・覆臂自体の材質は不記載。記載は縁の材質のみだが、鉄製で間違いなかろう。鉄板製か篠製かは不明。

○纁《そえび》地《じ》菱形錦《ひしがたにしき》　冑・甲・行縢・覆臂の各縁の覆輪と領表地の材質。「纁」は紫系統の色。

○領裏緋絁　「領の裏は緋絁《あけのあしぎぬ》」と読む。領の裏地が緋絁製。「緋」は赤（茜染）。「絁」は無文の絹地。本来は目を粗く織った。Bの領は表裏の材質が相違。

以上のように、Bでは一具ごとに、冑・甲・行縢・覆臂は縁の覆輪の材質を、領は表裏の材質を註記。

▼一具…2

青縁、白斑錦、甲領、碧地堕目形錦、緋絁裏、縁、物口錦、行縢・覆臂縁、緋地錦、が欠字か。

〇緋地錦《あけじにしき》　行縢・覆臂の縁の覆輪の材質。

〇白斑錦《しろまだらにしき》　青縁の覆輪の材質。

〇碧地堕目形錦《へきじ》　「堕目形」は読み不明。領表地の材質。

〇緋絁裏　「緋絁の裏」と読む。領裏地の材質。

〇縁　甲の縁。前に「甲」が脱字か。あるいは記さずともわかるので、意識的に省略したか。

〇物口錦　「ものぐちにしき」と読むか。甲縁の覆輪の材質。

▼一具…3

青縁、疑鳥錦、甲領、纁地菱形錦、緋絁裏、縁、緋皮、行縢・覆臂縁、黒地錦、

〇疑鳥錦　「疑鳥」は読み不明。青縁の覆輪の材質。

〇纁地菱形錦　領表地の材質。

〇縁　甲の縁。前に「甲」が脱字か。あるいは記さずともわかるので、意識的に省略したか。

〇緋皮　甲縁の覆輪の材質。

〇黒地錦　行縢・覆臂の縁の覆輪の材質。

▼一具…4

青縁、緋絁、甲領・行縢・覆臂縁、纁地菱形錦、領裏緋絁、

〇緋絁　青縁の覆輪の材質。

〇纁地菱形錦　領表地と行縢・覆臂の縁の覆輪の材質。本例は甲縁の覆輪の材質は不記載。「甲領」の後に「縁」

▼一具…5

冑縁・甲領、白地葛形錦、甲縁、緋皮、領裏・行縢・覆臂縁、緋絁、
已上、並、白磨・白線組貫、盛紺布袋、帛裏、右納第一櫃、

○白地《しろじ》葛形錦《かづらがたにしき》　冑縁の覆輪と領表地の材質。

○緋皮　甲縁の覆輪の材質。

○緋絁　領裏地と行縢・覆臂の縁の覆輪の材質。

○已上　B-(a)-1～5の五具。以下、五具共通の特徴を一括註記。

○白磨《しろみがき》・白線組貫《はくせんくみぬき》　同様の註記はB-(b)-6～9の五具にもみえる。そして、この「白磨・白線組貫」という註記こそ、短甲の実態を考えるために非常に重要な記載である。というのも、後述のように、Cでもまったく同様の註記が六二領にみえる。また、残りの二八領にも同類の註記がみえるからである。

つまり鈴木説①・宮崎説によれば、挂甲が鉄札製甲であることを前提とし、「白磨」を鉄札の状態とみる。特に既述した『延喜式』兵庫寮にみえる「麁磨」「砥磨」「青砥磨」「瑩」という研磨工程（三四二頁）の結果とみる。精緻な研磨のまま無塗漆の状態が白磨である。また、「白線組貫」を白組紐の威とみる。つまり「白線組」は威毛。

以上から、「御甲壹佰領」の短甲も鉄札製甲というわけである。さらに宮崎説によれば、『弘仁式』主税（『延喜式』主税上も同文）等にみえる「革短甲」は革札製甲となる。

なお、以下では「御甲壹佰領」に倣い、威は「貫《ぬき》」、威毛は「貫緒《ぬきお》」と表記する。

○盛紺布袋　「紺の布袋《ぬのぶくろ》に盛る」と読む。B-(a)-1～5の五具は紺の布袋に収納。ただし、冑・覆臂・行縢が付属する短甲を五具一括でひとつの袋に収納したとは考えにくい。一具ずつ収納したのであろう。つまり「並」

は、袋の註記にもかかる。

○帛裏　「帛の裏」と読む。袋の裏地。以下、袋の註記については割愛。

○右納第一櫃　「右は第一櫃に納む」と読む。B-(a)-1～5は第一櫃に収納。

（b）第二櫃収納五具

▼二具…6

　冑縁・甲領幷裏・縁・行縢・覆臂縁、皆緋絁、

○皆緋絁　二具一括註記。冑・甲・行縢・覆臂の各縁の覆輪と領表・裏がすべて緋絁製。

▼一具…7

　冑・領・縁、緋地小花錦、領・冑・行縢・覆臂縁、緋絁、

○冑・領・縁　「冑」の後に「縁」「甲」が脱字か。つまり正しくは「冑縁・甲領・縁」か。

○緋地《あけじ》小花錦《こばなにしき》　右記の解釈に従えば、冑・甲の各縁の覆輪と領表地の材質。

○領・冑・行縢・覆臂縁　「冑」は「裏」の誤記か。つまり正しくは「領裏・行縢・覆臂縁」か。

○緋絁　右記の解釈に従えば、領裏地と行縢・覆臂の各縁の覆輪の材質。

▼一具…8

　冑縁、亀甲錦、甲領、疑鳥錦、裏・縁、緋絁、行縢・覆臂縁、白斑錦、

○亀甲錦《きっこうにしき》　冑縁の覆輪の材質。

○疑鳥錦　領表地の材質。

○裏・縁　「領裏・甲縁」の省略表現か。

○緋絁　領裏地と甲縁の覆輪の材質。

○白斑錦　行縢・覆臂の縁の覆輪の材質。

▼一具…9

　冑縁・甲領・縁・行縢・覆臂縁、皆亀甲錦、裏、緋絁、

　已上、並、白磨白線組貫、盛紺布袋、帛裏、右納第二櫃、

○皆亀甲錦　冑・甲・行縢・覆臂の各縁の覆輪と領表地がすべて亀甲錦製。

○裏　「裏」の前に「領」が脱字か。つまり正しくは「領裏」か。

○緋絁　右記の解釈に従えば、領裏地の材質。

○右納第二櫃　読みは割愛。B−(b)−6~9は第二櫃に収納。

短甲一〇具の総括

○冑縁

錦六種（亀甲錦二口・纁地菱形錦・白斑錦・疑鳥錦・白地葛形錦・緋地小花錦各一口）。絁一種（緋絁三口）。

○領表

錦六種（纁地菱形錦三口・碧地堕目形錦・白地葛形錦・緋地小花錦・疑鳥錦・亀甲錦各一口）。絁一種（緋絁二口）。

○領裏

緋絁一〇口。

○甲縁

錦四種（纁地菱形錦・物口錦・緋地小花錦・亀甲錦各一口）。絁一種（緋絁三口）。革一種（緋皮一口）。不記載（纁地

菱形錦カ）一口。
○行縢縁
錦五種（纐地菱形錦二口・緋地錦・黒地錦・白斑錦・亀甲錦各一口）。絁一種（緋絁四口）。
○覆臂縁
錦五種（纐地菱形錦二口・緋地錦・黒地錦・白斑錦・亀甲錦各一口）。絁一種（緋絁四口）。
※行縢と覆臂の縁の覆輪は、各甲ごとですべて同材質。
○札
白磨一〇口。
○貫緒
白線組一〇口。

C挂甲九〇領
（a）第三櫃収納一〇領
▼二領…1
並、亀甲錦領・縁、
○並　二領一括註記。
○亀甲錦領・縁　領と縁の覆輪の材質。「縁」は、挂甲では両当式の前胴・後胴の外周か。
なお、Cは、冑・小具足はなく、甲のみ。そこで、一具ごとの註記は原則として領と縁の覆輪の材質のみとなる。また、領と縁の材質は同様の場合と異なる場合がある。ただし、Bとは異なり、註記は材質名が先行。

さらに、領は裏地の註記がない。挂甲の領は表地・裏地同材質か。ちなみに、Ⓒの註記からは脇楯の存在はうかがえない。

▼一領…2

疑鳥錦領、紫皮縁、

▼一領…3

町形（菱形）錦領、白皮縁、

○町形《まちがた》（菱形）錦領「菱形」は朱書付箋。「町形」を「菱形」に訂正。『珍宝帳』器仗記載では朱書付箋は挂甲のみ。

▼一領…4

車釧（菱形）錦領・縁、

○車釧（菱形）錦領・縁「菱形」は朱書付箋。「車訓」を「菱形」に訂正。「車訓」は読み不明。

▼一領…5

車釧錦領、緋皮縁、

▼一領…6

物口錦《ものぐちにしき》領・縁、

▼一領…7

白地《しろじ》葛形錦《かづらがたにしき》領・縁、

▼一領…8

（除物）紫地錦領、紫皮縁、納帛袋、又納漆小櫃、

○除物　付箋。本例と甲残欠（図1）との関係は議論がある。その点は第三節で後述。

○納帛袋　「帛の袋に納む」と読む。本例は単独で袋に収納。

○又納漆小櫃　「また漆小櫃《こびつ》に納む」と読む。「漆小櫃」は黒漆塗の小型櫃。本例単独の特別の櫃。前句と合わせ、単独の袋と小櫃に収納した本例は、諸説で説くように「御甲壹佰領」のなかでも特別な甲。除物であるのも首肯できる。

▼一領…9

繧地花形錦領・縁、

已上、並、白磨白線組貫、緋絁裏、紺布袋、帛裏、右納第三櫃、

○已上　C-(a)-1~9までの一〇領。

○緋絁裏　宮崎説によれば、甲の領裏地とみる。確かにB（短甲）は一領ごとに領裏地の註記があり、それがすべて緋絁なのに対し、C（挂甲）には一領ごとの領裏地の註記がない。ここで一括したとも考えられる。しかし、本例はそのままでは領裏地とは読めない。そこで、筆者は領裏地ではなく、挂甲（両当式）の鉄札製前胴・後胴それぞれの裏地と考える。

ただし、これは短甲（正面引合式）の胴部に裏地があったことを必ずしも否定しない。胴裏地の註記がCにあってBにない理由は、各甲の構造上、両当式であるCは裏地が露呈し、正面引合式であるBは露呈しないからであろう。

その一方で、領裏地の註記がBにあってCにない理由は不明。もっとも、領の裏地は必ずしも表地と別材質である必要はない。Cの領は表裏同材質であったのかもしれない。

○紺布袋　C-(a)-1~9各収納袋。ただし、単独の袋と小櫃があるC-(a)-8は除外か。

○右納第三櫃　読みは割愛。C-（a）-1～9の一〇領は第三櫃に収納。C-（a）-8は小櫃のまま収納したか。

（b）第四櫃収納一〇領

▼一領…10
縹《はなだ》地錦領、緋絁縁、

▼一領…11
紫地雲幡錦領、紫皮縁、
○紫地雲幡錦領「雲幡」は読み不明。

▼一領…12
黄地錦領・縁、

▼一領…13
黄地錦領、白（黄）地錦縁、
○白（黄）地錦縁「黄」は朱書付箋。「白」を「黄」に訂正。

▼三領…14
並、亀甲錦領・縁、
○並　三領一括註記。

▼一領…15
纁地小花錦領・縁、

▼一領…16

黄地古《ふる》錦領、緋地錦縁、
▼一領…17
纐地菱形錦領・縁、
已上、並、白磨白線組貫、緋絁裏、紺布袋、帛裏、右納第四櫃、
○右納第四櫃　読みは割愛。C-(b)-10〜17の一〇領は第四櫃に収納。

(c)第五櫃収納一〇領
▼二領…18
並、白地錦領・縁、
○並　二領一括註記。
▼一領…19
纐地菱形錦領・縁、
▼一領…20
纐地錦領、物口錦縁、
▼一領…21
疑鳥錦領・縁、
▼二領…22
並、物口錦領・縁、
○並　二領一括註記。

▼一領…23

縹地田次形錦領・縁、

○縹地田次形錦領・縁　「田次形」は読み不明。

▼一領…24

並、縹地錦領・縁、

○並　本例は一領。「並」は衍字《えんじ》。

▼一領…25

縹地堕目形錦領、物口錦縁、

已上、並、白磨白線組貫、緋絁裹、紺布袋、帛裹、右納第五櫃、

○右納第五櫃　読みは割愛。C－(c)－18～25の一〇領は第五櫃に収納。

(d)第六櫃収納一〇領

▼一領…26

縹地錦領、縹地錦縁、

▼二領…27

並、亀甲錦領・縁、

○並　二領一括註記。

▼三領…28

並、縹地菱形錦領・縁、但、一領緋皮縁、

○並　三領一括註記。
○一領緋皮縁　三領のうち一領のみの縁の覆輪が緋皮。
▼一領…29
　纁地錦領・縁、帛裏（裹）、
○帛裏（裹）「裹」は朱書付箋。「裹」を「裏」に訂正。本例は裏地を個別に註記。「御甲壹佰領」では、帛裏は本例のみ。
▼二領…30
　並、物口錦領・縁、
○並　二領一括註記。
▼一領…31
　黒地錦領・縁、
　已上、並、白磨白線組、緋絁裏、紺布袋、帛裏、右納第六櫃、
○白磨白線組「組」の後に「貫」が脱字か。ただし、C-（f）-45以降は「貫」の脱字が多い。意識的な省略か。
○緋絁裏　C-（d）-26～31のうち、個別に裏地の註記があるC-（d）-29を除く九領の裏地。
○右納第六櫃　読みは割愛。C-（d）-26～31の一〇領は第六櫃に収納。

（e）第七櫃収納一〇領
▼一領…32
　纁地錦領、物口錦縁、

▼一領…33
黄地錦領・縁、
▼四領…34
並、纁地菱形錦領・縁、
○並　四領一括註記。
▼一領…35
亀甲錦領・縁、
▼一領…36
縹地錦領、物口錦縁、
▼一領…37
縹地錦領（縁）、白橡絁縁（裏）、
○縹地錦領（縁）「縁」は朱書付箋。脱字を補う。
○白橡《つるばみ》絁縁（裏）「裏」は朱書付箋。「縁」を「裏」に訂正。本例は裏地を個別に註記。「御甲壹佰領」では、白橡絁裏は、本例とⒸ-（i）-62の二例のみ。
▼一領…38
疑鳥錦領、緋絁縁、
已上、並、白磨白線組貫、緋絁裏、紺布袋、帛裏、右納第七櫃、
○緋絁裏　Ⓒ-（e）-32〜38のうち、個別に裏地の註記があるⒸ-（e）-37を除く九領の裏地。
○右納第七櫃　読みは割愛。Ⓒ-（e）-32〜38の一〇領は第七櫃に収納。

（f）第八櫃収納一〇領

▼一領…39

亀甲錦領、緋絁縁、

▼二領…40

並、纁地菱形錦領・縁、

〇並　二領一括註記。

▼三領…41

並、物口錦領・縁、

〇並　三領一括註記。

▼一領…42

白地錦領・縁、

▼一領…43

縹地錦領、纁地錦縁、

▼一領…44

疑鳥錦領・縁、

▼一領…45

黒地錦領・縁、

已上、並、白磨白線組、緋絁裏、紺布袋、帛裏、右納第八櫃、

〇白磨白線組　「組」の後に「貫」が脱字か。本例以降、「貫」はすべて脱字。意識的省略か。

○右納第八櫃　読みは割愛。C-(f)-39~45の一〇領は第八櫃に収納。

(g)第九櫃収納一〇領

▼一領…46

白地葛形錦領・縁、(緋絁裏)、黄糸組・白磨、

○(緋絁裏)　付箋。脱字を補う。本例以降、裏地は一括註記ではなく、一領ごとに個別に註記。

○黄糸組・白磨　「黄糸組」は黄糸組紐の貫緒。「組」の後に「貫」が脱字か。意識的省略か。以下、「貫」脱字の件は割愛。「白磨」は鉄札の状態。本例以降、貫緒と札の状態は一括註記ではなく、一領ごとに個別に註記。

▼一領…47

亀甲錦領、白地錦縁、(緋絁裏)、

○(緋絁裏)　付箋。脱字を補う。

▼一領…48

緋地錦領、紫地織成縁、(緋綾裏)、

已上、白磨・白線組、

○紫地織成縁《しょくせい》　「織成」は有文の絹地。文様ごとに異なる色の緯糸《ぬきいと》を用いた綴織《つづれおり》の一。緯糸は撚り合わせた太糸(杢糸《もくいと》)を使用。文様部分だけの緯糸(絵緯《えぬき》)と織幅全体に渡る緯糸(地緯《じぬき》)を交互に通して織った。経糸《たていと》への緯糸の搦め方で文様を出すほかの有文絹地とは異なり、文様部分も平織《ひらおり》で絵緯の配色で抽象的な文様を出した。袈裟《けさ》本来の壊色《えじき》(濁った色)の糞掃《ふんぞう》(ボロ裂《きれ》)を表現する生地として使用。『珍宝帳』記載品の「七条織成樹皮《じゅひ》色《しょく》袈裟」が現存(北倉1-3)。「御甲壹佰領」では、織成縁は本例のみ。

○（緋綾裏）付箋。脱字を補う。「御甲壹佰領」では、緋綾裏は本例のみ。
○已上　C-(g)-47・48の二領。
▼四領…49
　並、纁地菱形錦領・縁、緋絁裏、橡線組、
○並　四領一括註記。
○橡線組　黒組紐の貫緒。C-(g)-49～52の七領は、貫緒はそれぞれ個別に註記し、札の状態は一括註記。
▼一領…50
　疑鳥錦領・縁、緋絁裏、白線組、
▼一領…51
　紺（縹）地錦領・縁、緋絁裏、橡線組、
○紺（縹）地錦領・縁「縹」は付箋。「紺」を「縹」に訂正。縹・紺ともに藍染め。縹は紺よりも薄いブルー。
▼一領…52
　亀甲錦領、緋絁裏、皀皮縁、橡線組、
　已上、並、金漆塗、紺布袋、帛裏、右納第九櫃、
○皀皮縁《くりかわ》「皀皮」は黒皮。
○已上　C-(g)-49～52の七領。
○金漆塗「金漆塗」は札の状態。白磨に金漆を塗ったか。なお、B（短甲）の札はすべて白磨。「御甲壹佰領」では、金漆塗の札はC（挂甲）のみ。しかし、天平九年（七三七）『但馬国正税帳』には、「金漆塗短甲」一三領の修理材料が記載されているため、札が金漆塗の短甲も存在したことがわかる。

(h)第一〇櫃収納一〇具

▼一領…53

標地錦領・縁、白絁裏、白線縄貫、

○白絁裏　「御甲壹佰領」では、白絁裏は本例とC-(i)-62の二領のみ。

○白線縄貫　貫緒。「白線縄」は白の撚紐か。C-(f)-45以降で「貫」の字の記載は本例のみ。

▼二領…54

並、纁地菱形錦領・縁、緋絁裏、橡線組、

○並　二領一括註記。

▼二領…55

並、深緋地錦領、緋絁裏、皀皮縁、橡線組、

○並　二領一括註記。

○緋絁裏　「領」の後に「裏」の註記。Cではこれまで、「縁」の後に「裏」の註記。本例の註記順であれば、「裏」は領の裏地とも考えられる。以下、C-(h)-58まで同様。

▼一領…56

緋地錦領、緋絁裏、緋絁縁、白線縄、

▼一領…57

標地錦領、緋絁裏、洗皮縁、橡線組、

▼二領…58

並、亀甲錦領、緋絁裏、皀皮縁、橡線組、

○並　二領一括註記。

▼一領…59

亀甲錦領・縁、緋絁裏、白線縄、

已上、並、金漆塗、紺布袋、帛裏、右納第十櫃、

○已上　C-(h)-53~59の一〇領。

○右納第十櫃　C-(h)-53~59の一〇領は第一〇櫃に収納。

(i)第一一櫃収納一〇領

▼六領…60

並、緋絁領・縁・裏、白線縄、

○並　六領一括註記。

▼一領…61

緋絁領・裏、洗皮縁、白線組、

○緋絁領・裏　「裏」は、領の裏地とも考えられる。

▼一領…62

緋絁領・縁、白絁裏、白線縄、

已上、並、金漆塗、紺布袋、帛裏、

○已上　C-(i)-60~62の八領。

▼一領…63

緋絁領・縁・裏、白線縄、

▼一領……64

緋絁領・裏、緋皮縁、白線縄、

已上、並、白磨、紺布袋、帛裏、右納第十一櫃、

○緋絁領・裏「裏」は、領の裏地とも考えられる。

○已上 C-(i)-63・64の二領。

○右納第十一櫃 読みは割愛。C-(i)-60～64の一〇領は第一一櫃に収納。

挂甲九〇領の総括

○領

錦二一種（纁地菱形錦一七口・亀甲錦一四口・縹地錦九口・物口錦八口・疑鳥錦五口・黄地錦三口・白地錦三口・纁地錦三口・菱形錦二口・白地葛形錦二口・黒地錦二口・緋地錦二口・深緋地錦二口・車釧錦・紫地錦・纁地花形錦・紫地雲幡錦・纁地小花錦・黄地古錦・纁地田次形錦・縹地堕目形錦各一口）。絁一種（緋絁一〇口）。

○縁

錦一五種（纁地菱形錦一七口・物口錦一二口・亀甲錦九口・縹地錦四口・白地錦四口・疑鳥錦三口・黄地錦三口・纁地錦三口・白地葛形錦二口・黒地錦二口・菱形錦・纁地花形錦・纁地小花錦・纁地田次形錦・緋地錦各一口）。革五種（皀皮五口・紫皮三口・緋皮二口・洗皮二口・白皮一口）。絁一種（緋絁一二口）。織成一種（紫地織成一口）。

○裏

絁三種（緋絁八五口・白絁二口・白橡絁一口）。帛一種（帛一口）。綾一種（緋綾一口）。

○札
白磨六五口（白線組貫六二口・白線縄貫二口・黄糸組貫一口）。金漆塗二五口（橡線組貫一三口・白線縄貫一〇口・白線組貫二口）。
○貫緒
白線組六四口。橡線組一三口。白線縄一二口。黄糸組一口。

第三節　正倉院の甲

本節では、正倉院器仗の甲残欠（図1）を解説する。甲残欠は鉄札一九六六枚の残欠。その形状からA型〜C型の三種類に分類される。現状ではこの三型に「工」字型の鉄片六枚（長六・〇センチ前後／図1-D）を含む。しかし、『図録』によれば、札とは無関係の別品の混入。本書でも割愛する。

以下、基本データはこれまでと同様に『宝物』による。ただし、A型の札数《さねかず》は末永説（次頁）、各型の札幅《さねはば》は『図録』による。前者は『宝物』では誤植と考えられ、後者は『宝物』に不記載だからである。

なお、本節では本章冒頭で提示したもののほかにつぎの二点を参照した。

・末永雅雄・伊藤信雄『挂甲の系譜』（雄山閣出版、一九七九年）。
※甲残欠についての末永説はこの書でより明確化。本節ではこれを加えて末永説とする。
・津野仁『日本古代の武器武具と軍事』（吉川弘文館。二〇一一年）。うち第一章第一節「小札甲の構造の変遷」。
以下、津野説。

▼A型
［札丈《さねたけ》］一四・〇センチ前後。［札幅］一・三センチ（札頭《さねがしら》）〜〇・九センチ（札足《さねあし》）。

[札孔]一六孔。(札頭から)一・四・一・四・四・二孔。[札数]一一四枚。

○解説

札数は、『宝物』では「13枚」とある。しかし、写真によれば、一〇〇枚以上あるのは明白。そこで、宮崎説によれば、「13」は「従来いわれている一一四枚」か、または、「113」の「1」が欠落した誤植とする。一一四枚は末永説に依拠するが、これは現存数。末永説によれば、本来は一二〇枚前後と推定する。結局、正しい実数は熟覧・調査しなければ不明。ひとまずは末永説にみえる一一四枚に従っておく。

▼B型

[札丈]七・〇センチ前後。[札幅]一・二センチ(札頭)～〇・九センチ(札足)。

[札孔]一二孔。(札頭から)二・四・四・二孔。[札数]二五〇枚。

▼C型

[札丈]七・〇センチ前後。[札幅]一・二センチ(札頭)～〇・九センチ(札足)。

[札孔]一二孔。(札頭から)一・四・一・四・二孔。[札数]一六〇二枚。

三型の札の特徴

三型ともに札幅はほぼ同寸。いずれも札頭(札上端)から札足(札下端)に向かってやや裾窄まりの形状。これに対し、札丈はA型がB型・C型の二倍長寸。また、A型は中央部が大きく湾曲。同じくB型はやや湾曲。C型には湾曲がない。こうした特徴から、末永説によれば、A型は腰札。B型は草摺最下段の芝摺《しばすり》の札。C型は立挙・衡胴・草摺(芝摺を除く)の札という。

また、三型ともに、札頭は将棋の駒のような圭型《けいがた》が主体。その三角形の頂点部を削いだものを含む。三型いずれも金漆塗等の痕跡はなく、『図録』によれば白磨。裏地の緋絁も残存。さらにC型には、図1-Cからもわかるように、横縫と貫緒が残存。『棚別目録』『図録』によれば、横縫は革緒。貫緒は白と浅紫の組紐である。

甲残欠の構造に対する諸説

つぎに考えるべきは甲残欠のもともとの構造。短甲と挂甲つまり正面引合式と両当式のどちらであったかである。諸説をまとめると、末永説・宮崎説は正面引合式。津野説は両当式。鈴木説①は結論を保留する。

末永説は、天狗山古墳（岡山県倉敷市）出土の正面引合式（図7）との比較から、甲残欠の札数をほぼ一領分と推定。同時に腰札の存在から正面引合式とする。これに宮崎説も賛同。

ただし、末永説によれば、腰札は椒浜《はじかみはま》古墳（和歌山県有田市）出土の両当式（図8）の両脇楯にも使用。そこで津野説では、腰札の存在だけで正面引合式とみるのは根拠薄弱とする。そのうえで、独自の手法で甲残欠と古墳時代の鉄札製甲を比較。その結果、甲残欠を両当式とする。

津野説が両当式とみる根拠

その手法とはこうである。札製甲は、札を横にずらせながら重ねて横縫し、札板を作る。その札板における各札の表面に出る部分（隣の札からはみ出す部分）を、津野説では「小札の出」と命名。その小札の出の寸法に甲全体や札板各段の札数を掛け、その数値を比較して甲の構造を考える。

この要点は腰札部分。津野説によれば、長持山古墳（大阪府藤井寺市／図3）や団子塚9号墳（静岡県袋井市）出土の正面引合式では、腰札部分の札板の総長（札が連なる横の寸法）は一二〇・六センチと一二一・〇センチ。また、椒浜古墳出土の両当式の両脇楯の腰札部分は左右それぞれで総長一九・一センチずつである。

これに対し、甲残欠の腰札（A型）は札幅一・〇センチ前後（概数）。飛鳥時代以降の札幅としてもっとも狭いという。札板は札二枚重ね。小札の出は〇・五センチ。これに腰札一一四枚を掛けると総長五七・〇センチ。これを図3等の古墳時代の正面引合式の腰札部分の総長と比較すると半分以下。腰札部分が正面引合式のように腰を一周するとは考えられない。五七・〇センチを左右に分ければ二八・五センチ。椒浜古墳出土の両当式の両脇楯の数値の方がはるかに近い。そこで、甲残欠は両当式とするのである。この津野説の手法は説得力に富む。

甲残欠の草摺寸法

しかし、問題点もある。津野説の手法に従い、甲残欠のB型二五〇枚に小札の出〇・五センチを掛けると総長一二五・〇センチとなる。B型は末永説によれば、草摺最下段の芝摺の札。この数値は甲残欠の芝摺の総長となる。これは古墳時代の正面引合式の草摺の総長に近似。つまり寸法からすれば甲残欠の草摺は下半身を一周することになる。これは両当式とは矛盾し、むしろ正面引合式となる。津野説にはこの点についての言及はなにもない。

木簡の記載

ただし、平城京左京三条二坊八坪二条大路濠状遺構（奈良県奈良市）出土の木簡につぎのような記述がある。奈良文化財研究所提供の木簡データベースによれば、

（表）左甲作千代　＜背一尺一寸、胸一尺二寸＞、

（裏）下三尺八寸　＜前八行中甲、後九行□＞、

とある。＜　＞内は細字割書《さいじわりがき》。「九行」の後は判読不明。字数も不明という。なお、表裏は便宜的な区別。

津野説によれば、この木簡は当時の甲の具体的構造を記すとみる。つまり「背」「胸」から両当系と判断。「下」を草摺。「三尺八寸」を草摺外周の寸法。「前八行」を両当式の前胴八段。「後九行」を後胴九段と解釈。そのうえで、上半身は前胴と後胴に分かれた両当式。草摺は下半身を一周する一連の構造の甲を想定。それが奈良時代の甲と断定する。

そして、明確には記されていないが、津野説では、甲残欠が両当式といっても、この木簡から想定した甲の構造を考えているようである。甲残欠が津野説の想定通りの構造であれば、草摺の総長の問題は解消する。ちなみに、幕末に再興された儀仗の挂甲（図12）は、津野説で言及はないが、まさに津野説が想定した構造である。

木簡の解釈

しかし、津野説の木簡解釈は、あまりに恣意的すぎる。筆者には、この木簡の内容がどうして甲の構造を記していると解釈できるのかまったく理解できない。津野説ではこの木簡が甲の構造を記すと解釈する根拠はなんら記されていない。この木簡が甲の構造を記しているのは自明のことのように扱って、右で示した細かい解釈に移っている。

そこで類推すれば、木簡に「甲作」や「甲」の語句がみえる。つまり「よろい」と読める文字が木簡に記されているそれだけが理由のようである。しかし、この木簡の内容はそれほど単純ではない。

まず既述のように引用の〈　〉内は細字割書。津野説ではこの部分が細字割書であることを無視している。文献の細字割書部分は、その直前の語句に対する説明や補足を記す。この木簡の場合、表の割書は「左甲作千代」、裏の割書は「下三尺八寸」に対する説明や補足となる。

つまり表の「背一尺一寸、胸一尺二寸」を津野説のように甲の構造に関する記述と解釈するためには、その前の「左甲作千代」が、甲の意であることが明確にならなければならない。しかし、これが甲であるとは筆者には到底解釈できない。そもそも津野説では「左甲作千代」についてはまったく言及がない。いったい「左甲作千代」とはどういう意味なのか。これが難解である。

ただし、造兵司《ぞうへいし》所属の雑工戸《ざつこうこ》に「甲作《よろいづくり》」がある。造兵司は兵部省《ひょうぶしょう》管轄下の令制官司。器仗製作と雑工戸の管理を司る。そこに所属の雑工戸は器仗製作の専門技術集団。甲作のほかに鍛戸《かぬちこ》・靫作《ゆきつくり》・弓削《ゆげ》・矢作《やはぎ》・鞆張《ともはり》・羽結《はゆい》・桙刊《ほこけずり》等が所属（職員令《しきいんりょう》造兵司条の集解《しゅうげ》〈養老令の私撰註釈〉）。そのうち「甲作」は甲製作を司る。

「左甲作千代」の「甲作」もその雑工戸であるとすると甲との関係も出てくる。しかし、そのつぎの「千代」はどうなのか。「甲作」が雑工戸であれば、「千代」は人名の可能性も出てこよう。そうであれば、「背」以下の細字割書はその人物の身体に関わる註記と考えるのが自然であろう。いずれにしろ木簡表の内容を甲の構造に関わる記述と考えることは相当に無理がある。

一方、木簡裏の内容は表以上に難解である。しかし、表が甲とは無関係であれば、裏も当然無関係となろう。なかでも、「下」を草摺と解釈することが強引である。また、裏の割書を津野説のように解釈するには、割書にある「中甲」の説明が必要となる。しかし、津野説ではこの点についてもなんの言及もない。

このように木簡の内容を甲の構造に関することと解釈することはできない。木簡の内容については、今のところ代替案はないものの、少なくともこの木簡を甲残欠の構造理解の文献的根拠とすることはできない。

甲残欠と幕末再興の挂甲

ところで、既述のように津野説想定の甲は、幕末再興の儀仗の挂甲（図12）と同様の構造である。そこで、この再興挂甲の構造をもとに、甲残欠と津野説想定の甲の構造との関係を考える。重要なのは再興挂甲は腰札を使用せず、草摺が下半身を一周する点である。そこで、脇楯の草摺は不要のため、草摺のない脇楯が左右に付属する。

甲残欠が再興挂甲と同様の構造であれば、甲残欠の脇楯にも草摺はないことになる。そうなると腰札と考えられているA型一一四枚は、脇楯に使用するものではなくなる。

そこで、甲残欠では腰札を前胴・後胴の草摺に使用したと仮定しよう。津野説の手法によれば、甲残欠の腰札部分は総長五七・〇センチ。すると、前胴・後胴の幅は単純に二分して二七・五センチずつとなる。

これは大鎧（図4・6）の後立挙《うしろたてあげ》程度の幅。前胴・後胴の腰部分の幅としては狭く、防御性に問題が出よう。ちなみに椒浜古墳出土の両当式は、前胴・後胴はともに幅三八・一センチである。

また、前胴・後胴に腰札を使用した場合、前胴・後胴の草摺は腰札で前後に広がるかたちとなる。これでは左右の草摺を前後の草摺と一連にすることは構造的に無理である。だから再興挂甲は腰札を使用しない。

A型一一四枚の存在を考えれば、甲残欠を津野説想定の構造と考えることは困難となる。そもそも津野説想定の甲は図らずも再興挂甲と同型となったのだが、そうした構造の想定は、腰札部分の総長から甲残欠を両当式とした津野説にとっては、大きな自己撞着となろう。むしろ腰札の存在が津野説の成立を困難にしている。

甲残欠の問題点

このように筆者は津野説に賛同できない。しかし、だからといって末永説や宮崎説で説く正面引合式説を積極的に支持するものではない。確かに既述のようにB型二五〇枚からは、下半身を一周する正面引合式の草摺が想定できる（三七六頁）。しかし、その一方で、A型一一四枚の総長では、正面引合式のように腰を一周しないという津野説の指摘は、まさにその通りだからである。

つまり甲残欠の構造はA型・B型それぞれの枚数のうちどちらを重視するかによる。A型を重視すれば両当式。B型を重視すれば正面引合式となる。

そこで、甲残欠の構造を考える場合に大きな問題となるのが、現存のA型・B型・C型の各札数がそれぞれ本来から甲一領分の札数かどうか。言い換えれば現在の札数が欠損やほかの鉄札製甲からの混入の結果ではないかどうかである。右記の矛盾を考えれば、欠損や混入の可能性が高いと筆者は考える。実際に現状では甲残欠とは無関係というD型六枚の混入がある。

この甲残欠の札数が一領分に相当するかどうかについては、管見では末永説のみが言及する。既述のように末永説では甲残欠の札数を天狗山古墳出土の正面引合式（図7）の札数と比較し、そのうえで一領分とする（三七五頁）。また、A型は現存数は一一四枚だが本来は一二〇枚前後と推定。つまりごく一部だが札数の増減にも言及する。宮崎説・津野説ではそうした点についての言及はない。本書でもA型の札数は末永説に従った。

ただし、末永説によれば、B型は一七〇枚前後、C型は一二七〇枚前後、総数一五六〇枚前後とある。一方、天狗山出土の正面引合式の札数総数は七五七枚。札幅は二・〇センチ強。つまり札数は甲残欠の半分。札幅は二倍。そこで、甲残欠の札数を一領分とする。

しかし、本書で依拠する『宝物』によれば、札数はB型二五〇枚、C型一六〇二枚、総数一九六六枚。末永説とは大きく相違する。これをあえて末永説に当てはめれば、一領分よりも多い札数となる。

結局、甲残欠の構造については、現状の札数では正面引合式と両当式つまり短甲と挂甲のどちらとも決めかねる。特にA型・B型の本来の札数が確定しない限り、甲残欠の構造の確定は保留とせざるを得ない。それどころか、一領分の札数かどうかさえ不明なのである。

除物挂甲との関係

本章の最後に、第一章（二八頁）で保留にした甲残欠と『珍宝帳』記載の「除物」の挂甲（三六〇頁）との関係を考える。右で述べたように、私見では甲残欠は短甲とも挂甲とも決めかねる。そうであれば、甲残欠と除物挂甲の関係は判断できないことになる。

もし、甲残欠が短甲（正面引合式）であれば、除物挂甲でないのはいうまでもない。一方で、挂甲（両当式）であった場合はどうであろうか。仮定の議論になるが、この問題を考える。

「御甲壹佰領」の註記によれば、除物挂甲の特徴は、紫地錦領・紫皮縁・白磨白線組貫・緋絁裏（三六〇〜三六一頁）。これに対し、甲残欠の領・縁は不明。『図録』によれば、鉄札は白磨。白組紐の貫緒と裏地の緋絁も残存する。つまり両者は、白磨白線組貫・緋絁裏である点が共通する。この特徴は、挂甲九〇領のうち五九領が該当するものの、甲残欠が除物挂甲である可能性を残す。

ところが『棚別目録』『図録』によれば、甲残欠には白組紐だけでなく浅紫組紐の貫緒も残存するという。これがほかの甲からの混入でないならば、「御甲壹佰領」には短甲・挂甲ともに「浅紫線組貫」はないので、甲残欠は除物挂甲でないどころか、「御甲壹佰領」記載の甲ですらないということになる。

なお、鈴木説②によれば、浅紫組紐の貫緒部分は橡線組貫ではないかという関保之助説を提示する。「御甲壹佰領」では、「橡線組貫」は挂甲一三領にみえる。ただし、その札はすべて金漆塗。『図録』によれば、甲残欠の札は白磨なので、橡線組貫としても「御甲壹佰領」記載の甲ではないことになる。

ところで、東大寺金堂鎮壇具（東大寺蔵）のなかにも鉄札製甲残欠がある。これは正倉院器仗の甲残欠と同時代の発掘品。この鉄札製甲残欠についてもさまざまな議論がある。そうしたなかで、近年では、この鉄札製甲残欠を正面引合式と想定し、除物挂甲であるとの新説が出ている（塚本敏夫「東大寺金堂鎮壇具の保存修理」〈『国宝・東大寺金堂鎮壇具のすべて』展図録、東大寺、二〇一三年〉)。

これは同じく東大寺金堂鎮壇具の金銀荘大刀二口（第二章図4）が、「御大刀壹佰口」記載の「陽宝剱《ようのほうけん》」「陰宝剱《いんのほうけん》」に該当するとの新説（四一頁）の延長である。しかし、そもそも鉄札製甲残欠が正面引合式であるならば、本書の想定では、それは挂甲ではないことになる。金銀荘大刀二口が「陽宝剱」「陰宝剱」に該当しないのと同様に、鉄札製甲残欠は除物挂甲ではない。詳細は、やはり拙稿「『国家珍宝帳』と「東大寺金堂鎮壇具」の器仗」（四二頁）を参照願いたい。

以上、「御甲壹佰領」と正倉院器仗の甲残欠を解説した。

終章

残された課題

以上、『珍宝帳』記載の器仗・小刀《こだち》・刀子《かたな》、および正倉院の器仗・刀子のすべての基本データを提示し、それぞれに筆者なりの解説を加えた。これで序章で示した本書の目的はひとまずは達成されたことになる。

それにしても、なぜ光明皇太后は他の宝物とともに四〇三点もの器仗を東大寺に献納したのか。そもそも『珍宝帳』記載器仗は本来はどういう性格の器仗なのか。一方、現存の正倉院器仗はどういう経緯で、またいつ東大寺の所有となったのか。さらに東大寺がなんのために器仗を所有しているのか。

こうした問題を考えることがつぎの段階の課題となる。しかし、こうした問題は、それを考察するための直接的な史・資料がないなかで、答えを出すのが大変難しい。これまでも十分に考えられてきたとはいえない。

しかもこうした問題は、器仗だけではなく、『珍宝帳』記載宝物および正倉院宝物全体の問題として考えなければならない。また、器仗の問題に限っても、律令制下の器仗製作や器仗管理、さらには軍事・器仗政策全体と密接に関わる大きな問題である。これらは本書とは別に改めて考えなければならない。

そうしたなかで、ここではつぎの二点を指摘して結びに代えたい。ひとつは器仗の銘の問題。もうひとつは東大寺という宗教施設に器仗を献納するという行為の問題である。このふたつの問題はこれまではあまりとりあげられることがなかった。以下では、『珍宝帳』記載器仗と正倉院器仗の両方をまとめていう場合は、「両器仗」と一括することにする。

両器仗の銘

最初に両器仗にみえる銘を改めてまとめてみよう。

まず『珍宝帳』記載器仗では、「陽宝剱《ようのほうけん》」「陰宝剱《いんのほうけん》」に「各銘二宝剱字一」（各宝剱の字を銘《しる》す）の註記がある。この註記からは刀身・茎《なかご》のどちらに銘を入れたかは不明である（三七頁）。そのほかの『珍宝帳』記載器仗に銘の註記はない。

一方、正倉院器仗では、甲を除く大刀《たち》・鉾《ほこ》・弓・箭《や》・胡禄《ころく》にさまざまな銘があった。

大刀は、武王《ぶおう》大刀・破陣楽《はじんがく》大刀二口（南倉119－1・5－1・2）の三口に刻銘《こくめい》がある。いずれも刀身表に「東大寺」。裏に各舞楽名（武王・破陣楽）。棟《むね》に「天平勝宝四年四月九日」の年紀である（一三二～一三三頁）。

鉾は、一口（中倉11－15）の柄に「上毛野《かみつけの》二」の朱銘（朱書銘）がある（一八六頁）。

弓は、槻弓《つきゆみ》四張（中倉2－4・7・9・26）に「東大寺」の針書銘《はりがき》や胡粉銘《ごふん》がある。また、同じく槻弓四張（中倉2－13・15・18・27）に「左」「右」「千」等の針書銘がある（第四章第二節）。

胡禄は、赤漆葛《せきしつかずら》胡禄一二具（中倉4－5・6・8・9・13・14・16・17・19・24・26・27）、漆葛胡禄四具（中倉4－4・7・21・29）に「東大寺」の朱銘がある（第五章第三節）。

箭は、漆葛胡禄（中倉4－3）収納箭五〇隻に「下毛野奈須評《しもつけのなすひょう》仐二」、赤漆《せきしつ》葛胡禄（中倉4－20）収納箭一隻に「讃岐国《さぬきのくに》」の各刻銘。鷹羽《たかば》・小鳥染羽箭《ことりそめばや》（中倉6－22）三四隻のうち各一隻に「茨木《いばらき》」「日下部佐万呂《くさかべのすけまろ》」、黄染大鷹羽箭《きぞめおおたかばや》（中倉6－25）一隻に「相模国《さがみのくに》」の各針書銘がある（第五章第三節・第四節）。

各銘の意味

それぞれの銘が意味するものはつぎのようになる。

「陽宝劔」「陰宝劔」の「宝劔」は各大刀のいわば称号。武王大刀・破陣楽大刀の銘は、天平勝宝四年（七五二）四月九日が東大寺大仏開眼会《かいげんえ》当日（『続日本紀』当日条）であることから、その日に東大寺で行われた法会の各舞楽で使用された大刀であることを示す。鉾の「上毛野一」、箭の「下毛野奈須評」「讃岐国」「相模国」は各国・各地域からの貢納品であることを示し、弓・胡禄の「東大寺」は東大寺の所有品であることを示す。

ただし、弓の「左」「右」「千」は不明。箭の「茨木」は地名の可能性があるが不明。同じく「日下部佐万呂」は人名。ただし、その人物の出自は不明である。

つまりそれぞれ銘の意味するものが相違。そうしたなかで、弓・胡禄に「東大寺」の銘。箭には国名・地名。弓箭のなかで弓・胡禄と箭では銘の内容が相違する点は注意される。

これは、「御箭壹佰具」の胡禄・箭には、阿蘇《あそ》胡禄・播磨《はりま》胡禄・上野《こうづけ》箭・筑紫加理麻多箭《つくしかりまたや》・上野腋深箭《こうずけわきぶかや》・上野《こうずけ》乎比多祢箭《おいたたや》といった個別名称に国名や地域名が付くものが多いのに対し、梓弓《あずさゆみ》・槻弓というように弓の個別名称には材質名が付くという相違点とも一脈相通じるところがある。

そうしたなかで、大刀は、「御大刀壹佰口」・正倉院器仗ともに右記のような一部の例外を除いて銘はまったくない。この点は特に注意が必要である。

営繕令営造軍器条の規定

その点に関連して、営繕令営造軍器《ようぜんりょうえいぞうぐんき》条につぎのような条文がみえる。

凡営㆓造軍器㆒、皆須㆑依㆑様、令㆑鐫㆓題年月及工匠姓名㆒、若有㆑不㆑可㆓鐫題㆒者、不㆑用㆓此令㆒、

〔凡そ軍器《ぐんき》を営造《えいぞう》せば、皆須《すべから》く様《ためし》に依るべし、年月及び工匠《くしょう》の姓名を鐫《え》り題《しる》さしめよ、若し鐫り題すべからざること有らば、この令《りょう》を用ゐじ〕

要約すれば、軍器（器仗）の製作は「様」に基づけ。また製作年月（年紀）と製作者名を入れるように。入れることができない場合はこの限りではない、という意味になる。

詳しく解説しよう。まず「営造軍器」。律令国家は軍事国家である。そのために国家の政策として器仗を製作した。国家による器仗製作の二大柱は、中央での造兵司《ぞうへいし》という機関（役所）による製作と、地方（諸国）での年《ねん》料器仗制《りょうきじょうせい》による製作である。このうち造兵司については第六章で若干解説した（三七八頁）。年料器仗制は後述する。

ついで「皆須依様」。そのうち「様」は、義解《ぎげ》によれば「形制法式《けいせいほうしき》也」とある。つまり規格に基づいた構造である。器仗はすべて規格に基づいて製造しろ、というわけである。

ついで「令鐫題年月及工匠姓名」。やはり義解によれば、「鐫」は「鏨《のみ》也」。「題」は「書也」とある。つまり「鐫題」は彫り入れるか書き入れるの意。そして、彫り入れるか書き入れるのが「年月及工匠姓名」。製作する器仗には年紀と製作者名を刻銘するか書銘《しょめい》しろ、というわけである。刻銘か書銘かは銘を入れる器仗の材質によるのであろう。

ついで「若有不可鐫題者」。同じく義解によれば、「若有不可鐫題」に対して「弓箭等之類《たぐい》」とある。また、集《しゅう》解《げ》引用の「古記《こき》」説によれば、「弓矢・挂甲《けいこう》之類」とある。つまり銘を入れることができない場合とは、弓箭や挂甲の場合である。逆にいえば刀剣（大刀）には銘を入れることになる。そして、条文の流れからすれば、製作した器仗に銘を入れることも、様の一環に相違ない。

年料器仗制

さて、年料器仗制とは、毎年諸国に規定数の器仗を製作させる制度。そのうち様器仗《ためしきじょう》一種類ずつを「朝集《ちょうしゅう》使《し》」という役人に付けて中央に貢納した。そのことを規定として明記するのが『延喜式』兵部省。諸国で製作すべき器仗（甲《よろい》・横刀《たち》・弓・征箭《そや》・胡籙《やなぐい》）の各数量も記載されている。

そこには大隅《おおすみ》・薩摩《さつま》両国（鹿児島県）を除く西海道《さいかいどう》諸国の様器仗の大宰府《だざいふ》への貢納も記載。西海道諸国の大宰府への様器仗の貢納は、天平宝字五年（七六一）からである（『続日本紀』同年七月甲申〈二日〉条）。そこで、『延喜式』兵部省の規定はそれ以降の内容となる。

また、加賀《かが》国（石川県）がみえない。加賀国は弘仁十四年（八二三）に越前《えちぜん》国（福井県）から独立。器仗の製作が始まったのは元慶五年（八八一）からである（『日本三代実録』同年八月一四日条）。つまり『延喜式』兵部省の規定はそれ以前の内容となる。

一方、『延喜式』以前に年料器仗制が機能していたことを示す史料群がある。天平年間（七二九～七四九）に限って断簡が現存する諸国正税帳《しょうぜいちょう》（正倉院文書〈中倉蔵〉）である。既述のように『延喜式』兵部省記載の諸国年料器仗は甲・横刀・弓・征箭・胡籙。諸国正税帳ではこのほかに「靬《とも》（鞆《とも》）」がみえ（二三八頁）、甲も「挂甲《けいこう》」と記されている。

ちなみに『延喜式』兵部省の規定によれば、器仗に入れる銘は「専当官人《せんとうかんじん》」（担当官人）の姓名。営繕令営造軍器条とは変化している。

諸国正税帳

ところで、諸国正税帳（以下、正税帳）とはどういう史料なのか。正税帳とは正税の管理・運用に関する上申文書（決算報告書）。諸国から毎年中央（太政官《だじょうかん》）に提出された。正税とは、地方（国郡）行政の経費や財源として諸国に備蓄され、国司が管理・運営した稲穀《とうこく》（籾《もみ》）。律令税制の基本であるいわゆる租《そ》・庸《よう》・調《ちょう》のうち租（田租《そ》）として徴収された。

正倉院文書（中倉蔵）には、天平二年（七三〇）〜天平一一年（七三九）の諸国正税帳が二七通現存（正税帳類似の郡稲帳《ぐんとうちょう》や正税出挙帳《しょうぜいすいこちょう》を含む）。

丸山裕美子『正倉院文書の世界』（中公新書、二〇一〇年）等によれば、正倉院文書には広義と狭義がある。広義の正倉院文書は『珍宝帳』等を含む正倉院所蔵文書すべて。これに対し、狭義の正倉院文書は東大寺にかつて存在した写経所《しゃきょうしょ》関係の古文書群。

正税帳はこの狭義の正倉院文書に含まれる。不必要になった正税帳等の公文書を裁断し、その反古紙の裏を写経のために使用。そこで、正税帳等の公文書が正倉院に残った。そして、裁断した文書であるから断簡となる。

器仗記載のある正税帳

現存二七通のうち器仗記載がある正税帳は、諸国年料器仗制に関しては、天平六年（七三四）『尾張《おわり》国正税帳』、同九年『駿河《するが》国正税帳』、同一〇年『駿河国正税帳』、同年『周防《すおう》国正税帳』、同一一年『伊豆国正税帳』の五通。また、同九年『但馬《たじま》国正税帳』には「年料修理器仗」に関する記載がある（以上のうち若干を本書でも引用した）。

なお、天平九年・一〇年の『駿河国正税帳』は、従来は一年分の正税帳と考えられていたが、林陸朗・鈴木靖民編『復元天平諸国正税帳』（現代思潮社、一九八五年）の分析で二年分として整理された。以下、二年分の『駿河国正税帳』を除き、年号は割愛する。

この正税帳にみえる年料器仗を整理すれば、「挂甲」「大刀（横刀）」「弓」「箭」「胡禄」「靬（鞆）」の六種。ただし、六種すべてがみえるのは『尾張国正税帳』のみ。天平一〇年『駿河国正税帳』も六種すべてみえるが挂甲部分の前半が欠損。『周防国正税帳』は「造年料兵器伍種《ぞうねんりょうへいきごしゅ》」としてはじめから靹を除外。『伊豆国正税帳』は靹と大刀の鞘だけがみえる。

一方、『但馬国正税帳』の「年料修理器仗」は、短甲《たんこう》・箭・大角《おおつの》・小角《こつの》・弓・槍《ほこ》・振鼓《ふりづつみ》・鑼《どら》・楯の九種。このうち大角・小角はラッパや笛のような吹いて鳴らす角製の指揮具。振鼓・鑼は叩いて鳴らす同じく指揮具である。

こうした正税帳には、各器仗の製作や修理に使用した材料（器仗料）とその交易（購入）に要した正税料が記載されている。

両器仗と諸国からの貢納

この器仗料については、すでに関根真隆「上代器仗料考」（『天平美術への招待』〈一九頁〉）の詳細な分析がある。また、宮崎隆旨「わが国の律令制下における甲冑」（『奈良甲冑師の研究』〈三四〇頁〉）でも挂甲の器仗料に関する分析がある。

関根説によれば、正税帳にみえる各器仗料は正倉院器仗の各材質によく一致。そこで、正倉院器仗は諸国年料器仗の様式という。また、宮崎説によれば、諸国年料器仗として製作された挂甲は造兵司製作の挂甲と大略共通。『珍宝帳』記載の「御甲壹佰領《おんよろいいっぴゃくりょう》」にみえる挂甲とも一致すると考えられるという。

両器仗は、舶来品かどうか議論が必要な唐大刀《からたち》・高麗様大刀《こまようたち》・唐刀子《からがたな》等の一部を除き、他はすべて国産品と考えて間違いなかろう。そこで、関根説・宮崎説に従えば、両器仗には諸国年料器仗も含まれていることになる。それは様の器仗ということになろう。

そうした諸国製作の器仗が東大寺所有となった経緯や背景は本書では問わない。しかし、正倉院器仗に諸国からの貢納器仗があったことは、銘として国名・地名が入った鉾や箭が現存することから明らかであろう。

元明天皇の詔

ところで、鉾（中倉11-15）や漆葛胡禄（中倉4-3）収納箭の銘は、大宝元年（七〇一）制定の『大宝令』以前の古い国名・地名であることから、現在では散逸した『大宝令』以前の貢納と考えられる（一八七頁・三〇二頁）。

じつは様器仗の製作と年料器仗制は、営繕令営造軍器条に先行すると考えられる。改めていえば営繕令営造軍器条は天平宝字元年（七五七）施行の『養老令《ようろうりょう》』のなかの条文である。この条文に先行して、『続日本紀』霊亀元年（七一五）五月甲午（一四日）条によれば、元明天皇の詔《みことのり》としてつぎのようにみえる。

今六道諸国、営㆓造器仗㆒不㆓甚牢固㆒、臨㆑事何用、自㆑今以後、毎年貢㆑様、
（今六道《りくどう》諸国、器仗を営造すること甚だ牢固《ろうこ》ならず、事に臨んで何ぞ用ゐむ、今より以後、毎年様を貢せ）

要約すれば、六道諸国（西海道を除く全国諸国）が製作する器仗は丈夫でない。有事の際に使用できない。これからは毎年様を貢納せよ、という意味となる。

様器仗貢納の開始時期

この詔をめぐってはさまざまな議論があり、営繕令営造軍器条に先行して出されていることから、年料器仗制は霊亀元年から開始されたという理解もある。しかし、この元明天皇の詔は、それまで中央に貢納されていた器仗が粗悪品になったために、改めて様器仗の貢納を命じたと理解すべきであろう。詔の文面からそう読み取れる。つまり元明天皇の詔以前から年料器仗制あるいは類似の制度は存在したと考えられる。

しかも営繕令営造軍器条の集解には「古記」説が引用されている。「古記」は『大宝令』の註釈書である。つ

まり「古記」の存在は、営繕令営造軍器条の内容と同様の条文、様による器仗製作とそれに銘を入れる規定が『大宝令』にも存在したことの証左となろう。そうした『大宝令』での規定が根底にあって、元明天皇の詔が出されたと解釈すべきであろう。同時に年料器仗制と類似する制度もすでに存在していたのではなかろうか。

両器仗の銘

このように様器仗の存在とその器仗に銘を入れる規定は『大宝令』段階から存在したと考えられる。しかし、営繕令営造軍器条規定でいう内容の銘は両器仗にはみられない。わずかに鷹羽・小鳥染羽箭（中倉6-22）一隻にみえる、「日下部佐万呂」という人名が製作者銘の可能性を残すだけである。

その意味では両器仗は様器仗でない可能性も出てくる。そして東大寺内に工房があり、そこでの製作の可能性も浮上する（一三一頁）。また、正倉院器仗の弓・胡禄にみえる「東大寺」銘については東大寺の所有品であることを示すのではなく、東大寺の製作銘の可能性さえ出てくる。

もっとも、営繕令営造軍器条でいう内容の銘がみられないのは両器仗に限らない。器仗（古代の武具）すべてがそうである。営繕令営造軍器条でいう内容の銘が入った器仗は管見の限りでは皆無。武具に年紀や製作者銘を入れる慣習は中世の刀剣まで待たなければならない。

営繕令営造軍器条の規定のうち様器仗の製作は実行されたが、銘に関しては実行されなかった。つまり空文化したと考えざるを得ない。木簡《もっかん》等に記して器仗に添付した可能性はあるが、器仗そのものに銘を入れることは実行されなかった。両器仗、特に正倉院器仗はそのことを示す伝世品といえるであろう。

それにしても正倉院器仗のうち、大刀の刀身および外装、胡禄や鏃等の形状、箭羽の種類等には、同類のものでもそれぞれさまざまな差異がある。器仗の様については、考古学からの言及もあるが、様器仗が含まれているという正倉院器仗による限り、様といっても本当に細部までを画一的にする規定があったかどうかは疑問とせざるを得ない。

『珍宝帳』記載器仗の性格に対する諸説

ところで、『珍宝帳』記載器仗の性格については、これまでにつぎのような諸説が提示されている。

・石田茂作『正倉院と東大寺』（正倉院御物刊行会、一九六二年）。
・由水常雄『正倉院の謎』（徳間書店、一九七七年〈新装版、魁星出版、二〇〇七年〉、中公文庫〈一九八七年〉・新人物往来社文庫〈二〇一一年〉としても刊行）。
・後藤四郎「国家珍宝帳に関する若干の考察」（二一二頁）。
・北啓太「献物帳管見」（『正倉院紀要』三〇、二〇〇八年）。
・米田雄介「『国家珍宝帳』に見える武器武具と太元帥法」（『日本歴史』七六六、二〇一二年）。

このうち石田説・後藤説は、『珍宝帳』記載器仗は、天皇身辺を警護する武官用の器仗とみる。特に後藤説は、「御弓壹佰張」のなかに大伴淡等《たびと》等の名前を註記した弓があることに関連し、第一次授刀舎人《じゅとうとねり》の器仗とみる（二一二頁）。また、北説は、授刀舎人に限らず、天皇身辺に保持されていた器仗とみる。

これに対し、由水説は、『珍宝帳』奥書の筆頭に名前があり、献納責任者である藤原仲麻呂が、権力確保のための器仗を備蓄する場所として東大寺を選び、献納を隠れ蓑として東大寺に運び入れたとみる。

一方、米田説は、平安時代以降、天皇や国難に対して行われた真言密教の大法である太元帥法《だいげんすいほう》（「帥」を読まず「だいげんほう」とも）との関連を説く。これは一〇〇の利剣と弓箭を設えて行われる。この太元帥法が奈良時代に聖武天皇のために実施されていた可能性を論じ、そのうえで、『珍宝帳』記載器仗数が一〇〇ずつであることに注目し、『珍宝帳』記載器仗は聖武天皇の大元帥法で用いられた器仗とみる。

いずれの説も一長一短ある。そうしたなかで、授刀舎人が聖武天皇に深く関わる武官である（二一三頁）ことを考慮すると、「御大刀壹佰口」に一〇種類もの多様な様式が記載されている点は気になるところであるが、後藤説がもっとも説得力があると筆者は考える。

『珍宝帳』にみる器仗献納の目的

それにしても光明皇太后が器仗を献納した目的は何であるのか。筆者は、諸氏の注目とは違う意味で『珍宝帳』冒頭願文のなかのつぎの記載に注目したい。

奉二為先帝陛下一、捨二国家珍宝・種々翫好及御帯・牙笏・弓箭・刀剣兼書法・楽器等一、入二東大寺一、供二養盧舎那仏及諸仏・菩薩・一切賢聖一、伏願持レ茲妙福奉レ冀、

（先帝陛下の奉為《おんため》、国家の珍宝・種々の翫好《がんこう》及び御帯・牙笏《げのしやく》・弓箭・刀剣兼ねて書法・楽器等を捨て、東大寺に入れ、盧《る》舎那仏《しやなぶつ》及び諸仏・菩薩・一切の賢聖《けんしょう》を供養す、伏して願はくは茲《これ》を持して妙福《みょうふく》を冀《こいねが》ひ奉る）

要約すれば、先帝陛下（聖武太上天皇）のために、国家の珍宝・先帝が愛用した品々や御帯・牙製笏・弓箭・刀剣さらに書法・楽器等を喜捨して東大寺に献納し、盧舎那仏（東大寺大仏）や諸仏・菩薩・すべての賢人聖人を供養する。伏して願うところはこれをもって先帝の妙福（冥福と同義か）を強くお願い申し上げる、という意味となる。

これによれば、東大寺への献納の目的は盧舎那仏等を供養し、先帝の冥福を祈るためである。そのなかで筆者が特に注目したいのは、そうした盧舎那仏等を供養する品々のなかに弓箭や刀剣という器仗が明記されていることである。そこで、最後に指摘したいのが宗教施設に器仗を献納するという行為である。

宗教施設と器仗

正倉院器仗は現在でこそ国有財産であるが、本来は東大寺の所有物である。また、『珍宝帳』記載器仗は東大寺に献納された。本書ではこれまで、法隆寺献納宝物（東京国立博物館蔵）の器仗や、奈良・般若寺、大神神社、春日大社等所蔵の器仗をさまざまに引用してきた。

さらに天平一九年（七四七）二月一一日『大安寺伽藍縁起《がらんえんぎ》并《ならびに》流記《るき》資財帳《しざいちょう》』によれば、大刀・横刀・杖刀・弓・胡禄・箭・鉾等の器仗が「仏物《ほとけのもの》」（仏の所有物）としてみえる。

また、神社への奉幣《ほうべい》のなかにも器仗が含まれる。特に平成二五年（二〇一三）に式年遷宮を迎えた伊勢神宮では、式年遷宮に合わせてじつに多種・多様な神宝・装束等が奉納される。そのうち厳密な意味での神宝は、『延喜式』伊勢大神宮四によれば、器仗（大刀・弓箭・鉾・楯）・紡織紡績具・鵄尾琴《とみのおのこと》である。そのうち中心は器仗（近藤好和「神宝について」『明月記研究』七、二〇〇二年）。また、中世の武具の伝世品はそのほとんどが全国の寺社（特に神社）の所蔵品であり、概ねがその寺社に奉納されたものである。そして、寺社の宝物館等で武具の展示を見るという行為をわれわれは何ら不思議に思わない。

しかし、キリスト教やイスラム教等の世界の宗教を考えてみると、教会やモスクに武具を奉納するという行為は存在しない。また、教会やモスクに武具を展示することもない。宗教施設に器仗（武具）を献納（奉納）するという行為は日本独自の行為といえる。

そうした宗教施設に器仗（武具）を献納（奉納）するという日本独自の慣習のなかで、『珍宝帳』記載器仗や正倉院器仗の性格を考えてみることも必要であろうと筆者は考えている。

図版編

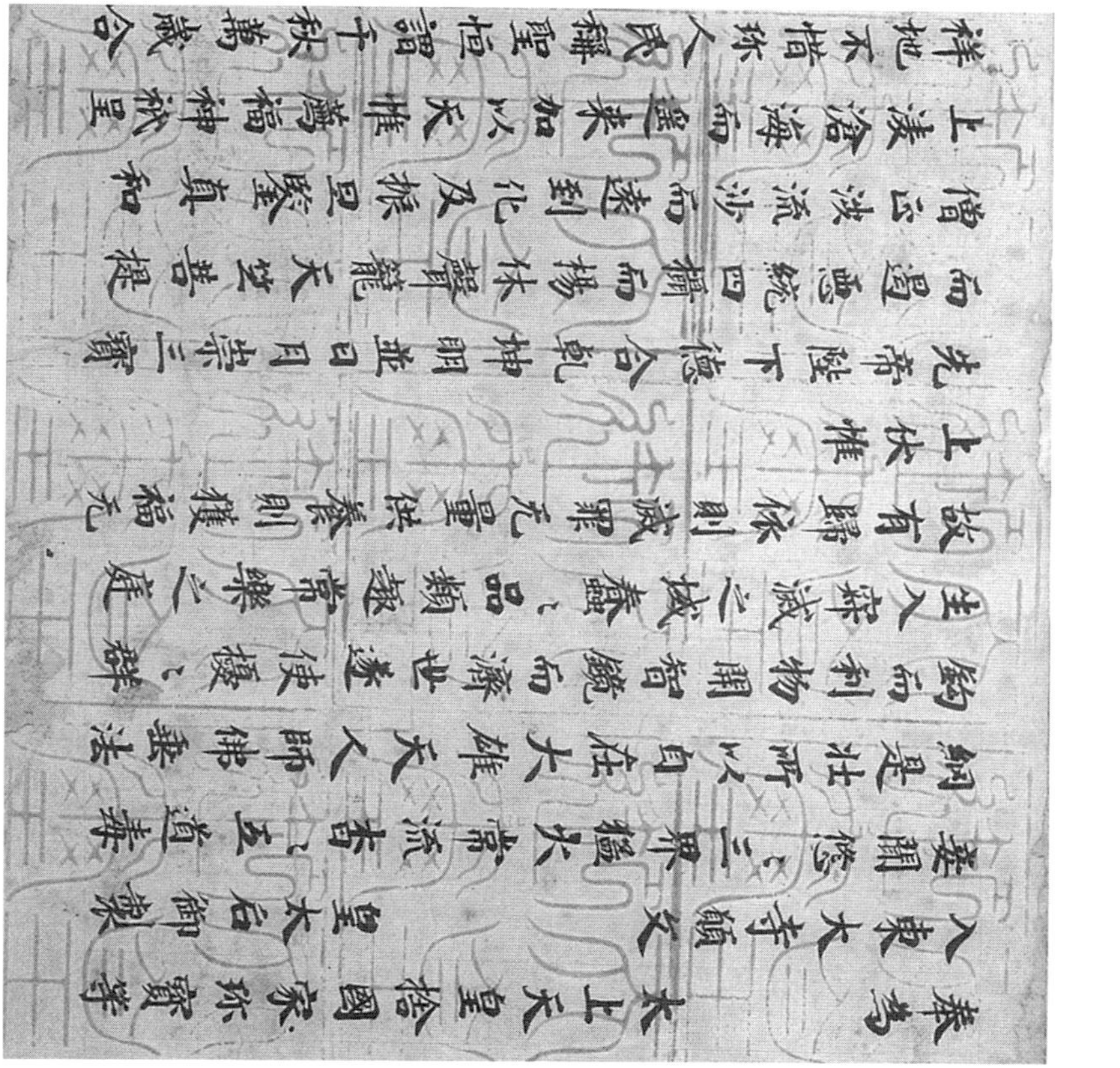

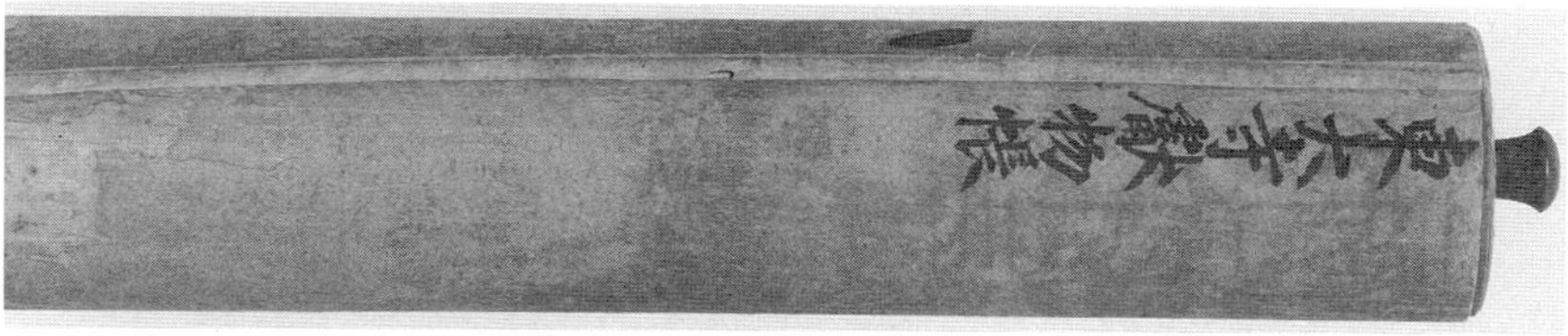

図1　『国家珍宝帳』（北倉158）外題と冒頭

第一章

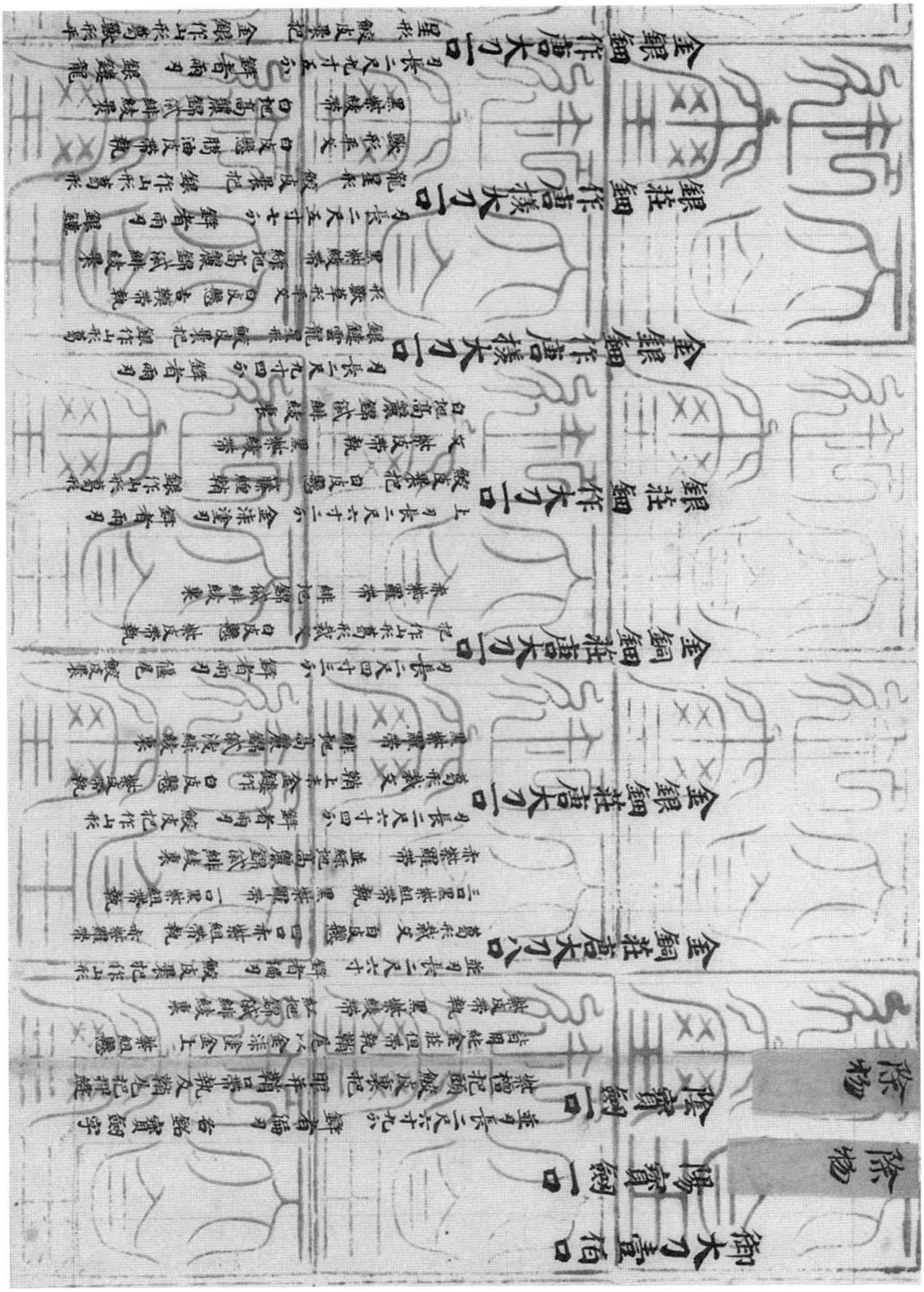

図2　『国家珍宝帳』(北倉158)「御大刀壹佰口」冒頭

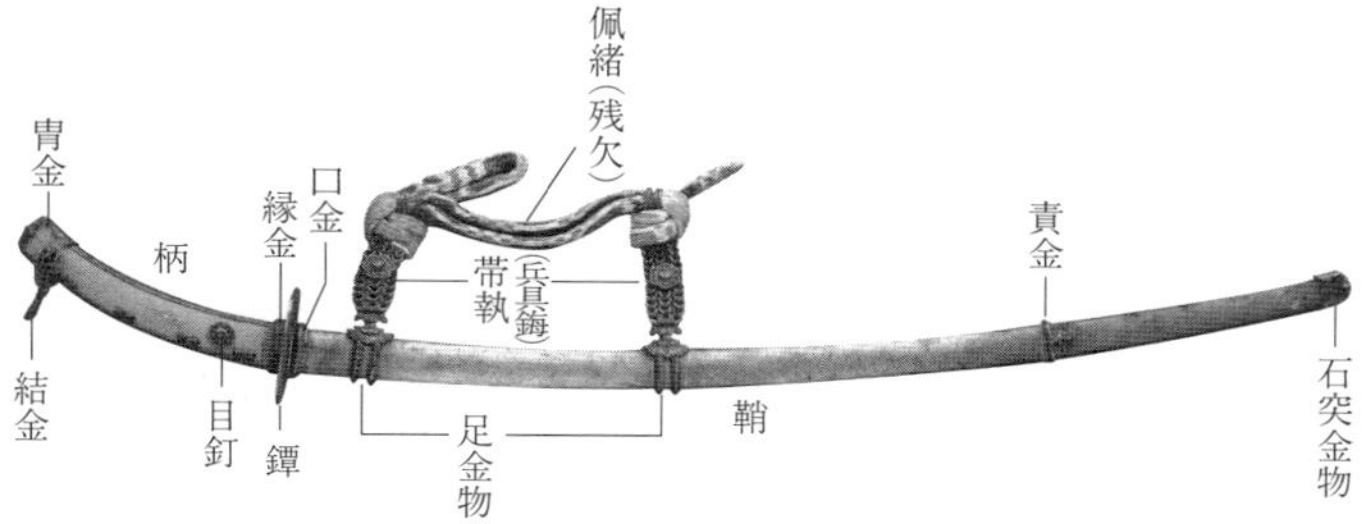

図１　太刀の名称図　沃懸地酢漿紋兵庫鎖太刀外装（奈良・春日大社蔵）

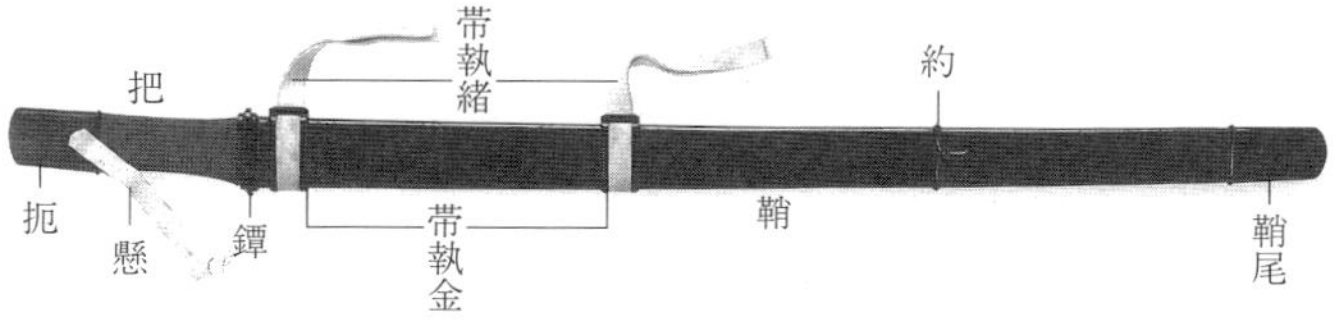

図２　大刀の名称図　銅漆作大刀（中倉８−11）外装

① 鋒両刃造　金銀鈿荘唐大刀(北倉38)刀身

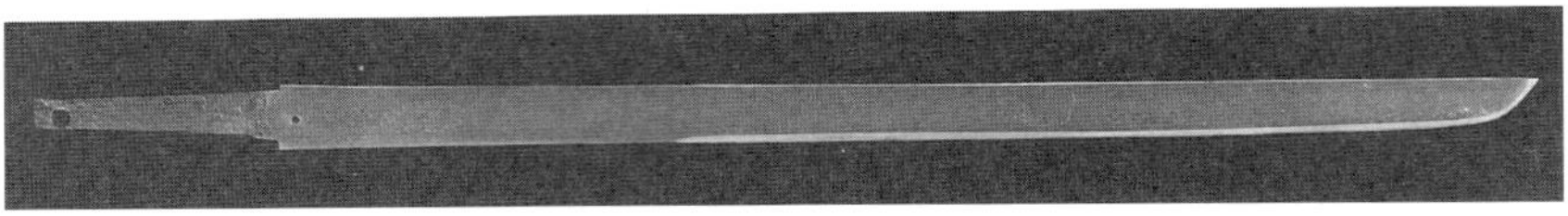

② 平造　銅漆作大刀(中倉８-10)刀身

③ 先切刃造　黒作大刀(中倉８-25)刀身

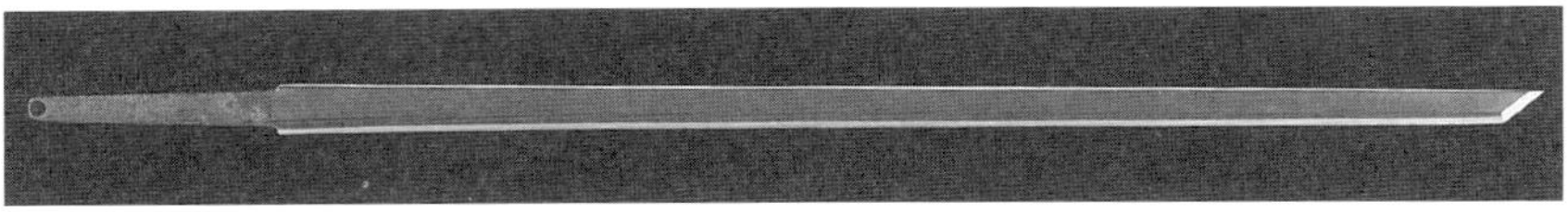

④ 切刃造　黄金荘大刀(中倉８-１)刀身

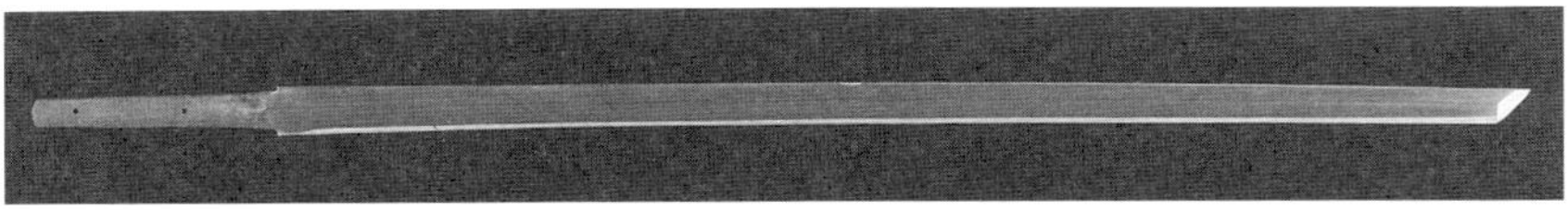

⑤ 鎬造　金銀鈿荘唐大刀(中倉８-２)刀身

図３　正倉院器仗の大刀刀身各種

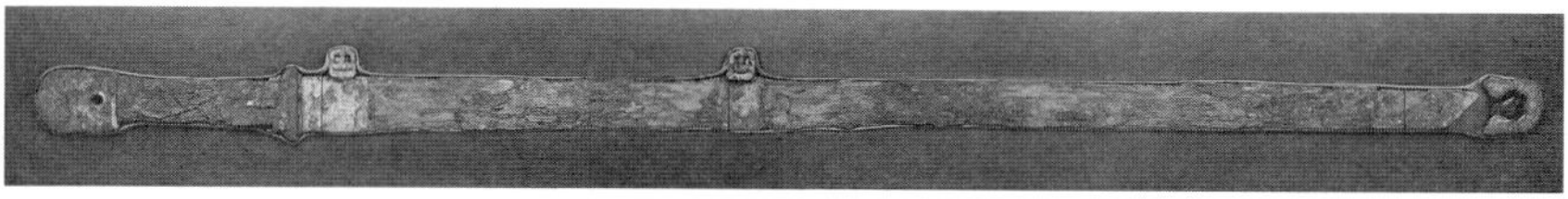

（陽劔）

（陰劔）

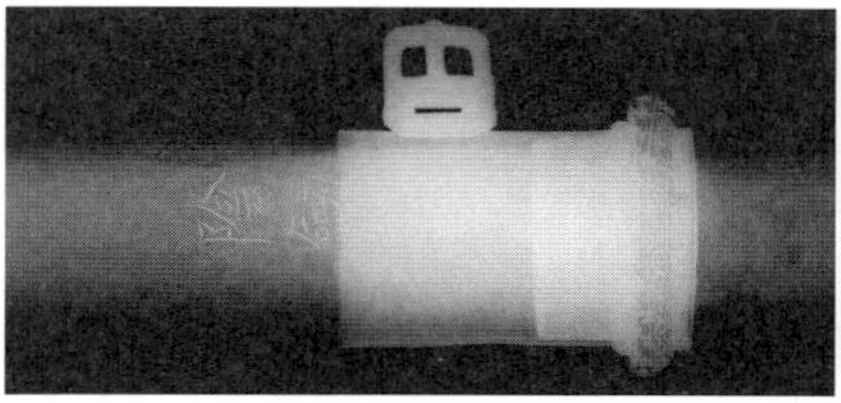

陰劔の銘

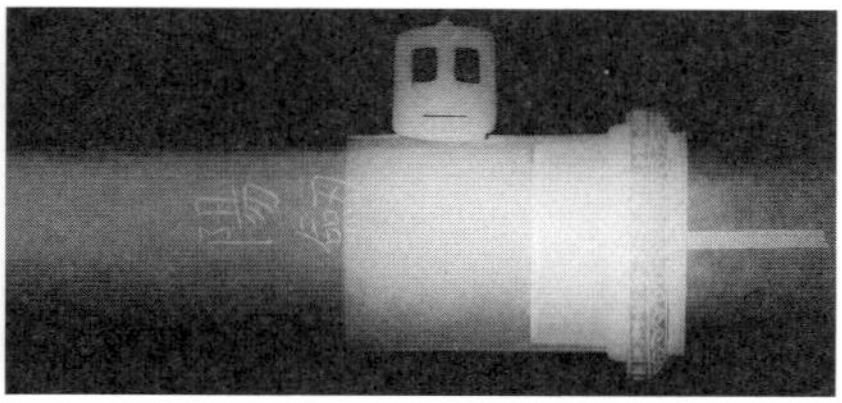

陽劔の銘

図４　金銀荘大刀二口とその銘　東大寺金堂鎮壇具（奈良・東大寺蔵）

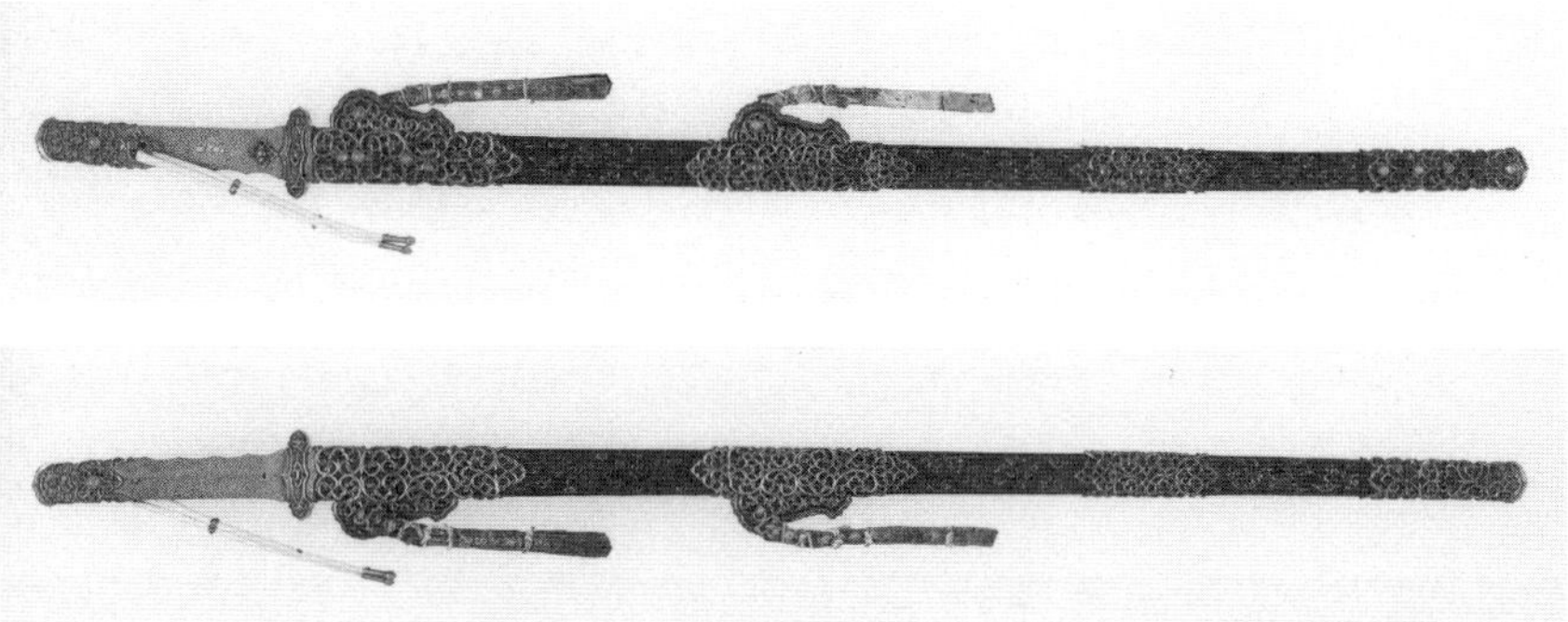

図５　金銀鈿荘唐大刀（北倉38）外装（表裏）〈口絵１〉

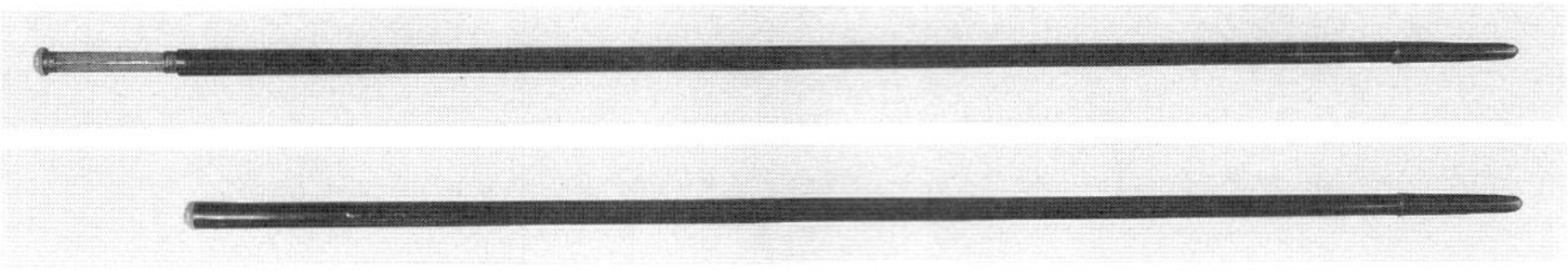

図6　漆塗鞘杖刀(北倉39)外装(下は鞘に把収納)

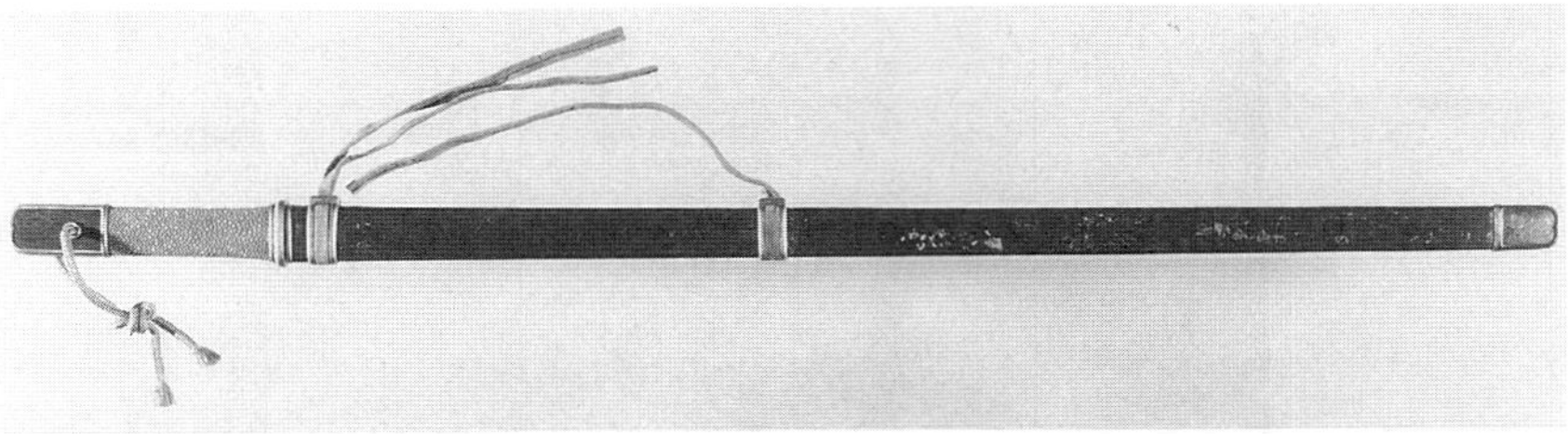

図7　黄金荘大刀(中倉8－1)外装

図8　金銀鈿荘唐大刀(中倉8－2)外装

図9　金銀鈿荘唐大刀(中倉8－3)

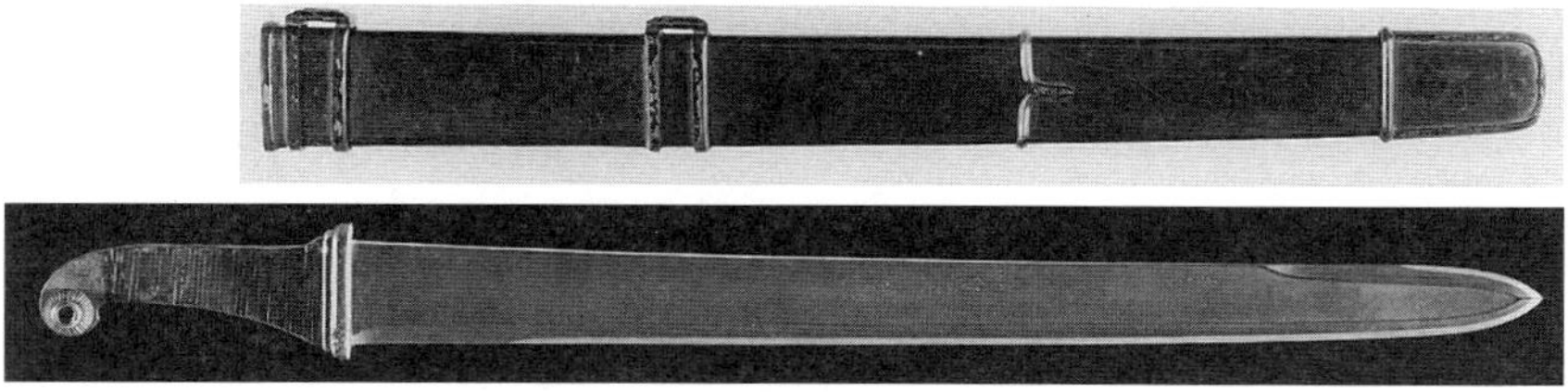

図10　黒作横刀(中倉８-８)

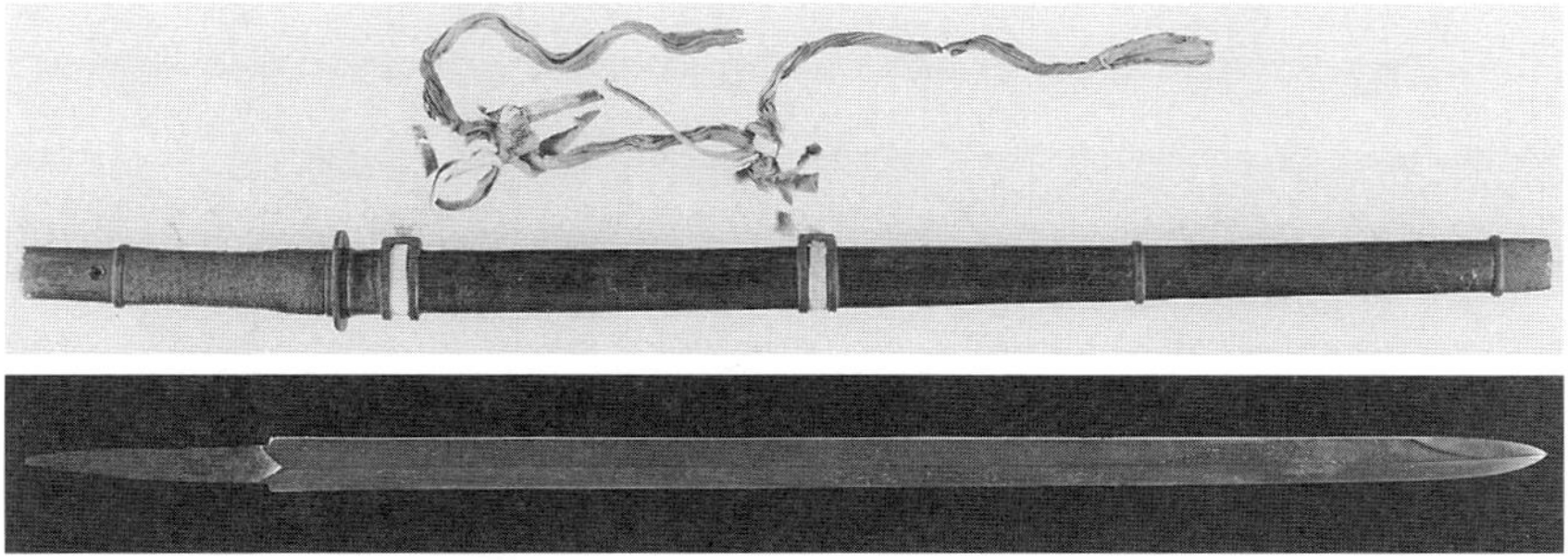

図11　黒作大刀(中倉８-20)

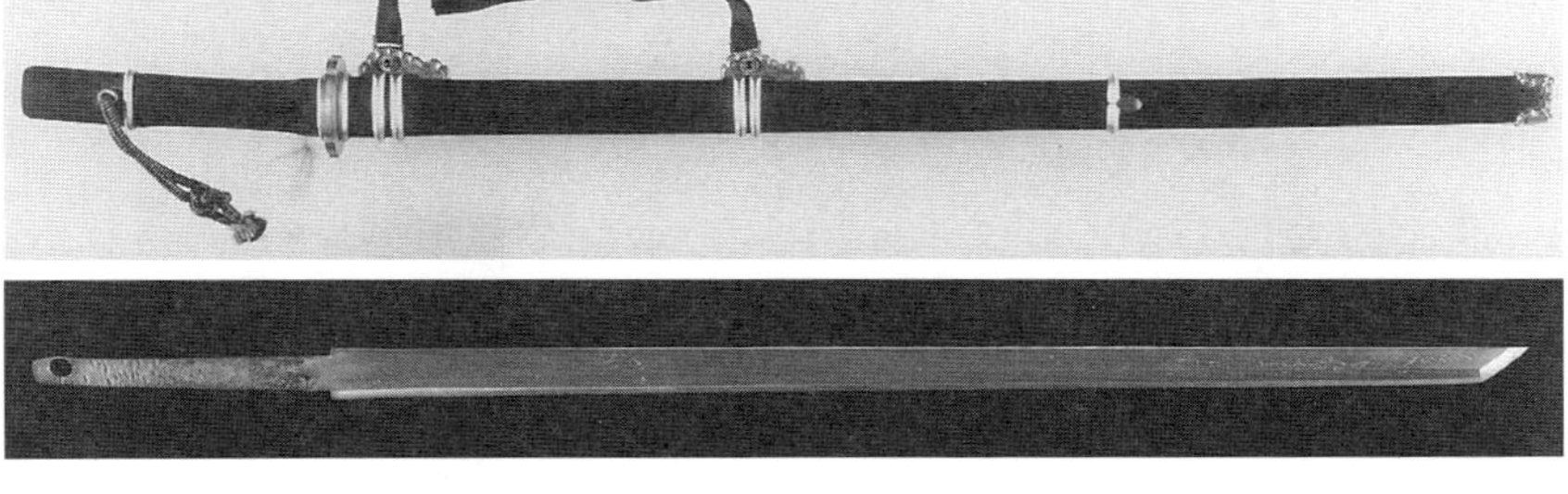

図12　金銅鈿荘大刀(中倉８-５)

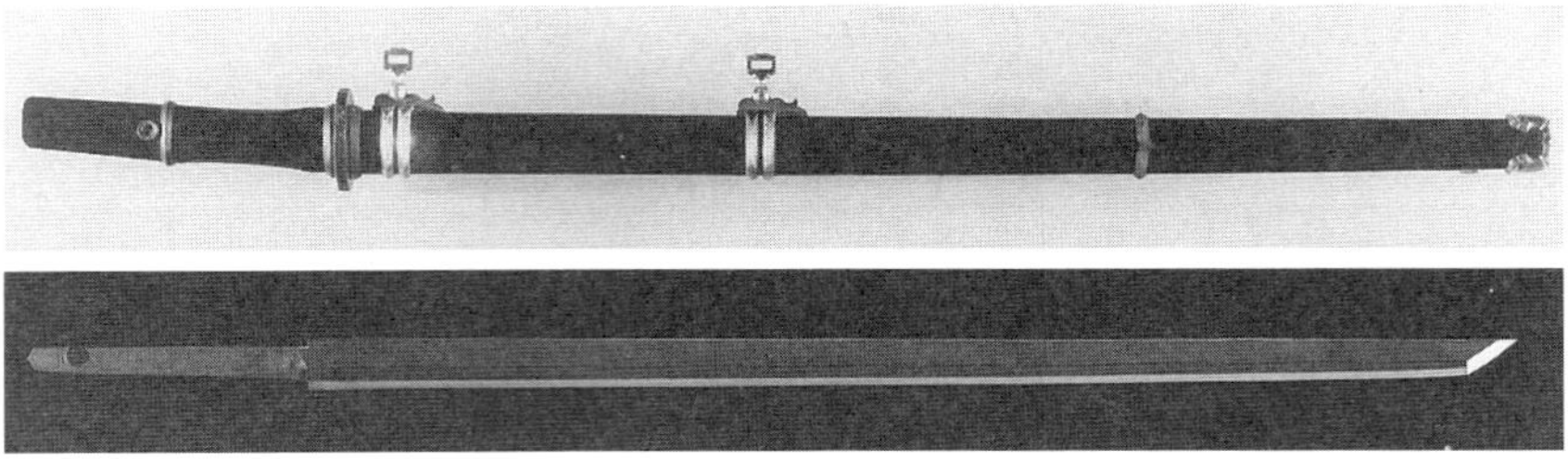

図13　金銅荘横刀（中倉８－６）

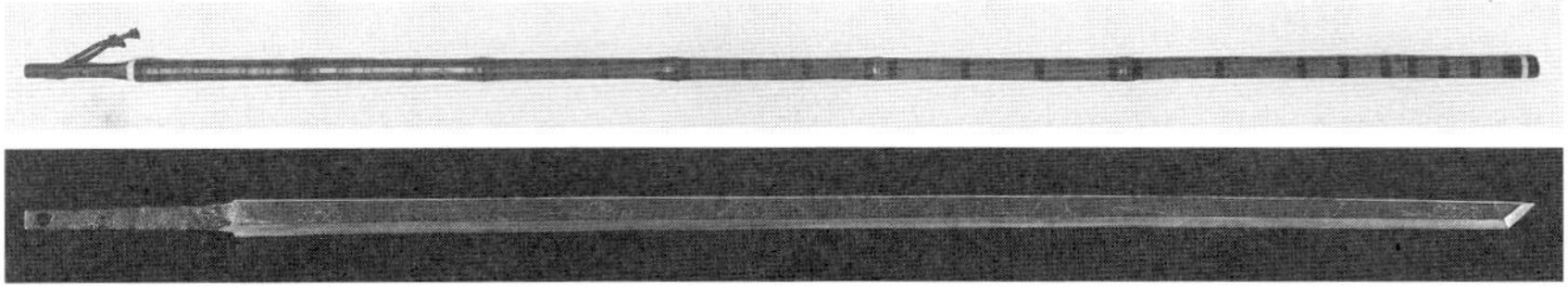

図14　呉竹鞘杖刀（北倉39）

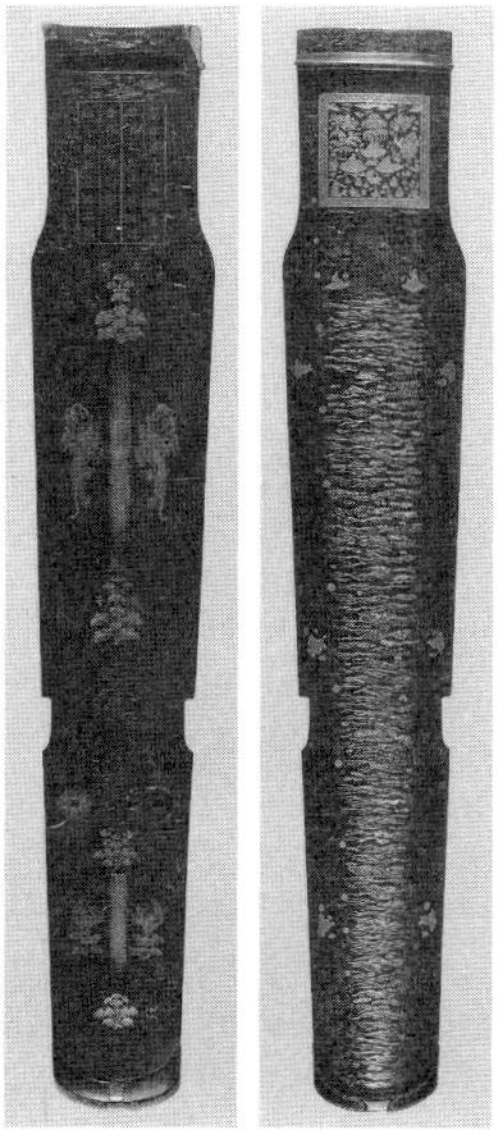

図15　金銀平文琴（北倉26）（表裏）

図16　銀平脱合子（北倉25－4）

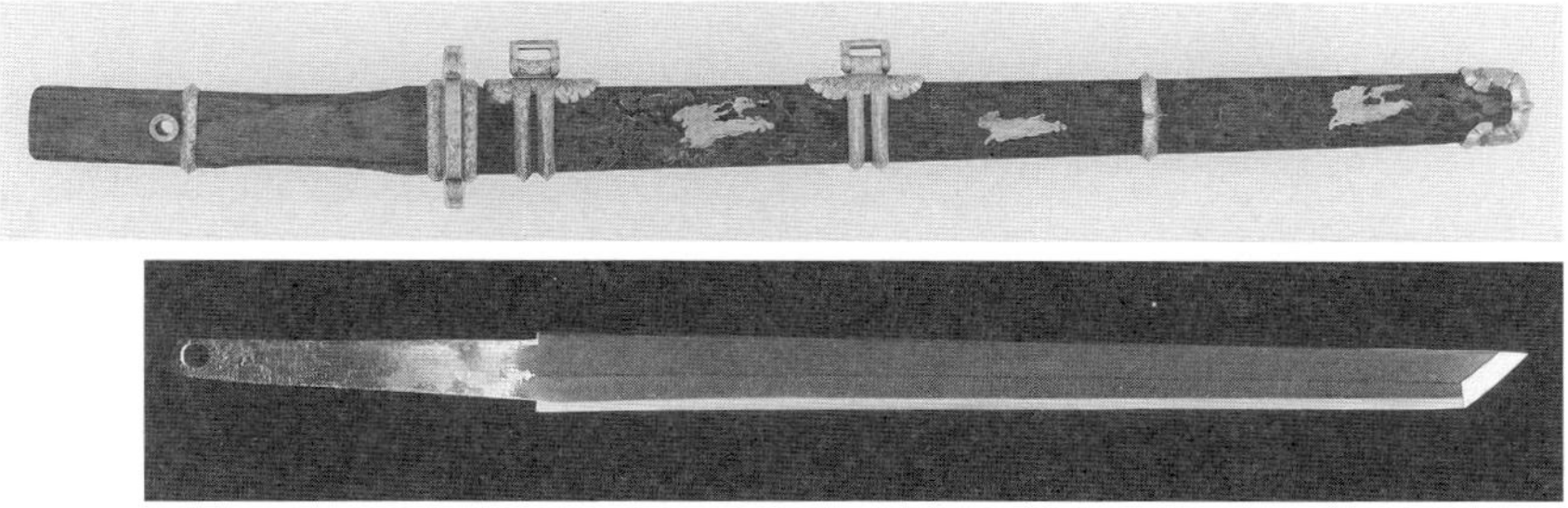

図17　金銀荘横刀（中倉８－４）〈口絵２〉

図18　素環頭大刀外装（長崎・亀岡神社蔵）

図19　金銅荘環頭大刀外装（高知・小村神社蔵）

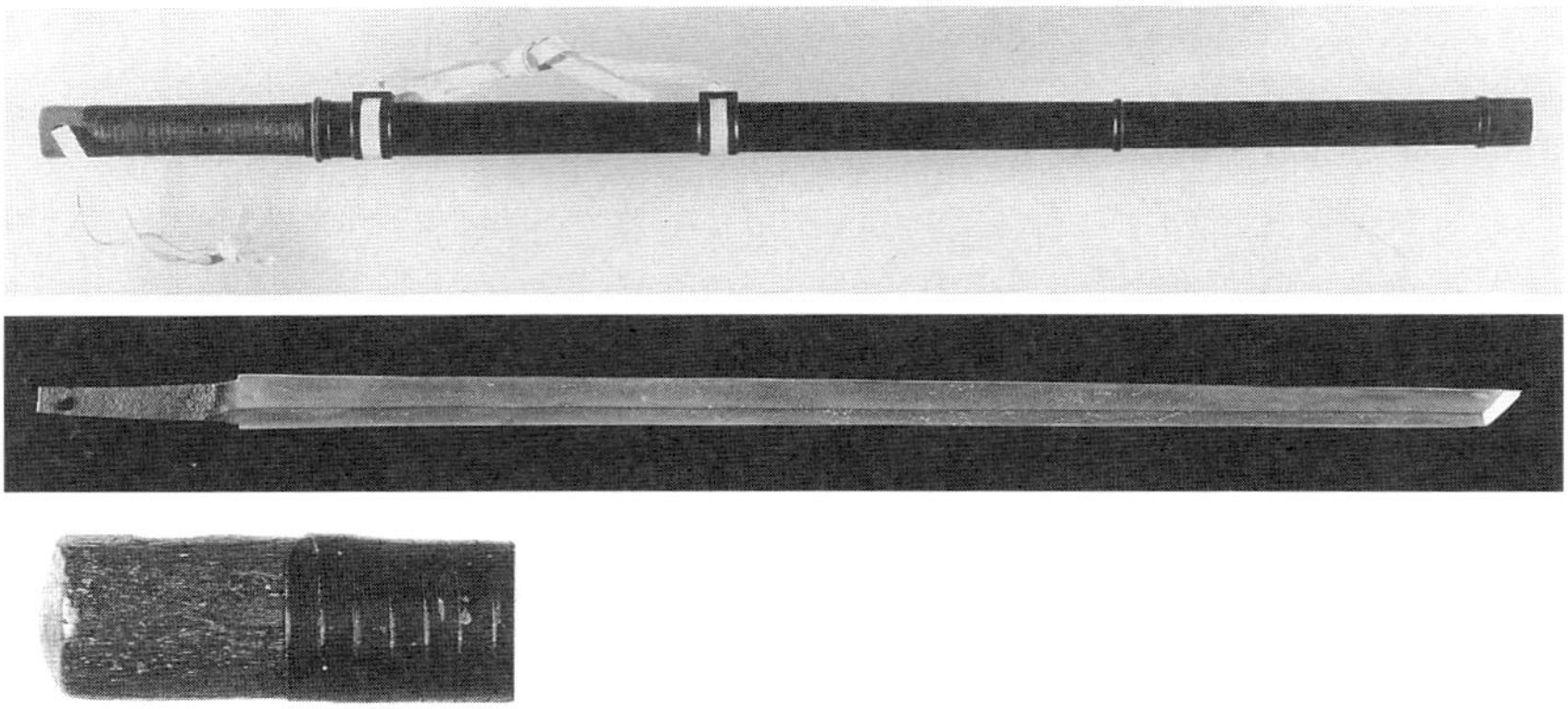

図20　黒作大刀(中倉８-12)・把部分

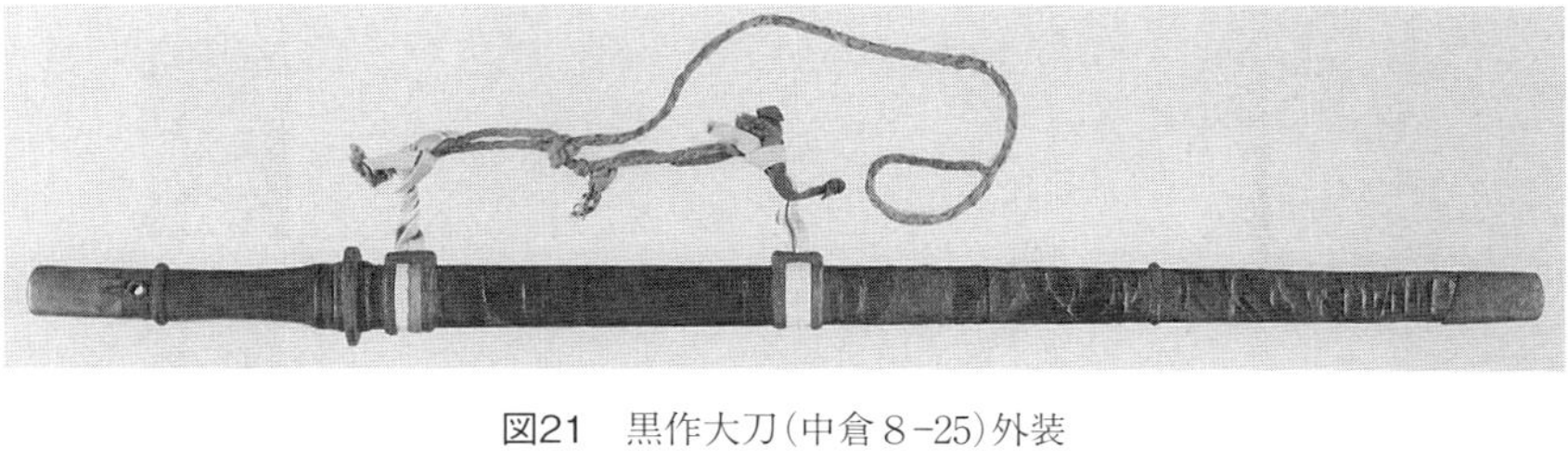

図21　黒作大刀(中倉８-25)外装

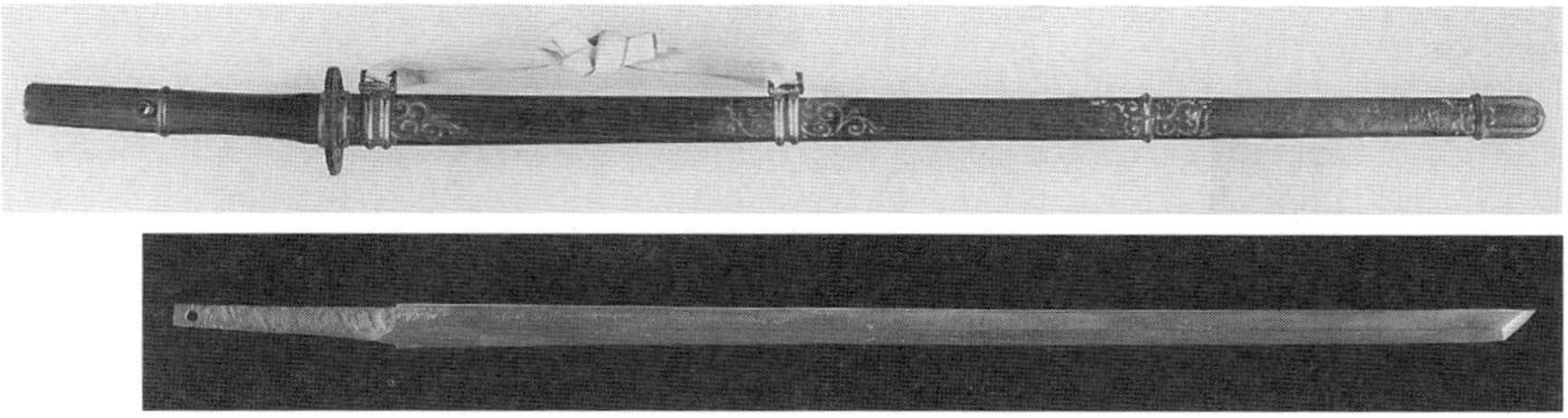

図22　武王大刀（南倉119－１）

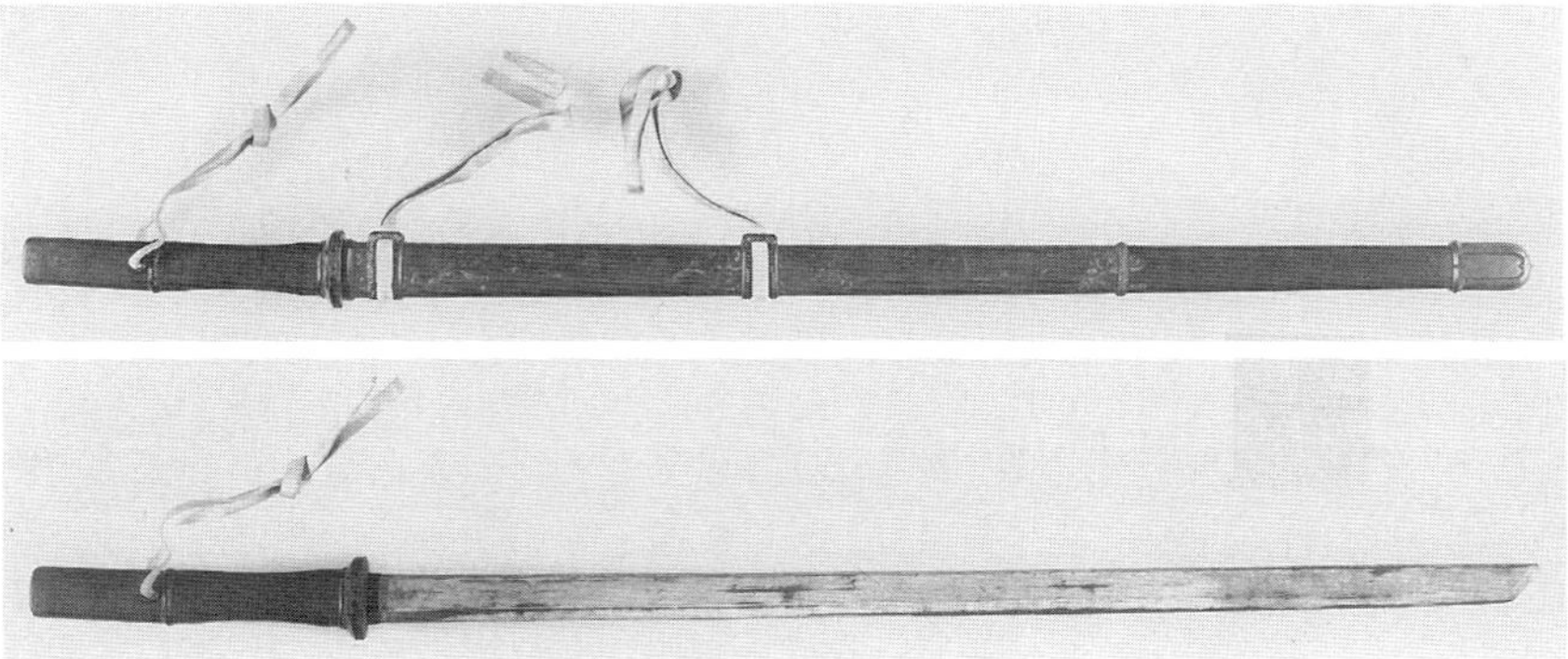

図23　婆理大刀（南倉123－２）

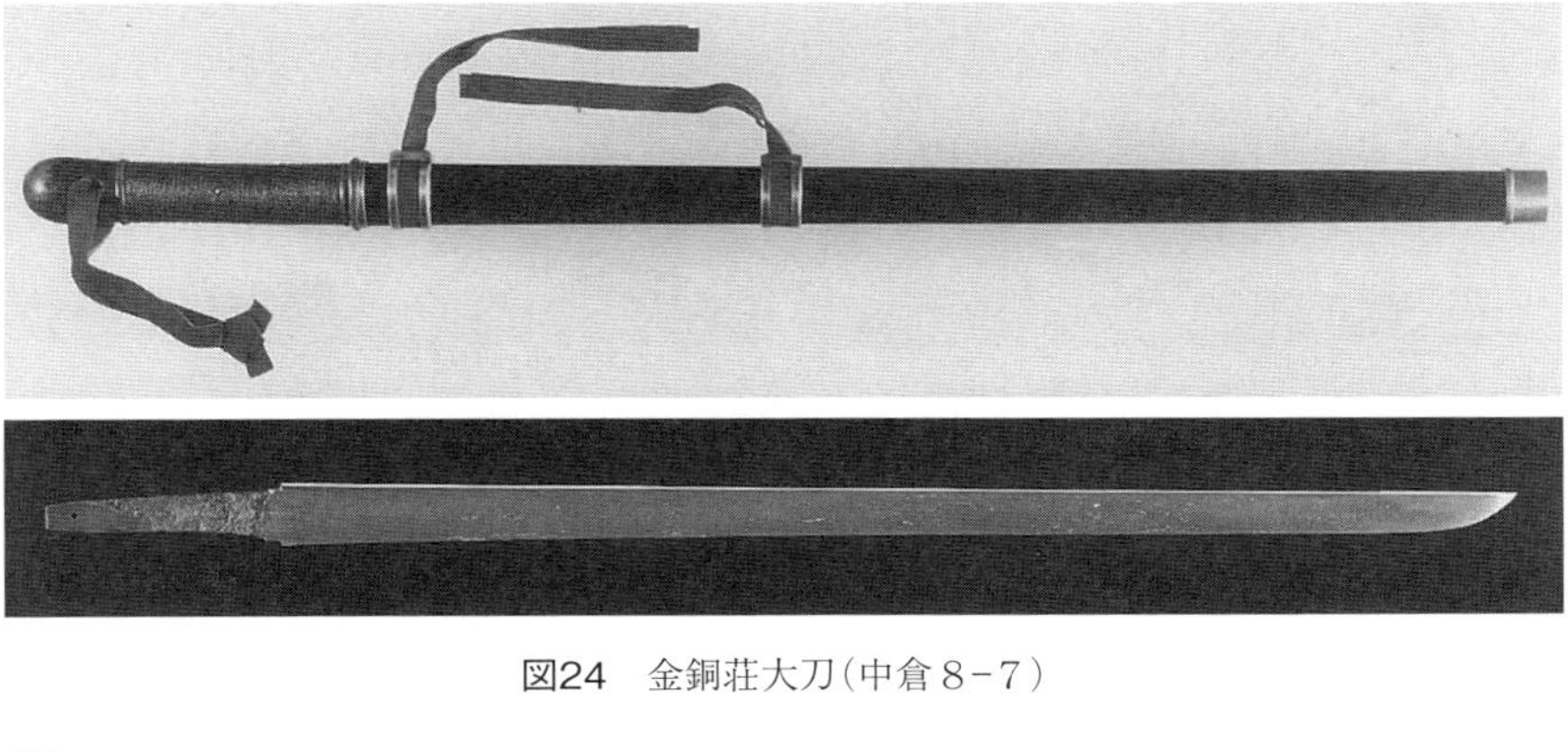

図24　金銅荘大刀（中倉８－７）

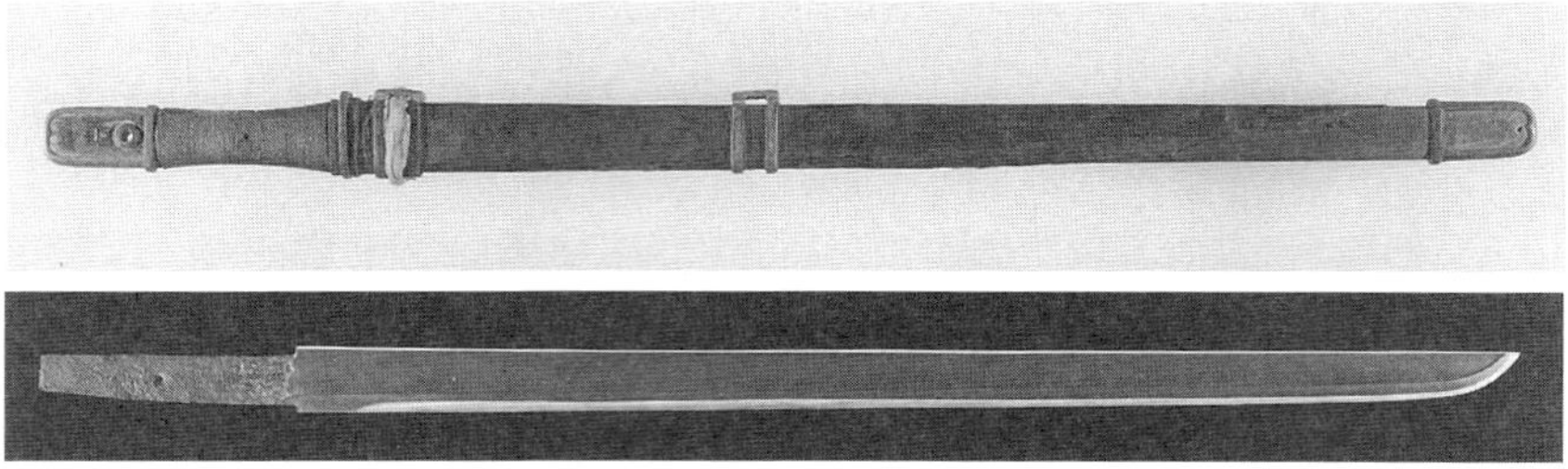

図25　黒作大刀(中倉８-15)

図26　黒作大刀(中倉８-22)

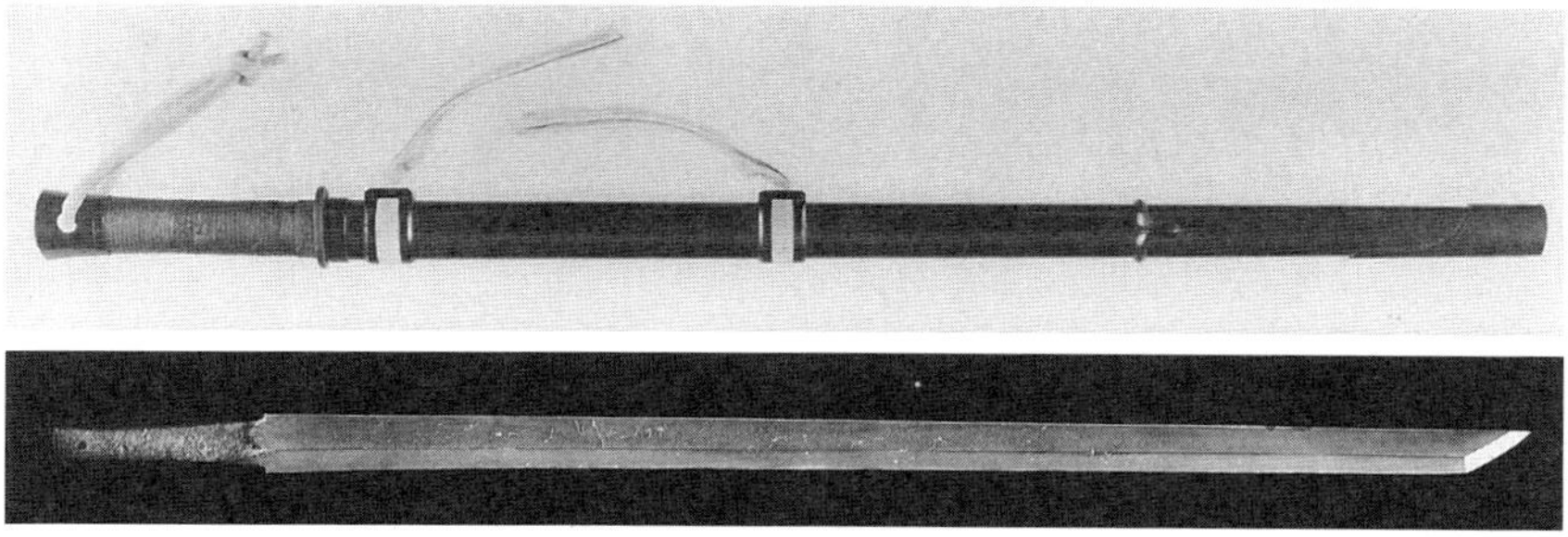

図27　黒作大刀(中倉８-23)

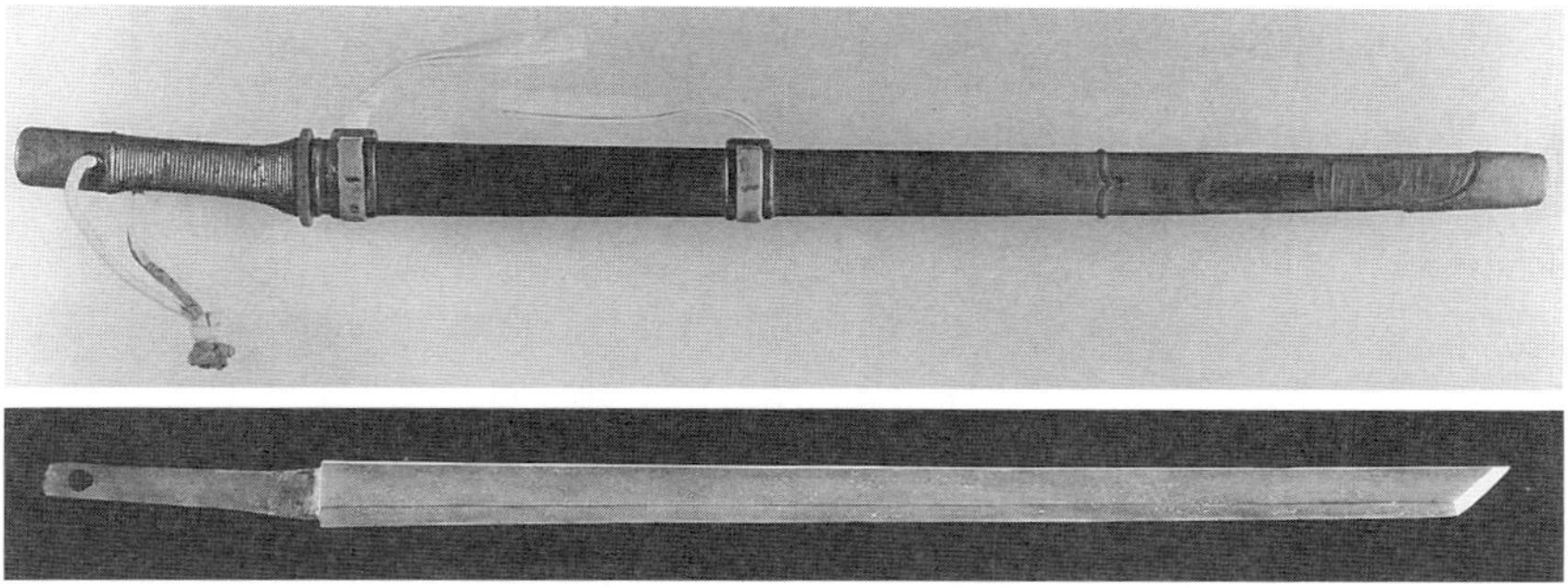

図28　銅漆作大刀(中倉８−９)

図29　無荘刀(中倉９−27)

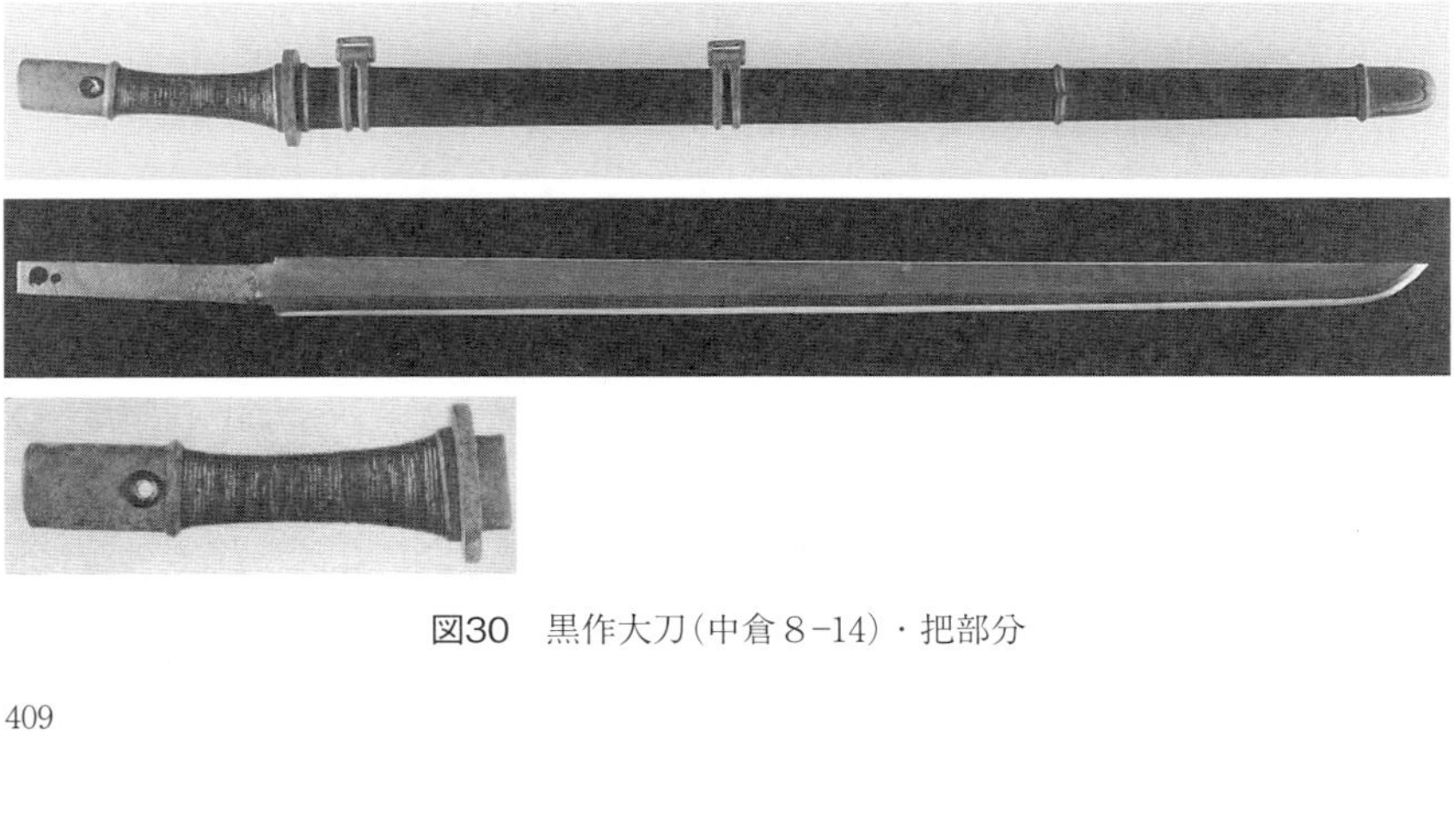

図30　黒作大刀(中倉８−14)・把部分

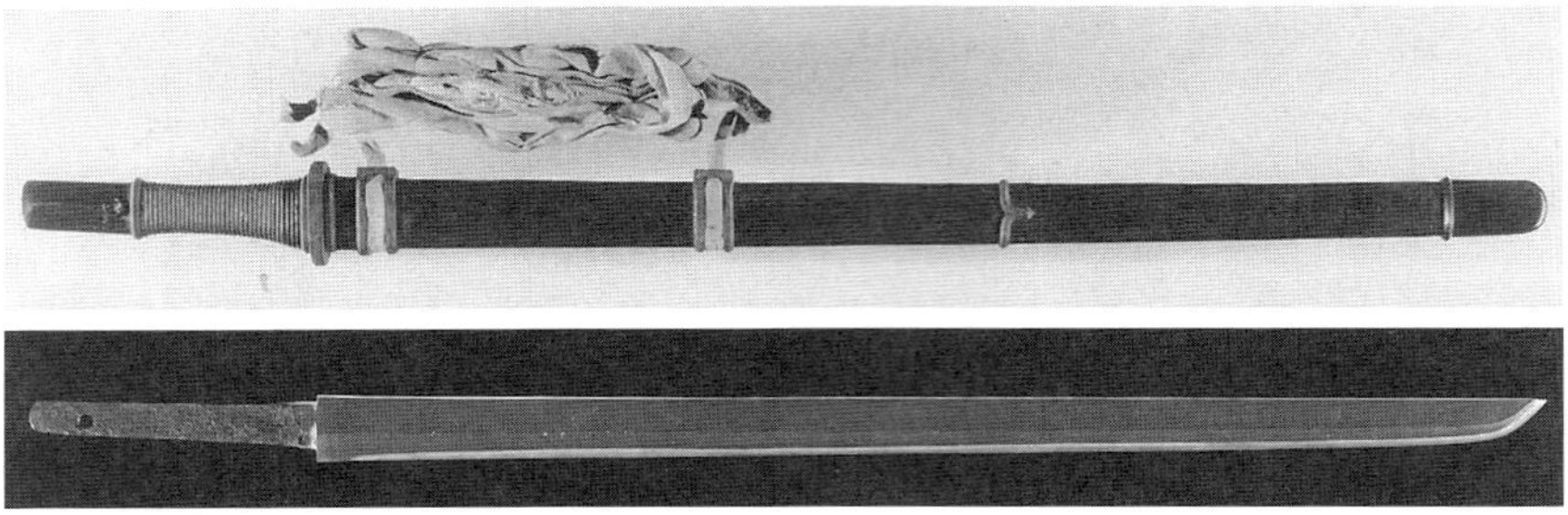

図31　黒作大刀(中倉8-13)

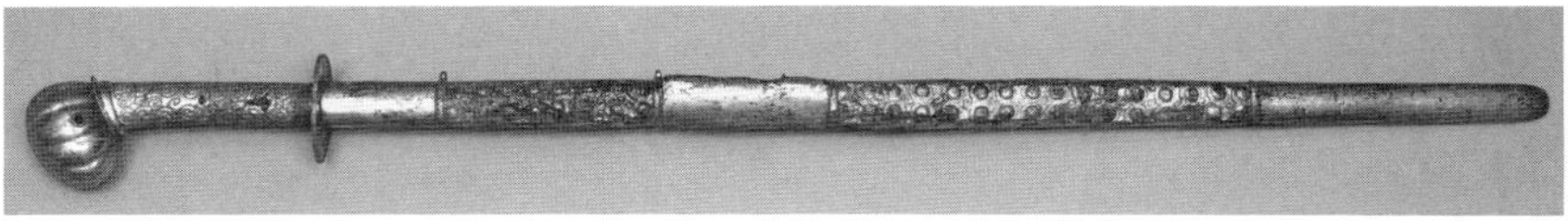

図32　金銅荘頭椎大刀外装　文堂古墳(兵庫県美方郡香美町)出土(香美町教育委員会蔵)

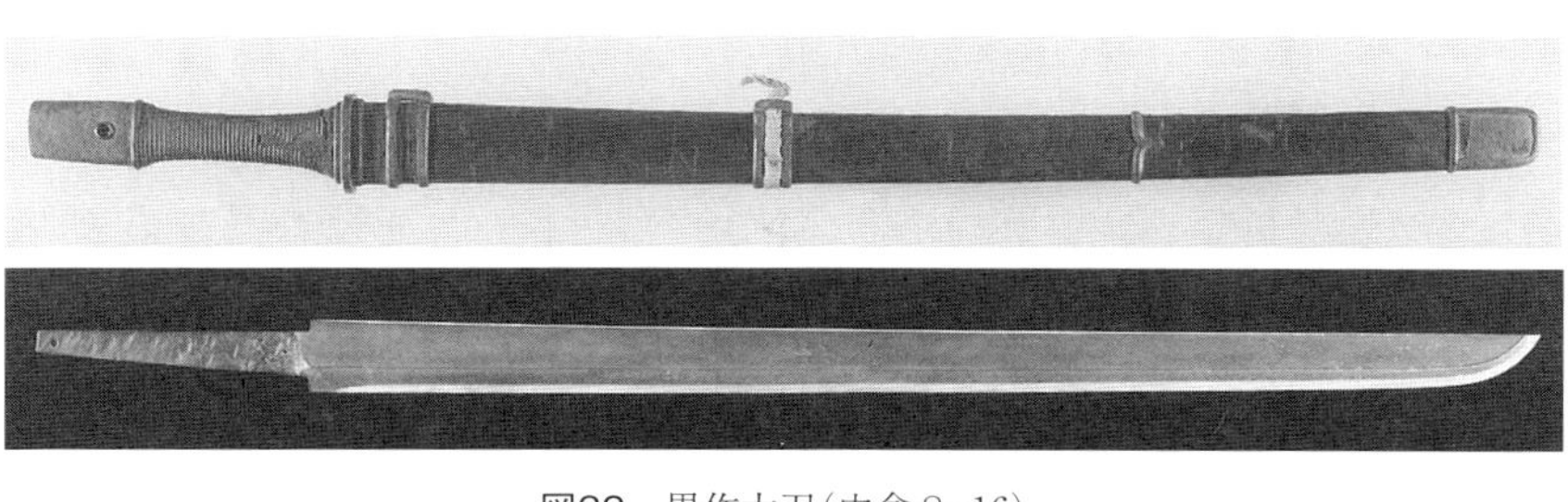

図33　黒作大刀(中倉8-16)

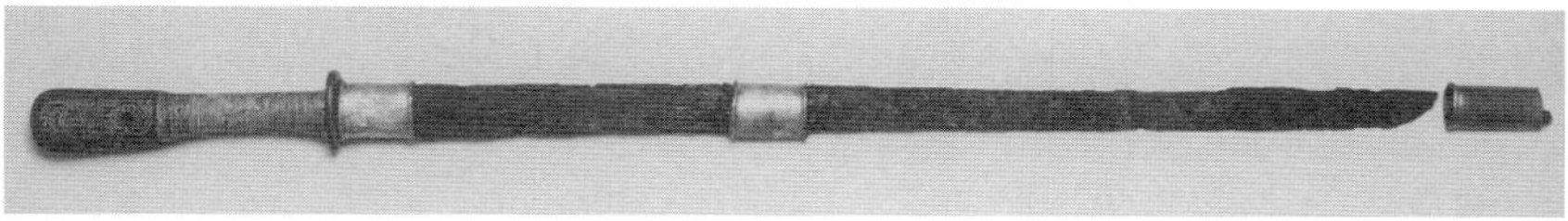

図34　銀象眼円頭大刀　平井地区一号墳(群馬県藤岡市)出土(藤岡市教育委員会蔵)

図35　無荘刀(中倉 9-33)

図36　無荘刀(中倉 9-47)

図1　斑犀偃鼠皮御帯残欠（北倉4）

図2　緑牙撥鏤把鞘御刀子（北倉5）

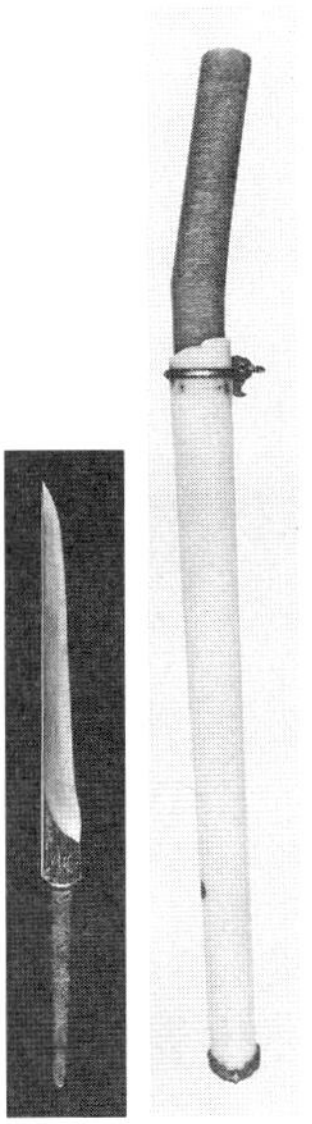

図3　斑犀把白牙鞘御刀子（北倉5）

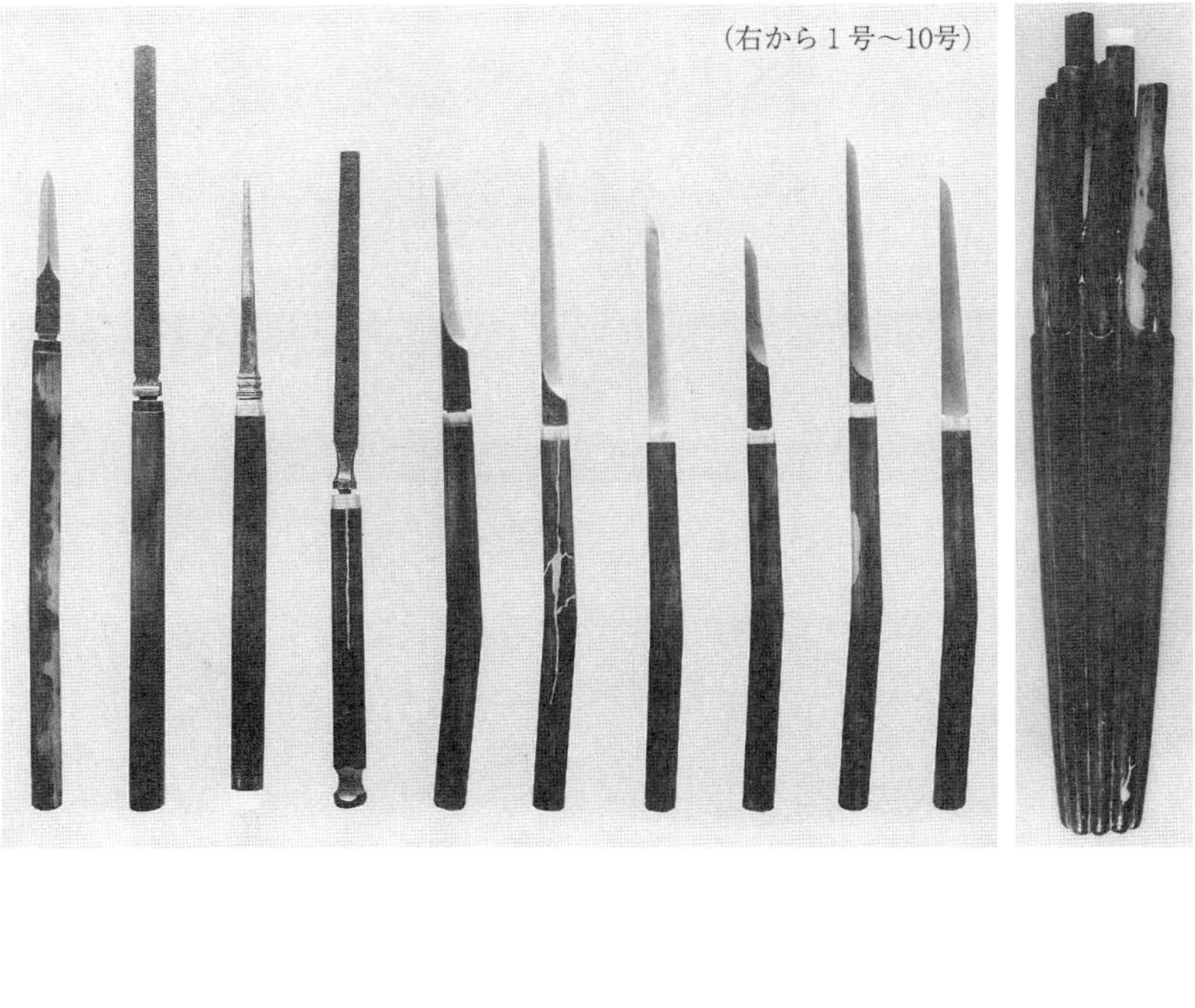

（右から1号〜10号）

図4　十合鞘御刀子（北倉7）

（左から１号～３号）

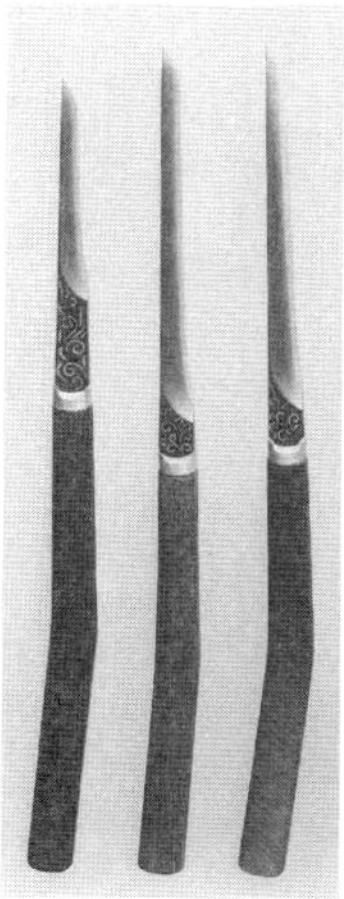

図５　三合鞘御刀子（北倉８）

２号　１号　３号

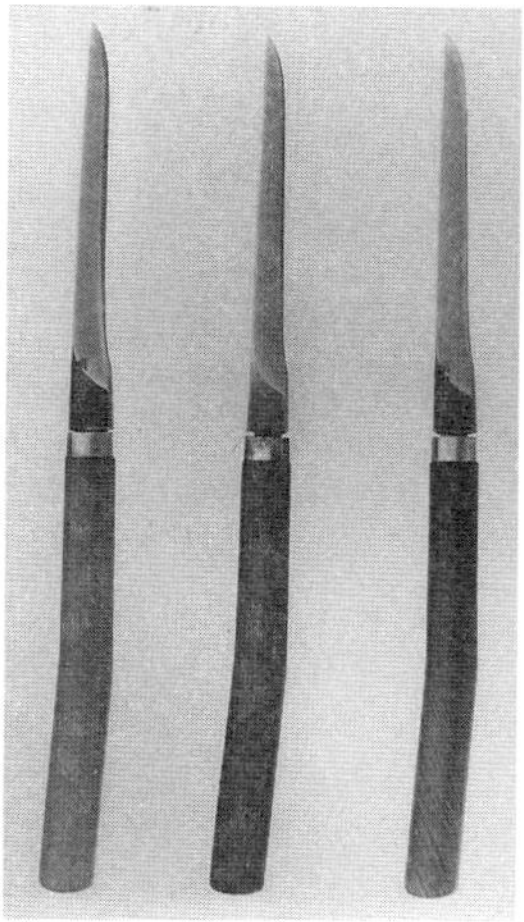

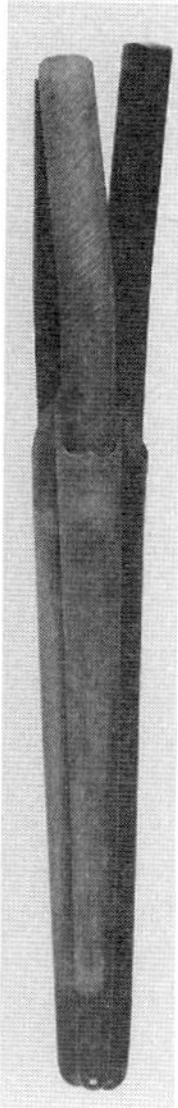

図６　小三合水角鞘御刀子（北倉９）

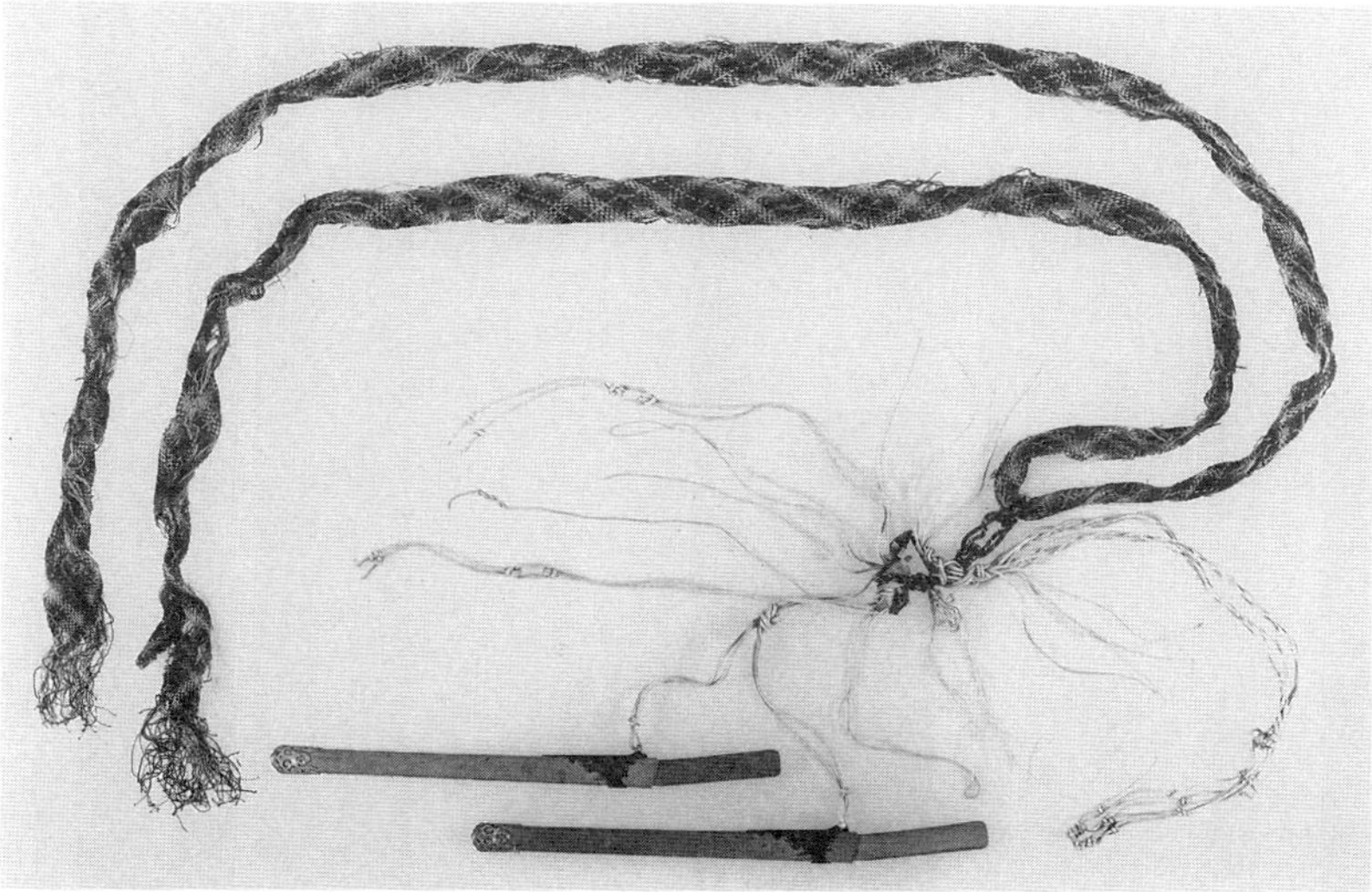

図７　雑色縚綬帯（中倉101）・黄楊木把鞘刀子（中倉103）外装（裏面）

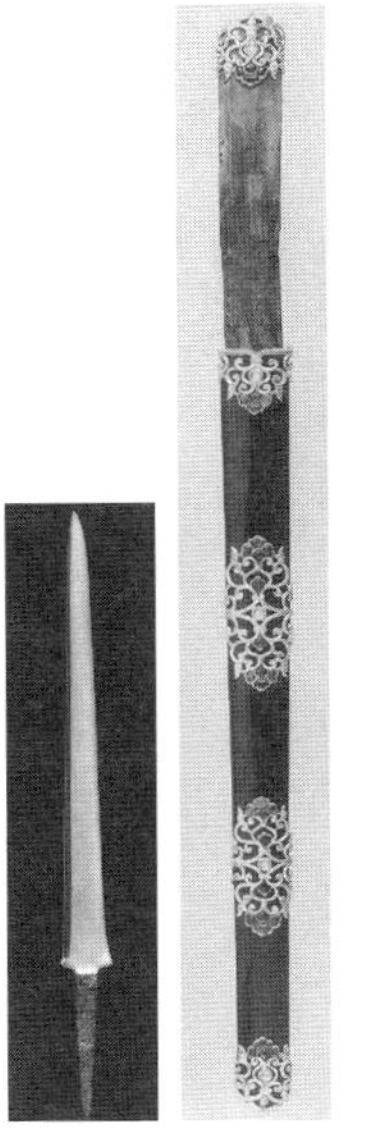

図8　斑犀把漆鞘黄金葛形珠玉荘刀子（中倉131－3）

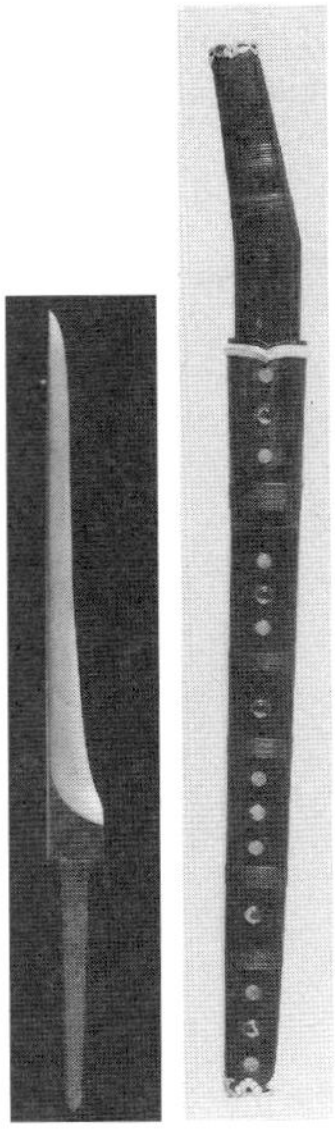

図9　烏犀把漆鞘樺纏黄金珠玉荘刀子（中倉131－11）

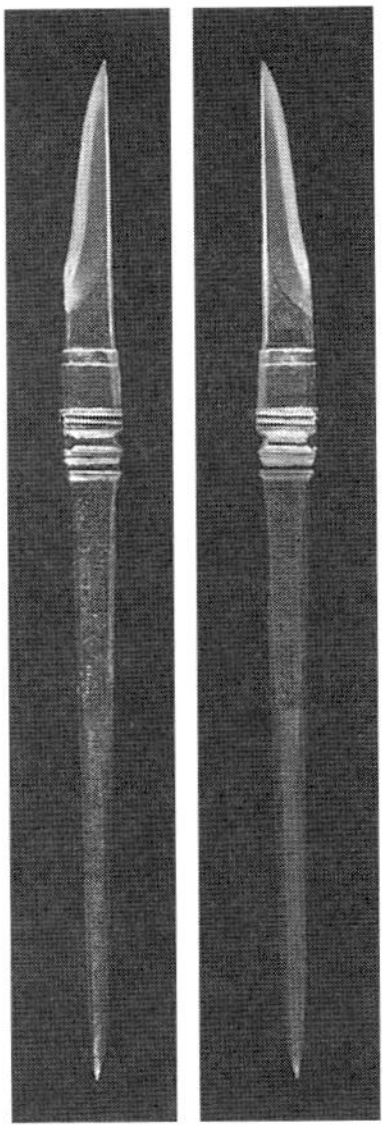

図10　十合鞘御刀子刀身8号（刀子・鑽〈下半〉）（北倉7）

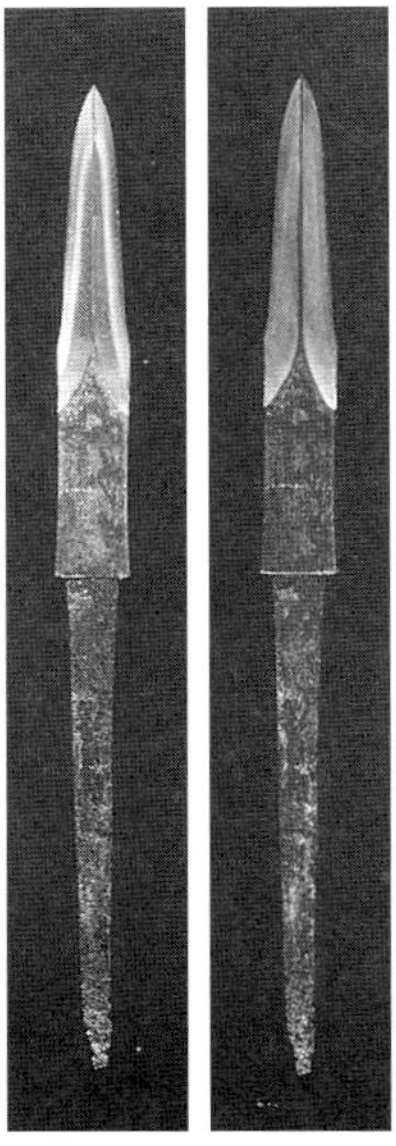

図11　十合鞘御刀子刀身10号（鉇）（北倉7）

図12　青石把漆鞘金銀鈿荘刀子（中倉131－1）〈口絵4〉

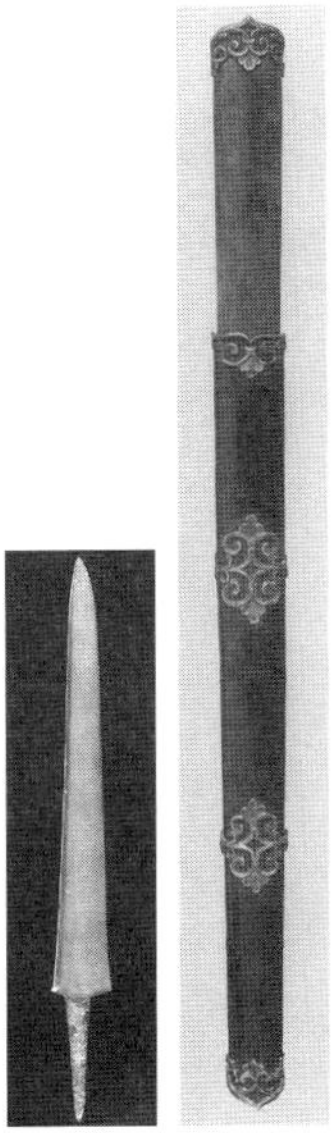

図13　斑犀把漆鞘銀漆荘刀子（中倉131－2）

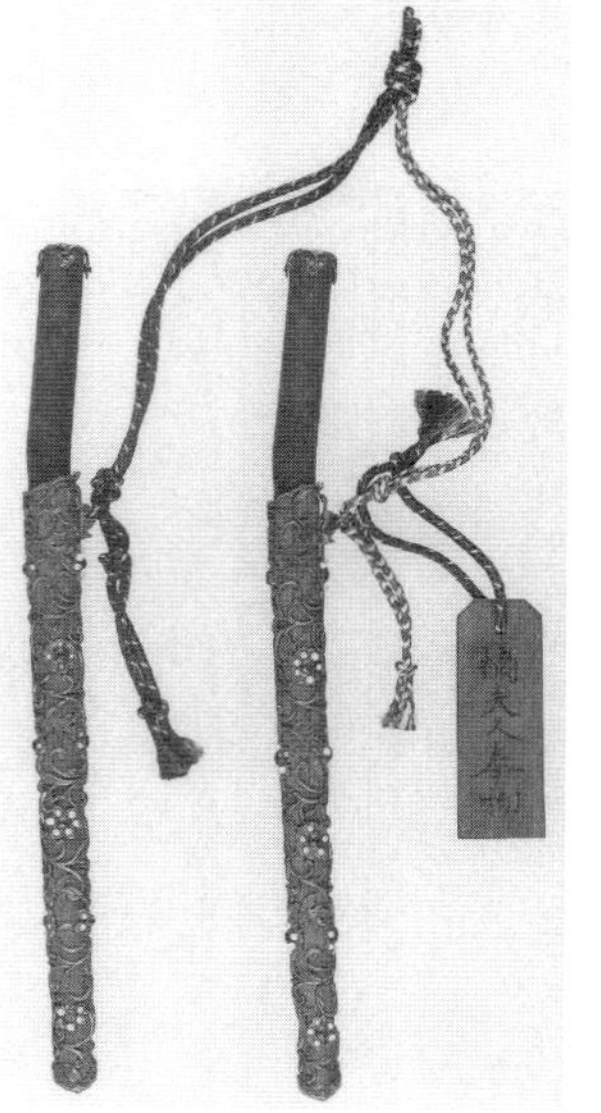

図14　犀角把白銀葛形鞘珠玉荘刀子（中倉131－7）外装〈口絵5〉

図15　斑犀把漆鞘銀漆荘刀子（中倉131－2）帯執金の口部分

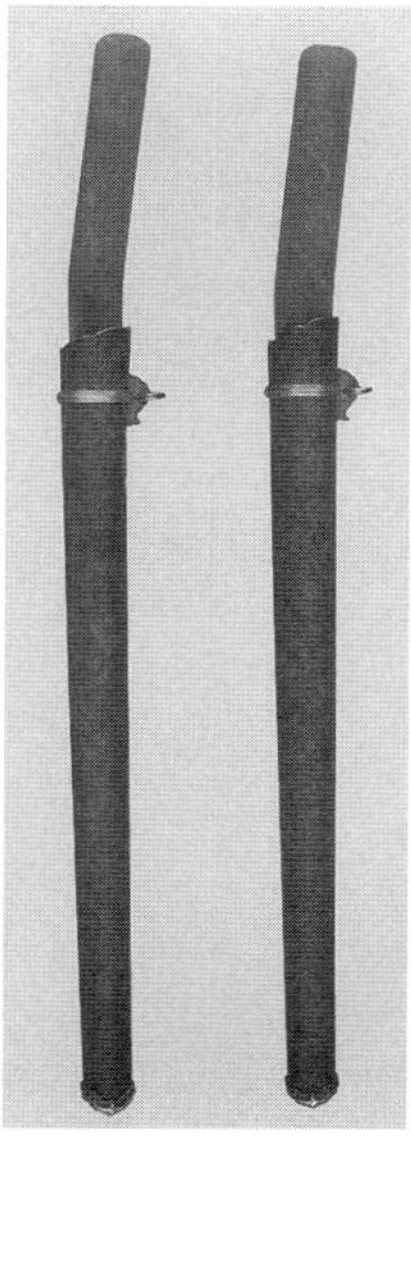

図16　斑犀把金銀鞘刀子（中倉131－9）外装

図17　黒琉璃把白銅鞘金銀珠玉荘刀子（中倉131－16）外装

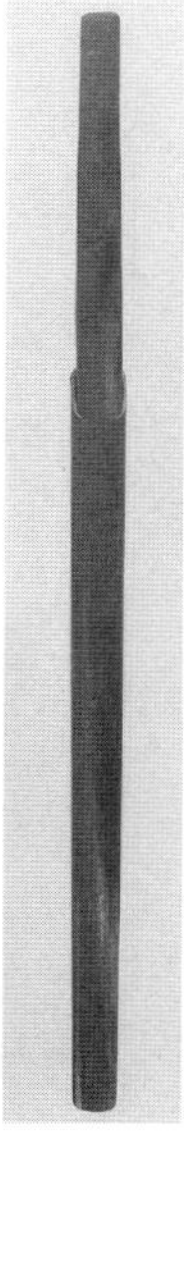

図18　黒柿把鞘鉋（中倉131－22）

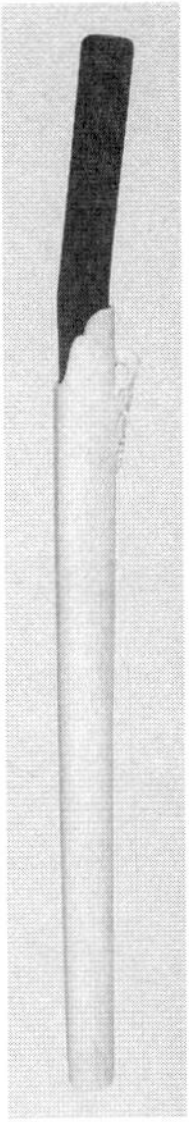

図19 烏犀把白牙鞘刀子（中倉131-33）外装

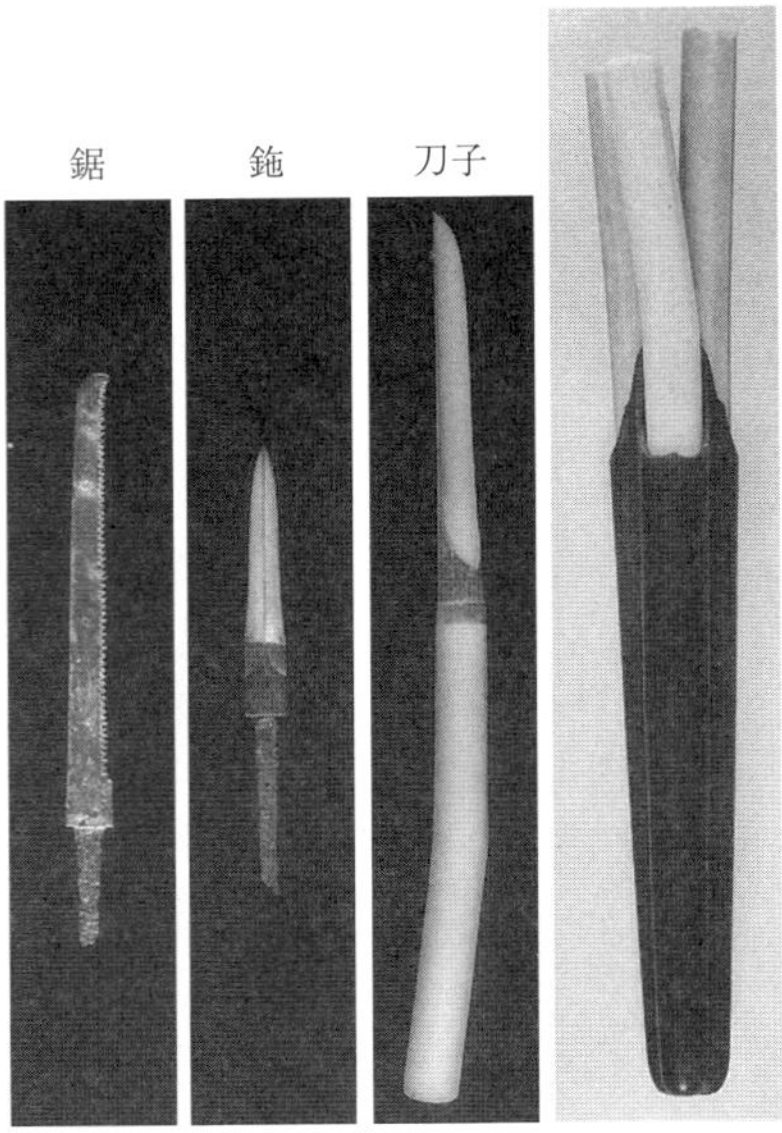

図20 白牙把水角鞘小三合刀子（中倉131-34）

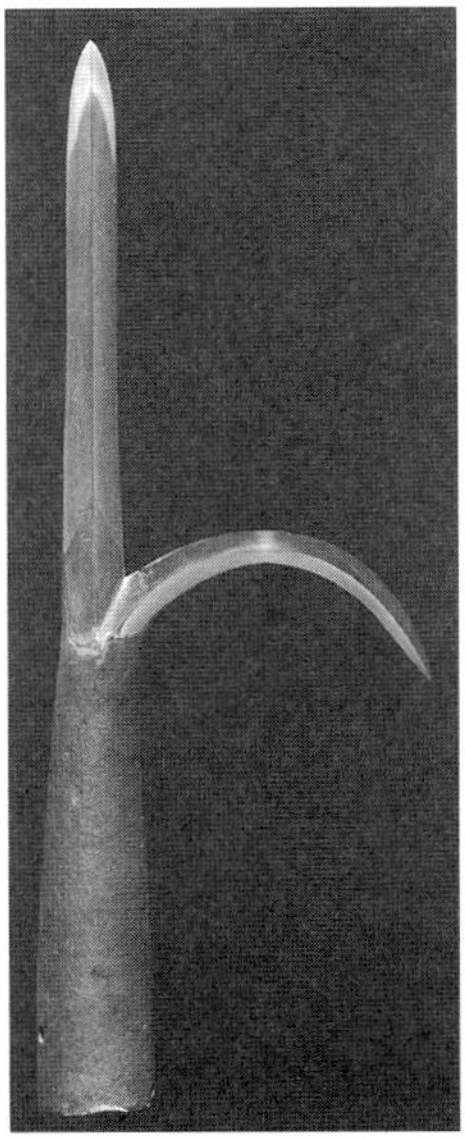

図21 鉾（中倉11-6）刀身

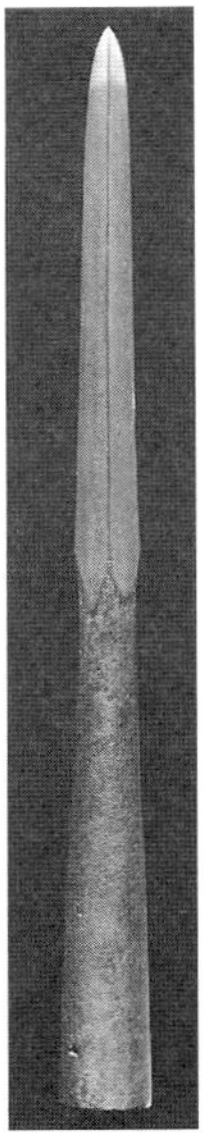

図22 鉾（中倉11-21）刀身

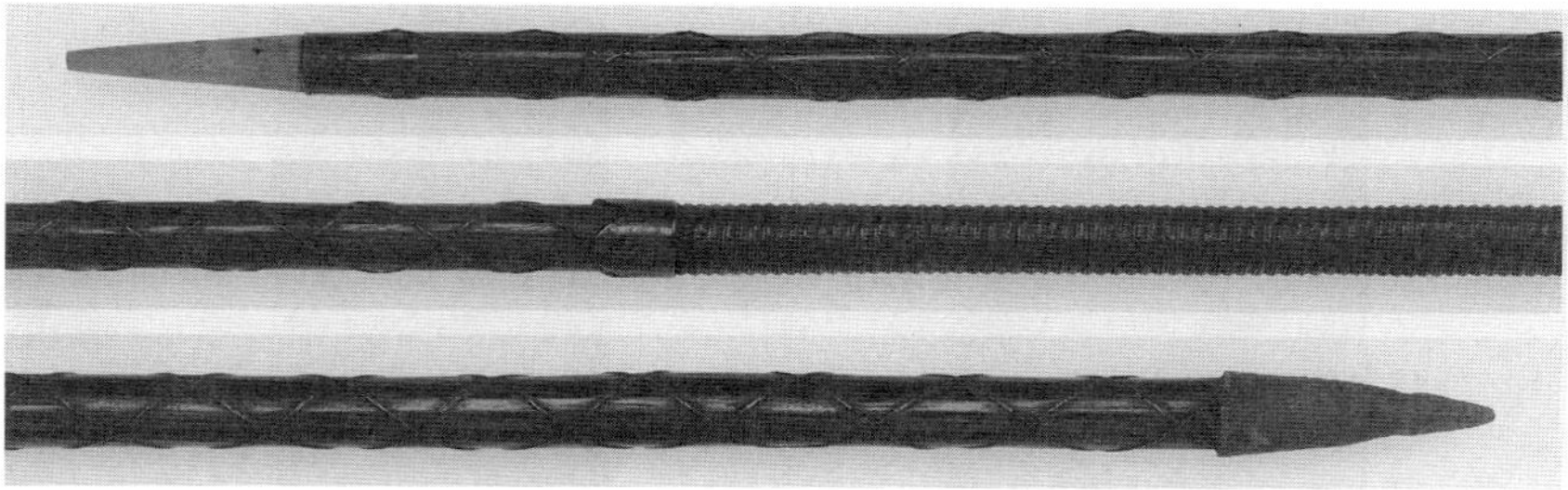

図23　鉾（中倉11-21）柄部分（上段左が刀身側）

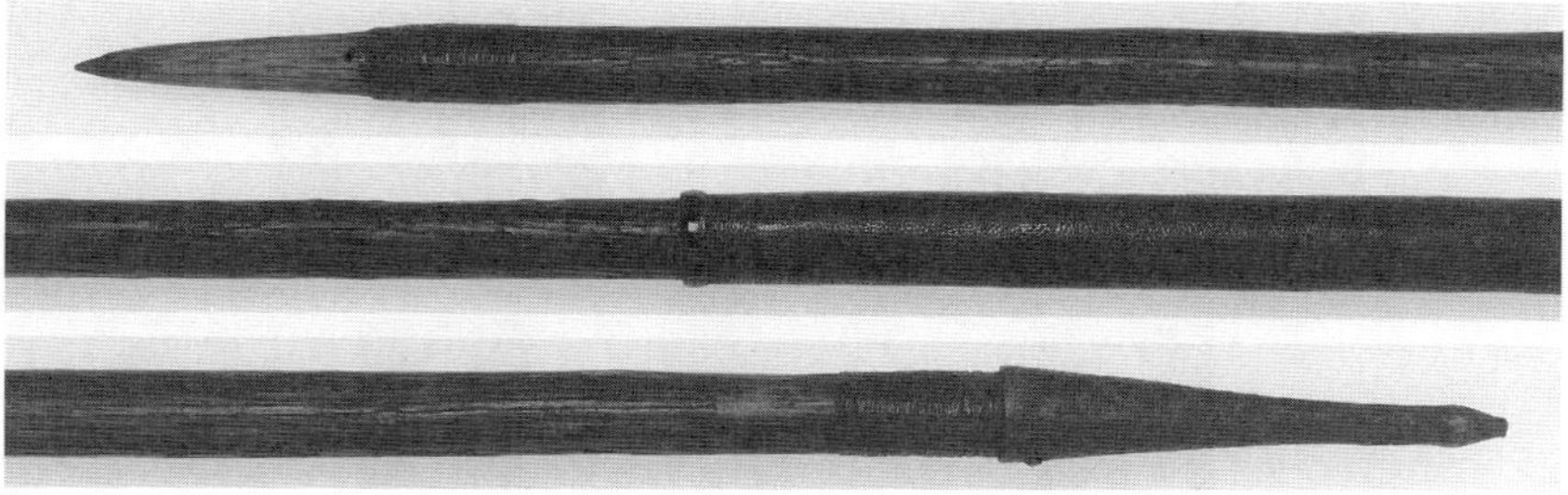

図24　鉾（中倉11-15）柄部分（上段左が刀身側）

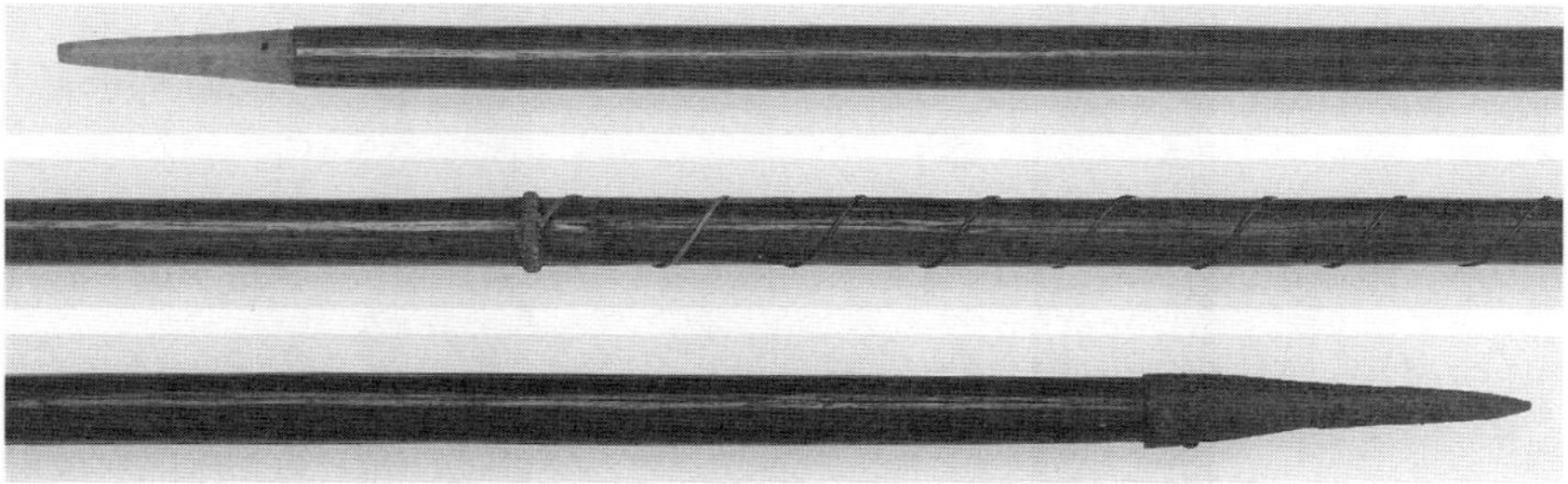

図25　鉾（中倉11-26）柄部分（上段左が刀身側）

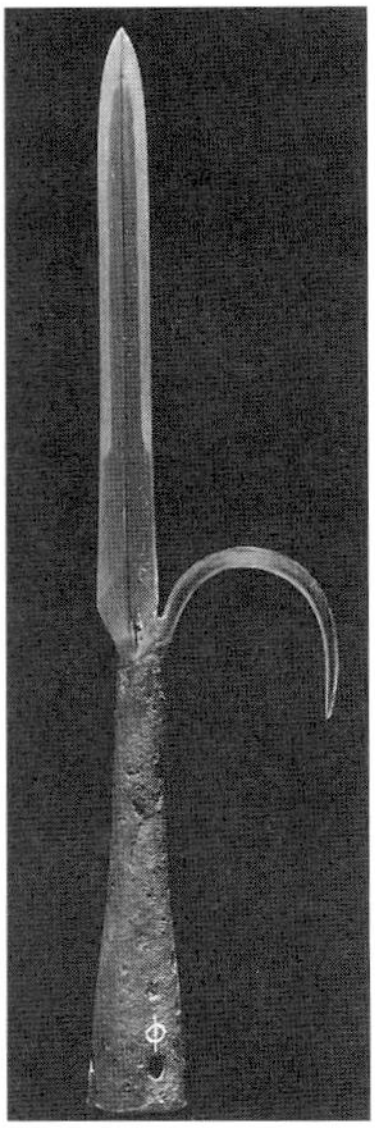

図26 鉾（中倉11－3）刀身

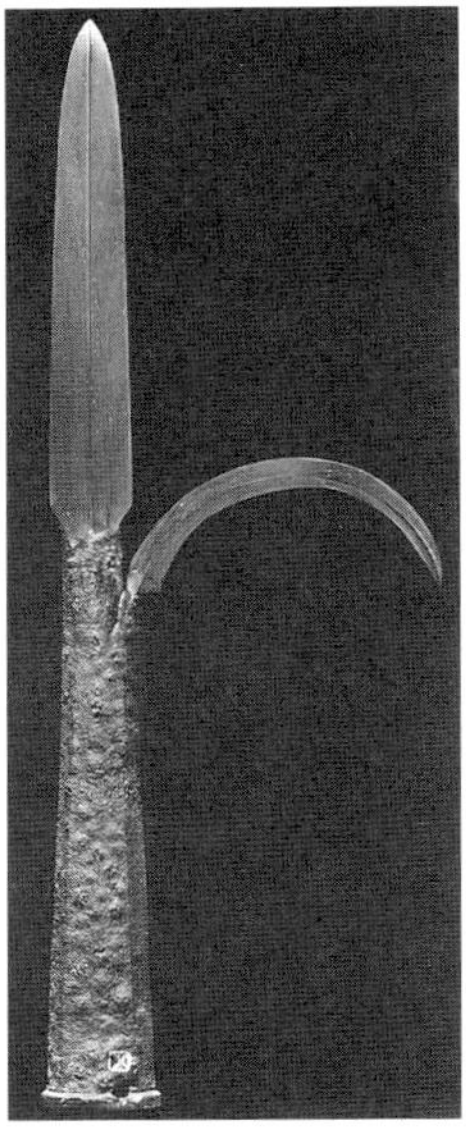

図27 鉾（中倉11－4）刀身

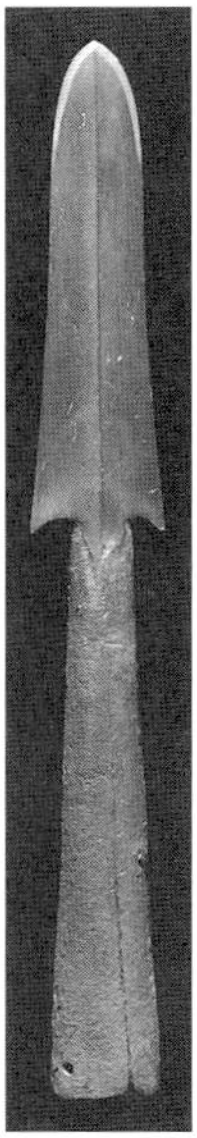

図28 鉾（中倉11－28）刀身

図29 鉾（中倉11－32）刀身

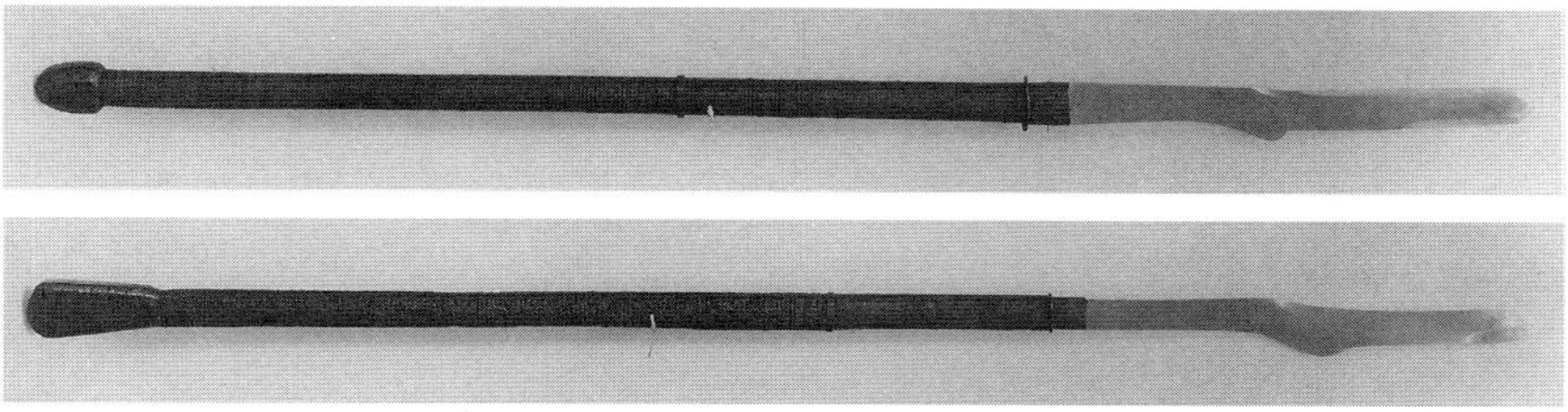

図30　手鉾（中倉10－1・2）（上が中倉10－1）

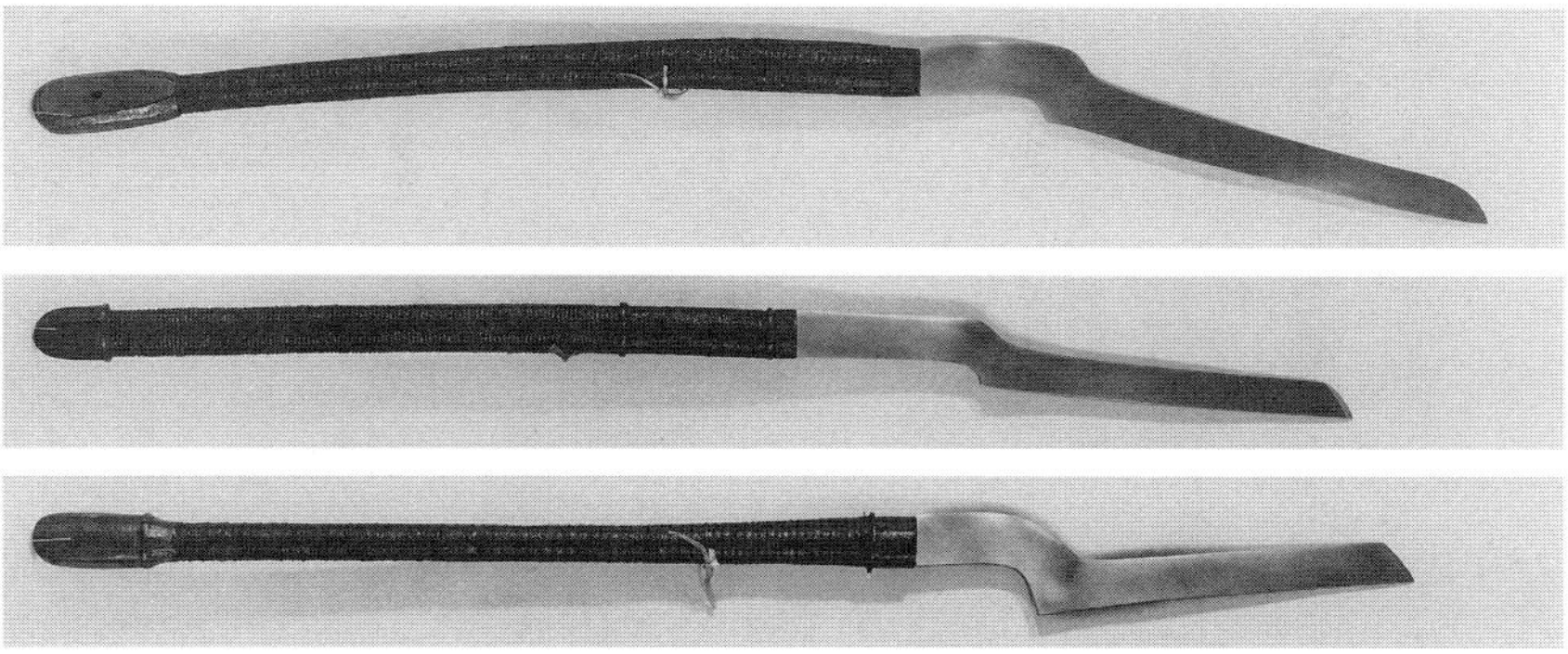

図31　手鉾（中倉10－3～5）（上から中倉10－3・4・5）

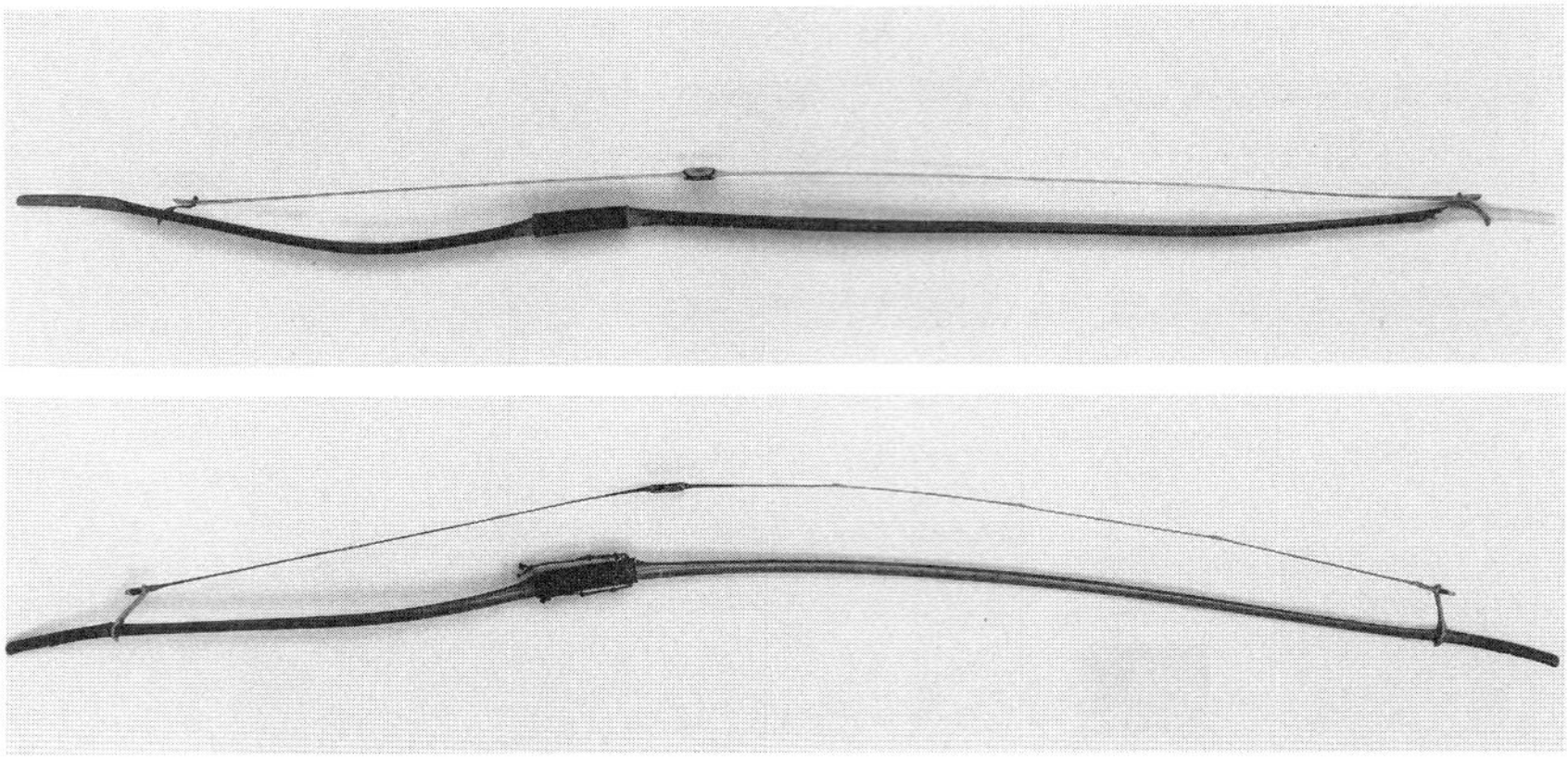

図2　墨絵弾弓（中倉169—1）・漆弾弓（中倉169—2）

図1　梓弓（中倉1—3）部分（右側上が末弭）

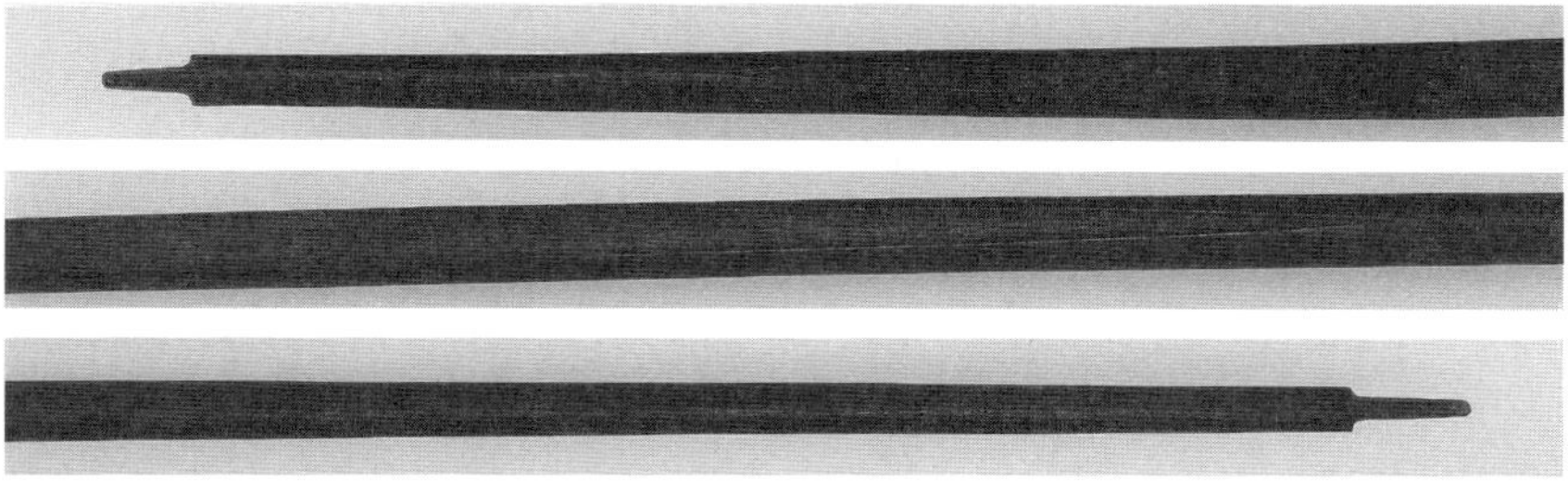

図5　槻弓(中倉2−7)部分(右側上が末弭)

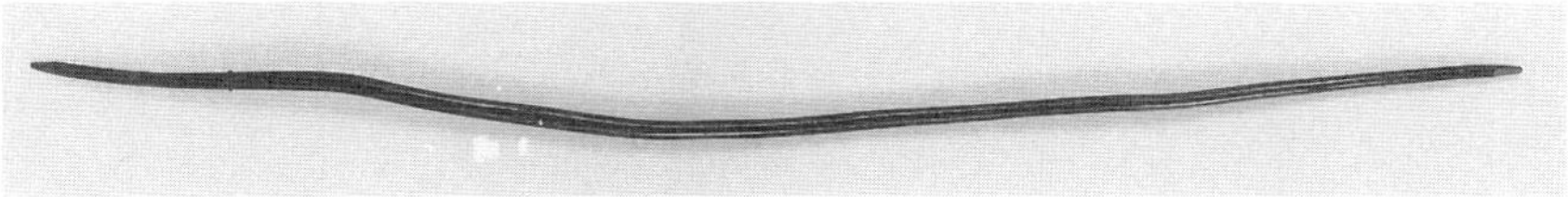

図4　梓弓(中倉1−2)

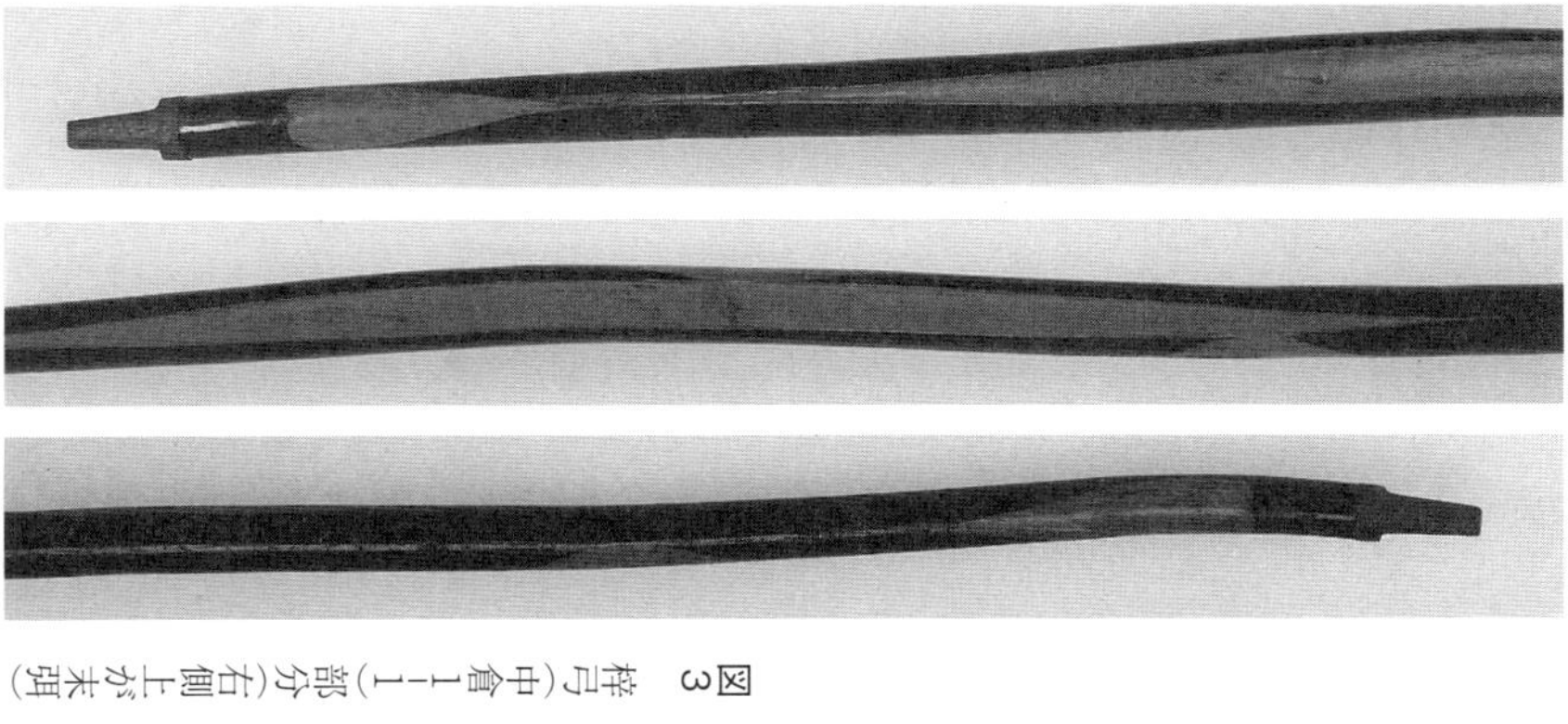

図3　梓弓(中倉1−1)部分(右側上が末弭)

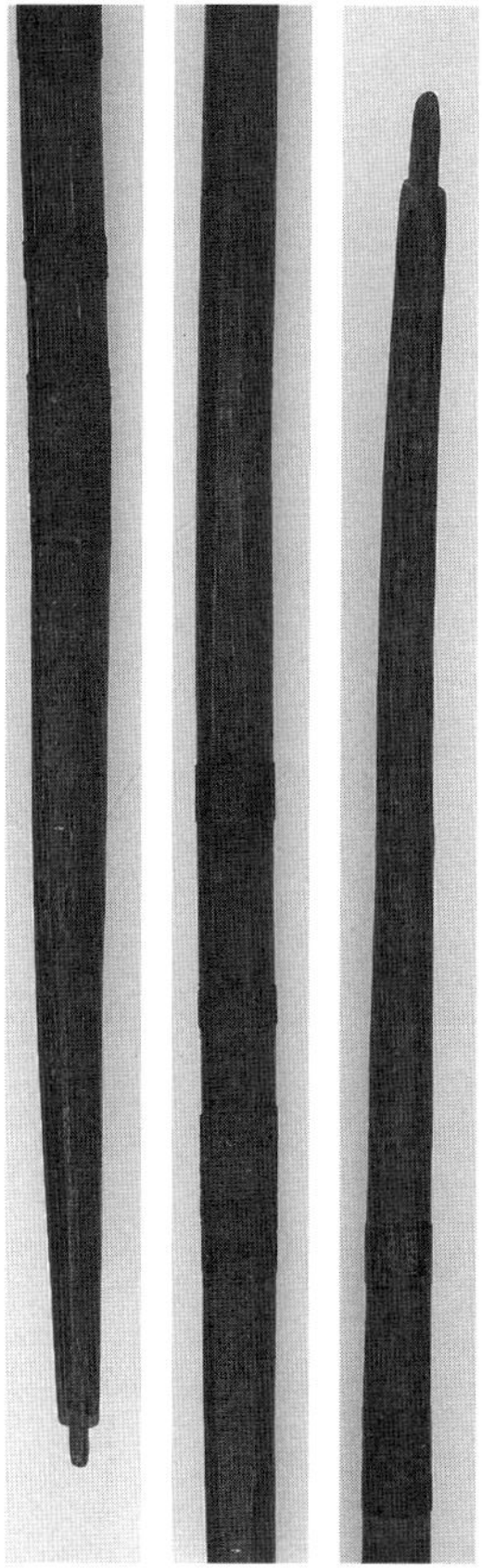
図6　槻弓（中倉2-12）部分（右側上が末弭）

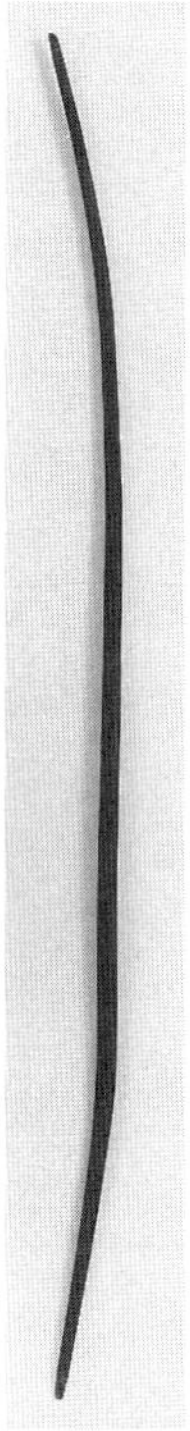
図7　槻弓（中倉2-17）

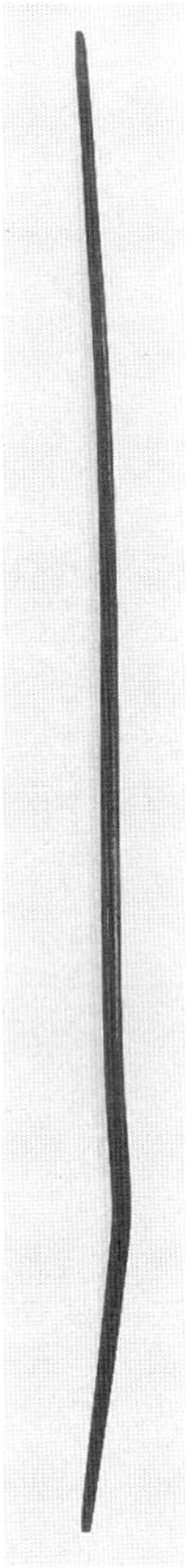
図8　槻弓（中倉2-5）

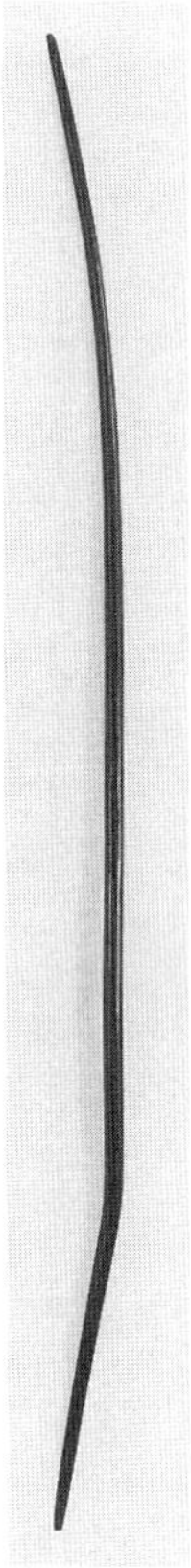
図9　槻弓（中倉2-15）

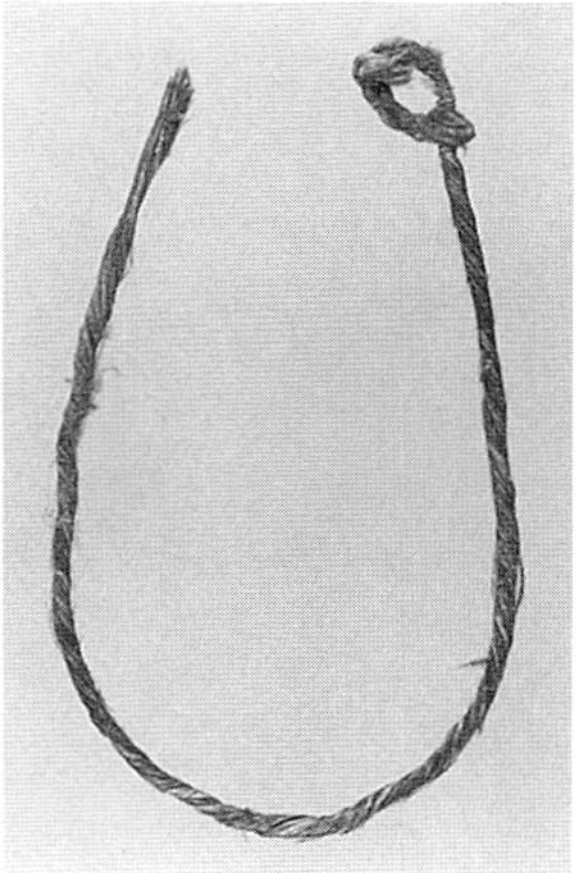

図10　残弦（無番）

図11　靭（中倉3-5）

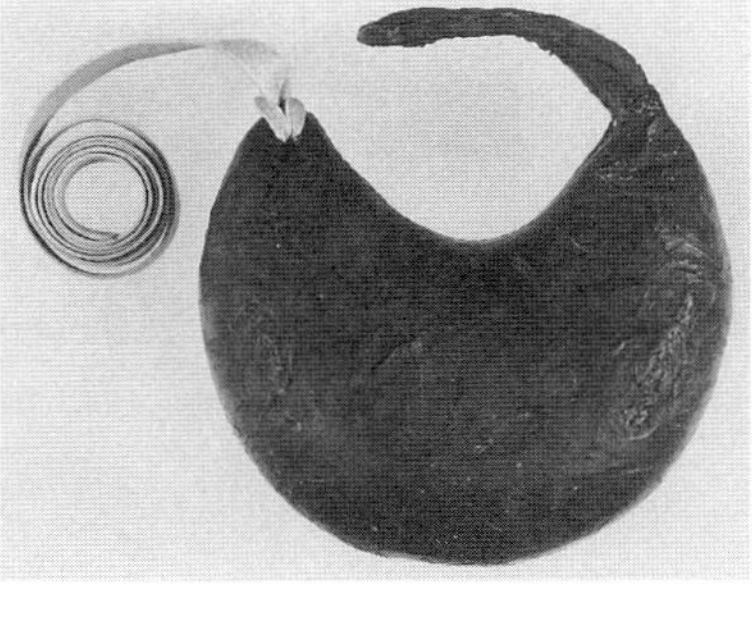

図12　靭（中倉3-9）

図13　武人埴輪（部分）　群馬県太田市飯塚町出土（東京国立博物館蔵）

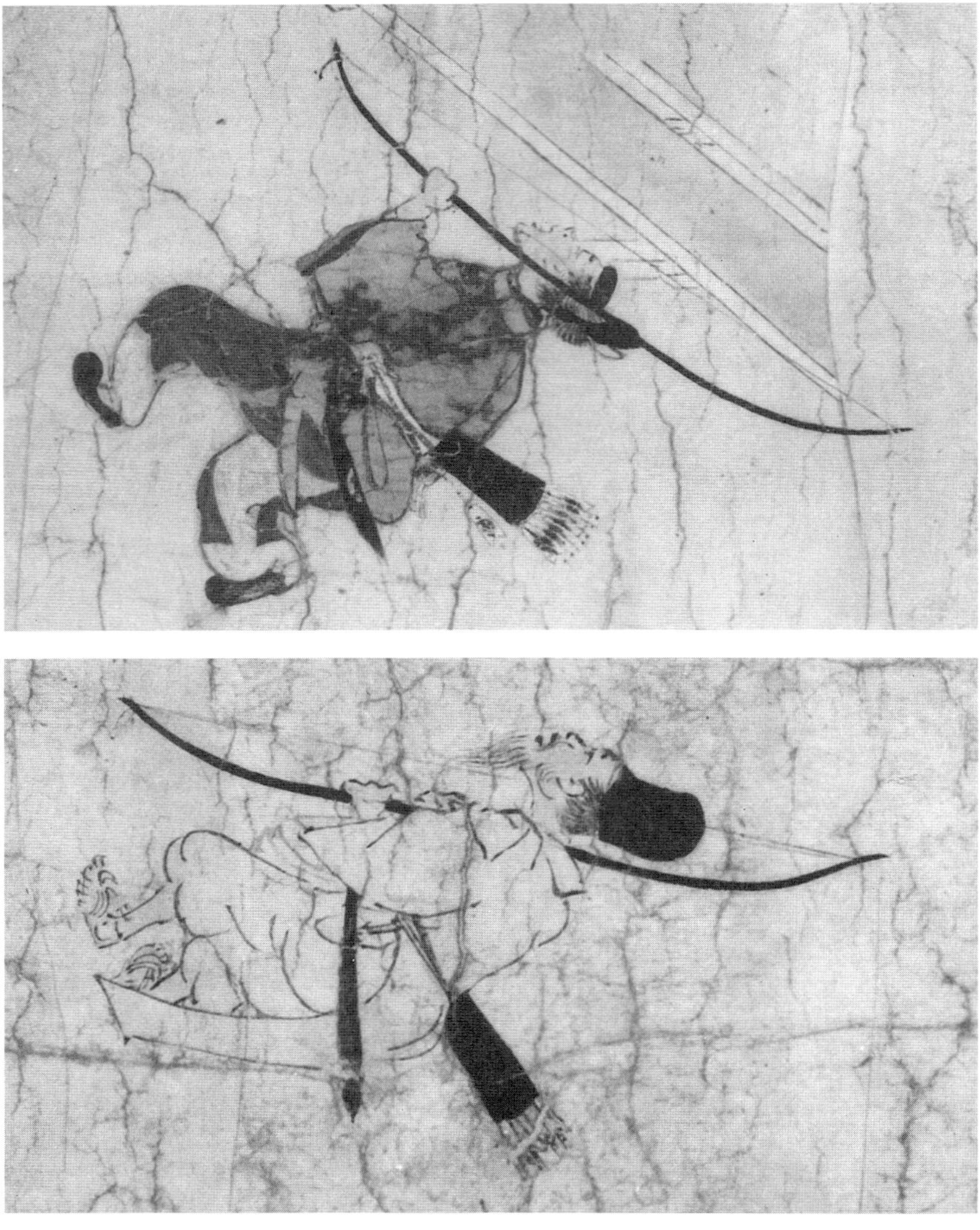

図1　看督長の靫（右）と近衛舎人の壺胡籙（左）（『伴大納言絵巻』／出光美術館蔵）

図2　近衛舎人の壺胡簶(右上)と看督長の靫(右下)、近衛舎人の壺胡簶(左)『年中行事絵巻』(個人蔵)

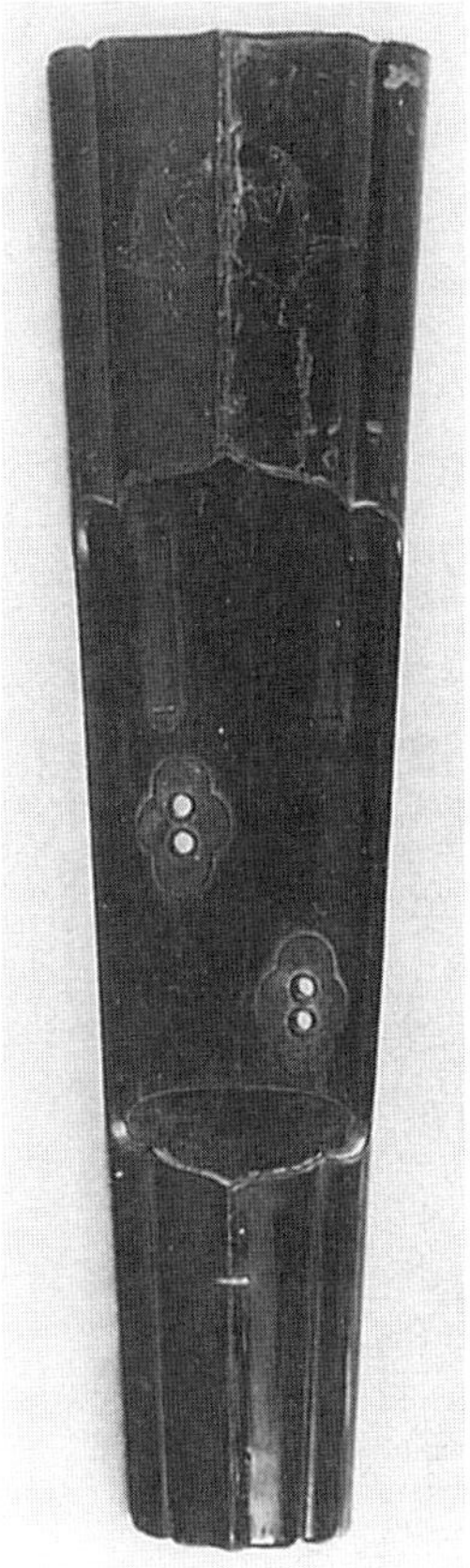

図3　黒漆壺胡簶（京都・相国寺蔵）

図4－①　錦靫（神宮神宝）（神宮司庁提供）

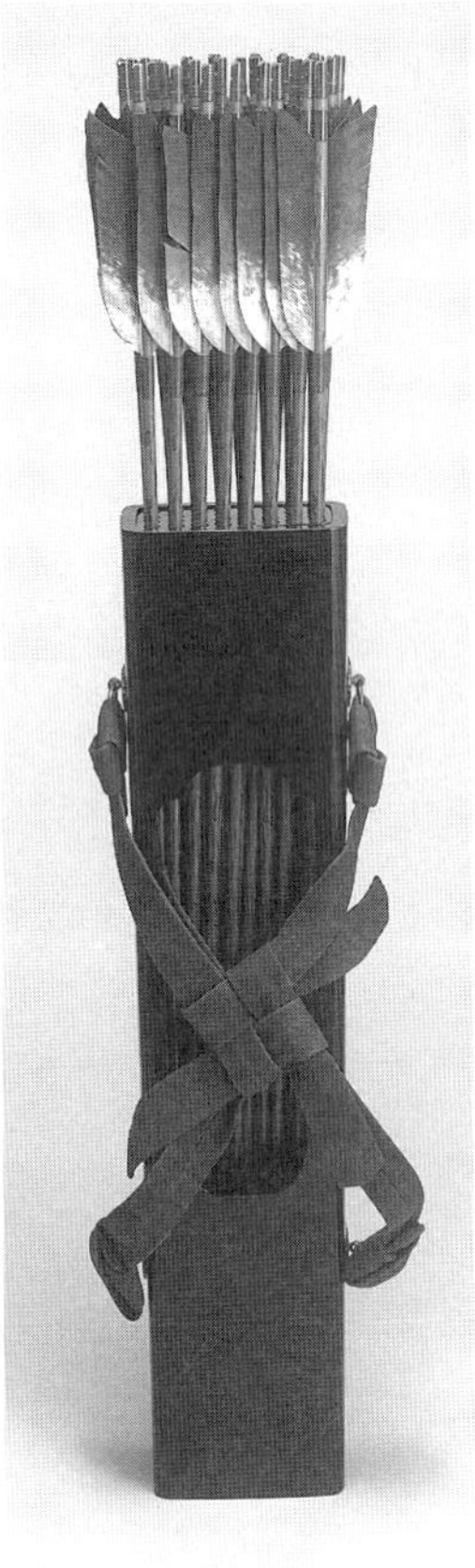

図4－②　革靫（神宮神宝）（神宮司庁提供）

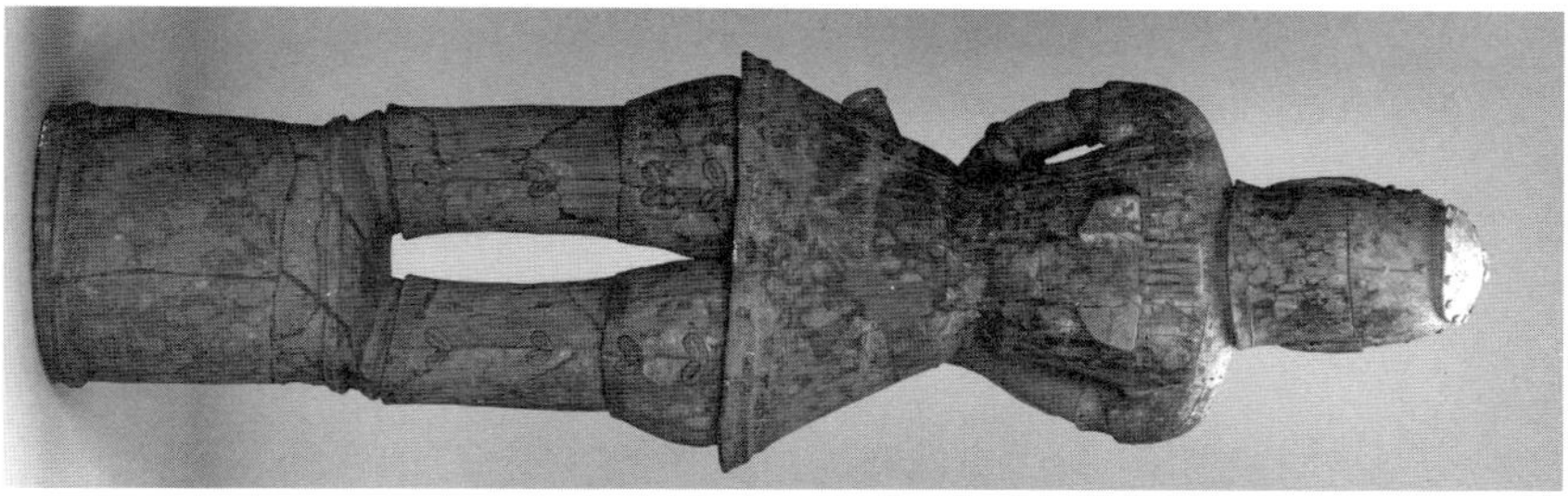

図6
武人埴輪（背面）
群馬県太田市飯塚町出土
（東京国立博物館蔵）

図5
靫形埴輪
室大墓（奈良県御所市）出土
（奈良県立橿原考古学研究所附属博物館蔵）

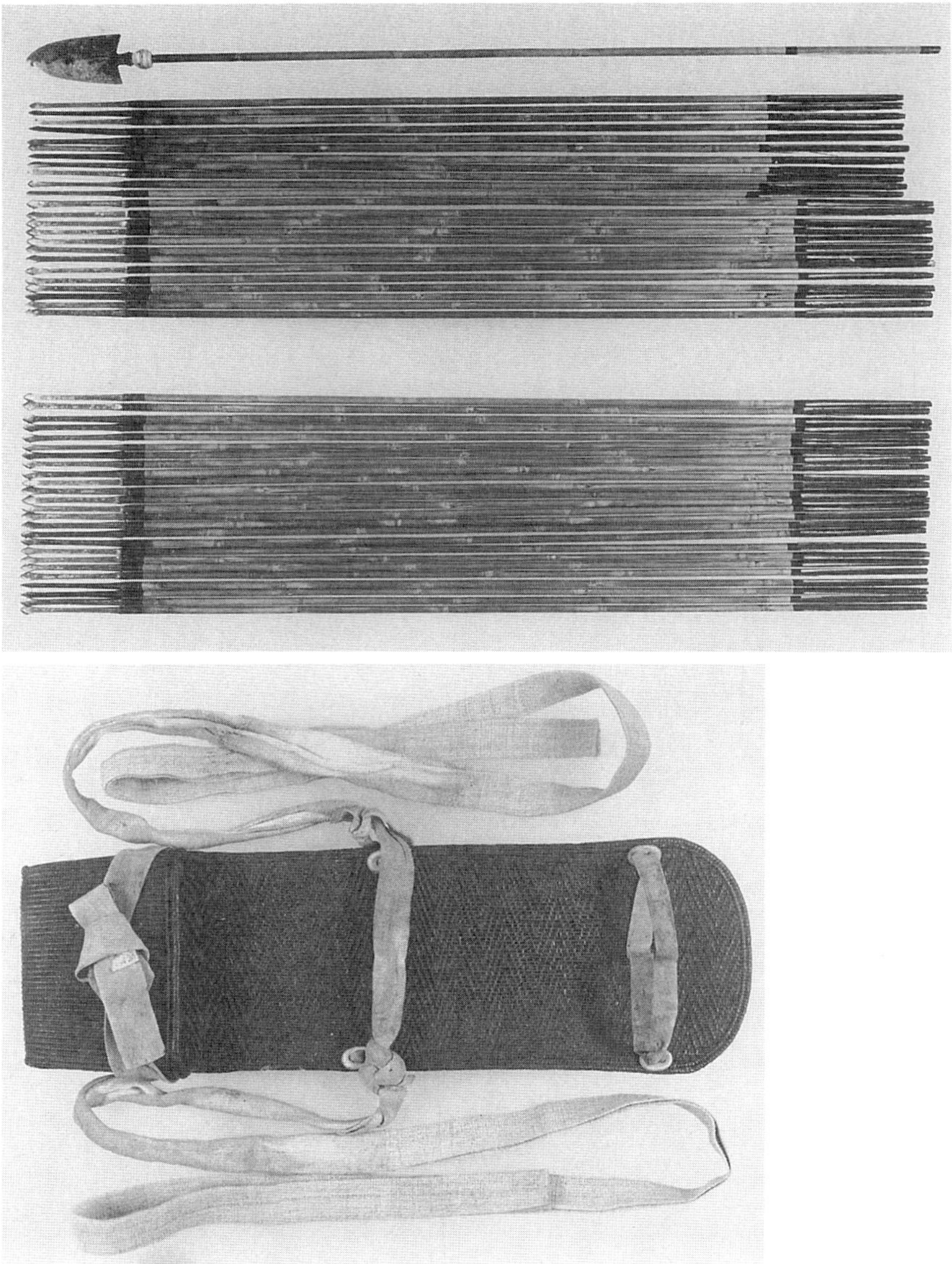

図7　赤漆葛胡禄（中倉4－19）〈口絵7〉

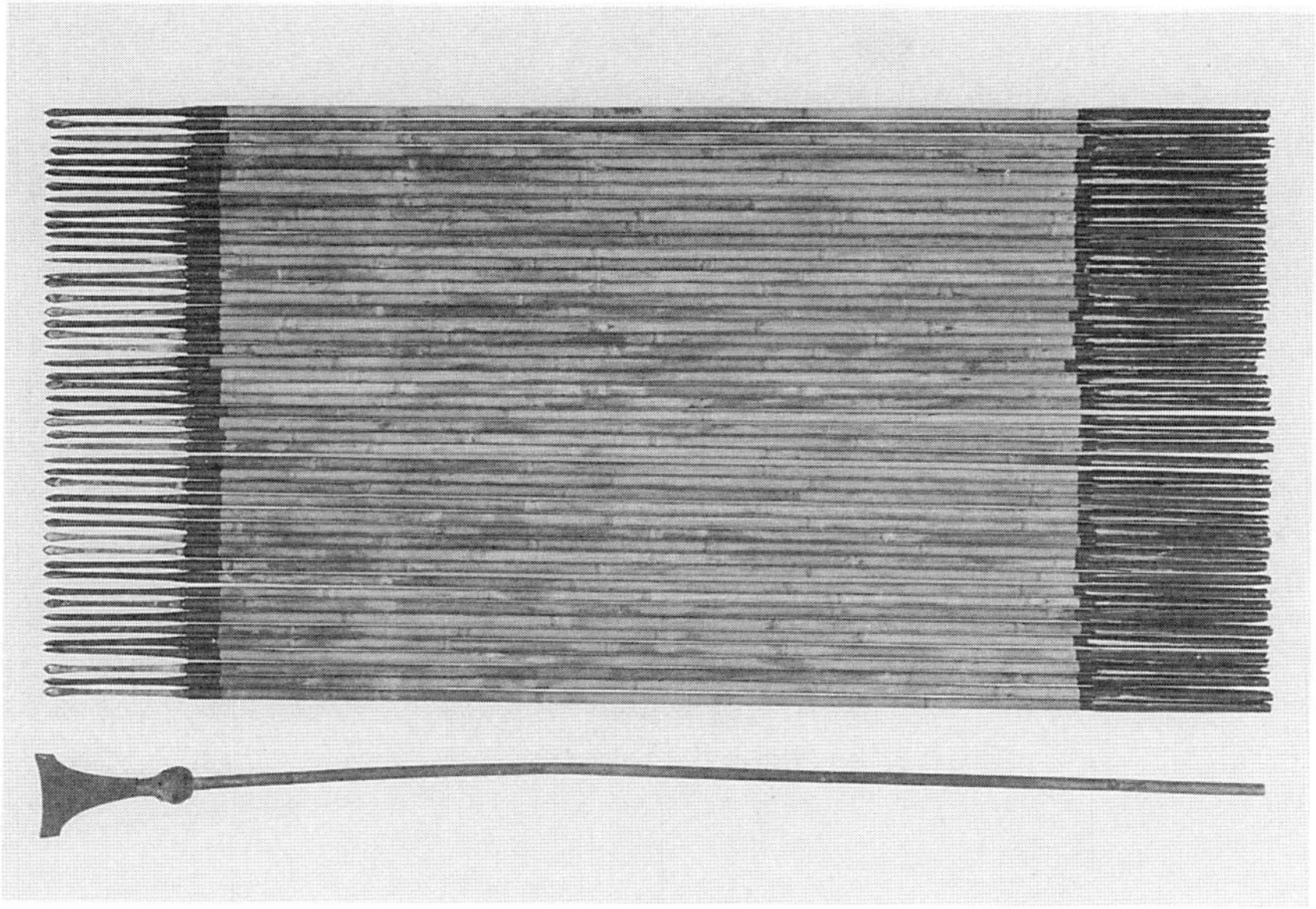

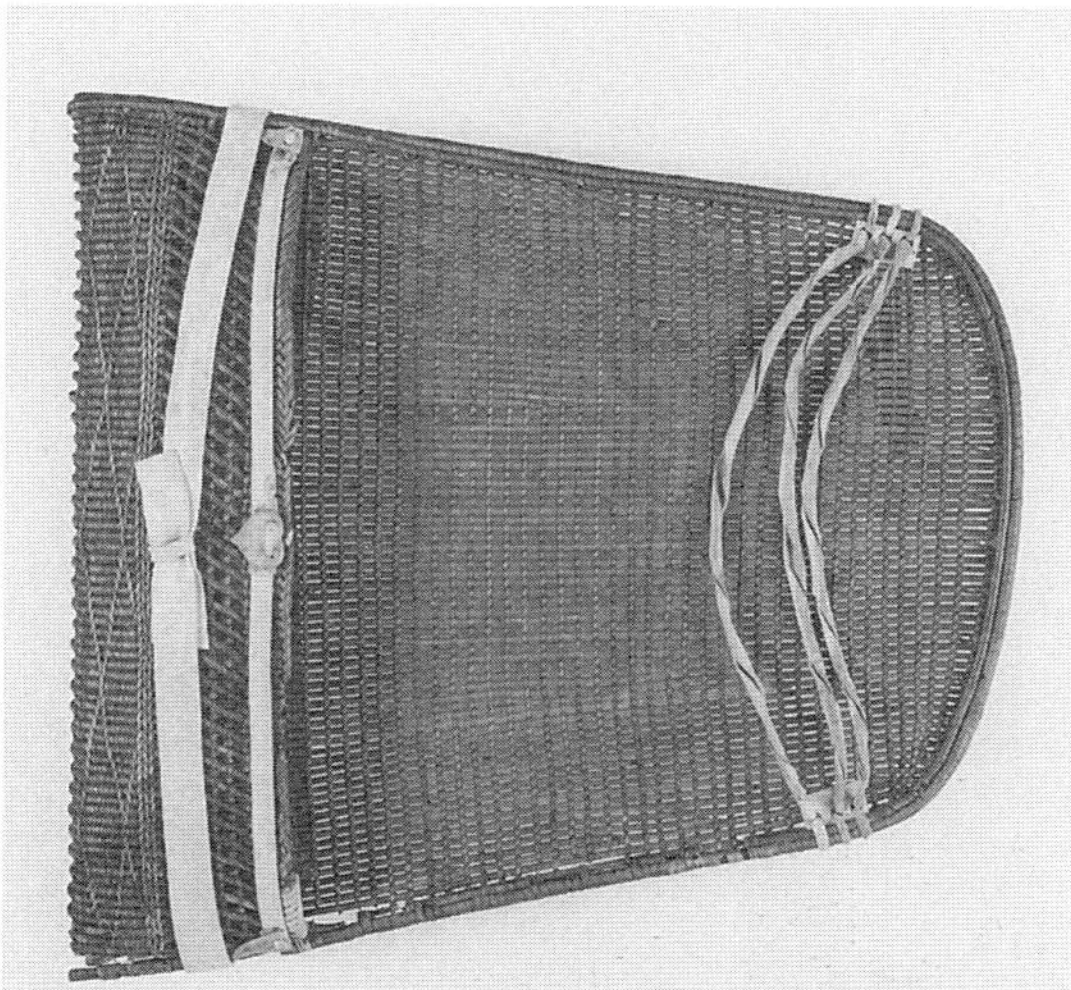

図8　白葛平胡禄（中倉5−30）

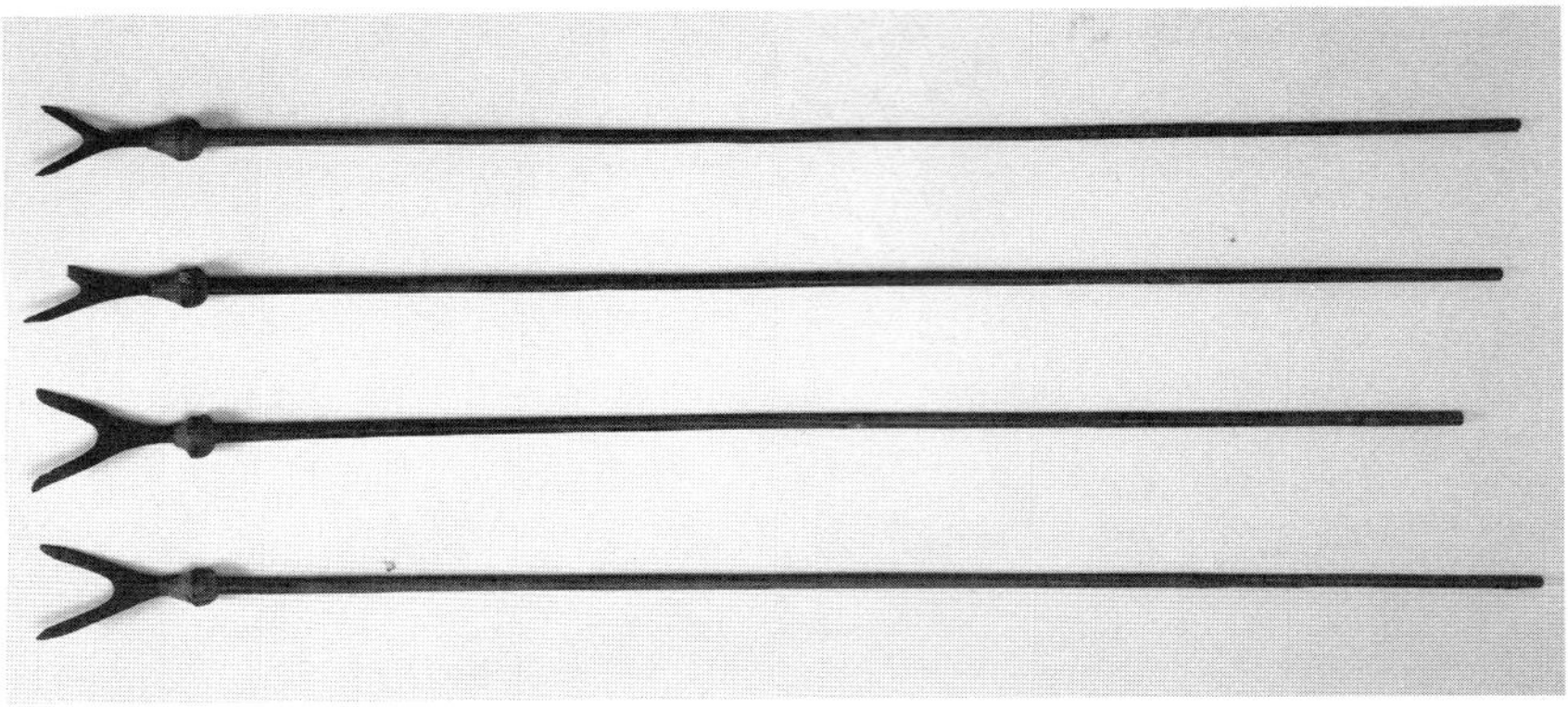

図９　鏑矢　本宮御料古神宝（奈良・春日大社蔵）

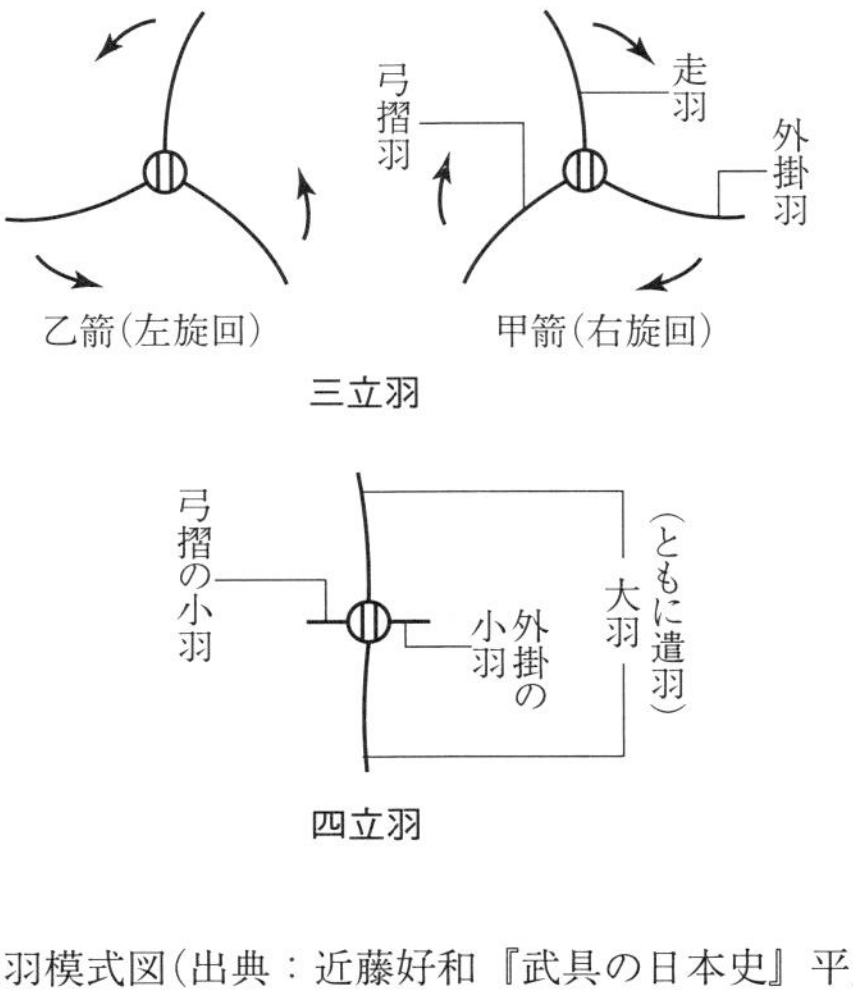

図10　三立羽・四立羽模式図（出典：近藤好和『武具の日本史』平凡社新書、2010年）

図11　正倉院器仗の鏃各種〈口絵6〉

①蟇口　赤漆葛胡禄（中倉4−9）収納箭

②小爪懸　漆葛胡禄（中倉4−11）収納箭

③三陵小爪懸　赤漆葛胡禄（中倉4−17）収納箭

④偏鋭　雉尾箭（中倉6−18）

⑤斧箭　白葛平胡禄（中倉5−33）収納箭

⑥上野乎比多祢　赤漆葛胡禄（中倉4−27）収納箭

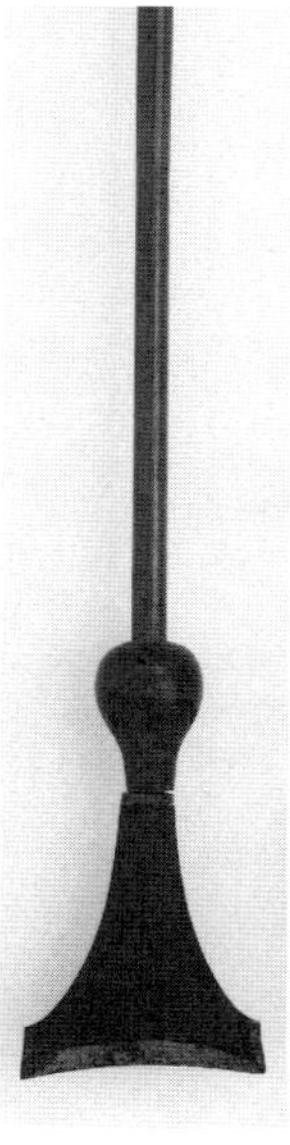

⑦加理麻多　白葛胡禄（中倉4−28）収納箭

⑧伊多都伎　白葛平胡禄（中倉5−33）収納箭

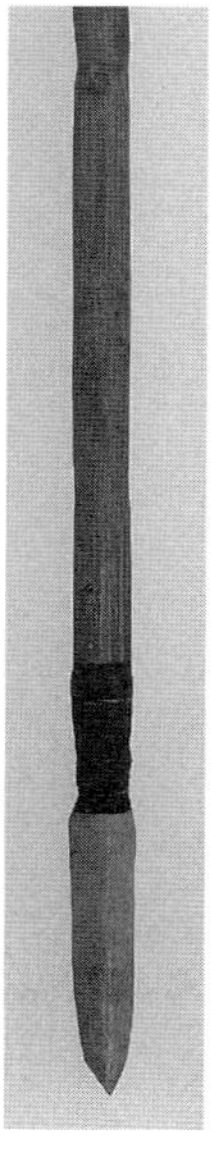

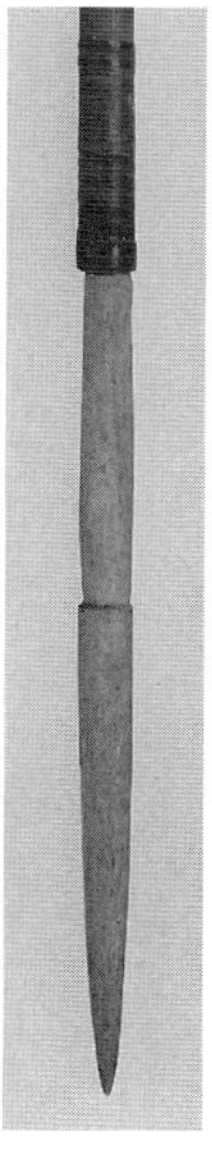

図12　骨鏃箭二隻（中倉6−67・68）竹幹（右）・蘆幹（左）

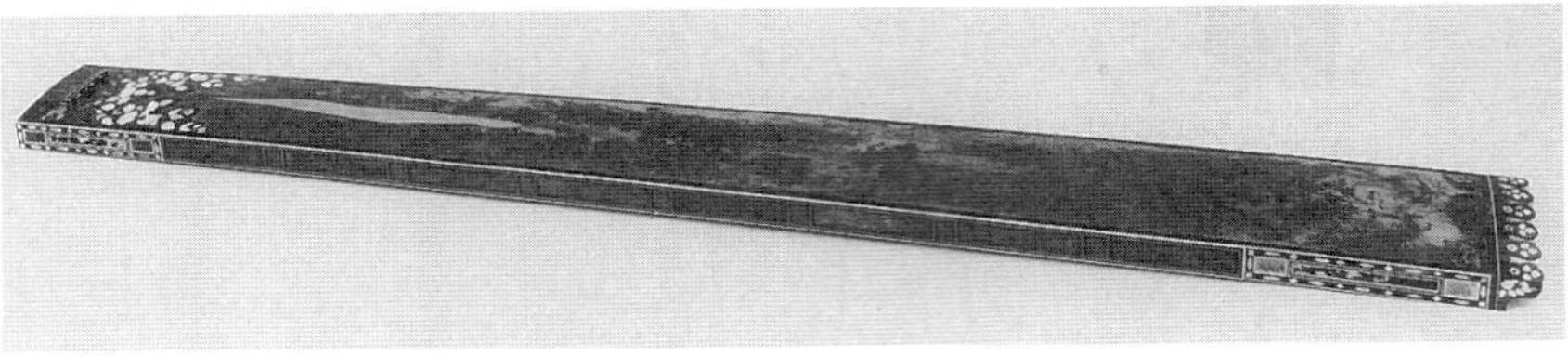

図13　檜和琴（南倉98）

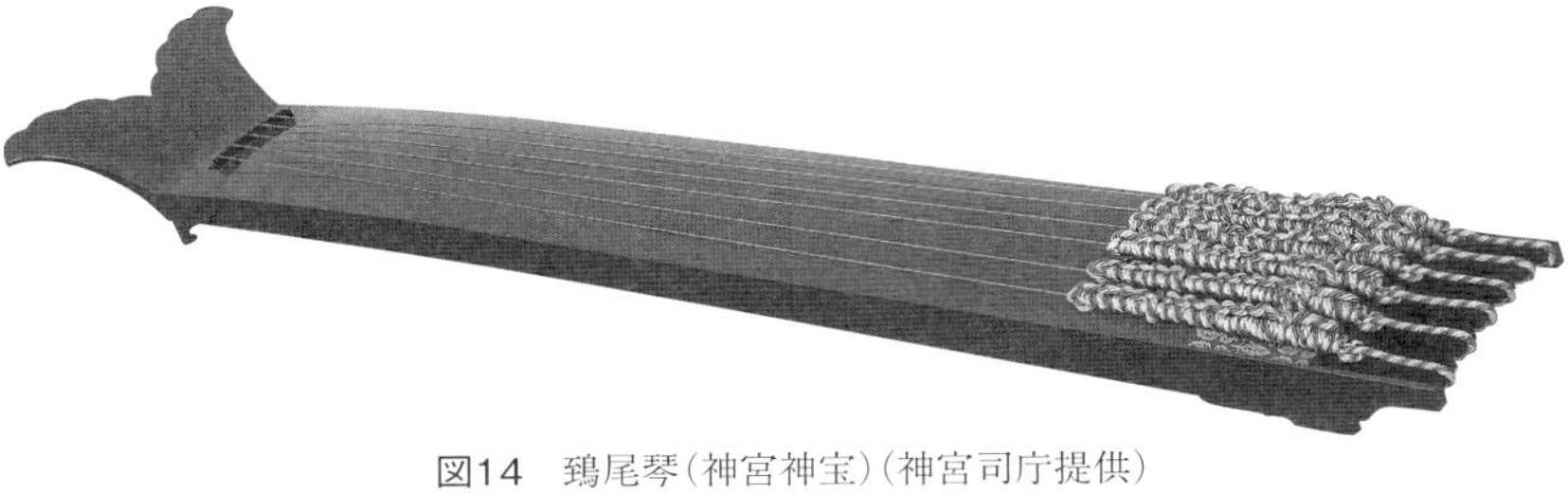

図14　鶏尾琴（神宮神宝）（神宮司庁提供）

図15　箭嚢（左端人物の腰に佩帯）　昭陵六駿石像
（ペンシルバニア大学博物館蔵）

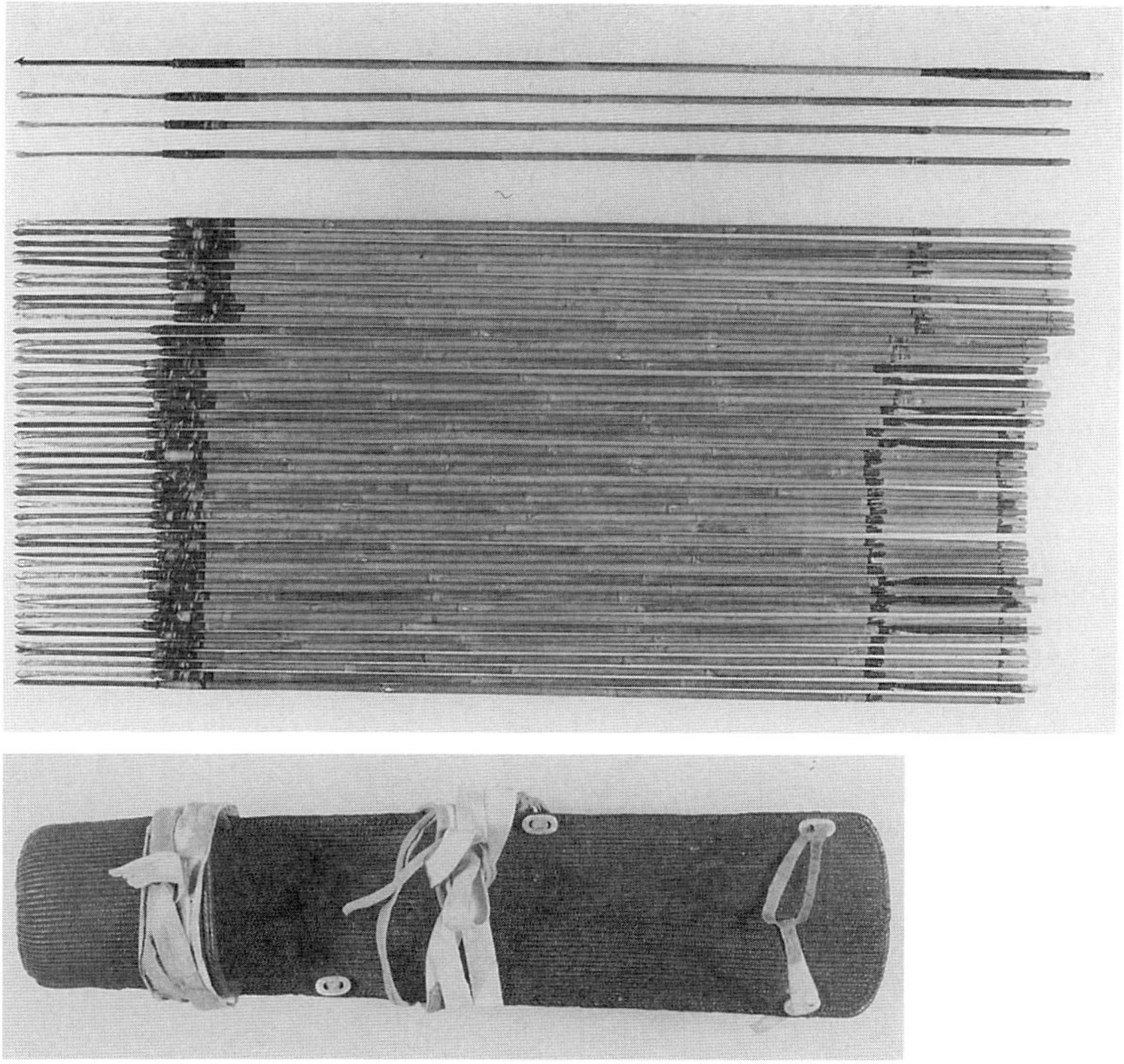

図16　漆葛胡禄（中倉4−3）

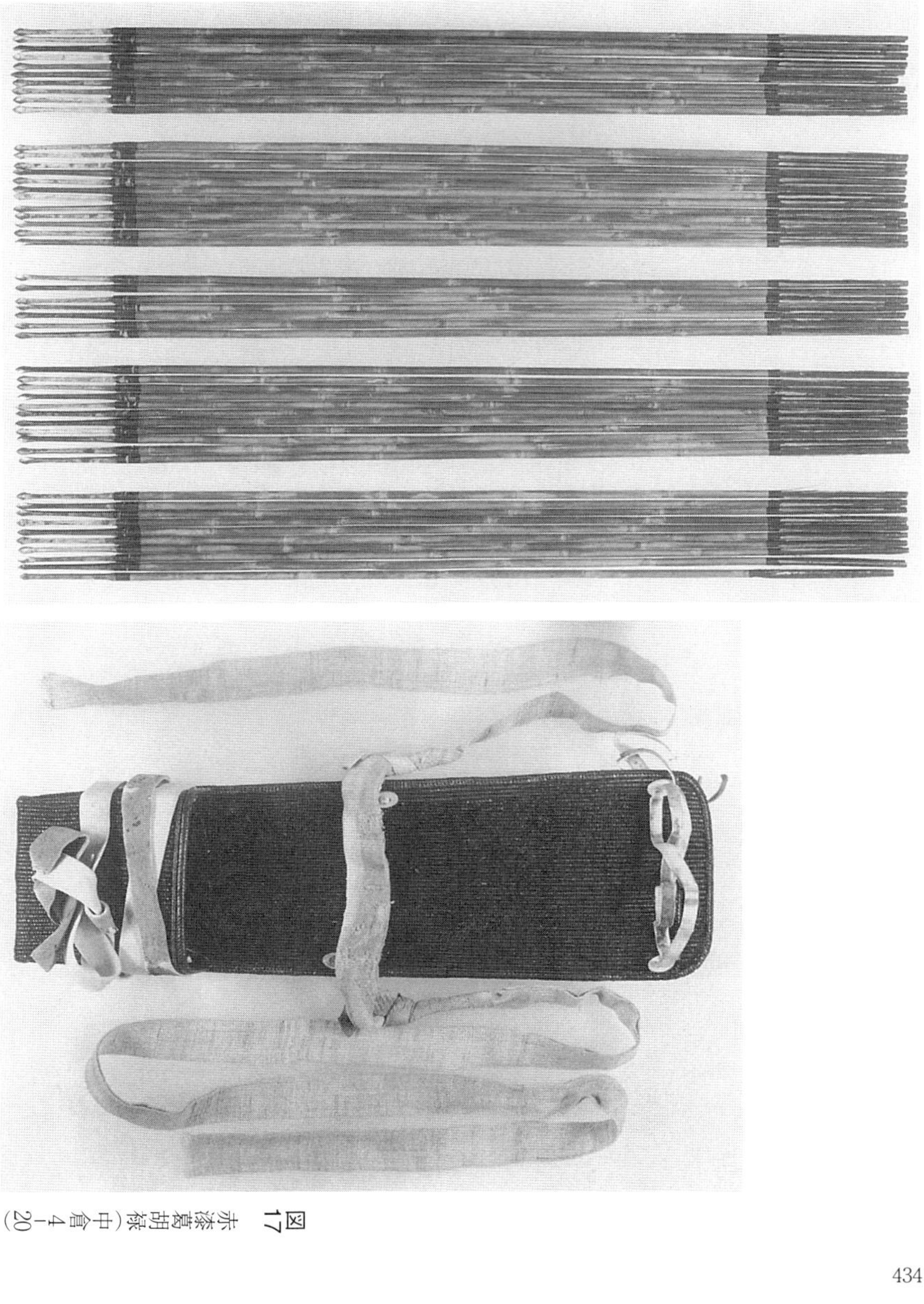

図17　赤漆葛胡禄（中倉4－20）

図21　彩絵胡簶　法隆寺献納宝物（東京国立博物館蔵）

図18　赤漆葛胡禄（中倉4－23）

図19 漆葛胡禄（中倉4－4）

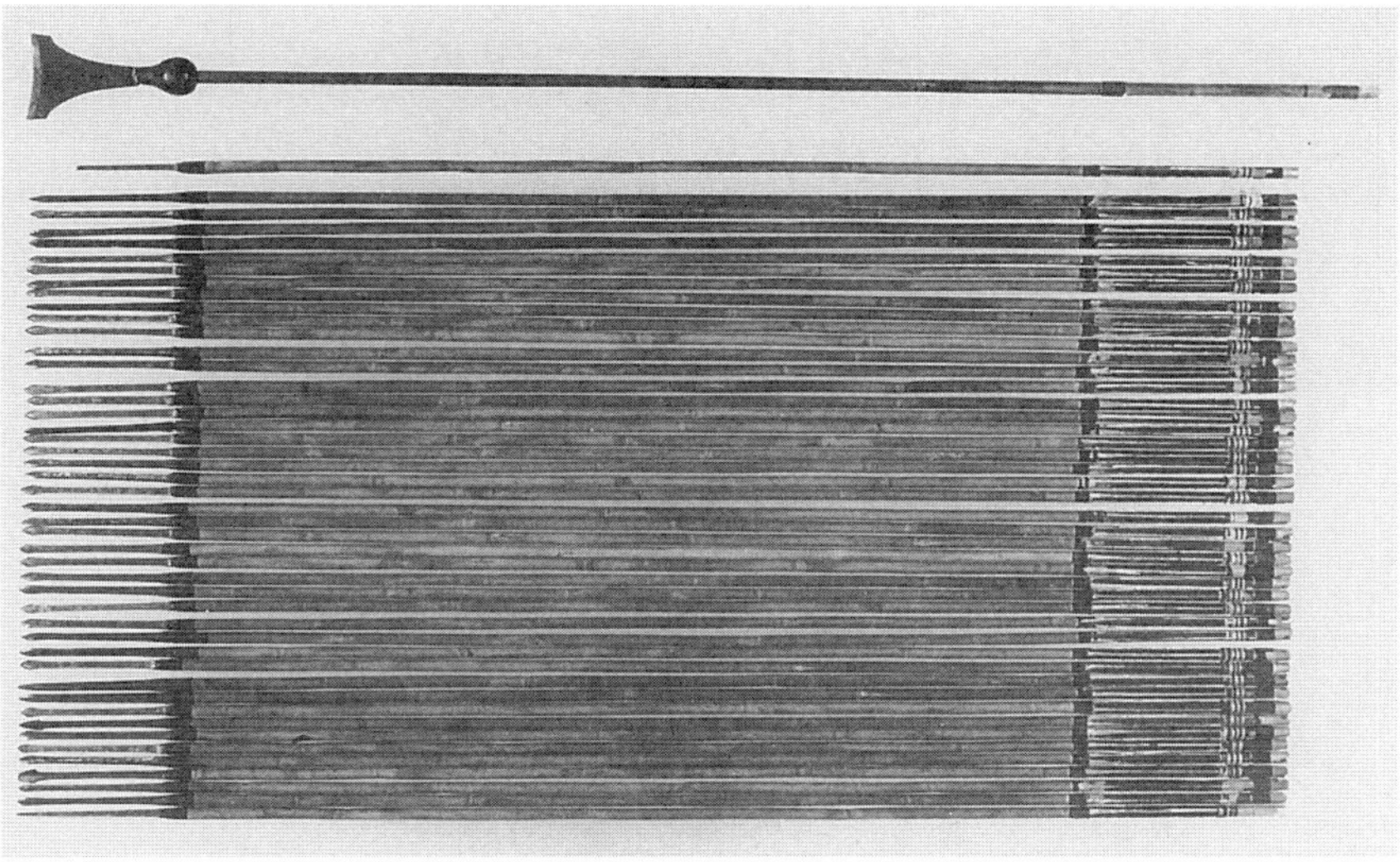

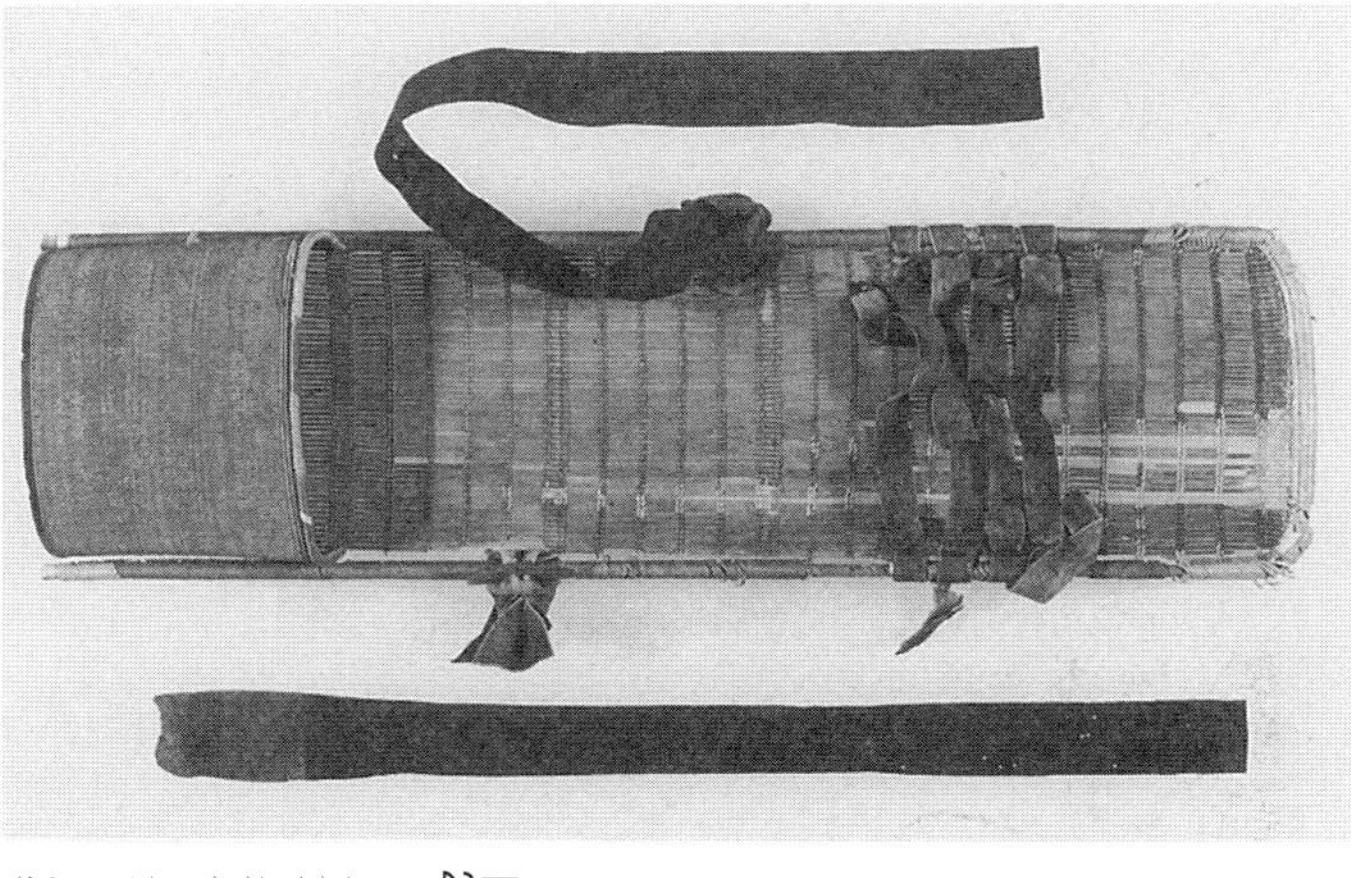

図20　白葛胡禄（中倉4－28）

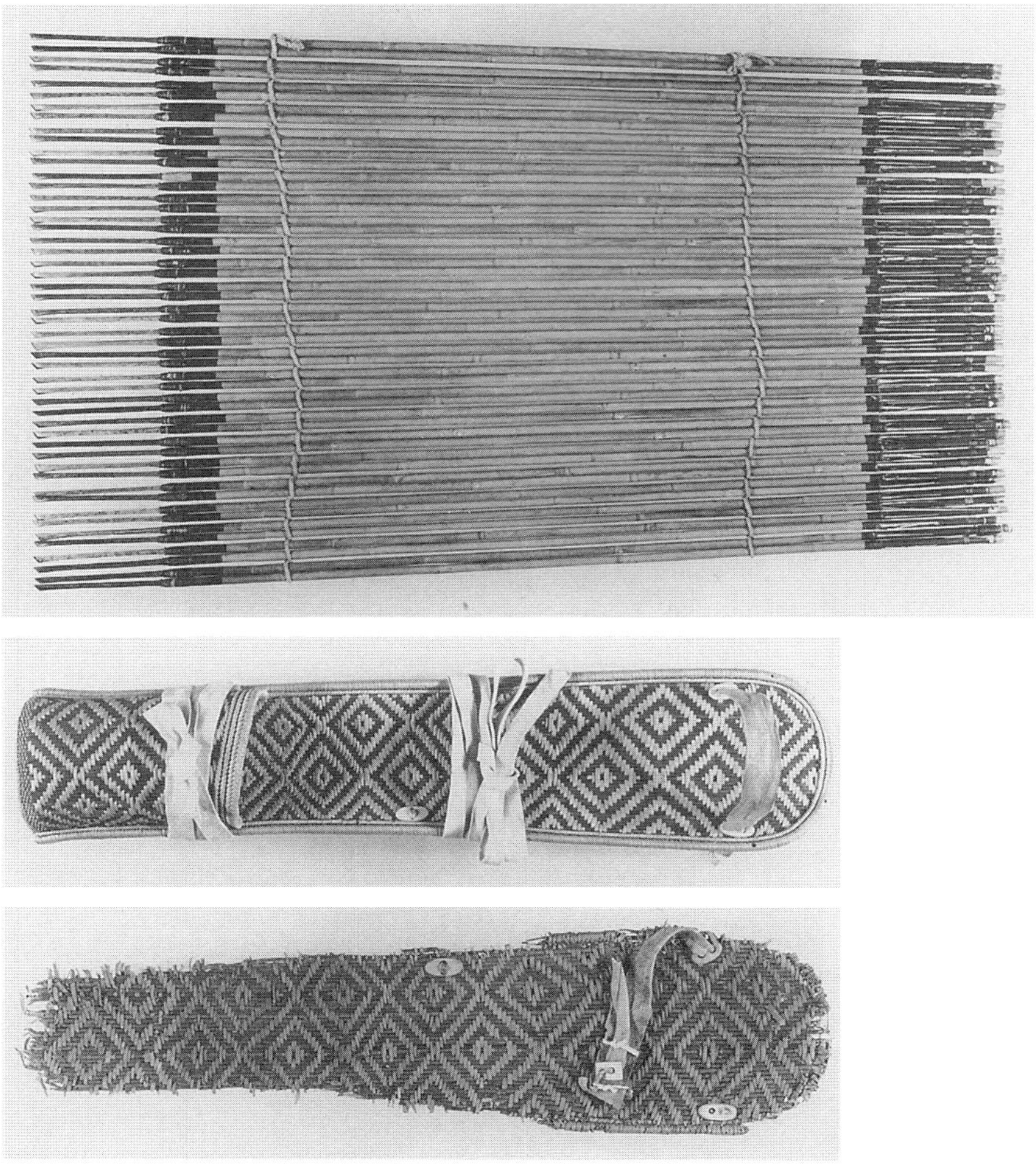

図22 白葛胡禄（中倉4－1）

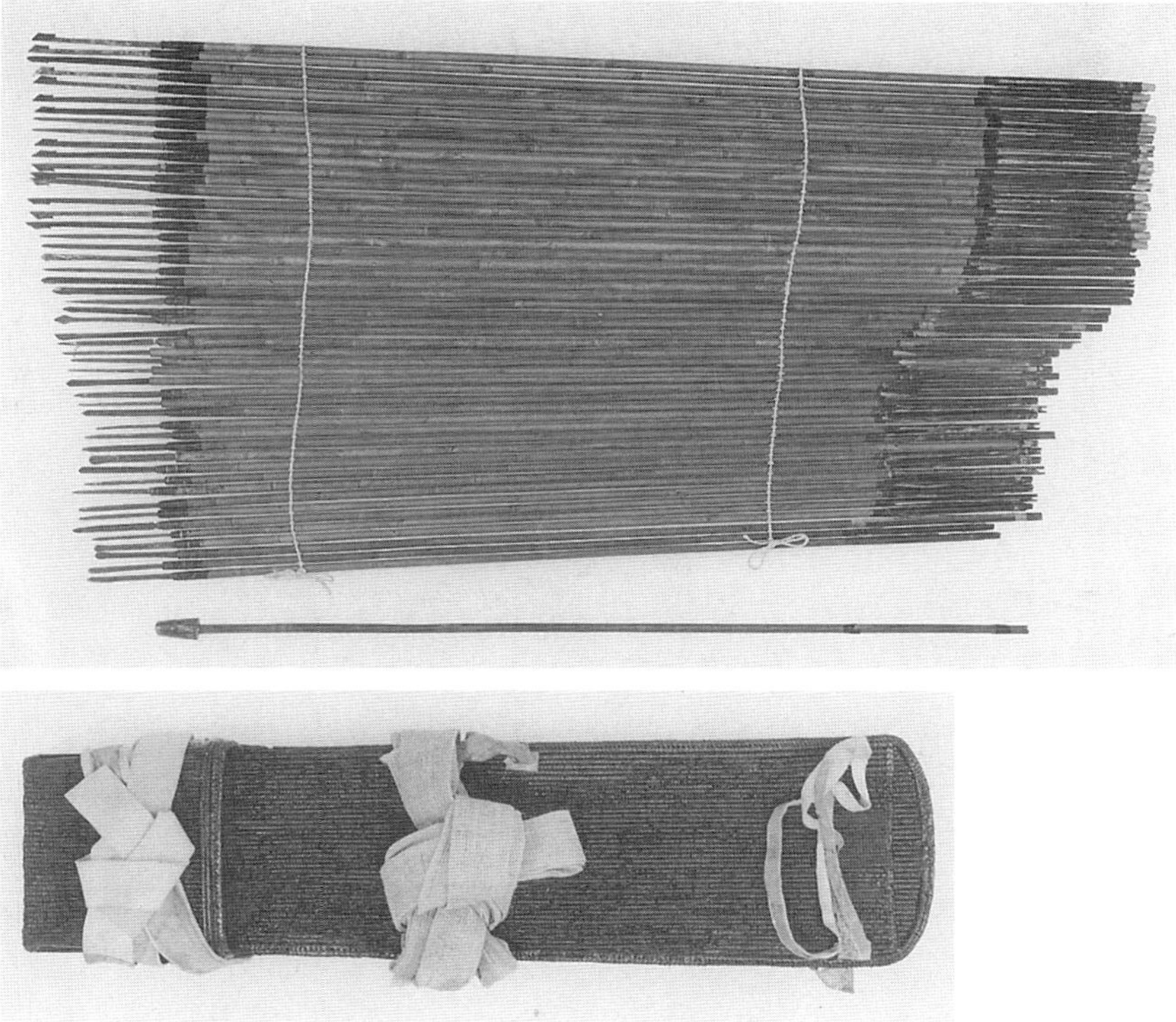

図24
漆葛胡禄（中倉4－29）

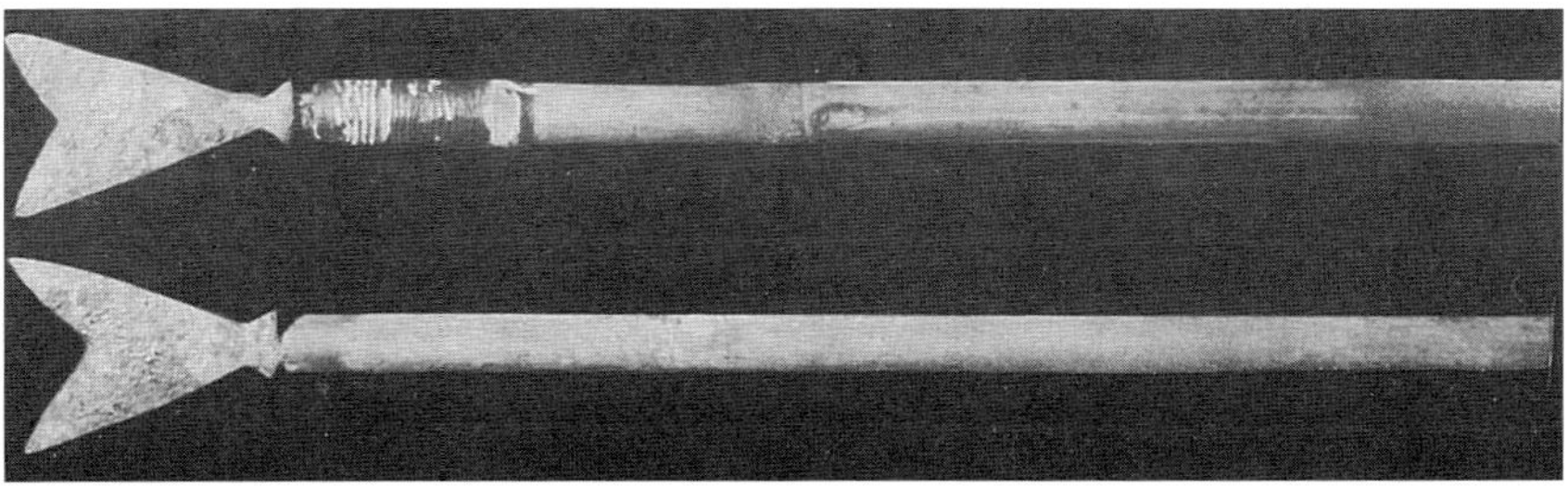

図23
二俣鏃（奈良・大神神社蔵）

図25 白葛平胡禄(中倉5−33)

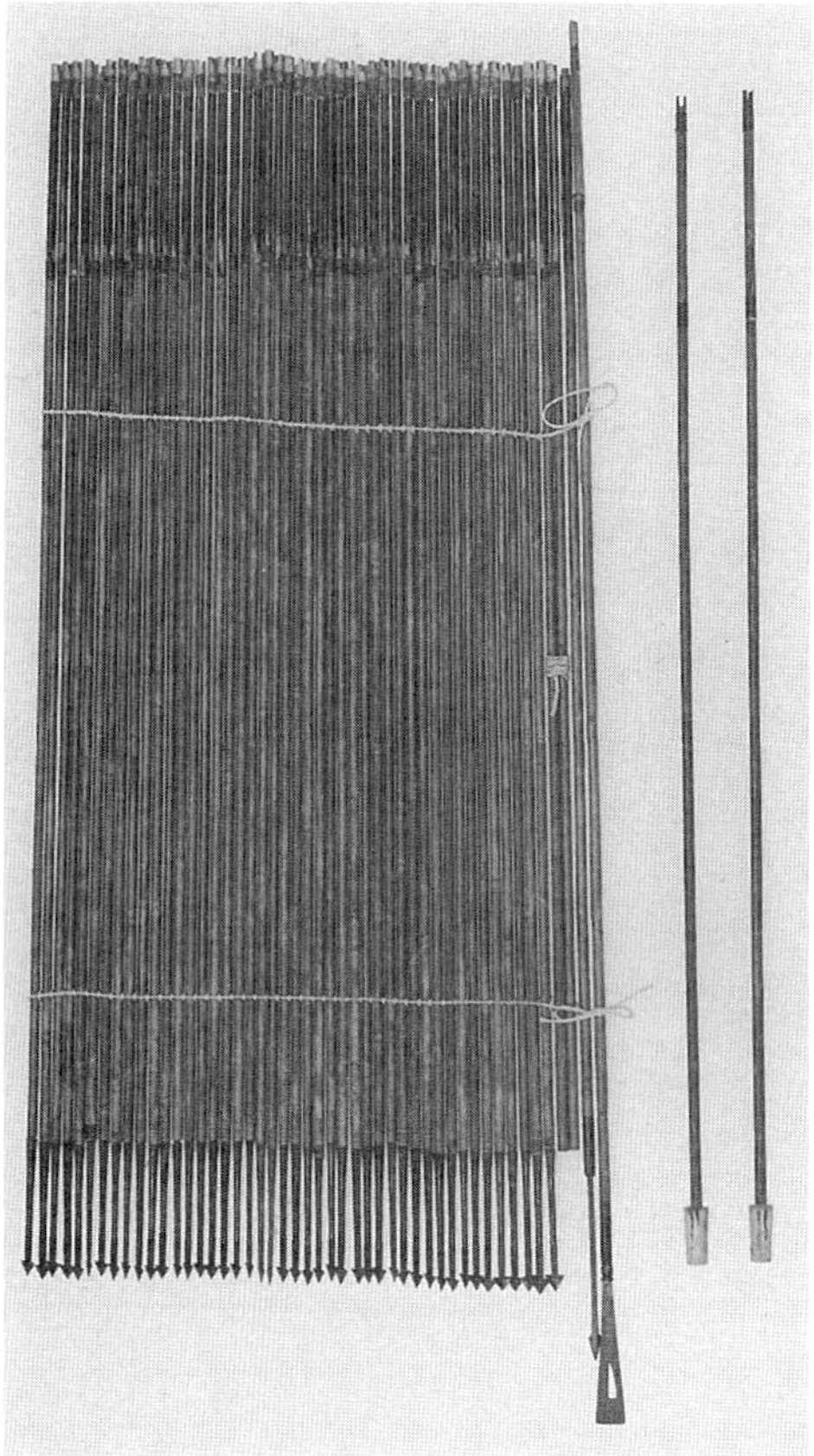

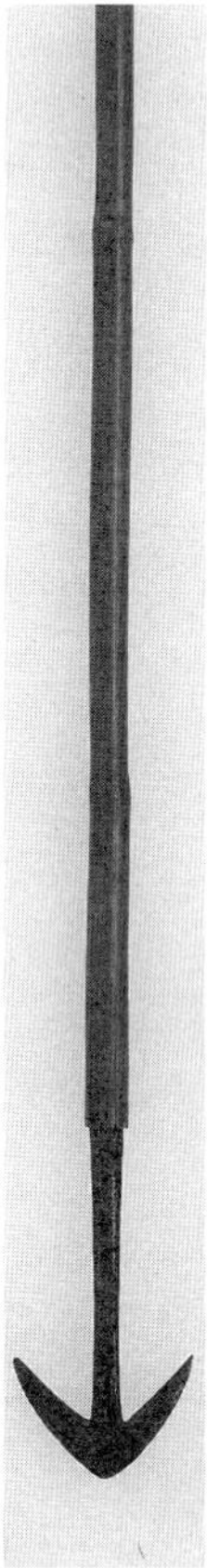

図26 雑箭(中倉6−76)のうち飛燕形鏃

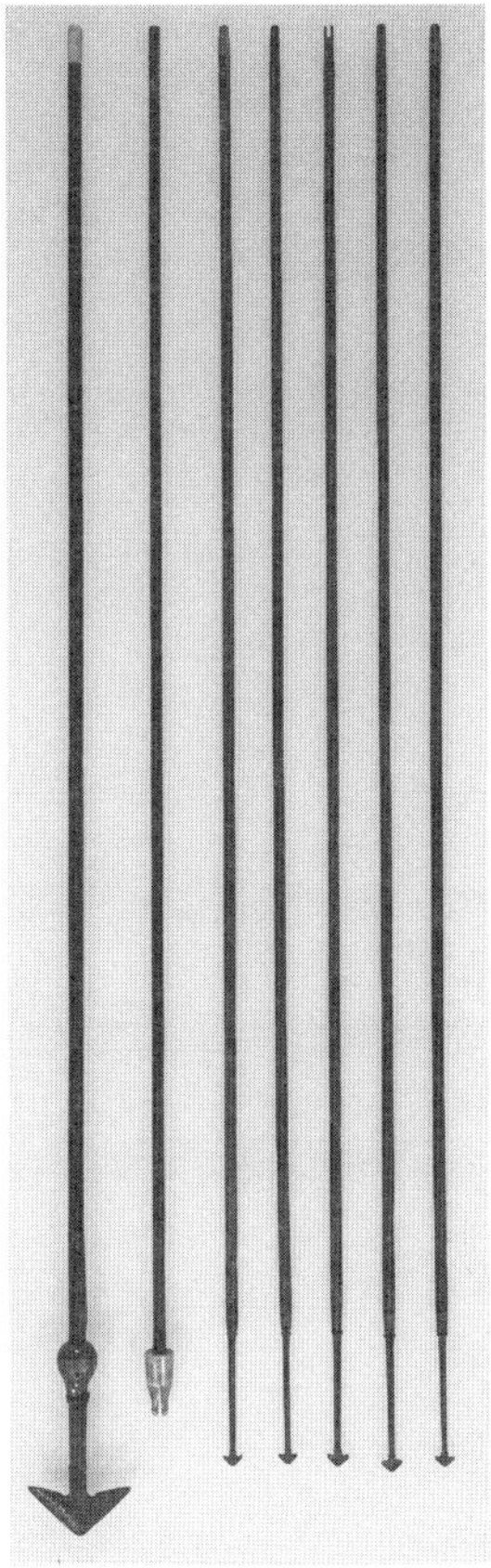

図27　箭各種　法隆寺献納宝物（東京国立博物館蔵）

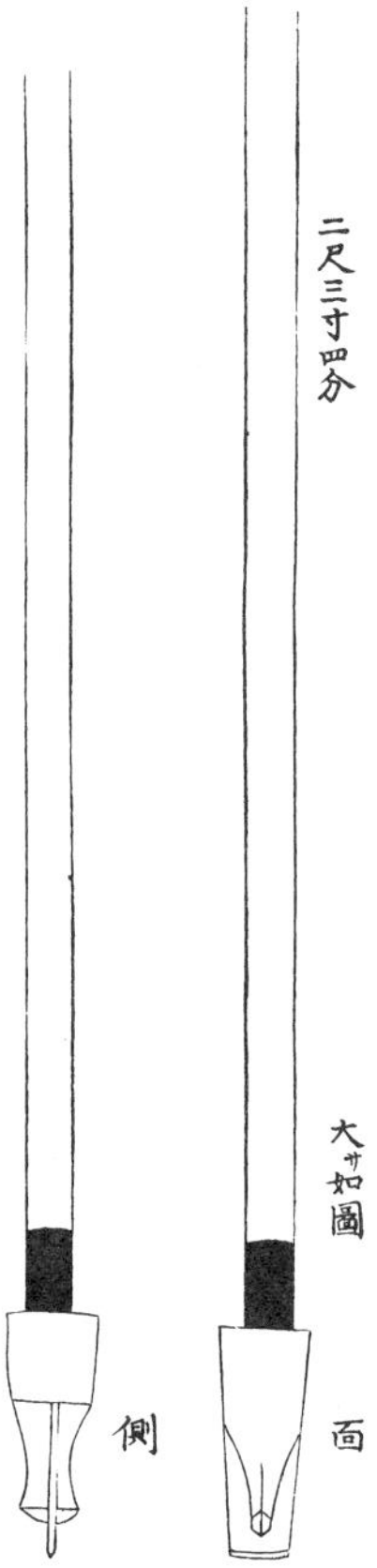

図28　鹿角製根挟に無茎鏃を挟んだ図（松平定信『集古十種』兵器類・弓矢）

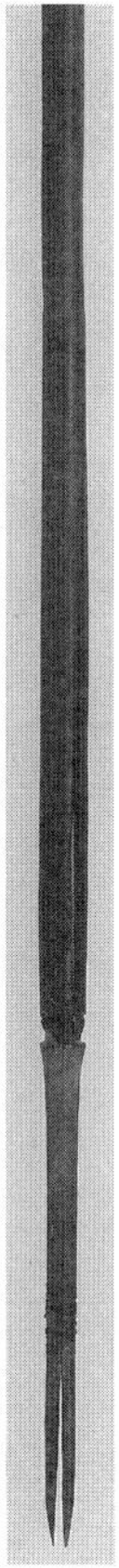

図29　雑箭（中倉6-80）のうち木製根挟

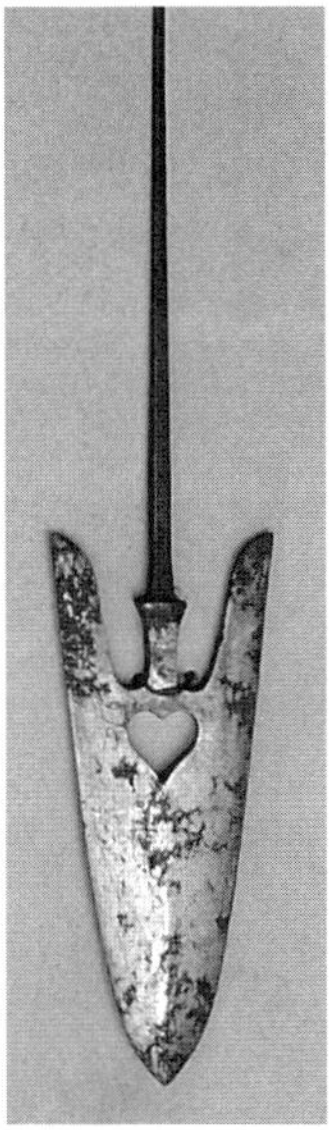

図30　腸抉鏃（大型）（東京・靖国神社遊就館蔵）

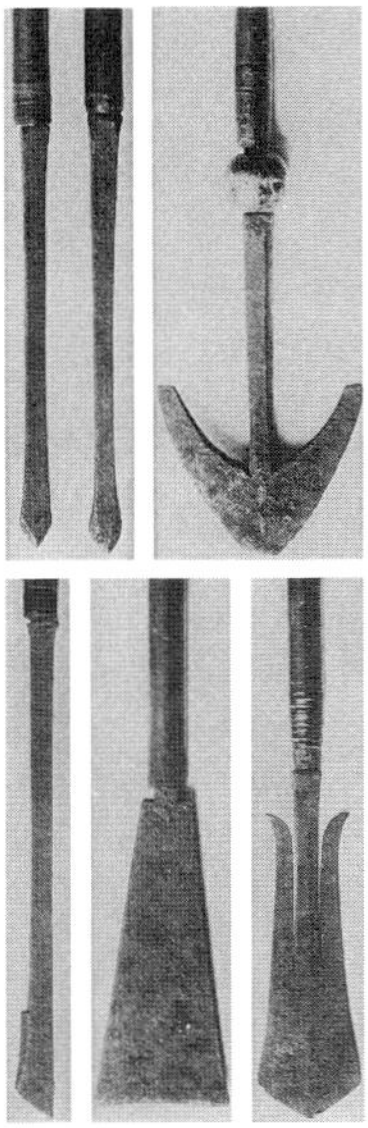

図31　箭各種（上段右から飛燕形鏃・蟇口二口、下段右から腋深箭〈後藤説・斎藤説〉・斧箭・小爪懸）（奈良・般若寺蔵）

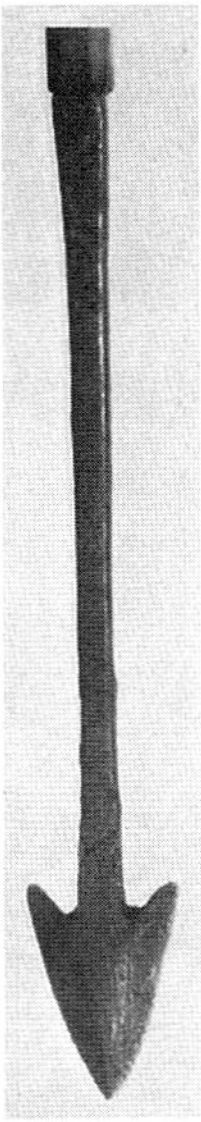

図32　小腋深箭（末永説）（奈良・大神神社蔵）

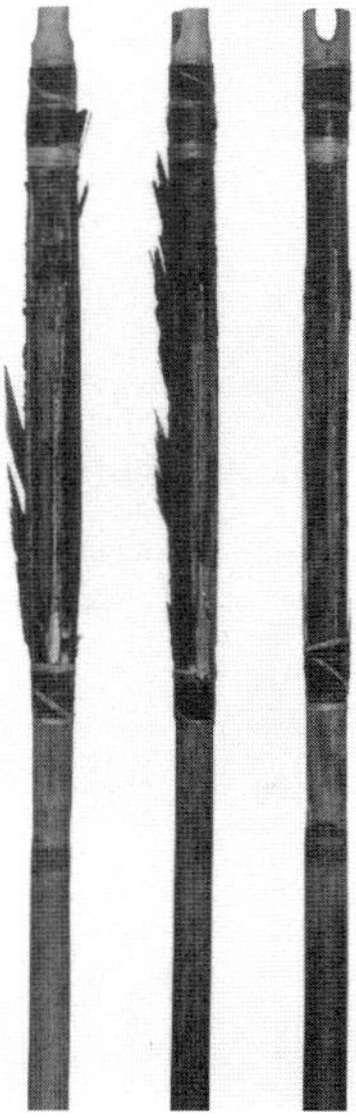

図34　鵰雌雄染羽・玉虫筋箭（中倉6-43）三隻〈口絵8〉

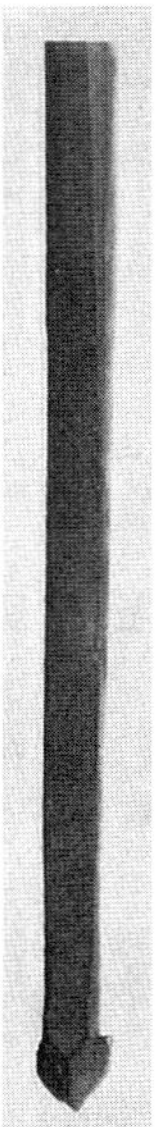

図35　三陵小爪懸（末永説）（奈良・大神神社蔵）

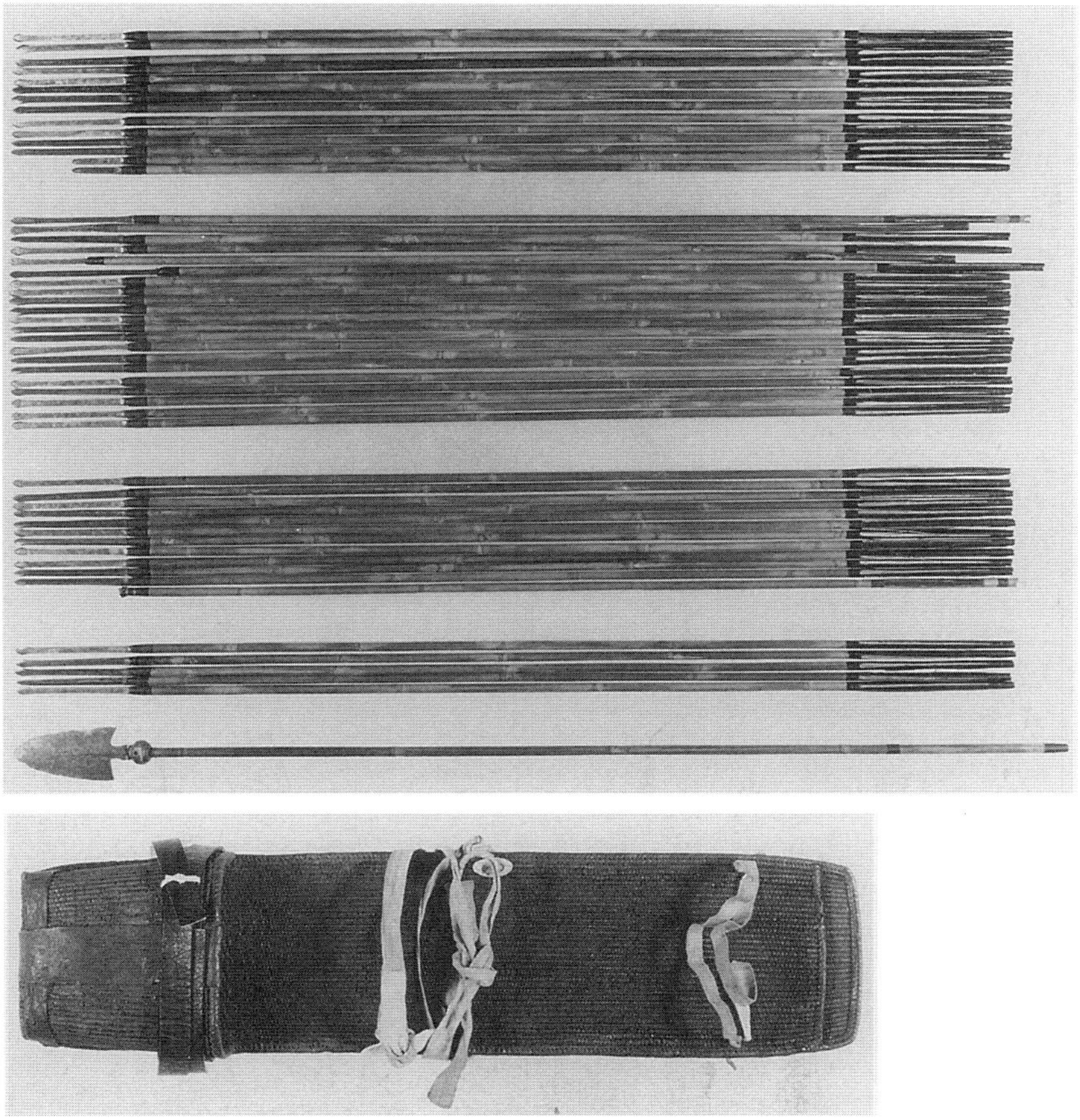

図33　赤漆葛胡禄（中倉4－12）

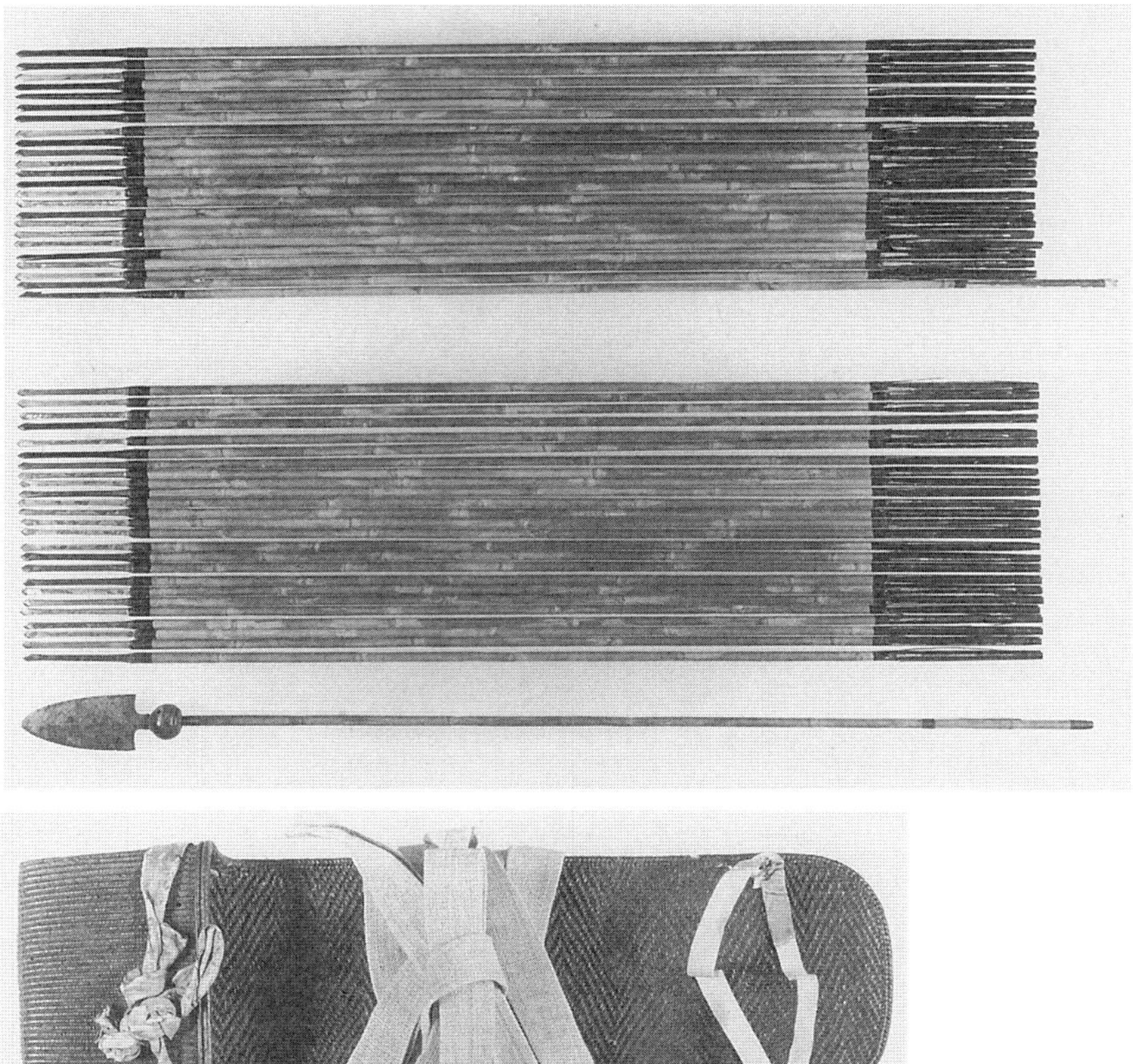

図36 赤漆葛胡禄（中倉4-6）

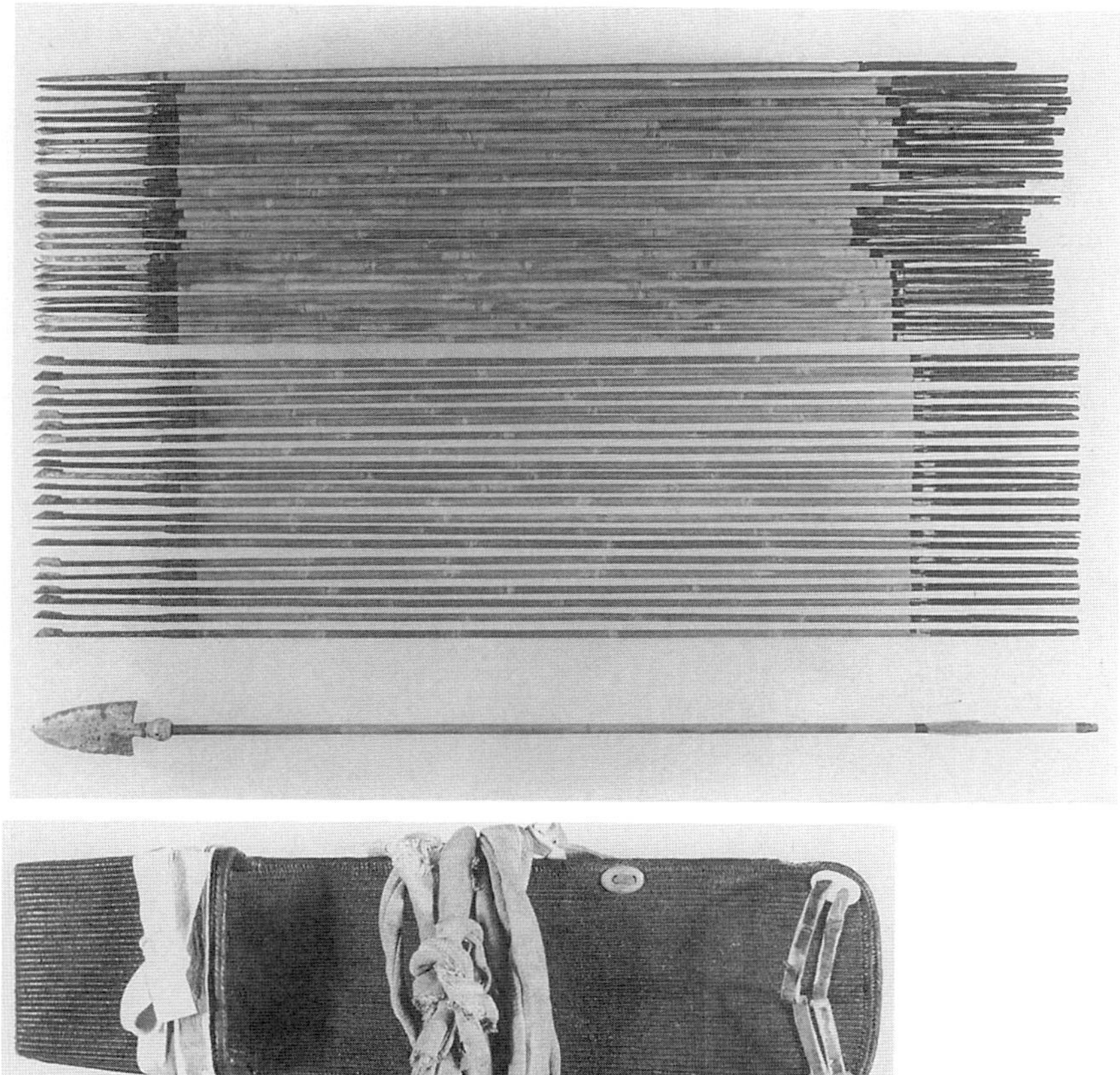

図37　赤漆葛胡禄（中倉4－14）

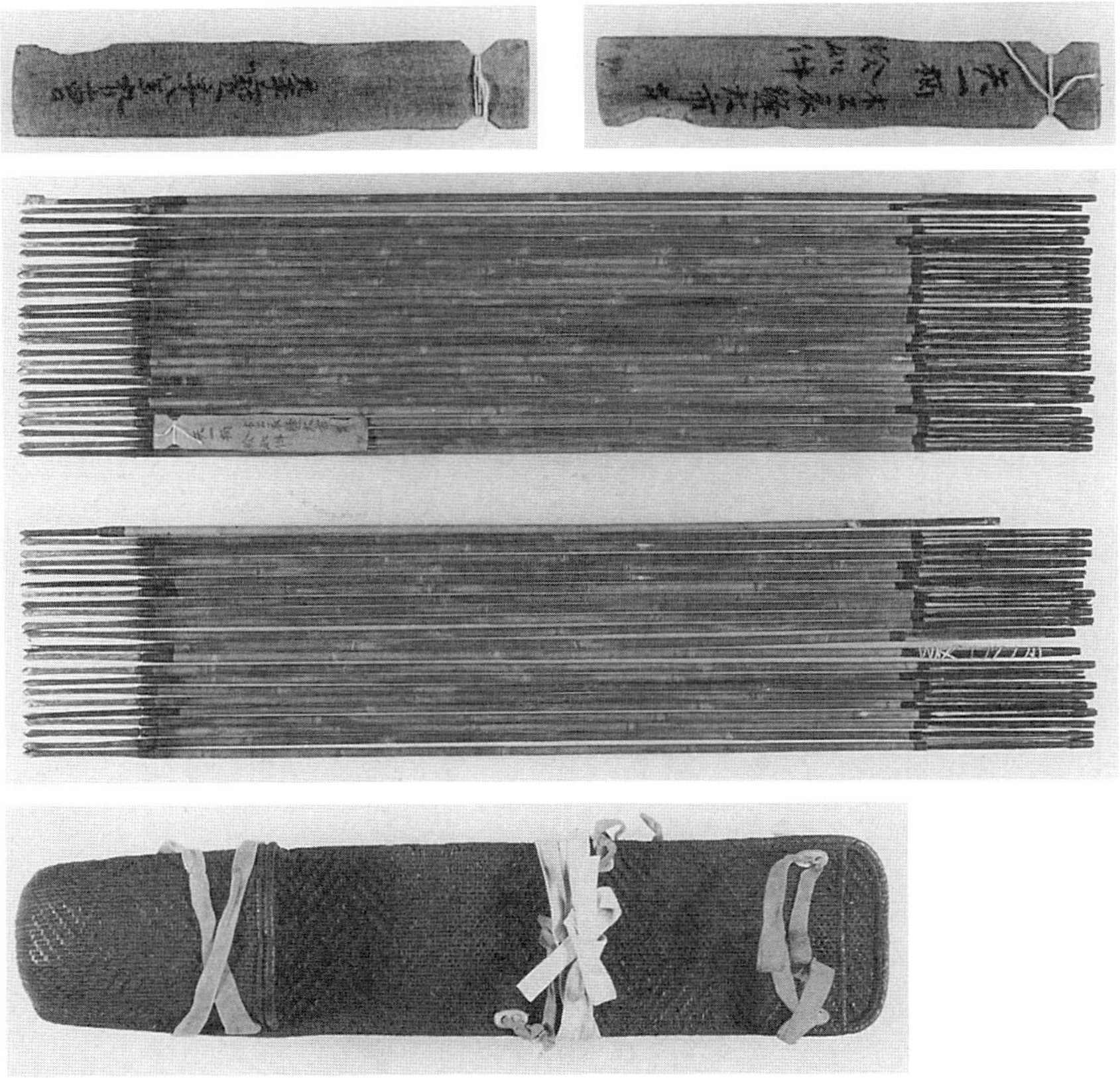

図38 漆葛胡禄（中倉4－11）

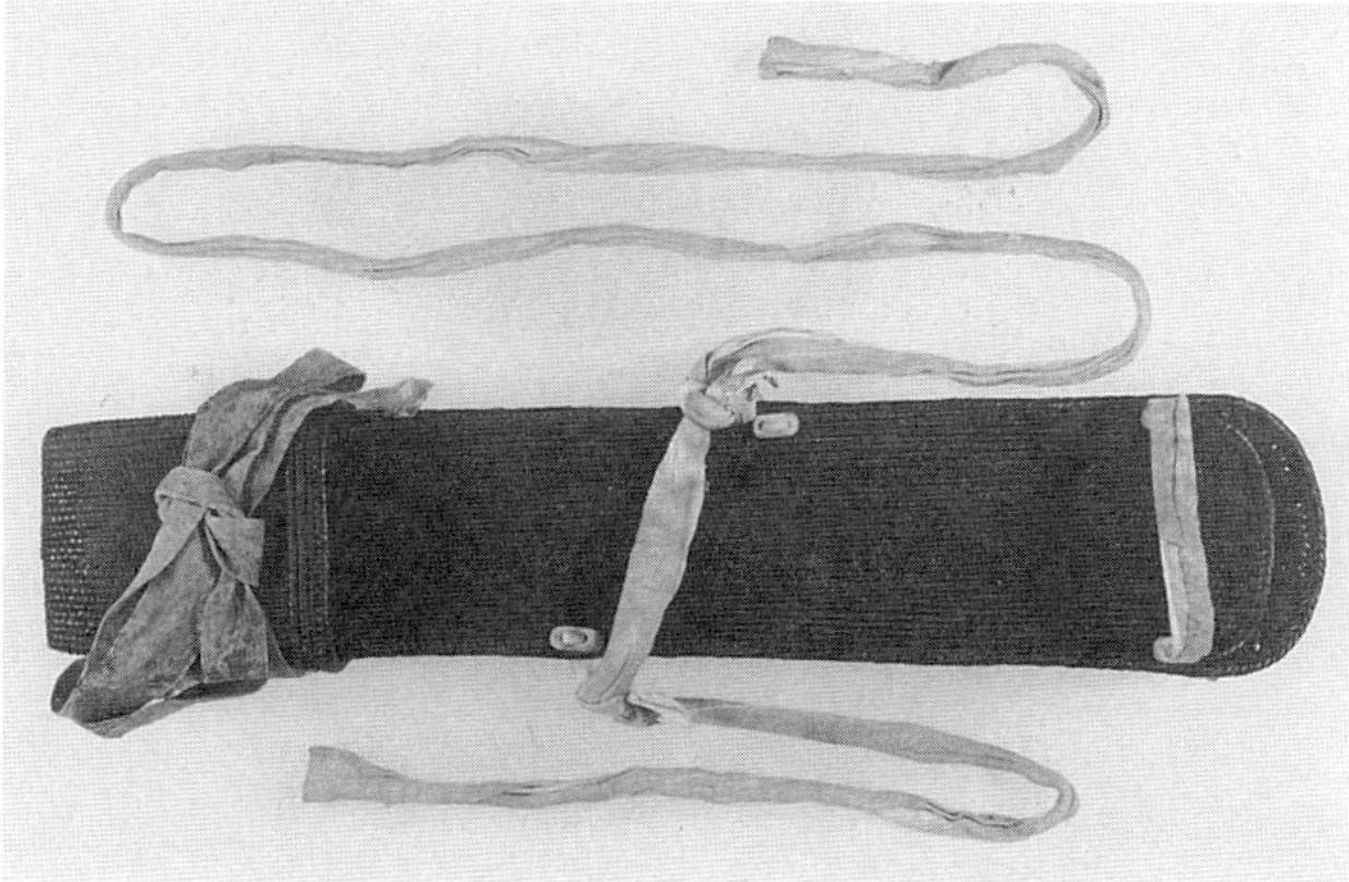

図39　漆葛胡禄（中倉4―21）

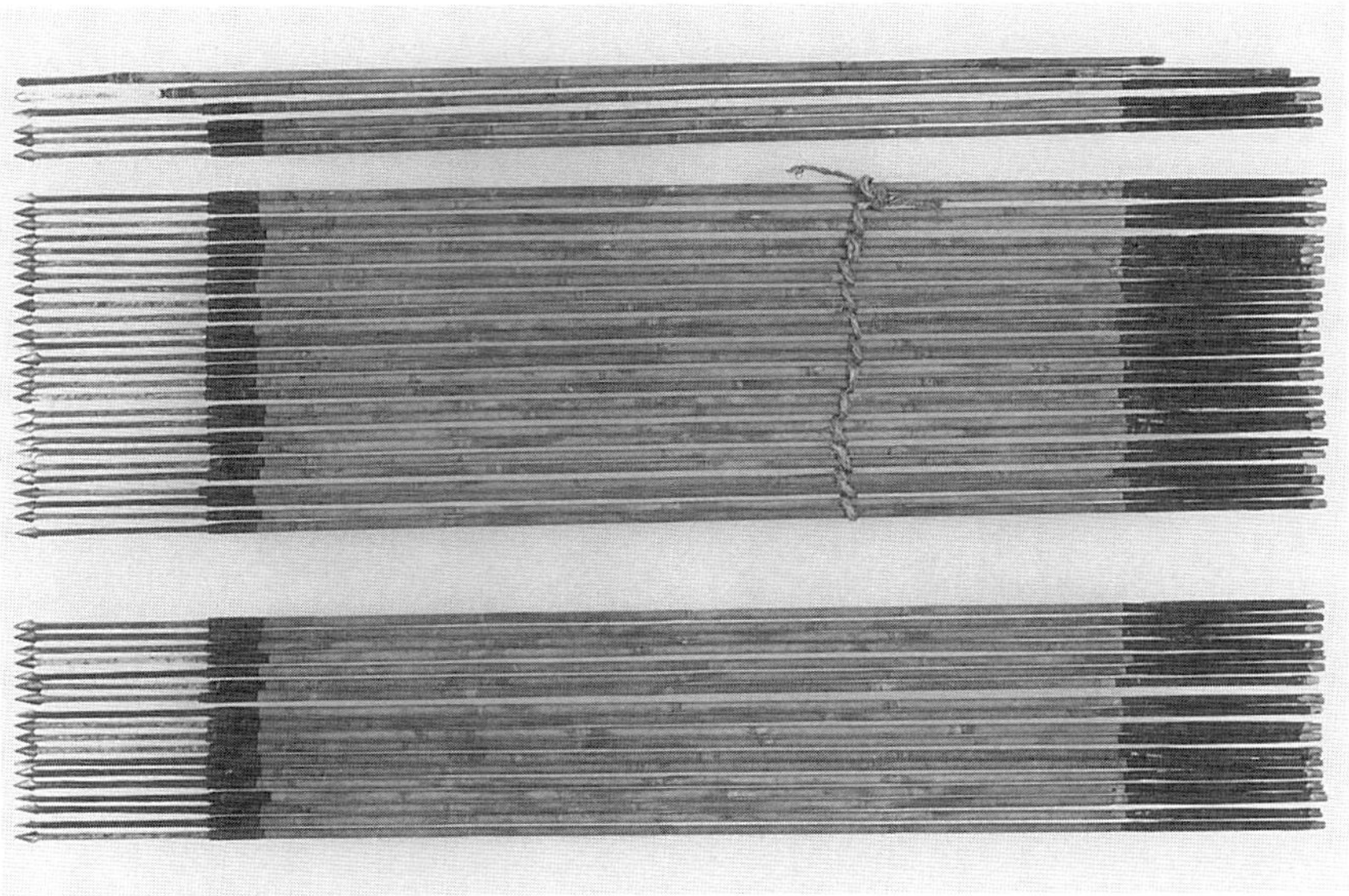

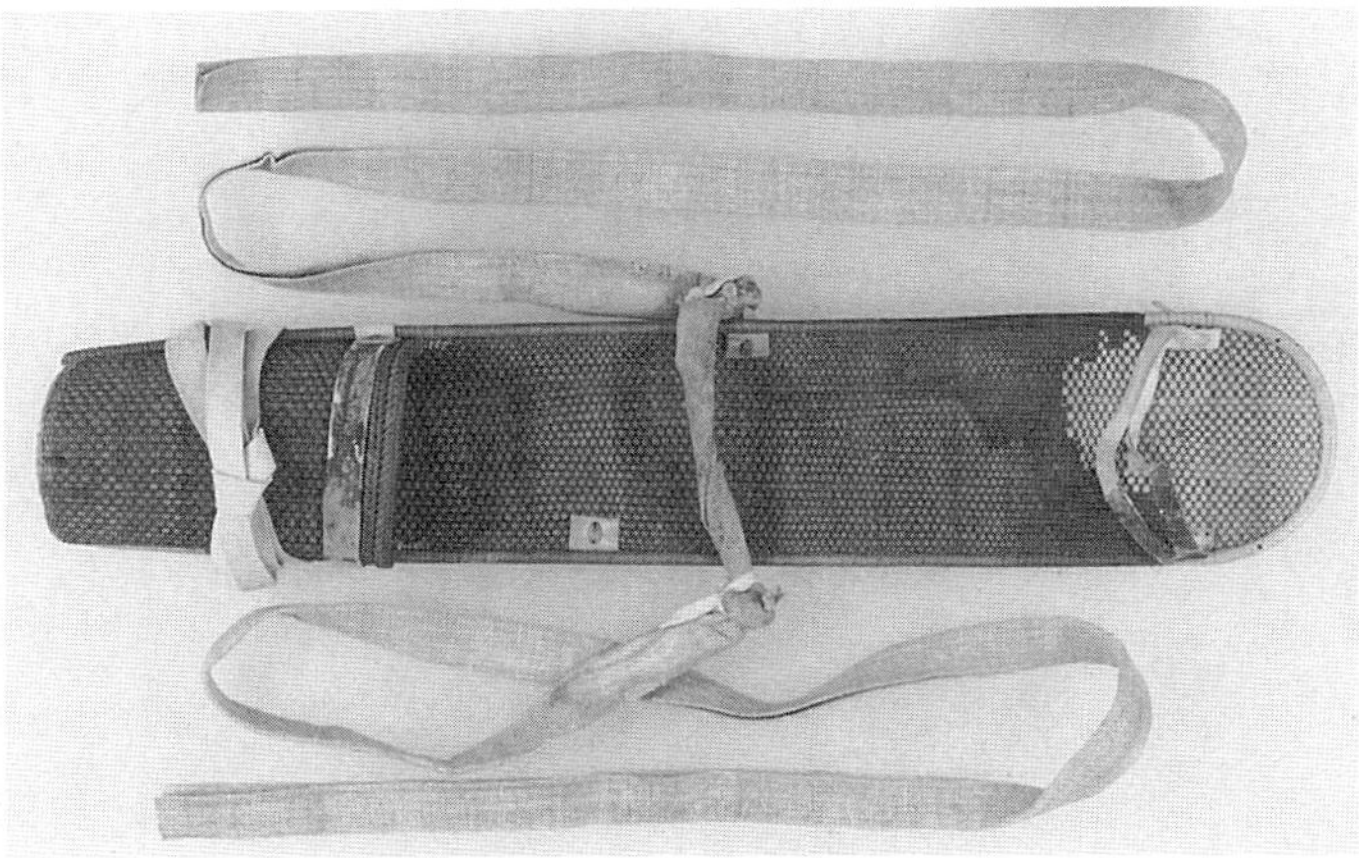

図40 白葛胡禄（中倉4－18）

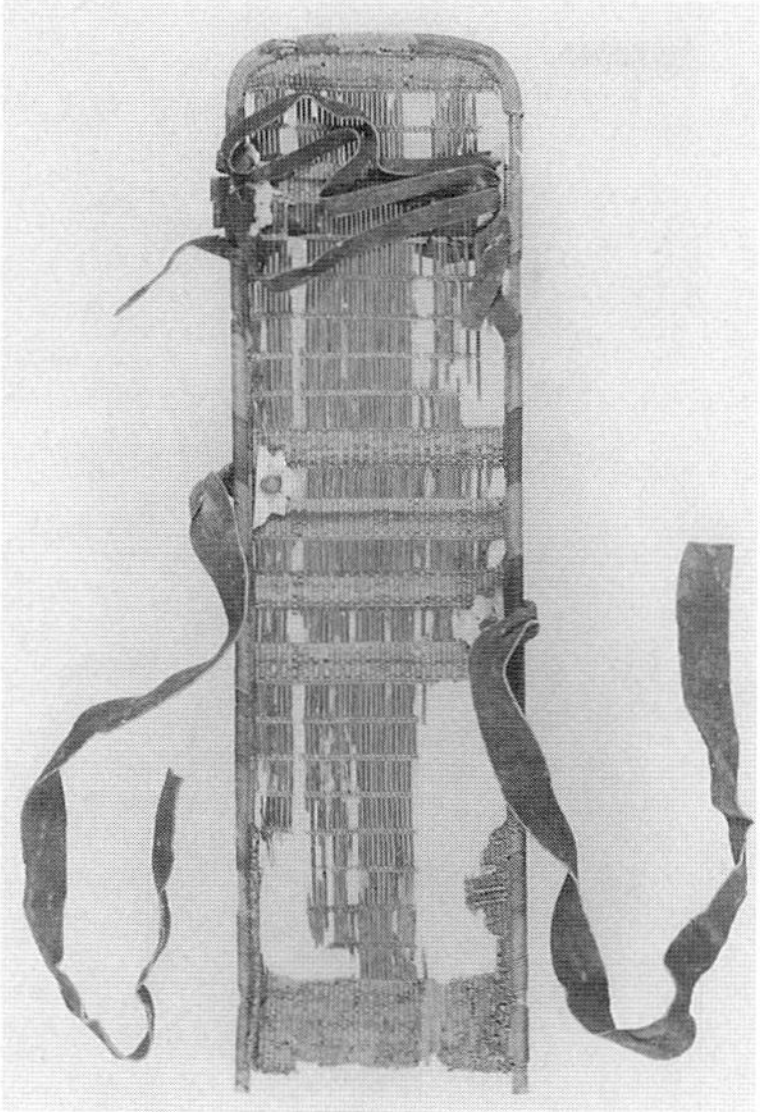

図41　白葛胡禄残欠（中倉4-甲1）

図43　赤漆葛胡禄（中倉4-19）・矢収納〈口絵7〉

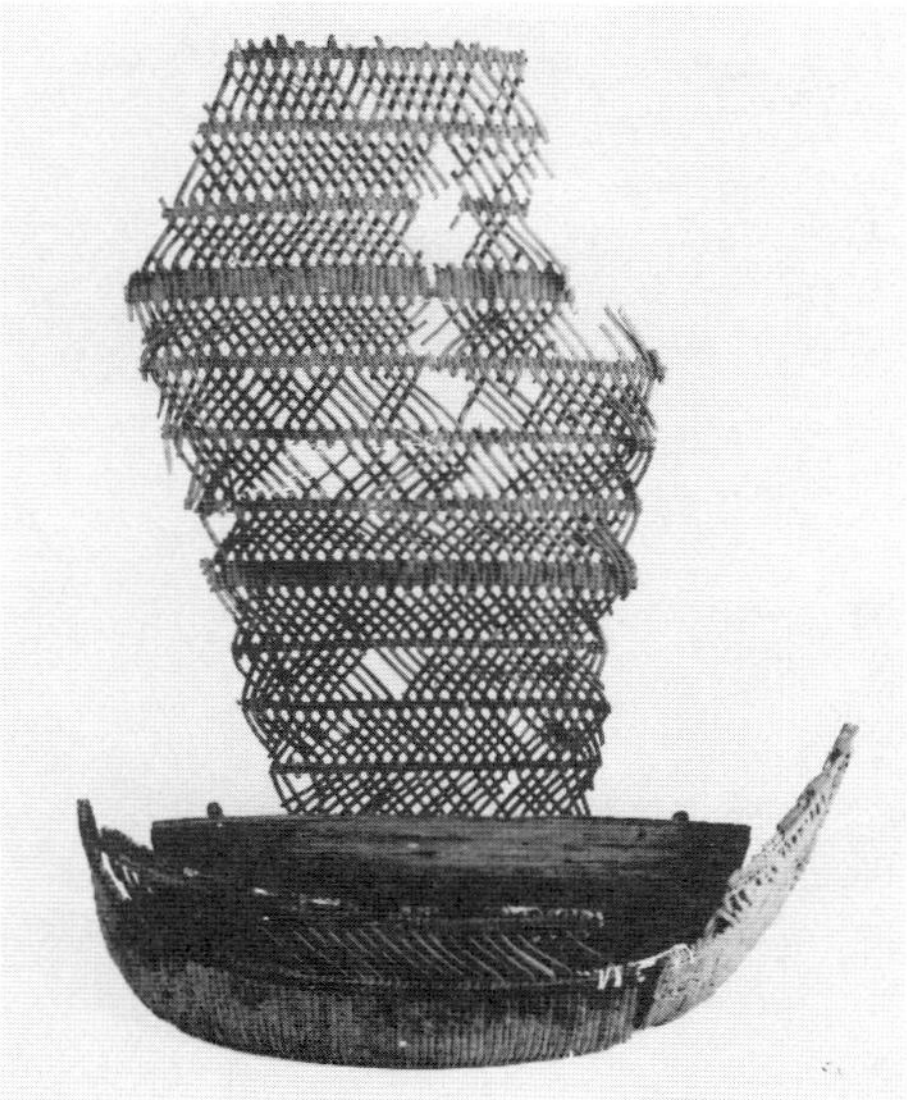

図42　白葛胡籙残欠（奈良・春日大社蔵）

図44　武人埴輪　群馬県太田市世良田町出土（天理大学附属天理参考館蔵）

図45　武人埴輪　群馬県伊勢崎市安堀町出土（国立歴史民俗博物館蔵）

図46　騎馬人物埴輪（部分）
雷電神社跡古墳（群馬県伊勢崎市）出土（個人蔵）

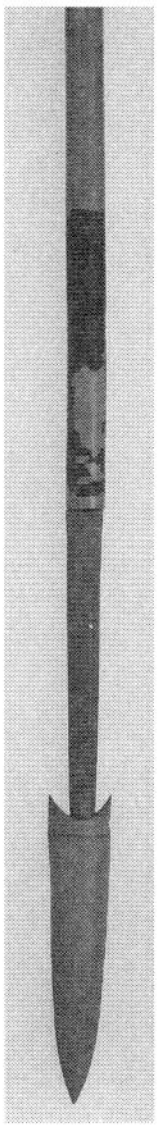

図47　蘆幹・竹鏃箭（中倉6―65）

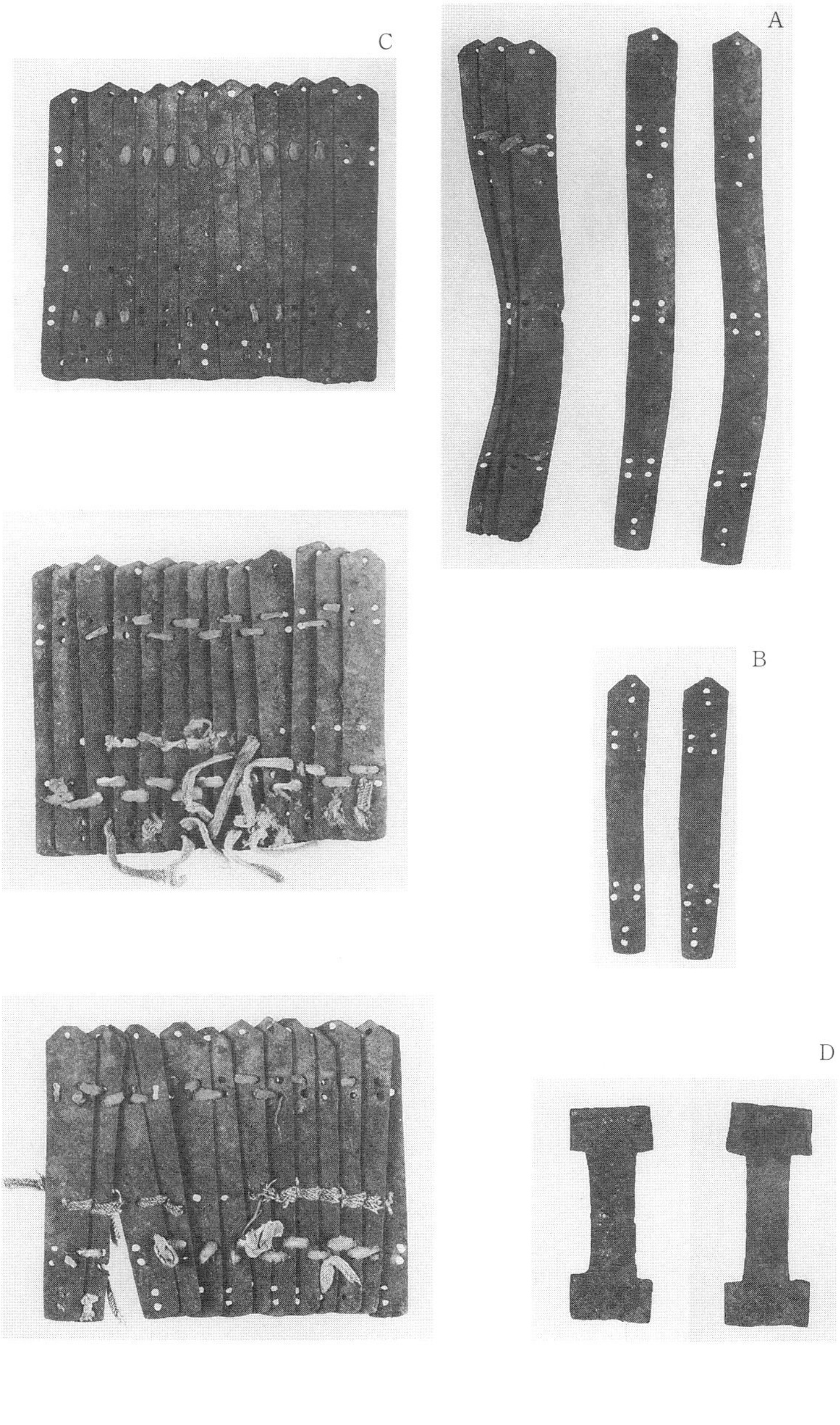

図1　甲残欠（北倉40）部分

図2　眉庇付冑・鉄板製甲（帯金鋲留）
マロ塚古墳（熊本県熊本市）出土（国立歴史民俗博物館蔵）

図3　衝角付冑・鉄札製甲（正面引合式）
長持山古墳（大阪府藤井寺市）出土
（京都大学文学研究科考古学研究室保管）

図4　赤糸威鎧（東京・武蔵御嶽神社蔵）

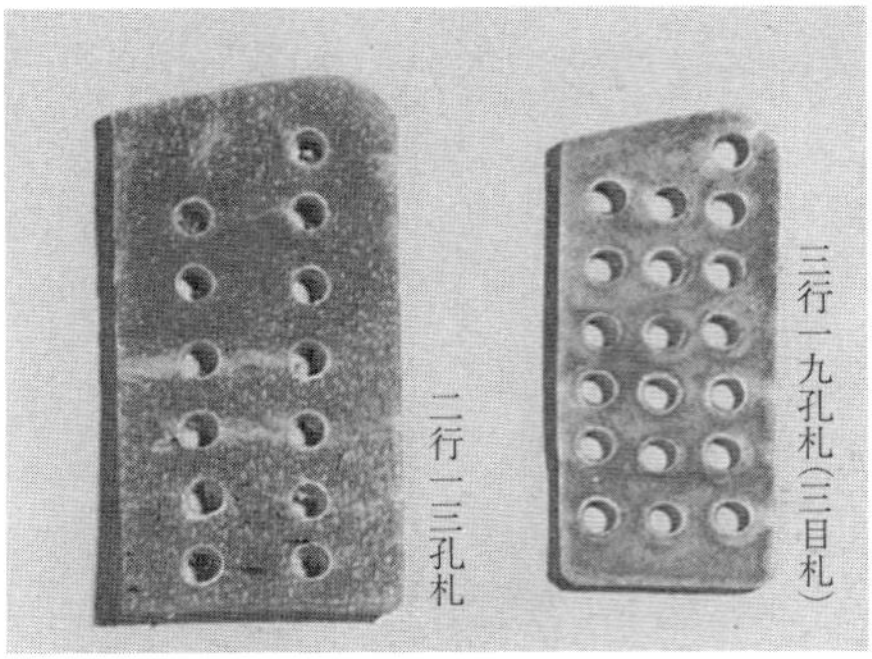

図5　中世の札見本(國學院高等学校蔵)

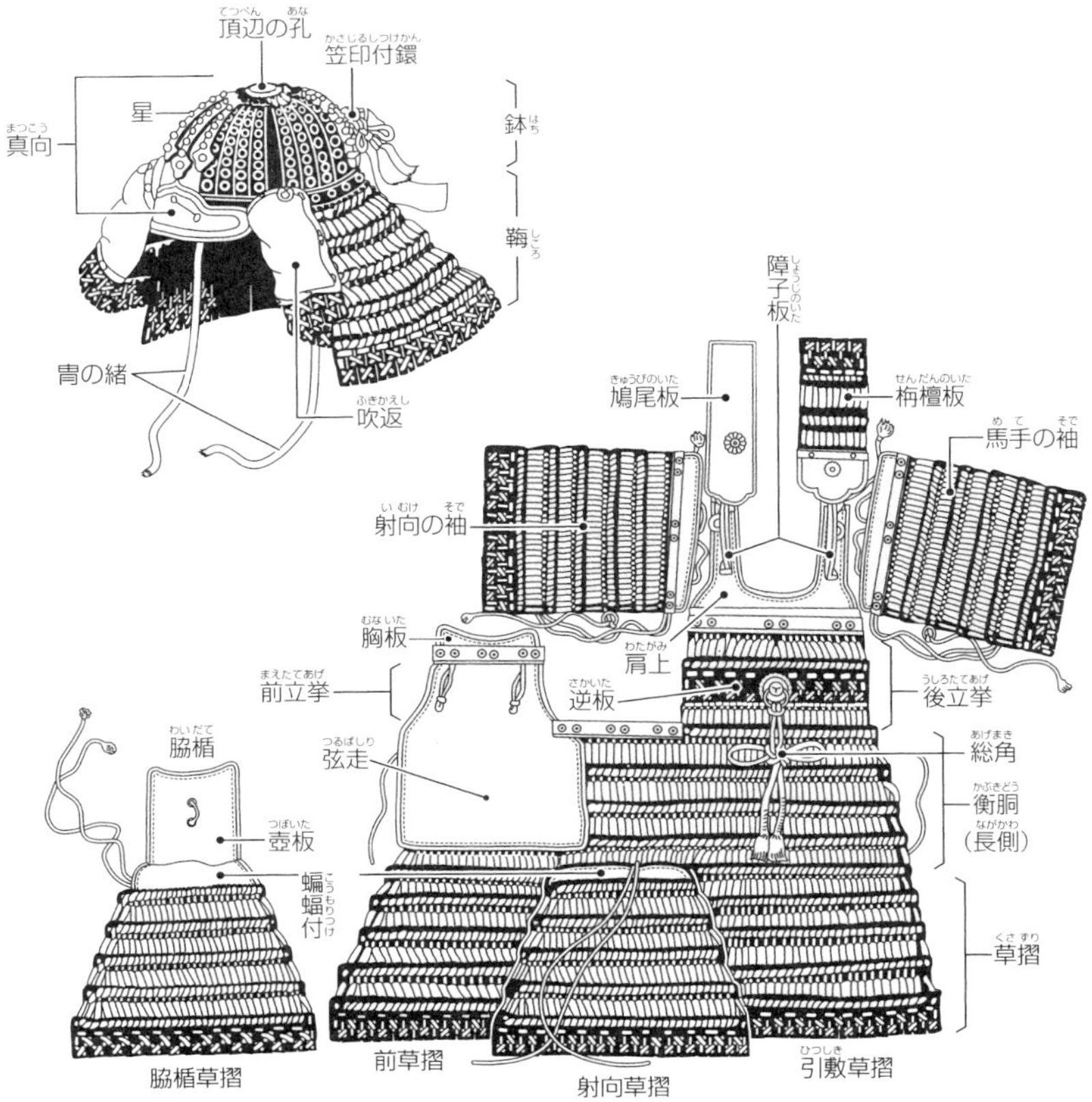

図6　大鎧・星冑の名称図(考証・近藤好和)(出典:小島道裕編『武士と騎士』思文閣出版、二〇一〇年)

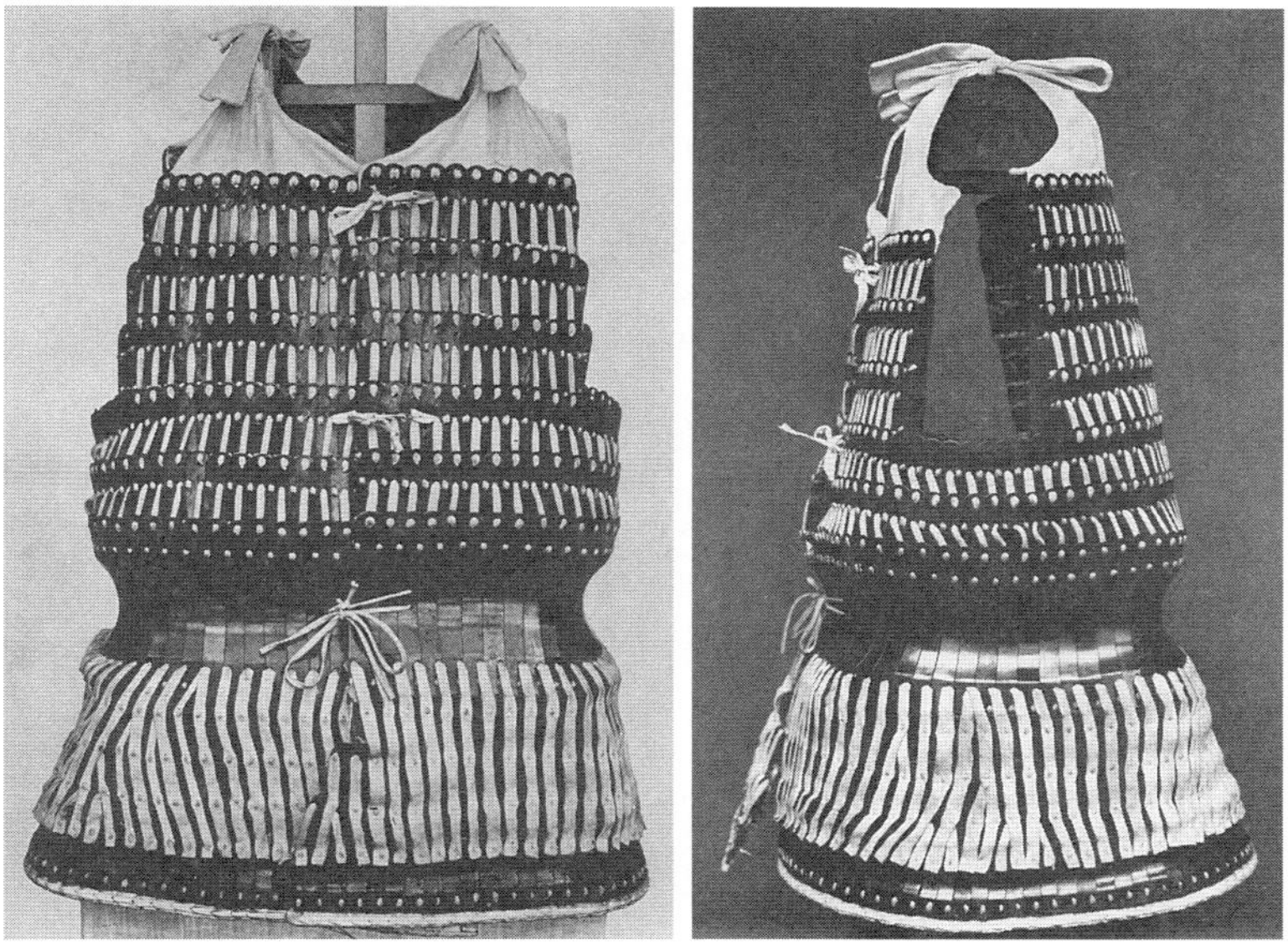

図7　鉄札製甲（正面引合式・復元）（関西大学博物館蔵）
原品：天狗山古墳（岡山県倉敷市）出土（東京国立博物館蔵）

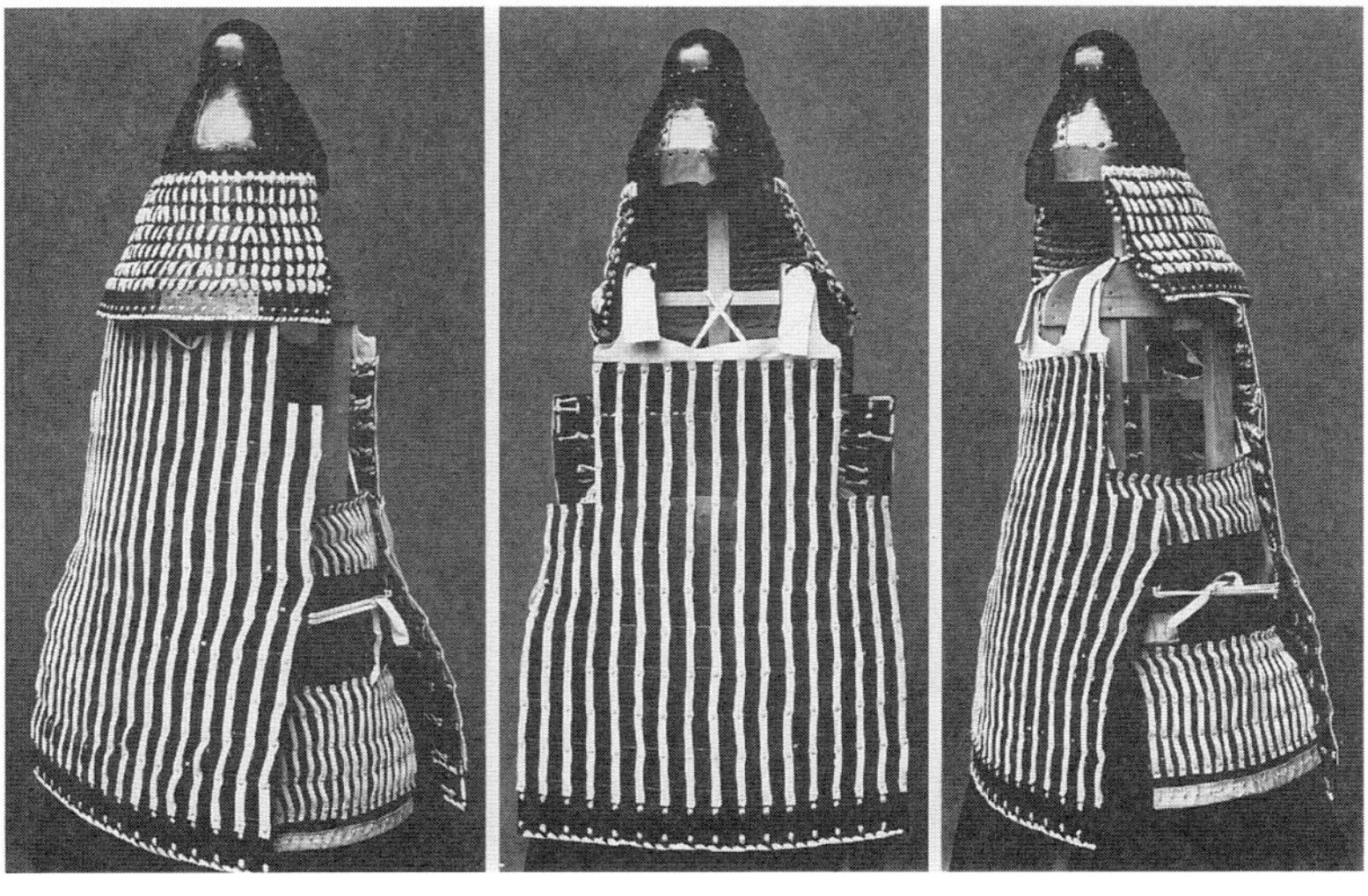

図8　鉄札製甲（両当式・復元）（関西大学博物館蔵）
原品：椒浜古墳（和歌山県有田市）出土（東京国立博物館蔵）

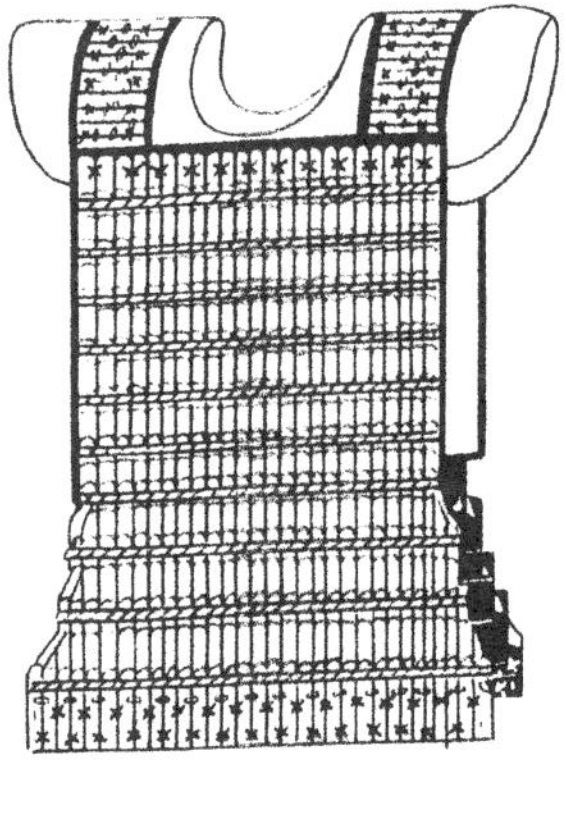

図9　挂甲図（栗原信充『武器袖鏡』初編）

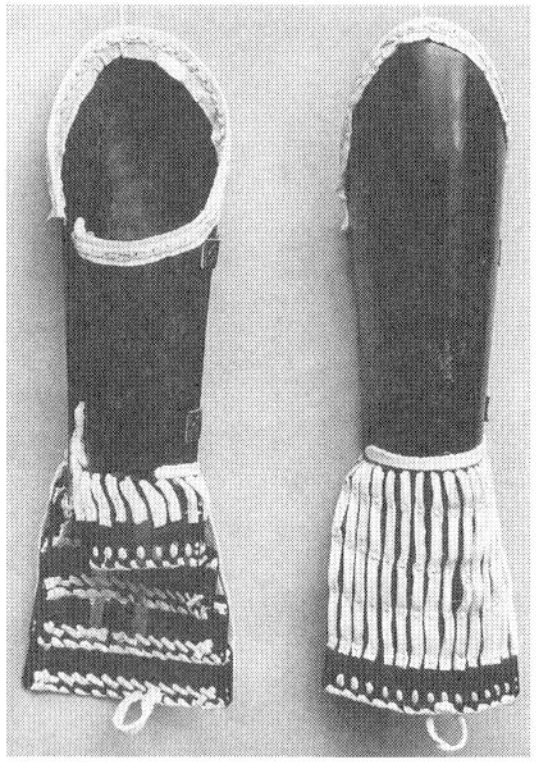

図10　前腕装具（鉄板二枚合・復元）（関西大学博物館蔵）
原品：天狗山古墳出土（東京国立博物館蔵）

図11　前腕・下腿部・大腿部各装具　長持山古墳出土（京都大学文学研究科考古学研究室保管）

前胴

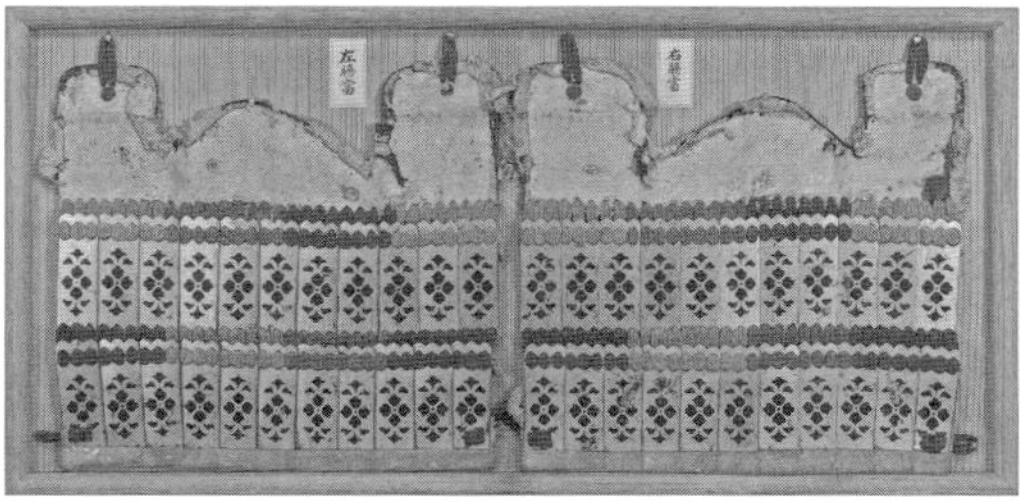

脇楯（左右）

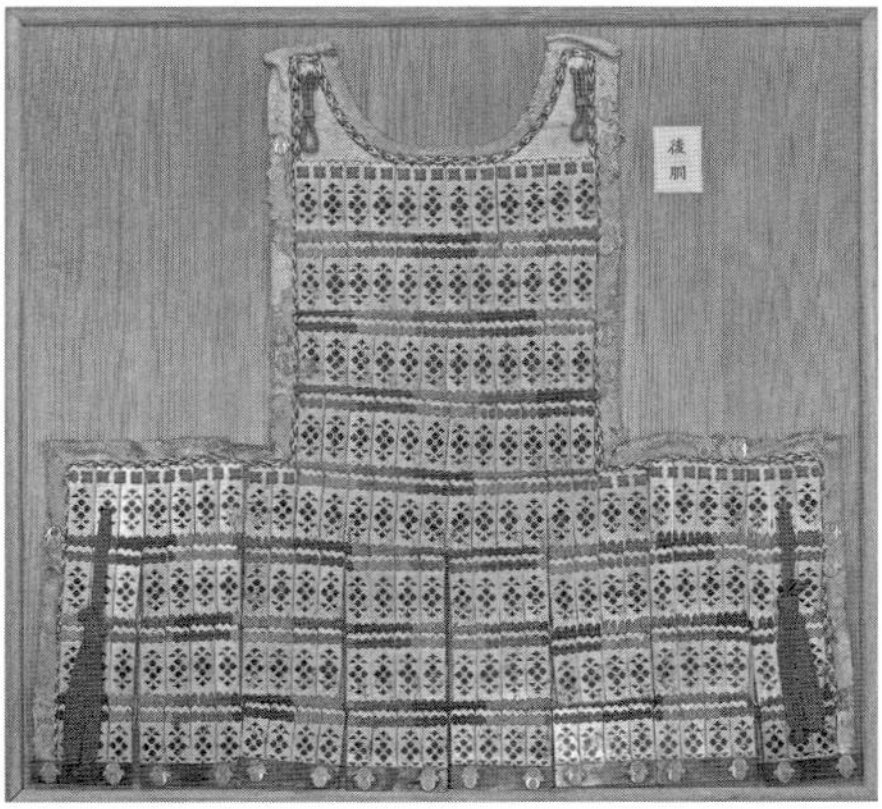

後胴

図12　幕末再興の挂甲（東京国立博物館蔵）

◆掲載図版一覧◆（出典を含む）

※正倉院宝物には倉番号を付した。

【出典略号】

『正倉院宝物』1北倉Ⅰ（毎日新聞社、一九九四年）→『宝物』1
『正倉院宝物』4中倉Ⅰ（毎日新聞社、一九九四年）→『宝物』4
『正倉院宝物』5中倉Ⅱ（毎日新聞社、一九九五年）→『宝物』5
『正倉院宝物』8南倉Ⅱ（毎日新聞社、一九九六年）→『宝物』8
末永雅雄『日本武器概説』（社会思想社、一九七一年）
→『日本武器概説』
末永雅雄『増補日本上代の甲冑図版編』（木耳社、一九八一年）
→『日本上代の甲冑』
末永雅雄『増補日本上代の武器図版編』（木耳社、一九八一年）
→『日本上代の武器』

口絵

第一章

第二章

図4　金銀荘大刀二口とその銘　東大寺金堂鎮壇具
奈良・東大寺蔵／外装は奈良国立博物館提供（撮影佐々木香輔）、銘のX線写真は元興寺文化財研究所提供
図5　金銀鈿荘唐大刀（北倉38）外装（表裏）
図6　漆塗鞘杖刀（北倉39）外装　『宝物』1
図7　黄金荘大刀（中倉8−1）外装　『宝物』4
図8　金銀鈿荘唐大刀（中倉8−2）外装　『宝物』4
図9　金銀鈿荘唐大刀（中倉8−3）　『宝物』4
図10　黒作横刀（中倉8−8）　『宝物』4
図11　黒作大刀（中倉8−20）　『宝物』4
図12　金銅鈿荘大刀（中倉8−5）　『宝物』4
図13　金銅荘横刀（中倉8−6）　『宝物』4
図14　呉竹鞘杖刀（北倉39）　『宝物』1
図15　金銀平文琴（北倉26）（表裏）　『宝物』1
図16　銀平脱合子（北倉25−4）　『宝物』1
図17　金銀荘横刀（中倉8−4）
図18　素環頭大刀外装　長崎・亀岡神社蔵／著者撮影
図19　金銅荘環頭大刀外装
高知・小村神社蔵／『週刊朝日百科日本の国宝26』（朝日新聞社、一九九七年）
図20　黒作大刀（中倉8−12）　『宝物』4
同右・把部分　『正倉院の大刀外装』（小学館、一九七七年）
図21　黒作大刀（中倉8−25）外装　『宝物』4
図22　武王大刀（南倉119−1）　『宝物』8
図23　婆理大刀（南倉123−2）　『宝物』8
図24　金銅荘大刀（中倉8−7）　『宝物』4
図25　黒作大刀（中倉8−15）　『宝物』4
図26　黒作大刀（中倉8−22）　『宝物』4
図27　黒作大刀（中倉8−23）　『宝物』4
図28　銅漆作大刀（中倉8−9）　『宝物』4
図29　無荘刀（中倉9−27）　『宝物』4
図30　黒作大刀（中倉8−14）　『宝物』4
同右・把部分　『正倉院の大刀外装』（小学館、一九七七年）
図31　黒作大刀（中倉8−13）　『宝物』4
図32　金銅荘頭椎大刀外装　文堂古墳（兵庫県美方郡香美町）出土
香美町教育委員会蔵
図33　黒作大刀（中倉8−16）　『宝物』4
図34　銀象眼円頭大刀　平井地区一号墳（群馬県藤岡市）出土
藤岡市教育委員会蔵
図35　無荘刀（中倉9−33）　『宝物』4
図36　無荘刀（中倉9−47）　『宝物』4

第三章

図1　斑犀偃鼠皮御帯残欠（北倉4）　『宝物』1
図2　緑牙撥鏤把鞘御刀子（北倉5）　『宝物』1
図3　斑犀把白牙鞘御刀子（北倉5）　『宝物』1
図4　十合鞘御刀子（北倉7）　『宝物』1
図5　三合鞘御刀子（北倉8）　『宝物』1
図6　小三合水角鞘御刀子（北倉9）　『宝物』1
図7　雑色縚綬帯（中倉101）・黄楊木把鞘刀子（中倉103）外装（裏面）

図8　斑犀把漆鞘黄金葛形珠玉荘刀子（中倉131－3）　『宝物』5
図9　烏犀把漆鞘樺纏黄金珠玉荘刀子（中倉131－11）　『宝物』5
図10　十合鞘御刀子刀身8号（北倉7）　『宝物』1
図11　十合鞘御刀子刀身10号（北倉7）　『宝物』1
図12　青石把漆鞘金銀鈿荘刀子（中倉131－1）
図13　斑犀把漆鞘銀漆荘刀子（中倉131－2）　『宝物』5
図14　犀角把白銀葛形鞘珠玉荘刀子（中倉131－7）外装
図15　斑犀把漆鞘銀漆荘刀子（中倉131－2）帯執金の口部分
『正倉院紀要』三六（二〇一四年）「年次報告」挿図12
図16　斑犀把金銀鞘刀子（中倉131－9）外装　『宝物』5
図17　黒琉璃把白銅鞘金銀珠玉荘刀子（中倉131－16）外装　『宝物』5
図18　黒柿把鞘鉋（中倉131－22）　『宝物』5
図19　烏犀把白牙鞘刀子（中倉131－33）外装　『宝物』5
図20　白牙把水角鞘小三合刀子（中倉131－34）外装　『宝物』5
図21　鉾（中倉11－6）刀身　『宝物』4
図22　鉾（中倉11－21）刀身　『宝物』4
図23　鉾（中倉11－21）柄部分　『宝物』4
図24　鉾（中倉11－15）柄部分　『宝物』4
図25　鉾（中倉11－26）柄部分　『宝物』4
図26　鉾（中倉11－3）刀身　『宝物』4
図27　鉾（中倉11－4）刀身　『宝物』4
図28　鉾（中倉11－28）刀身　『宝物』4
図29　鉾（中倉11－32）刀身　『宝物』4
図30　手鉾（中倉10－1・2）　『宝物』4
図31　手鉾（中倉10－3～5）　『宝物』4

第四章

図1　梓弓（中倉1－3）部分　『宝物』4
図2　墨絵弾弓（中倉169－1）・漆弾弓（中倉169－2）　『宝物』5
図3　梓弓（中倉1－1）部分　『宝物』4
図4　梓弓（中倉1－2）　『宝物』4
図5　槻弓（中倉2－7）部分　『宝物』4
図6　槻弓（中倉2－12）部分　『宝物』4
図7　槻弓（中倉2－17）　『宝物』4
図8　槻弓（中倉2－5）　『宝物』4
図9　槻弓（中倉2－15）　『宝物』4
図10　残弦（無番）　『宝物』4
図11　鞆（中倉3－5）　『宝物』4
図12　鞆（中倉3－9）　『宝物』4
図13　武人埴輪（部分）　群馬県太田市飯塚町出土
東京国立博物館蔵　Image: TNM Image Archives

第五章

図1　『伴大納言絵巻』　出光美術館蔵
図2　『年中行事絵巻』
個人蔵／『日本絵巻大成』8（中央公論社、一九七七年）
図3　黒漆壺胡籙
京都・相国寺蔵／『国宝・重要文化財大全』5工芸品上巻

（毎日新聞社、一九九八年）

図4　①錦靫（神宮神宝）　神宮司庁提供
②革靫（神宮神宝）　神宮司庁提供

図5　靫形埴輪　室大墓（奈良県御所市）出土
奈良県立橿原考古学研究所附属博物館蔵

図6　武人埴輪（背面）　群馬県太田市飯塚町出土
東京国立博物館蔵　Image: TNM Image Archives

図7　赤漆葛胡禄（中倉4－19）　『宝物』4

図8　白葛平胡禄（中倉5－30）　『宝物』4

図9　鏑矢　本宮御料古神宝　奈良・春日大社蔵

図10　三立羽・四立羽模式図
近藤好和『武具の日本史』（平凡社新書、二〇一〇年）

図11　正倉院器仗の鏃各種
①蟇口　赤漆葛胡禄（中倉4－9）収納箭
②小爪懸　漆葛胡禄（中倉4－11）収納箭
③三陵小爪懸　赤漆葛胡禄（中倉4－17）収納箭
④偏鋭　雉尾箭（中倉6－18）
⑤斧箭　白葛平胡禄（中倉5－33）収納箭
⑥上野乎比多祢　赤漆葛胡禄（中倉4－27）収納箭
⑦加理麻多　白葛胡禄（中倉4－28）収納箭
⑧伊多都伎　白葛平胡禄（中倉5－33）収納箭

図12　骨鏃箭二隻（中倉6－67・68）　『宝物』4

図13　檜和琴（南倉98）　『宝物』8

図14　鵄尾琴（神宮神宝）　神宮司庁提供

図15　箭嚢　昭陵六駿石像　ペンシルバニア大学博物館蔵
Penn Museum object C395, image 150171

図16　漆葛胡禄（中倉4－3）　『宝物』4

図17　赤漆葛胡禄（中倉4－20）　『宝物』4

図18　赤漆葛胡禄（中倉4－23）　『宝物』4

図19　漆葛胡禄（中倉4－4）　『宝物』4

図20　白葛胡禄（中倉4－28）　『宝物』4

図21　彩絵胡簶　法隆寺献納宝物
東京国立博物館蔵　Image: TNM Image Archives

図22　白葛胡禄（中倉4－1）　『宝物』4

図23　二俣鏃　奈良・大神神社蔵／『日本武器概説』

図24　漆葛胡禄（中倉4－29）　『宝物』4

図25　白葛平胡禄（中倉5－33）　『宝物』4

図26　雑箭（中倉6－76）のうち飛燕形鏃　『宝物』4

図27　箭各種　法隆寺献納宝物
東京国立博物館蔵　Image: TNM Image Archives

図28　鹿角製根挟に無茎鏃を挟んだ図
松平定信『集古十種』／国立国会図書館蔵

図29　雑箭（中倉6－80）のうち木製根挟　『宝物』4

図30　腸抉鏃　東京・靖国神社遊就館蔵

図31　箭各種　奈良・般若寺蔵／『日本上代の武器』

図32　小腋深箭　奈良・大神神社蔵／『日本武器概説』

図33　赤漆葛胡禄（中倉4－12）　『宝物』4

図34　鵰雌雄染羽・玉虫餝箭（中倉6－43）三隻

図35　三陵小爪懸　奈良・大神神社蔵／『日本武器概説』

図36　赤漆葛胡禄（中倉4－6）　『宝物』4

図37 赤漆葛胡禄（中倉4―14） 『宝物』4
図38 漆葛胡禄（中倉4―11） 『宝物』4
図39 漆葛胡禄（中倉4―21） 『宝物』4
図40 白葛胡禄（中倉4―18） 『宝物』4
図41 白葛胡禄残欠（中倉4―甲1） 『宝物』4
図42 白葛胡簶残欠 奈良・春日大社蔵
図43 赤漆葛胡禄（中倉4―19）・矢収納
図44 武人埴輪 群馬県太田市世良田町出土
天理大学附属天理参考館蔵
図45 武人埴輪 群馬県伊勢崎市安堀町出土
国立歴史民俗博物館蔵
図46 騎馬人物埴輪（部分） 雷電神社跡古墳（群馬県伊勢崎市）出土
個人蔵／『国宝武人ハニワ、群馬へ帰る！』展図録
（群馬県立博物館、二〇〇九年）
図47 蘆幹・竹鏃箭（中倉6―65） 『宝物』4

第六章

図1 甲残欠（北倉40）部分 『宝物』1
図2 眉庇付冑・鉄板製甲（帯金鋲留） マロ塚古墳（熊本県熊本市）出土
国立歴史民俗博物館蔵
図3 衝角付冑・鉄札製甲（正面引合式） 長持山古墳（大阪府藤井寺市）出土
京都大学文学研究科考古学研究室保管
図4 赤糸威鎧 東京・武蔵御嶽神社蔵
図5 中世の札見本 國學院高等学校蔵／『古典参考図録』
（國學院高等学校、二〇〇二年）
図6 大鎧・星冑の名称図
小島道裕編『武士と騎士』（思文閣出版、二〇一〇年）
図7 鉄札製甲（正面引合式・復元）
関西大学博物館蔵／『日本上代の甲冑』
原品：天狗山古墳（岡山県倉敷市）出土 東京国立博物館蔵
図8 鉄札製甲（両当式・復元）
関西大学博物館蔵／『日本上代の甲冑』
原品：椒浜古墳（和歌山県有田市）出土 東京国立博物館蔵
図9 挂甲図 栗原信充『武器袖鏡』初編／『改訂増補故実叢書』
二二（明治図書、一九九三年）
図10 前腕装具（復元） 関西大学博物館蔵／『日本上代の甲冑』
原品：天狗山古墳出土 東京国立博物館蔵
図11 前腕・下腿部・大腿部各装具 長持山古墳出土
京都大学文学研究科考古学研究室保管
図12 幕末再興の挂甲
東京国立博物館蔵 Image: TNM Image Archives

〔付記〕 図版掲載に関しては、個人を含む関係諸機関の許可を得た。ご許可いただいた個人および関係諸機関に対し、深謝する次第である。

あとがき

本書は、恩師山中裕先生編の『御堂関白記全註釈』で長年お世話になっている思文閣出版に筆者の方から働きかけた企画である。当初は全体で原稿用紙四〇〇枚程度の想定であったが、その倍に当たる八〇〇枚を超えるものになった。脱稿したのは、二〇一三年五月、初校が終わったのが本年五月である。

筆者は、『珍宝帳』記載器仗や正倉院器仗について早くから興味があったが、それらについて本格的にまとめたいと考えるようになったのは、二〇〇七年度に神奈川大学大学院歴史民俗資料学研究科の特任教授として、佐原慧・高岡真美の両院生に対し、『珍宝帳』器仗記載に関するゼミを行ってからである。

しかし、その後は、拙著『武具の日本史』（平凡社新書、二〇一〇年）第四章で概要はまとめたものの本格的な執筆は保留のままとなっており、それがようやく世に出ることになったわけである。企画の相談に乗っていただいた林秀樹氏には深謝申し上げる次第である。

筆者は、『珍宝帳』記載器仗や正倉院器仗について、誰からも直接的な指導は受けていない。筆者のそれらについての知識は、國學院大学での学部・大学院での指導教授であった恩師故鈴木敬三先生の多数の著作を筆頭に、本書で引用した多くの先人の業績から学んだものが基礎となっている。

それらは、近年のものはごく少数で、鈴木先生を含めて戦前あるいは戦前生まれの研究者の業績がもっぱらである。『珍宝帳』記載器仗や正倉院器仗の研究、特にその歴史的研究が現在ではどのような状況にあるかがお察しいただけよう。もっとも、それは中世をはじめ武具研究全般でいえることである。そうしたなかで、本書が『珍宝帳』記載器仗や正倉院器仗に対する今後の研究の一助となれば幸いである。

ただし、筆者の勉強不足から、本書で取り上げるべき多くの重要な業績（特に考古学関係）を見落としているることを畏れるが、特に本書の内容と密接に関わる近年のつぎの二点をあげておく（副題割愛）。

・三宅久雄「正倉院宝物の「除物」出蔵文書をめぐる諸問題」（『文化財学報』三一、二〇一三年）。

・鈴木泉「奈良時代の矢入れ具について」（『女子美術大学研究紀要』四三、二〇一三年）。

この二点はその存在を本書初校後に気付いたために、誠に遺憾ながらその成果を本書に反映させることはできなかった。つぎの機会を期したい。

また、本文中でもふれたように、筆者はいずれの正倉院器仗も熟覧・調査していない。その点で内心忸怩たるものがあるが、それは致し方ないことであろうし、熟覧・調査しなければ研究できないわけではなかろう。それに、日常的に正倉院宝物に接している宮内庁正倉院事務所の職員でも、本書で解説した正倉院器仗すべてを把握している人は、ほとんどいないのではないかという自負も多少は持っている。

なお、第二章等で提示した拙稿「『国家珍宝帳』と「東大寺金堂鎮壇具」の器仗」掲載の『古文書研究』七八の刊行は本年一二月の予定である。

さて、本書の編集については、思文閣出版編集部の田中峰人氏に全面的にお世話になった。最後に明記し、心より御礼申し上げる。

二〇一四年六月

近藤好和

（付記）二〇一四年六月一三日、山中裕先生がお亡くなりになった。享年九三。先生には三三年の長きにわたり公私ともに本当にお世話になった。本書を御霊に捧げ、ご冥福を心よりお祈り申し上げる。

◎著者略歴◎

近藤好和（こんどう・よしかず）

1957年　神奈川県生まれ
1987年　國學院大學大学院文学研究科博士課程後期日本史学専攻単位取得満期退学
現　在　博士（文学・広島大学），國學院大学兼任講師，和洋女子大学非常勤講師，千葉県刀剣登録審査委員

〔主要著書〕
『弓矢と刀剣』吉川弘文館，1997年
『中世的武具の成立と武士』吉川弘文館，2000年
『騎兵と歩兵の中世史』吉川弘文館，2005年
『源義経』ミネルヴァ書房，2005年
『装束の日本史』平凡社新書，2007年
『武具の日本史』平凡社新書，2010年

日本古代《にほんこだい》の武具《ぶぐ》——『国家珍宝帳《こっかちんぽうちょう》』と正倉院《しょうそういん》の器仗《きじょう》——

2014（平成26）年９月30日発行

定価：本体8,500円（税別）

著　者　近藤好和
発行者　田中　大
発行所　株式会社　思文閣出版
〒605-0089 京都市東山区元町355
電話 075-751-1781（代表）

装　幀　井上二三夫
印　刷
製　本　株式会社 図書印刷 同朋舎

ISBN978-4-7842-1766-3　C3021

◎既刊図書案内◎

尾形充彦著

正倉院染織品の研究

宮内庁正倉院事務所で研究職技官として、一貫して染織品の整理・調査・研究に従事してきた著者による、35年にわたる研究の成果。正倉院事務所が行った第１次・第２次の古裂調査（昭和28～47年）や、C.I.E.T.A.（国際古代染織学会）の古代織物調査に大きな影響を受けて身につけた調査研究方法により進めてきた正倉院染織品研究の集大成。

ISBN978-4-7842-1707-6

▶Ｂ5判・416頁／本体20,000円（税別）

奈良国立博物館編

正倉院宝物に学ぶ

日々、宝物の保存と修理に携わる宮内庁正倉院事務所の研究者をはじめ、東大寺・奈良国立博物館ゆかりの国内外の研究者が、正倉院研究の現在、八世紀の東アジア文化、宝物の保存・伝承の３つのテーマで報告・討論。正倉院宝物の精粋がわかる一書。

ISBN978-4-7842-1439-6

▶四六判・430頁／本体3,000円（税別）

奈良国立博物館編

正倉院宝物に学ぶ２

宮内庁正倉院事務所の研究者をはじめ、東大寺・奈良国立博物館ゆかりの国内外の研究者が、正倉院宝物の様々な面を報告・討論する第２弾。今回は2008～2010年の正倉院学術シンポジウム「正倉院研究の現在」「皇室と正倉院宝物」「正倉院宝物はどこで作られたか」の３テーマを収録。

ISBN978-4-7842-1658-1

▶四六判・348頁／本体2,500円（税別）

奈良国立博物館編集・発行

正倉院展六十回のあゆみ

終戦後すぐの昭和21年に奈良帝室博物館で第１回正倉院展が開始されて以来、いまでは秋の風物詩となっている正倉院展の歩みを、各回の主な出陳宝物の図版や特徴・エピソード・出陳一覧などのデータと、各分野の研究者によるエッセイでたどり、毎回の図録に付されている用語解説を整理・集大成して巻末に付す。

ISBN978-4-7842-1440-2

▶A4判・286頁／本体3,000円（税別）

渡辺滋著

日本古代文書研究

古代中国から文書主義を継受した段階にはじまり、最終的にそれを換骨奪胎して日本的な新秩序として再編成するまでの諸過程を、日本古代社会で作成・利用されたおもな文書形式（符・庁宣・下文、移、牒、解など）を対象として分析。古代社会における文書の機能に関する最新の研究成果を提示するとともに、機能論的な視角によって文書主義の運用を考察することで、古代から中世への移行にかかわる日本社会の特質に迫る。

ISBN978-4-7842-1715-1

▶A5判・480頁／本体9,200円（税別）

山崎一雄著

古文化財の科学

古文化財の科学的研究の第一人者による45年余にわたる成果をまとめる。正倉院宝物の調査、装飾古墳・高松塚・法隆寺金堂壁画・栄山寺八角堂・醍醐寺五重の塔・源氏物語絵巻などの顔料分析、正倉院の陶器・ガラスや緑釉陶などの科学分析、および銅鏡・銅鐸・青銅器などの成分分析に関する諸報告を収録。

ISBN4-7842-0842-2

▶A5判・380頁／本体6,300円（税別）

思文閣出版